Staat im Ausverkauf

Tim Engartner ist Professor für Didaktik der Sozialwissenschaften an der Goethe-Universität Frankfurt am Main. Er veröffentlicht regelmäßig Artikel in Tages- und Wochenzeitungen (Zeit, FAZ, FR, taz, Freitag, SZ).

Tim Engartner

Staat im Ausverkauf

Privatisierung in Deutschland

Campus Verlag
Frankfurt/New York

MIX
Papier aus verantwortungsvollen Quellen
FSC
www.fsc.org
FSC® C089473

ISBN 978-3-593-50612-8 Print
ISBN 978-3-593-43480-3 E-Book (PDF)
ISBN 978-3-593-43522-0 E-Book (EPUB)

Umschlaggestaltung: Guido Klütsch, Köln
Satz: Beltz Bad Langensalza GmbH
Gesetzt aus: TheSans und Garamond
Druck und Bindung: Beltz Bad Langensalza GmbH
Printed in Germany

www.campus.de

Inhalt

Staat im Ausverkauf – ein Weckruf

Fahrpreiserhöhungen, Bahnhofsschließungen, Lok- und Oberleitungsschäden, Weichen- und Signalstörungen, Verzögerungen im Betriebsablauf aufgrund »dichter Zugfolge« – immer wieder gerät die *Deutsche Bahn* aufs Abstellgleis. Als internationaler Mobilitäts- und Logistikdienstleister konzentriert sich das »Unternehmen Zukunft« (Eigenwerbung) längst auf Frachttransporte zwischen Dallas, Delhi und Den Haag statt auf die Fahrgastbeförderung zwischen Delmenhorst, Dinslaken und Düren. Beinahe zwei Drittel seines Umsatzes erzielt der einst größte Arbeitgeber der Bundesrepublik inzwischen mit bahnfremden Dienstleistungen. Der Global Player vernachlässigt den inländischen Schienenverkehr und setzt stattdessen auf profitable Fluggesellschaften *(Bax Global)*, Lkw-Speditionen *(Stinnes)*, Fuhrparks (Bundeswehr) oder den Ausbau des Schienenverkehrs in Indien und Saudi-Arabien.

Auch die *Deutsche Post* pflegt seit dem Jahr 2000 ihren Börsenkurs statt ihre Kunden und Beschäftigten. Um die »Aktie Gelb« attraktiv zu machen, wurden Tausende sozialversicherungspflichtige Beschäftigungsverhältnisse durch 400-Euro-Jobs ersetzt, während sich der Vorstandsvorsitzende Frank Appel zuletzt über Bezüge von 5,2 Millionen Euro freuen durfte. Mini-, Midi- und Multi-Jobber sowie Zeit- und Leiharbeiter stellen Briefe und Pakete im Auftrag oder als »Servicepartner« des Konzerns zu. Wie die Konkurrenten *UPS*, *DPD* und *Hermes* delegiert auch das seit 2002 zur *Deutschen Post AG* zählende Logistikunternehmen *DHL* seine unternehmerische Verantwortung an Subunternehmer.

Deutsche Bahn und *Deutsche Post* führen vor Augen, worüber die Nachrichtensendungen in Deutschland nur selten berichten: Im Glauben daran, dass Privatisierungen Dienstleistungen besser, billiger und bürgernäher machten, schüttelt Vater Staat seit mehr als drei Jahrzehnten seine Aufgaben ab – wie ein Baum seine Blätter im Herbst: Von 1982, dem Beginn der Ära Helmut Kohl (CDU), bis heute trennte sich allein der Bund von rund 90 Prozent seiner unmittelbaren oder mittelbaren staatlichen Beteiligungen.

Unternehmen wie die *Deutsche Bundespost*, die *Deutsche Bundesbahn*, die *Deutsche Lufthansa*, die *VEBA*-Gruppe (die nun unter *E.ON* firmiert), die Immobiliengesellschaft *IVG*, die *Bundesanstalt für Flugsicherung*, die *Gesellschaft für Nebenbetriebe der Bundesautobahn* (nunmehr *Tank & Rast*) – sie gehörten einst vollständig dem Bund und wurden doch alle privatisiert. Auch auf kommunaler Ebene greift die Entstaatlichung seit vielen Jahren Platz. Allerorten verkaufen Städte und Gemeinden ihre Wohnungen, Stadtwerke und Schulgebäude. Bei zwei von drei Haushalten wird der Müll inzwischen von Privatunternehmen wie den Branchenriesen *Alba*, *Remondis*, *Sulo* oder *Veolia* entsorgt. Marktmechanismen greifen seit einigen Jahren selbst bei (Hoch-)Schulen, Krankenhäusern und Justizvollzugsanstalten sowie bei Wasser-, Klär- und Elektrizitätswerken. Privatisiert werden neuerdings aber auch Armeen, Gewässer und Sparkassen – stets mit dem Versprechen, alle Bürger würden dadurch gewinnen und keiner etwas verlieren.

Von der immer wieder in Aussicht gestellten Entlastung der öffentlichen Haushalte aber kann keine Rede sein – jedenfalls dann nicht, wenn man auf die volkswirtschaftliche Gesamtrechnung blickt. So wurden durch die Privatisierung der öffentlichen Infrastruktur allein in den vergangenen zwei Jahrzehnten rund 1,2 Millionen Arbeitsverhältnisse vernichtet. Die historische Sondersituation der deutsch-deutschen Vereinigung, die in den 1990er-Jahren massiven ökonomischen Druck erzeugte, begünstigte das Abschmelzen von Bundesbeteiligungen in einzigartiger Weise. Rechnete man den Ausverkauf des DDR-Vermögens durch die Treuhandanstalt hinzu, bei dem viele volkseigene Betriebe weit unter Wert an teils windige Investoren verschachert wurden, fiele die Privatisierungsbilanz noch sehr viel düsterer aus.

Die kontinuierlich steigenden Kosten, die Bürger für Wasser, Strom und Gas aufbringen müssen, sind das Ergebnis der in den 1990er-Jahren angestoßenen Privatisierungen im Energiesektor – aber die wenigsten Bürger können sich diesen Zusammenhang erschließen. Bildung in der von Bundeskanzlerin Angela Merkel (CDU) proklamierten »Bildungsrepublik« kann sich schon jetzt nicht mehr jeder leisten – und trotzdem wächst die Zahl der privaten und damit gebührenpflichtigen Kindertagesstätten, (Hoch-)Schulen und Nachhilfeinstitute seit Jahren. Die mit der Privatisierung der Bundesdruckerei einhergegangene Preisexplosion bei der Ausstellung von Personalausweisen, Reisepässen und Führerscheinen sorgt zwar regelmäßig für Unmut, aber statt auf die Privatisierungspolitik zu schimpfen, verteufeln wir die träge Verwaltung. Und die Wehklagen über das »Unterschichtenfernsehen« von *RTL*, *RTL II* und *SAT.1* wären hinfällig, wenn die Anfang der

1980er-Jahre vom *Bertelsmann*-Konzern mit der unionsgeführten Bundesregierung vorangetriebene Privatisierung des Rundfunks unterblieben wäre.

Preiswerter Wohnraum ist nicht mehr nur in Hamburg, München und Köln knapp, sondern in beinahe allen Ballungszentren. Auch in den angesagten Vierteln Berlins, wo Wohnraum lange preiswert war, steigen die Mieten, und die Ärmeren müssen den Wohlhabenderen Platz machen. In allen Kommunen, in denen die Abfallentsorgung, die Energie- und Wasserversorgung sowie die Gebäudereinigung privatisiert wurden, klettern die Preise, mitunter bis aufs Dreifache. In den vergangenen zehn Jahren wurden mehr als 1.100 Schwimmbäder geschlossen. Die teils horrenden Eintrittspreise für privat betriebene »Spaßbäder« können sich finanzschwache und/oder kinderreiche Familien nicht mehr leisten. Der soziale Ausgleich als Prinzip der Sozialen Markwirtschaft bleibt auch im öffentlichen Personennahverkehr auf der Strecke: Bus- und Straßenbahntickets werden regelmäßig teurer, die Taktungen ausgedünnt, Haltestellen aufgegeben.

Obwohl Privatisierungen also offenkundig für die Mehrheit der Bevölkerung beträchtliche und für unzählige Menschen existenzielle Nachteile mit sich bringen, hält sich der öffentliche Unmut in Grenzen. Dabei sorgt sich angesichts des Um- und Abbaus des Sozialstaates nahezu jeder, ob er den Lebensstandard wird aufrechterhalten können – erst recht im Ruhestand. Wie lässt sich dies erklären? Vermutlich weil die Bevölkerung die Verschlechterungen gar nicht mit Privatisierungen in Verbindung bringt, weil diese häufig im Verborgenen, ja mitunter sogar »streng geheim«, vor sich gehen. Ein eindringliches Beispiel liefert die *Deutsche Bahn*, die 2006 mit der »Verschlossenen Auster« ausgezeichnet wurde – dem von der Journalistenvereinigung *Netzwerk Recherche e. V.* verliehenen Negativpreis für »Auskunftsverweigerer in Politik und Wirtschaft«. Wesentliche Informationen drangen in der »Mehdorn-Ära« nicht an die Öffentlichkeit; die Bahn zog Werbeanzeigen in Medien, die kritisch berichtet hatten, zurück. Als einer der größten Anzeigenkunden im deutschen Verlagswesen und als Abnehmer großer Zeitungskontingente für Erste-Klasse-Reisende und DB-Lounges kann die Bahn die Berichterstattung beeinflussen. So bleiben viele Folgen ihrer Privatisierung im Dunkeln.

Privatisierungen werden auch deshalb zu selten kritisiert, weil sie im Zeitalter des Neoliberalismus als alternativlos wahrgenommen werden. Den meisten Menschen ist nicht bewusst, dass mit Privatisierungen lediglich Symptome kuriert, nicht aber die Ursachen bekämpft werden: Zwar erzielen Kommunen, Länder und der Bund mit Privatisierungen hohe Einmaleinnahmen, über die sich Politiker freuen, weil sie ihnen neue finanzielle Handlungsspielräume eröffnen, an der Unterfinanzierung der Gebietskörperschaften ändert dies aber nichts. Es bedarf der Einsicht, dass ein Steuersystem, das Arbeit diskriminiert und Kapital privilegiert, nicht nur die Kluft zwischen Arm und Reich vertieft, sondern auch den Privatisierungsdruck erhöht.

Hohe Einkommen zeichnen sich durch eine höhere Sparquote aus, d. h. sie werden zu einem geringeren Teil für den Konsum ausgegeben und stattdessen – prozentual steigend – gespart. Die Bezieher hoher Einkünfte suchen also gerade bei niedrigen Kapitalmarktzinsen nach rentablen Anlagemöglichkeiten. Investitionen in die öffentliche Infrastruktur bieten dafür beste Möglichkeiten, da sie ausgesprochen sicher sind: Bahn-, Flug- und Straßenverkehr werden auf absehbare Zeit nicht eingestellt werden, Wasser-, Klär- und Elektrizitätswerke sind unverzichtbar, ebenso Justizvollzugsanstalten, Rathäuser und Schulen. Bei investorenfreundlichen Konditionen zu Lasten der öffentlichen Hand – etwa über öffentlich-private Partnerschaften (ÖPP) – sind diese Investments für die Anleger ausgesprochen lukrativ. Diesen Zusammenhang stellen die Medien jedoch nur selten her.

Der Ausverkauf des Staates greift häufig erst dann Platz, wenn die staatlichen Güter und Dienstleistungen über Jahre, wenn nicht gar Jahrzehnte vernachlässigt wurden. So etwa eröffneten die kurzzeitig eingeführten Studiengebühren den Hochschulbibliotheken die Möglichkeit, mehr Bücher anzuschaffen. Sie verwiesen nun mit einem Stempelaufdruck der Art »Aus Studiengebühren finanziert« in den Büchern auf die Finanzierungsquelle. Die jahrelange staatliche Unterfinanzierung der Hochschulen drang hingegen nicht ins kollektive studentische Bewusstsein, sodass sich die Gleichung »Studiengebühren = gute Studienbedingungen« festsetzte. Selbst viele Politik- und Pädagogikstudierende erkannten das eigentliche Übel nicht – dass Deutschland (gemessen am Bruttoinlandsprodukt) bei den Bildungsausgaben im letzten Drittel der OECD-Staaten rangiert.

Ein weit in die Historie zurückreichendes Beispiel illustriert die guten Gründe, die gegen die Privatisierung hoheitlicher Aufgaben sprechen. Nachdem es im antiken Rom beinahe täglich gebrannt hatte, gründete Marcus Licinius Crassus 70 v. Chr. eine private Feuerwehr. Wenn es brannte, erschien Crassus am Ort des Geschehens und unterbreitete dem Besitzer des brennenden Gebäudes ein Angebot: War er bereit, sein Haus zu einem Bruchteil des angemessenen Preises zu verkaufen, schritten die Löschtruppen zur Tat. Wenn nicht, pfiff Crassus seine Feuerwehrsklaven zurück und ließ dem Feuer seinen Lauf. So wurde er einer der reichsten Römer seiner Zeit.

Auch zahlreiche Beispiele aus der jüngeren Vergangenheit lassen erkennen, welche verheerenden Folgen Privatisierungen zeitigen können. Nachdem der britische Premierminister John Major 1994 das Staatsunternehmen *British Rail* privatisiert hatte, mussten die britischen Bahnfahrer allein im ersten Jahrzehnt mehr als 11.000 Jahre Verspätung in Kauf nehmen. Die Zerschlagung von *British Rail* in 106 private Einzelgesellschaften ließ nicht nur mehr als 2.000 Subunternehmen entstehen, sondern machte bereits nach kurzer Zeit die damit verbundenen Risiken deutlich: Die Unfälle von Southall (1997), Paddington (1999) und Hatfield (2000), die zusammen 42 Tote und mehr als 500 teils schwer Verletzte forderten, haben sich ins kollektive Gedächtnis der Briten eingebrannt – und die Politik schließlich genötigt, den Infrastrukturbetreiber *Railtrack* wieder zu verstaatlichen.

Aber während in Großbritannien selbst (bahnpendelnde) Investmentbanker für eine Wiederverstaatlichung plädieren, versickert nach wie vor jeden Tag unbemerkt von der breiten Öffentlichkeit ein Drittel des Trinkwassers im Londoner Erdreich. Obwohl die geschätzte Wassermenge ausreichen würde, um mehr als 350 olympische Schwimmbecken zu füllen, und das Trinkwasser aufgrund der eindringenden Luft häufig schal wird, setzt das private Wasserver- und -entsorgungsunternehmen die Rohre nicht in Stand. *Thames Water*, das seit Oktober 2006 zu einem Konsortium unter Leitung eines australischen Investmentfonds namens *Kemble Water* zählt, scheut die Investitionen und wurde auch deshalb häufiger als jedes andere britische Unternehmen wegen Umweltdelikten belangt, weil aufgrund überlasteter Kanäle beinahe jede Woche ungereinigte Abwässer in die Themse eingeleitet werden (müssen). Nach einer starken Regenflut im Juli 2007 mussten aus dem gesamten Land Tanklaster zusammengezogen werden, um die 150.000 Anwohner in Cheltenham, Gloucester und Tewkesbury mit Trinkwasser zu versorgen, weil der privatisierte Wassermonopolist *Severn Trent* die Instandhaltung der Trinkwasseranlagen in den englischen Midlands über Jahre vernachlässigt hatte. Und als der Konzern 2013 eine feindliche Übernahme mit geschätzten 19 Millionen Pfund Sterling abwehren musste, stiegen die Wasserpreise um zwei Prozent.

Man sieht: Auch wenn das vorliegende Buch sich im Wesentlichen den Privatisierungen in der Bundesrepublik Deutschland widmet, so rollt die Privatisierungswelle natürlich keinesfalls nur hier. Als sich die »Troika« auf ein »Sparprogramm« für Griechenland verständigt hatte, schallte der Ruf nach dem Verkauf von Staatsbesitz bis nach Hellas: 50 Milliarden Euro sollte die griechische Regierung durch Privatisierungen erlösen – eine gigantische Summe. Stolz sprach die damalige Regierung vom »weltgrößten Privatisierungsprogramm«, das u. a. die Energiefirmen *Depa*, *DEI* und *Hellenic Petroleum*, das Telekommunikationsunternehmen *Hellenic Telecom* sowie den Wettanbieter *Opap* teilprivatisieren sollte. Tatsächlich ist die Privatisierung nur in einigen wenigen Fällen geglückt, wie etwa beim Online-Anbieter *Opap* und beim Hafen von Piräus, der nun mehrheitlich der chinesischen Großreederei *Cosco* gehört. Bis zum Frühjahr 2016 hatte die griechische Regierung jedoch insgesamt gerade einmal 3,5 Milliarden Euro und damit nur 14 Prozent des erwarteten Volumens erlösen können.

Aber auch in Spanien, Portugal und Italien ist die Privatisierungseuphorie der konservativ-liberalen Parteien ungebrochen – und selbst in Lateinamerika und in Südostasien scheuen Regierungen nicht vor Entstaatlichungsprogrammen zurück. Vorreiter sind – wie bei vielen wirtschafts- und gesellschaftspolitischen Entwicklungen – die USA und Großbritannien. So sind die Vereinigten Staaten von Amerika weltweit »Spitzenreiter« beim Einsatz privater Streitkräfte, beim Bau und Betrieb privater Haftanstalten sowie bei der Einrichtung von ÖPPs im Bildungssektor. In Großbritannien ließ Margaret Thatcher kaum ein Staatsunternehmen unangetastet. Während ihrer Amtszeit zwischen 1979 und 1990 privatisierte die »Eiserne Lady« zunächst jene Unternehmen, die besonders hohe Verkaufserlöse versprachen: *British Petroleum* (1979), *British Aerospace* (1981), *Cable and Wireless* (1981), *British Telecom* (1982), *Britoil* (1985), *British Airways* (1987), *Rolls-Royce* (1987), *British Steel* (1988) und *Thames Water* (1989). Allein zwischen 1984 und 1991 wurde ein Drittel der weltweiten Privatisierungserlöse in Großbritannien erzielt. Beinahe eine Million Beschäftigungsverhältnisse wurden während dieses Zeitraums vom öffentlichen in den privaten Sektor überführt (Wright 1994, 10).

Aber der Blick über den Ärmelkanal stimmt auch hoffnungsfroh. Mittlerweile stoßen Privatisierungen bei der überwältigenden Mehrheit der Briten auf Ablehnung. Schon vor eineinhalb Jahrzehnten schilderte der London-Korrespondent der *ZEIT*, Jürgen Krönig, unter der Überschrift »Insel der Katastrophen – Die Lehren der Eisernen Lady haben ausgedient« das landesweite Unbehagen (2001): »Marktprinzip und Privatisierung, ideologische Markenzeichen der Thatcher-Revolution, von New Labour bejaht und für den Gebrauch einer Mitte-Links-Partei modifiziert, werden auf der Insel nun wieder infrage gestellt. Urplötzlich geistert sogar ein längst tot geglaubter Begriff durch die Lande – Verstaatlichung. Mehr als zwei Drittel der Briten wünschen, die Privatisierung der Eisenbahn möge rückgängig gemacht werden. Über die Schattenseiten der fulminanten Entstaatlichung in den vergangenen zwei Dekaden wird mittlerweile auf Dinnerpartys der konservativen ›middle classes‹ lamentiert. Wir sind zu weit gegangen, lautet der Tenor selbst in Wirtschaftskreisen.« Die Wahl des leidenschaftlichen Privatisierungsgegners Jeremy Corbyn zum neuen Vorsitzenden der Labour-Partei am 12. September 2015 könnte jedenfalls über die Landesgrenzen hinaus zum Signal für den Stimmungswandel werden.

Die Gründe für den weltweiten Privatisierungswahn – der nur vereinzelt politisch kritisiert wird – sind vielfältig, kulminieren aber letztlich alle im neoliberalen Glauben an den Markt als »Allheilmittel«. Das neoliberale Credo des »schlanken« – mitunter sogar des »magersüchtigen« Staates – geriet und gerät ins Wanken, weil die »Steuerungsdefizite des Staates und im Staate« (Jänicke 1993, 65) immer öffentlichkeitswirksamer herausgestellt wurden. In Deutschland schafft es der *Bund der Steuerzahler* mit seinem auf die Unzulänglichkeiten staatlicher Wirtschaftstätigkeit zielenden »Schwarzbuch« Jahr für Jahr, ein breites Medienecho auszulösen. Die Unzulänglichkeiten privatwirtschaftlicher Tätigkeit werden in den überregionalen Tages- und Wochenzeitungen hingegen immer noch zu selten behandelt.

Auch das vorliegende Buch wird die Privatisierungspolitik nicht stoppen. Dafür wird der Kreis der Leser dieses Buchs zu klein und die Privatisierungslobby weiterhin zu einflussreich sein. Während Sie dieses Buch lesen, arbeiten Heerscharen von Industrie- und Finanzunternehmen, von Wirtschaftsprüfern und -anwälten, von Stiftungen und Forschungsinstituten, von Konzernbeiräten und Leihbeamten mal leiser und mal lauter daran, den Staat weiter zu plündern. Tag und Nacht widmen sich Unternehmens- und Steuerberater bei *McKinsey & Company*, *Roland Berger Strategy Consultants*, *Bain & Company*, *PricewaterhouseCoopers*, *Ernst & Young*, *KPMG* und *Boston Consulting* der Frage, wie öffentliches Eigentum zu Gunsten privater Kapitalgeber liquidiert werden kann. Zeitgleich bahnen millionenschwere Lobbygruppen den weiteren Ausverkauf öffentlichen Eigentums an. Dazu zählen die *Initiative Neue Soziale Marktwirtschaft* (INSM) mit höchst manipulativen Wort- und Bildkampagnen, die *Bundesvereinigung der Deutschen Arbeitgeberverbände* (BDA) als eng mit der Politik verflochtenes Netzwerk und die *Bertelsmann Stiftung*. Diese »Denkfabrik« übt den wohl nachhaltigsten Einfluss in Richtung »Vermarktlichung« auf die deutsche Politik aus.

Dieses Buch ist geprägt von Kritik an Privatisierungen, denn meines Erachtens können Privatisierungen mit einer einfachen Grundformel beschrieben werden: Mit der Überführung staatlichen Eigentums in privates Eigentum vollzieht sich die »Vermarktlichung« der öffentlichen Daseinsvorsorge. Ohne Lobbyismus ist dies nicht denkbar, vor allem nicht im Bildungs-, im Finanz-, im Gesundheits- und im Sicherheitssektor. Gerade in diesen Politikfeldern stehen Lobbyisten die Türen zu den politischen Stellwerken teils sperrangelweit offen. Privatwirtschaftliche Interessen erhalten darüber hinaus durch »janusköpfige« Parlamentarier Einzug in die Plenarsäle: Zahlreiche ranghohe Politiker werden nach ihrem Mandat durch die lobbyistische Drehtür auf lukrative Posten in der Privatwirtschaft befördert oder gehen – Peer Steinbrück (SPD) stellt da keine Ausnahme dar – schon während ihrer aktiven Zeit als Mandatsträger zeitintensiven »Nebentätigkeiten« in der Wirtschaft nach.

Lobbyismus kennt darüber hinaus gerade in »privatisierungsanfälligen« Bereichen verborgene Wege, was in Gestalt des »Deep Lobbying« als besonders subtiler Form der Einflussnahme offenkundig wird: Dazu zählt, dass das Formulieren von Gesetzestexten an Anwaltskanzleien ausgelagert wird. Darunter fällt auch die Platzierung von »Leihbeamten« in Ministerien. Als neue Spielart des informationellen Inputs hat in den vergangenen Jahren die »wissenschaftliche« Politikberatung an Bedeutung gewonnen. Durch Studien aus den Federn von Sachverständigenräten, Beiräten, Expertenkommissionen, Hochschulen, Stiftungen und Think Tanks werden Privatisierungsvorhaben auf ein vermeintlich belastbares Fundament gestellt, obwohl diese »Politikberatung auf Weisung« wissenschaftlichen Gütekriterien häufig nicht genügt.

Die Ausführungen im vorliegenden Buch illustrieren besonders eindrückliche Fallbeispiele und spitzen Thesen unter weitreichender Ausblendung der betriebswirtschaftlich womöglich positiven Dimensionen von Privatisierungen zu – stets getragen von der Überzeugung, dass in den vergangenen Jahren zu viele Gewinne privatisiert und zu viele Verluste sozialisiert wurden. Aber dies ist nicht die einzige negative Auswirkung der Privatisierungspolitik: Soll unsere Gesellschaft nicht von einer auf Ellenbogenmentalität fußenden Individualisierung erfasst werden, in der jeder allein seines eigenen Glückes Schmied ist, muss die »Verbetriebswirtschaftlichung« der öffentlichen Daseinsvorsorge ein Ende finden.

Insofern soll dieses Buch einen »Weckruf« darstellen. Es richtet sich nicht nur an all jene, die ohnehin an wirtschafts- und sozialpolitischen Debatten interessiert sind, sondern auch an diejenigen, die sich zunächst einmal nur sorgen – um ihre Sportstätten und Kultureinrichtungen vor Ort, um das berufliche Schicksal der Paketboten und Bahnschaffner, um ihre Gesundheitsversorgung und ihre Rente oder um die Bildung ihrer Kinder. Der Verkauf öffentlichen Eigentums betrifft vorrangig Personenkreise ohne politische Lobby, die für eine boomende Wirtschaft nur von geringer Bedeutung sind oder eine sehr heterogene Wählerschaft bilden (zum Beispiel Schüler und Studierende, Erwerbslose, einkommensschwache Familien oder Menschen mit Behinderungen). Aber wir sollten alle wachsam sein, wenn die Gewinnan die Stelle der Gemeinwohlorientierung tritt – jedenfalls dann, wenn wir nicht in einer Gesellschaft leben wollen, die von allem den Preis, aber von nichts mehr den Wert kennt.

Frankfurt a. M., im Spätsommer 2016
Tim Engartner

Ein lukrativer Markt: das Bildungssystem

Das Land der Dichter und Denker droht zum Staat der Stifter und Schenker zu werden – und damit Bildung zur Ware: Immer häufiger übernehmen private Nachhilfeanbieter wie *Schülerhilfe*, *Studienkreis*, *abiturma* oder der zur *Zeit*-Verlagsgruppe zählende *Schülercampus* die Schulbildung nach Schulschluss, die Anbieter von Sprachreisen und Weiterbildungskursen wachsen rasant.

Aber in jüngerer Zeit greifen betriebswirtschaftliche Steuerungsmuster auch in einst ausschließlich staatlich verantworteten Bereichen des Bildungssystems Raum. Eine stetig wachsende Zahl an Kindertagesstätten, Schulen und Hochschulen wird nicht mehr ausschließlich aus öffentlichen, sondern auch aus privaten Mitteln finanziert. So öffnete in Deutschland zeitweilig jede zweite Woche eine neue Privatschule ihre Pforten. Und staatliche Hochschulen sind dem Wettbewerb nicht nur ausgesetzt, wenn sie mit der *Fernhochschule AKAD*, der *Hochschule für Oekonomie und Management* (FOM), der *Hochschule Fresenius* oder einer der anderen rund 100 Hochschulen in privater Trägerschaft um Studierende buhlen. Längst konkurrieren sie auch untereinander um Hunderte von Millionen Euro an Drittmitteln aus der Privatwirtschaft.

Problematisch ist die Privatisierung von Bildung nicht zuletzt deshalb, weil sie der Fokussierung auf ökonomisch verwertbares Wissen Vorschub leistet. Experten warnen davor, Bildung im Zeitalter von PISA und Bologna nur an unmittelbar ökonomisch nutzbaren Fachkompetenzen zu messen; sie sehen in den Bildungsreformen nach PISA-Maßstäben »die Reduktion des Lernens auf Wissen und seine Verwertbarkeit, sie sehen Ökonomisierung von Bildung statt freier Menschenbildung, Selektion als Prinzip statt individueller Förderung« (Tenorth 2013). Ob PISA-Ergebnisse deutscher Schüler oder Gewaltexzesse an der Berliner Rütli-Schule – den materiellen und reputativen Schaden, der mit jedem Staatsschulskandal unweigerlich entsteht, deuten sie nicht als Folge einer verfehlten Sparpolitik, sondern als Beleg für die Unzulänglichkeit staatlicher Bildungseinrichtungen schlechthin. Eltern, die es sich leisten können, reagieren auf Berichte über Mängel an öffentlichen Schulen mit der Bereitschaft zum Zahlen: »Wer alles Mögliche für den Bildungsaufstieg seiner Kinder tun möchte, der wird bei jedem Bericht über katastrophale Zustände an öffentlichen Schulen bereit sein, ein Stück tiefer in die eigene Tasche zu greifen« (Knobloch 2006). Wenn also im Zentrum der Bildungsprozesse nicht die freie Entfaltung der Begabungen und Interessen des Einzelnen steht, sondern die Anwendbarkeit des Gelernten in der Wirtschaft, so dürften die Privatisierungsbefürworter dies durchaus als Erfolg verbuchen.

Wie weit der unternehmerische Einfluss im Bildungssektor gediehen ist, lässt sich u.a. daran ablesen, dass durch die von den Kultusministerien ausgegebene Losung der »Öffnung von Schule« privat-öffentliche »Bildungs- und Lernpartnerschaften« historische Ausmaße erreicht haben. So ergab die Befragung der Schulleitungen im Rahmen der PISA-Studie 2006, dass mehr als 87 Prozent der 15-Jährigen hierzulande eine Schule besuchen, an der Wirtschaft und Industrie Einfluss auf die Lehrinhalte nehmen (OECD 2007, 293). Das stellt selbst im OECD-Vergleich einen Rekord dar.

Dabei beschränkt sich der Einfluss von Unternehmen wie *BASF* und *Bayer* oder *Deutscher Bank* und *Deutscher Börse* im Bildungssektor nicht nur auf Geld- und Sachspenden. Längst produziert und verbreitet die Privatwirtschaft Unterrichtsmaterialien, um sich Zugang zu Schulen zu verschaffen und dort die Vor- und Einstellungen Heranwachsender zu prägen. Weiß man, dass bei Kindern nur ein Viertel des bei Erwachsenen zu veranschlagenden Budgets aufgewandt werden muss, um denselben Werbeeffekt zu erzielen, lässt sich leicht erklären, weshalb 16 der 20 umsatzstärksten deutschen Unternehmen kostenlose Unterrichtsmaterialien mit Firmenlogos anbieten, vom Versicherungskonzern *Allianz* über die *Commerzbank* und die *Deutsche Telekom* bis hin zu den Automobilkonzernen *Volkswagen* und *Daimler*.

Sogar Schulgebäude fallen mehr und mehr in die Hände privater Betreiber: Öffentlich-private Partnerschaft lautet auch in diesem einst originär staatlichen Bereich die vermeintliche Zauberformel. Privatunternehmen bauen, renovieren und betreiben Schulen, werden mitunter also sogar mit der Einstellung von Hausmeistern und Reinigungspersonal betraut. So schloss die Stadt Monheim im Januar 2004 einen auf 25 Jahre angelegten ÖPP-Vertrag mit der *Hermann Kirchner Projektgesellschaft*, der sowohl die Finanzierung als auch die Realisierung aller Sanierungs- und Neubauvorhaben in städtischen Schulgebäuden sowie in sämtlichen Sport- und Turnhallen vorsieht. Anfänglich war in Monheim das private Dienstleistungsunternehmen *Serco* beteiligt, das über eine Tochtergesellschaft u. a. die Justizvollzugsanstalt Hünfeld betreibt und bis 2008 in der Altmark das modernste Gefechtsübungszentrum der Bundeswehr betrieb.

In Großbritannien bietet *Serco* neben Leistungen in der Lehrerausbildung *(initial teacher training)* bereits ein »Allround-Programm« für Schulen an – neben administrativen Aufgaben und dem Finanzmanagement übernimmt es das Festlegen von Bildungsstandards sowie das Messen von Schülerleistungen. Die Tatsache, dass der britische Pionier *Serco* Konkurrenz von der deutschen *Bertelsmann*-Tochter *Arvato* bekommt, die in Großbritannien die Verwaltung der Gemeinde Chesterfield Borough übernommen hat, sollte uns aufhorchen lassen (Arvato 2011).

Und auch wenn seit dem Wintersemester 2014/15 bundesweit keine Studiengebühren mehr erhoben werden, ist der Trend zur »Vermarktlichung« auch an den Hochschulen zu spüren. Wenn (Hoch-)Schulen im Zeitalter des »akademischen Kapitalismus« (Münch 2011) jedoch zu »Wirtschaftsbetrieben« degenerieren, ändert sich auch ihre Ausrichtung: »Kinder, Jugendliche und junge Erwachsene (werden) nicht mehr um ihrer selbst willen gebildet und erzogen, sondern weil der Wirtschaftsapparat Absolventen mit bestimmten Qualifikationen fordert« (Krautz 2014, 99). Werden Menschen nur noch als ökonomisch interessante Größen wahrgenommen, steht der 2004 zum Unwort des Jahres gekürte Begriff »Humankapital« im Raum. Und erst recht wenn betriebswirtschaftliche Fachtermini wie Human-Capital- oder Human-Asset-Management in Bildungskontexte Eingang finden, sollte uns die Ökonomisierung von Bildung endgültig Sorgen bereiten.

Kinder als Kunden: Krippen, Kitas und Kindergärten

Die Privatisierungswelle hat längst unsere Kleinsten erfasst: Mit der zum 1. August 2013 in Kraft getretenen familienpolitischen Neuerung, wonach jedes Kind ab dem vollendeten ersten Lebensjahr einen Rechtsanspruch auf einen Betreuungsplatz hat, greifen private Akteure nun auch bei diesen Einrichtungen zu. So wurde mit dem an sich begrüßenswerten Rechtsanspruch der Startschuss für eine exzessive Ausweitung des Angebots durch private Träger gegeben: Da das Angebot an öffentlichen Kita-Plätzen der Nachfrage in vielen Kommunen nicht ansatzweise gerecht wird, kompensieren immer mehr private Anbieter den Mangel an öffentlichen Betreuungsplätzen. Angesichts der beträchtlichen Chancen auf dem frühkindlichen »Bildungsmarkt« investieren gewerbliche Anbieter verstärkt in frühkindliche Bildung, wobei die Angebote häufig auf Bilingualität, Exklusivität und Professionalität zielen – und damit dem bei immer mehr Eltern zum Ausdruck kommenden besonderen Förderbedürfnis ihrer Kinder Rechnung tragen. So lernen bereits die Kleinsten in privaten Kindertagesstätten Englisch, Französisch oder Mandarin, erhalten über Experimente einen Zugang zu naturwissenschaftlichen Phänomenen und werden somit vermeintlich (!) optimal auf ihre Schullaufbahn und das spätere Berufsleben vorbereitet: »Um die wissenschaftlich erwiesene besondere Aufnahmefähigkeit von Ein- bis Dreijährigen professionell zu nutzen, werden die Kleinen in Lerneinheiten, die an gymnasiale Stundenpläne erinnern, in die Grundlagen etwa der Rhetorik, Ökonomie, Geometrie, Mathematik und Astronomie eingeführt« (Jäckel 2010, 308).

Des Weiteren werden sie umfassend betreut, was vor allem berufstätige Eltern anspricht, die sich die Rundumbetreuung und Bildung ihrer Kinder teilweise bis zu 1.700 Euro pro Monat kosten lassen, wie zum Beispiel in der zur *Klett*-Gruppe zählenden Kita-Kette *Villa Luna* (Miklis 2012). Diese besonders edlen Kindertagesstätten halten in Aachen, Berlin, Düsseldorf, Frankfurt am Main, Hamburg, Hannover, Köln und Prag für Kinder im Alter von vier Monaten bis sechs Jahren neben einer individuellen und bilingualen Betreuung musische und naturwissenschaftliche Förderangebote vor. Stecken die Eltern in einem Geschäftstermin fest, genügt ein Anruf und der Nachwuchs kann bis 22:00 Uhr in der Edel-Kita bleiben. Abgerundet wird der »Open-End-Service« durch das Angebot, dass die *Villa Luna* bei Bedarf ihre Pforten auch am Wochenende öffnet. Aber auch in Montessori-Einrichtungen sind Beiträge von 700 Euro durchaus üblich. Zusätzlich werden immer mehr Kurse angeboten, in denen Kleinkinder noch neben der Kita speziell gefördert werden sollen: So etwa bieten die weltweit zu findenden *Helen-Doron*-Kitas Englischkurse für Babys ab drei Monaten an. In Deutschland werden inzwischen 60 Prozent aller Kinderbetreuungseinrichtungen von Kirchen, Wohlfahrtsverbänden oder gemeinnützigen Vereinen verantwortet, rund ein Drittel läuft in kommunaler Regie und ca. zehn Prozent waren laut Aussage des Bundesfamilienministeriums bereits vor einigen Jahren in gewerblicher Hand (GEW 2009, 12 f.).

Unterricht aus der Marketingabteilung: die Schulen

Auch wenn Theorie-Praxis-Kooperationen gerade an Haupt- und Förderschulen durchaus zu begrüßen sind, so nimmt der inhaltliche Einfluss von Privatakteuren auf den Schulunterricht heute ein Ausmaß an, das Sorgen bereiten muss. Längst bedürfte es eines schlagkräftigen staatlichen Regelwerks, das die Trennung von Schule und Privatwirtschaft garantiert. Denn während die Semantik des Begriffs »Bildungspartnerschaft« eine Begegnung auf Augenhöhe suggeriert, ist diese doch keineswegs sichergestellt. Wenn Mitarbeiter von Privatunternehmen Unterricht erteilen und dabei Unterrichtsmaterialien einsetzen, die von Marketingabteilungen erarbeitet wurden, so verändert dies auch den Lehrerberuf und schmälert sein Ansehen in der öffentlichen Wahrnehmung. Zugleich wird das allgemeinbildende Schulwesen zu einem Handlungsfeld degradiert, in dem Unternehmensrepräsentanten – anders als staatlich ausgebildete Lehrer – frei von curricularen Vorgaben agieren können. Der Begriff der »Partnerschaft« wird auf diese Weise zum Euphemismus, der die finanziellen und inhaltlichen Abhängigkeiten verschleiert. Diese Schieflage geht auch zu Lasten solcher Interessengruppen, die nicht über die nötigen finanziellen und personellen Ressourcen für schulische Lobbyarbeit verfügen – wie zum Beispiel Wohlfahrts- und Umweltverbände, Einrichtungen der Kinder- und Jugendhilfe, aber auch Gewerkschaften oder klassische Nichtregierungsorganisationen.

Dabei stehen die von privaten Materialanbietern propagierten Partikularinteressen nicht nur im Widerspruch zu einer auf Mündigkeit zielenden Bildung. Sie laufen auch dem 1976 im »Beutelsbacher Konsens« festgeschriebenen »Überwältigungsverbot« zuwider, das bis heute die Grenze zwischen Aufklärung und Indoktrination markiert. Lernprozesse sind nur dann erfolgreich, wenn Überzeugungen generiert, präzisiert und reflektiert werden. Schulen sind der Auf- und nicht der »Verklärung« verpflichtet, haben folglich nicht die Aufgabe, Verhaltensdispositionen und Weltbilder heranzuzüchten. Da Kinder und Jugendliche im Umgang mit Meinungen unerfahren sind, müssen Standpunkte behutsam ausgewählt und – was mindestens ebenso wichtig ist – hinsichtlich ihrer Stoßrichtung austariert werden. Denn weder können sich die Umworbenen den unterrichtlich eingebetteten »Werbeveranstaltungen« entziehen noch wissen Schüler den im Unterricht vermittelten Eindruck von Seriosität und Neutralität der externen Experten zuverlässig zu enttarnen – umso weniger, da deren Einbeziehung in den Pflichtschulkontext ihnen Glaubwürdigkeit zuzuschreiben scheint. Ganz im Gegenteil sollte die Schule ein Schonraum sein, in dem die alltägliche Manipulation durch Werbung auch in ihren subtilen Ausprägungen aufgeklärt wird.

»Die gekaufte Schule« – so titelte das Hamburger Nachrichtenmagazin *Der Spiegel* im Oktober 2015 (Kramer/Schießl). Und tatsächlich nutzen immer mehr Unternehmen, Wirtschaftsverbände, Industrie- und Handelskammern sowie Unternehmensstiftungen die Finanznot der Schulen, um Einfluss auf die Lehrinhalte zu gewinnen. Der Versicherungskonzern *Allianz*, die *Bertelsmann Stiftung*, die mit einem Jahresbudget von knapp sieben Millionen Euro ausgestattete *Initiative Neue Soziale Marktwirtschaft*, die *LehrCare GmbH*, die Fast-Food-Kette *McDonald's* – sie alle drängen mit Unterrichtsmaterialien, Lehrerfortbildungen und Schülerassessments in den einstigen »Schonraum Schule«, um die Kunden von morgen möglichst früh an ihre Marke zu binden, ihr Image aufzubessern, Mitarbeiter zu gewinnen oder aber unternehmenskompatible Weltbilder heranzuzüchten. Daraus resultiert nicht nur die immer weiter reichende Instrumentalisierung des Schulsystems als Werbeplattform, sondern auch die schrittweise Erosion der zu Neutralität verpflichteten Bildungsinstitution Schule.

Dabei hätte man schon im Frühjahr 1996 ahnen können, welchen unternehmerischen Einflüssen Schulen einmal unter- oder besser: erliegen würden. Die vom *Bundesministerium für Bildung und Forschung* gemeinsam mit der *Deutschen Telekom* angestoßene Initiative *Schulen ans Netz* sollte alle Schulen mit kostenlosem Internetzugang ausstatten. Ende 2012 wurde die Initiative unter diesem Namen eingestellt (unter *Telekom@School* existiert sie weiter), da sie nach eigener Darstellung ihr Gründungsziel erreicht hatte: über 30.000 Schulen ans Netz zu bringen. Daneben hatte die *Deutsche Telekom* seinerzeit auch ein anderes Ziel erreicht: den werbe- und kundenwirksamen Zugang zu über 30.000 Schulen, den sich der einstige Staatskonzern gemeinsam mit den Partnerunternehmen *AVM Computersysteme*, *Novell* und *Oracle Deutschland* gesichert hatte. Inzwischen mischen an den Schulen auch die Computerkonzerne *Apple* und *Samsung* mit, die vielerorts kostenlos Notebooks und Tablets zur Verfügung stellen. Der Trend zum »buchlosen« Lernen in »I-Pad-Klassen« kann daher nicht verwundern.

Dabei beschränkt sich der Einfluss privater Akteure im Bildungssektor nicht nur auf Geldspenden, Sponsoring und den privat finanzierten Bau und Betrieb von Schulgebäuden. In Folge sinkender Schulbuchetats und unzureichender Kopierkontingente ist die Privatwirtschaft mit der Produktion und Verbreitung von Unterrichtsmaterialien an Schulen ebenso präsent wie mit der Entsendung unternehmenseigener Mitarbeiter. Befördert wird der unternehmerische Einfluss auf Schule überdies durch die Erosion der Lernmittelfreiheit sowie die Verlängerung des Anschaffungsturnus von Schulbüchern in Zeiten klammer kommunaler Kassen.

Diese Entstaatlichung des Schulwesens fällt auf fruchtbaren Boden, werden staatliche Schulen doch inzwischen von weiten Teilen der Öffentlichkeit als defizitäre und besonders lebensferne Räume wahrgenommen. Als Ursache tatsächlicher, aber auch vermeintlicher Unzulänglichkeiten des in der Regel verbeamteten pädagogischen Personals gilt vielen die staatliche Hoheit des Schulwesens, woraus die Empfehlung resultiert, dass der Staat schrittweise zurückzutreten habe und seine Aufgaben wenigstens teilweise an Privatunternehmen zu delegieren seien.

Der staatliche Verzicht auf bildungspolitische Verantwortung hat zur Folge, dass Fort- und Weiterbildungsmaßnahmen ebenso privatisiert werden wie die *Selbstevaluation in Schulen* (SEIS). Um Letzteres bemüht sich mit besonderem Nachdruck die *Bertelsmann Stiftung* als eine der finanzstärksten und einflussreichsten deutschen Unternehmensstiftungen, die seit ihrer Gründung 1977 mehr als 1,2 Milliarden Euro für gemeinnützige Arbeit in neoliberale Handlungsempfehlungen für den Bildungs-, Gesundheits- und Kultursektor investiert hat. Die Hoffnung der Stiftung, ihre Ideen – womöglich auch über den breitenwirksamen Aufbau von Privatschulen – implementieren zu können, speist sich aus der chronischen Unterfinanzierung des Bildungswesens, wie der 2009 verstorbene Patriarch Reinhard Mohn bereits vor zwei Jahrzehnten zu Protokoll gab (1996, 15): »Es ist ein Segen, daß uns das Geld ausgeht. Anders kriegen wir das notwendige Umdenken nicht in Gang.«

Die Offenheit der Schulen gegenüber unternehmerischen Einflüssen hat zu einer tektonischen Verschiebung der Akteurskonstellationen im öffentlichen Bildungssektor geführt, die das Verständnis von Schule als neutraler Bildungsinstanz gravierend verändert: Gewinn- und Gemeinwohlorientierung prallen aufeinander (Gericke 2012, 42 f.). Denn nicht wenige der mehr als 1.000 Initiativen, die vorgeben, sich um die schulische Allgemeinbildung verdient zu machen, tatsächlich aber nur mit ihr verdienen wollen, speisen die Schulen mit selektiven, tendenziösen und manipulativen Unterrichtsmaterialien.

Der Adressatenkreis ist groß: 8,4 Millionen Schüler besuchen derzeit eine allgemeinbildende Schule, rund drei Millionen Kinder im Alter von drei bis sechs Jahren werden in den rund 51.000 deutschen Kindergärten, Horten und Kindertagesstätten betreut. Auf *Education-Marketing* spezialisierte Agenturen wie *spread blue* buhlen um werbewillige Unternehmen, indem sie unverhohlen auf die Verführbarkeit von Kindern hinweisen (2015): »Es gibt kaum einen anderen Ort, an dem Sie die Kinder und junge Familien konzentrierter vorfinden oder ansprechen können. Schon im Vorschulalter beherrschen viele Sprösslinge ein erstaunliches Repertoire an Werbesprüchen und -melodien, und von diesen bleibt offensichtlich auch einiges hängen, wie neue Studien belegen. So orientieren sich Mädchen unter sieben Jahren, die ihre Wunschliste für Weihnachten zusammenstellen, vor allem an dem ihnen über Werbung Präsentierten. Viele Kinder wissen, was sie wollen und sind oft die heimlichen Entscheider der Familie. Die gemeinsame Kindergartenzeit prägt; es wird gebastelt, geturnt, geübt und gesungen. Die Kleinen wissen durch ihre Kindergartenfreunde genau, was gerade angesagt ist und entwickeln frühzeitig ein eigenes Markenbewusstsein. Im Auftrag der nordrhein-westfälischen *Landesanstalt für Rundfunk* befragten Wissenschaftler mehr als 1.000 Vorschulkinder. Resultat: Mehr als 60 Prozent vermochten Programm und Werbung nicht zu unterscheiden.«

Auf dieses Phänomen setzt auch die Marketingagentur *Blattwerk Media*, die nach eigenen Angaben bundesweit an mehr als 7.300 Kitas und 2.550 Grundschulen Gratis-Produkte wie Mal- und Bastelhefte oder Puzzles liefert. Der Schuhfabrikant *Deichmann*, der Energiekonzern *E.ON* und der Fernsehsender *Super RTL* haben die Dienste der Agentur bereits in Anspruch genommen – angezogen von dem Versprechen, dass Lehrer die Produktproben verteilen, sodass sie »in den Schulalltag integriert und intensiv wahrgenommen« werden (Blattwerk Media 2016, 15).

Werbebotschaften und Firmenlogos auf Hausaufgabenheften, Schülerzeitungen, Turnhallenbannern und Zeichenblöcken sind für Unternehmen nicht nur deshalb ausgesprochen attraktiv, weil sie mit Schülern neue Kunden gewinnen, sondern auch, weil es besonders junge Kunden sind. So lässt sich die spätere Bereitschaft zum Markenwechsel besonders gut hemmen. Nun ist Werbung an Schulen zwar in den meisten Bundesländern verboten. Gleichwohl lassen die einschlägigen Gesetze (zu) viele Interpretationsspielräume. So heißt es im nordrhein-westfälischen Schulgesetz zwar recht eindeutig: »Werbung, die nicht schulischen Zwecken dient, (ist) in der Schule grundsätzlich unzulässig« (MSW NRW 2015, § 99). Diesem Diktum geht aber ein Passus voraus, wonach die Schulleitung mit Zustimmung der Schulkonferenz und des Schulträgers darüber befinden kann, wann Werbung mit dem Erziehungs- und Bildungsauftrag der Schule vereinbar ist (ebd.).

Damit stehen die Einfallstore für Werbung offen, zumal angesichts chronisch klammer Kassen. Die prekäre finanzielle Situation des Bildungswesens in der von Bundeskanzlerin Angela Merkel 2008 ausgerufenen »Bildungsrepublik Deutschland« wird nicht nur dort deutlich, wo Schulleitungen sich genötigt sehen, über Initiativen wie die Aktion *Bildungslückenfüller* Spenden für Computer, Türen und Regale einzuwerben. Die Sparpolitik leistet insbesondere privaten Anbietern von Bildungsinhalten Vorschub. So schwindet die für Schulbücher übliche Qualitätskontrolle gerade bei online angebotenen Unterrichtsmaterialien, deren Zahl allein von 2011 auf 2012 um 69,6 Prozent gestiegen ist (Neumann 2015, 44). Eine Untersuchung des *Verbraucherzentrale Bundesverband e. V.* (vzbv) bewertete rund 450 Unterrichtsmaterialien von Unternehmen und unternehmensnahen Institutionen zu den Themenfeldern »Finanz- und Medienkompetenz«, »Nachhaltiger Konsum« sowie »Ernährung«. Lediglich ein Drittel erhielt die Noten »sehr gut« oder »gut«, beinahe vier von zehn die Noten »ausreichend« oder »mangelhaft« (2014, 12).

Nicht wenige dieser didaktisch, inhaltlich und methodisch defizitären Unterrichtsmaterialien sind für die Lehrenden mit einer entsprechenden Facultas eine echte Herausforderung. Für fachfremd Unterrichtende ist die Auswahl geeigneter Materialien regelmäßig eine konkrete Überforderung, da sie inakzeptable Angebote kaum identifizieren können. Zudem müssen die Lehrkräfte – bedingt durch den erhöhten Autonomiegrad der Schulen – deutlich mehr Zeit »für Marketingaktionen und unterrichtsferne Projekte [...] [aufwenden], die nach außen dargestellt werden müssen. Weil (dann) Zeit für die Unterrichtsvorbereitung fehlt, greifen Lehrer gerne auf die von den Unternehmen bereitgestellten Materialien zurück. Zweifel daran, was sie da eigentlich gerade vermitteln, gehen im Stress unter« (Krautz 2014, 101).

Wie wichtig es wäre, auch die Materialien von Unternehmen und unternehmensnahen Initiativen der in den meisten Bundesländern obligatorischen kultusministeriellen Prüfung für Schulbücher zu unterziehen, mag am Beispiel von *Media Smart e. V.* dargestellt werden. Der formal gemeinnützige Verein strebt nach eigener Aussage mit seinen umfangreichen Materialpaketen für die Grund- und Vorschule eine ausgewogene Medienbildung an (2005). Zu seinen Förderern und Mitgliedern zählen u. a. *Ferrero, Kellogg's, Lego, Super RTL* und die *Organisation Werbungtreibende im Markenverband;* ausschließlich Unternehmen und Verbände, die »Werbung betreiben, verkaufen oder machen – und deren Zielgruppe vor allem Kinder sind« (Wicht 2005). So führt der TV-Sender *Super RTL*, der mehrheitlich zum *Bertelsmann-Konzern* gehört, den Reigen der Kinderfernsehsender hinsichtlich der Einschaltquoten mit weitem Abstand an (Feierabend/Klingler 2015).

Diese Akteurs- und Finanzierungskonstellation macht skeptisch. Und ihre Unterrichtsreihe *Augen auf Werbung* bestätigt jede Skepsis. Zur kritischen Reflexion von Werbebotschaften leitet sie nicht an – nur dazu, Werbung zu suchen, anzuschauen, zu beschreiben und eigene Werbung zu gestalten. So werden die Schüler aufgefordert, sich »gegenseitig auf Markennamen und Logos« zu untersuchen und anschließend die Marken und Produktnamen ihrer Kleidung und Ausstattung zusammenzutragen. Nachdem sie unterschiedliche Werbeformen kennengelernt haben, sollen sie auch zu Hause auf »Werbespurensuche« gehen.

Das Unterrichtsmaterial von *Media Smart* mag die Beschäftigung mit Werbung fördern, allerdings in einem sehr affirmativen Sinn. Es senkt den Werbe-, Konsum- und Markendruck nicht, dem Kinder heute schon sehr früh ausgesetzt werden, sondern erhöht ihn. Es fördert nicht den pädagogisch wünschenswerten kritisch-reflexiven Umgang mit Werbung, sondern konterkariert ihn.

Die Ernährungslehre der Lebensmittelindustrie

Auch zahlreiche Lebensmittelhersteller – darunter insbesondere Fast- und Junkfood-Produzenten – nutzen inzwischen das bildungspolitisch geschaffene Einfallstor. Einen Großteil ihres jährlichen Werbeetats in Höhe von 700 Millionen Euro verwendet die hiesige Lebensmittelindustrie darauf, Schulveranstaltungen zu sponsern, kostenlose Schulhefte mit Firmenlogos zu verteilen oder Produktproben in Kindertagesstätten zu bringen.

Diese Form der Kundengewinnung und -bindung ist dann besonders problematisch, wenn es um nachweislich ungesunde Lebensmittel geht. Dazu zählen u. a. Angebote der Hersteller *Nestlé, Dr. Oetker, Intersnack* oder *Kellogg's*, aber auch die vom Getränkehersteller *Capri-Sonne* rund fünf Jahre lang eingesetzte Unterrichtsmappe *Fit, fair und schlau.* In der Ernährungspyramide des auf Grundschulen zielenden Unterrichtsmaterials rangiert *Capri-Sonne* im Segment »Getränke« auf einer Stufe mit Wasser – verbunden mit dem Hinweis, dass man davon »viel« trinken solle (foodwatch 2013). Um das mitgelieferte Kreuzworträtsel korrekt zu lösen, ist der Satz »Fruchtsaftgetränke enthalten oft ...« um das Wort »Vitamine« zu ergänzen. Dabei ist das Getränk nach den Kriterien des von der Bundesregierung geförderten *aid Infodienstes* in der Rubrik »Süßigkeiten und Fett« an der Spitze der Ernährungspyramide mit der Empfehlung zu platzieren, es nur sparsam zu verzehren. Die Materialmappe wird nach heftiger Kritik der Verbraucherorganisation *foodwatch* zwar inzwischen nicht mehr verbreitet, aber mit einem eigenen Schwimmabzeichen des Getränkeherstellers werden die Jüngsten noch immer umgarnt. Damit liegt der Getränkehersteller im Trend. Auch die Firma *Brandt* hat für eine Unterrichtsmappe eigens die Figur »Zwiebra« entwickelt, die Kindern »viele lustige Spiele zeigen« soll (2010, 13): »Weißt du, woher mein Name kommt? Richtig! Ich knabbere am liebsten den ganzen Tag Zwieback von Brandt – das gibt ein Zwiebra!«

Manipulativ sind auch die Strategien des Schokoladenherstellers *Alfred Ritter GmbH & Co. KG.* (2010, 11): »Die Wissenschaft hat festgestellt, dass Schokolade glücklich macht.« Die vermeintlich informative *Ritter-Sport*-Mappe mit dem Titel »Von der Kakaobohne zur Schokolade« – auf der derselbe Schrifttyp wie auf der Schokoladenverpackung prangt – ist ein Paradebeispiel für Schulmarketing. So erfolgt der Unterrichtseinstieg im Wege einer Entspannungsübung: »Jeder bekommt von der Lehrkraft ein Stückchen Schokolade. Konzentriert euch nun ganz auf das Schoko-Stück. Jetzt geht es reihum und jeder darf sagen, was ihm zum Thema Schokolade einfällt. Wenn jeder einmal an der Reihe war, darfst (sic!) das Schoko-Stück aufgegessen werden« (ebd., 9). Die Lehrkraft soll hierzu eine ausreichende Zahl von Schokoladenstücken bereithalten. Anschließend lernen die Grundschüler, dass Schokoladenkonsum vorteilhaft für Geist und Körper ist: Schokolade sei »schmerzlindernd« sowie »gut für Herz und Kreislauf«. Im gesamten Heft wird Schokolade mit Belohnung, Glück und Entspannung gleichgesetzt: »Außerdem ist Schokolade einfach lecker und damit eine gute Belohnung« (ebd., 10). Diese selbst bei Erwachsenen problematische Verknüpfung ist in Zeiten steigender gesundheitlicher Probleme aufgrund von Mangelernährung sowie unzureichender Bewegung bei Kindern und Jugendlichen als ausgesprochen folgenschwer zu bezeichnen.

Auch das vom Fast-Food-Konzern *McDonald's* 2006 publizierte Unterrichtsmaterial für die Primarstufe *Mit Verstand groß werden – richtig essen und bewegen* zeigt eindrücklich, wie weit die Firmen mit ihrer Marketingstrategie zu gehen bereit sind, um Kinder und Jugendliche in ihren Kauf- und Ernährungsgewohnheiten zu prägen. Ähnlich wie *Capri-Sonne* hat auch der Junk-Food-Riese ein eigenwilliges Verständnis von Lebensmittelkategorien. So weist ein Hamburger in dem Themenheft dieselben Gütekriterien wie Obst auf. Im didaktischen Kommentar des Materials heißt es: »Auf dem Tisch liegen Obst, Bilder von verschiedenen Gerichten, […] Hamburger mit Pommes. Die Kinder sollen nun einordnen, was davon unter ›Fast Food‹ fällt.

Hier ist die Definition des Begriffes wichtig. ›Fast Food‹ ist alles, was schnell und aus der Hand gegessen werden kann – also zählt zum Beispiel auch Obst dazu« (McDonald's 2006, 46). Wenngleich das Material nicht mehr abrufbar ist, nutzt *McDonald's* weiterhin zahlreiche andere Kanäle wie etwa die Beteiligung an der Bundesarbeitsgemeinschaft *SchuleWirtschaft* oder die Vergabe des *DFB-&-McDonald's-Fußball-Abzeichens*, um für seine Produkte zu werben.

Ähnlich kritisch ist das Engagement des zum US-Konzern *Mars* zählenden Kaugummiherstellers *Wrigley* zu sehen. Die für den fächerübergreifenden Unterricht konzipierte und kostenlos erhältliche Materialsammlung *Kauen mit Köpfchen. Lernen rund um Kaugummi* sendet eine explizit werbliche Botschaft: »Kaugummikauen macht Spaß und bietet viele Vorteile« (Wrigley 2009, 9). Abschließend wird auf die Stressminderung, die Konzentrationssteigerung sowie die Verbesserung der Mundhygiene mittels Kaugummikauen verwiesen.

Wie Hunderte weiterer Initiativen macht auch das Beispiel *Wrigley* deutlich, dass überall dort, wo die Bildungsbudgets nicht ausreichen, auf das Engagement privater Akteure gesetzt wird. So engagiert sich das Unternehmen im Rahmen einer Projektwoche der Wirtschaftsinitiative *Jugend denkt Zukunft* in Kooperation mit dem bayerischen Kultusministerium für eine »Schule der Zukunft« und kann damit sogar bildungspolitische Akzente setzen. Die Lebensmittelindustrie will offenkundig mit ihren millionenschweren Marketingoffensiven staatlichen Aufklärungskampagnen entgegenwirken.

Die Automobilhersteller erklären den Klimaschutz

Im »Land der Autofahrer« überrascht der Einfluss der deutschen Automobilindustrie auf Schüler kaum. So wirbt das von der *Volkswagen AG* herausgegebene Unterrichtsmaterial mit dem Titel »Mobil im Klimaschutz« nicht für die Nutzung umweltfreundlicher Verkehrsmittel, sondern unverkennbar für Autos der Marke *Volkswagen*. Im Unterrichtsbaustein »Umweltfaktor Auto« (o. J., 15) heißt es – in Anbetracht des 2015 publik gewordenen Abgasskandals geradezu perfide: »Bis man sich ganz vom Öl verabschieden kann, dauert es noch etliche Jahre. Bis dahin optimiert zum Beispiel Volkswagen die Potentiale bestehender Motoren und Antriebe und fördert die Entwicklung und den Einsatz von biogenen Kraftstoffen der 2. Generation, die schon in den heutigen Motoren eingesetzt werden können. Langfristig sieht Volkswagen im Elektromotor den optimalen Antrieb für nachhaltige Mobilität, denn Strom lässt sich aus Wind, Wasser oder Sonne erzeugen.« Die begleitenden »Arbeitsaufträge« für die Schüler zeigen das Werbefoto eines VW-Modells.

Auch die *Daimler AG* versucht, durch Einfluss auf den Schulunterricht die Kunden von morgen möglichst früh an ihre Marke zu binden. Dazu stellt das Unternehmen nicht nur Unterrichtsmaterialien bereit, sondern entsendet sogar firmeneigene Mitarbeiter in den naturwissenschaftlichen Unterricht, um u.a. den Ingenieurberuf zu bewerben. Mit 13- bis 15-Jährigen führen sie ein Verkehrserziehungsprogramm durch, in dessen Rahmen die Schüler ans Steuer eines Fahrzeugs – selbstverständlich mit *Mercedes*-Stern – dürfen. Diese Lobbybemühungen sind aber nur ein Ausschnitt aus der breit angelegten Initiative *Genius. Die junge WissensCommunity von Daimler*. Das Unterrichtsmaterial *Mobilität der Zukunft. Antriebstechnik in der Grundschule* zum Beispiel erweist sich bereits auf den ersten Blick als reine Werbebroschüre mit unzähligen Fotos von *Mercedes-Benz*-Modellen. Selbst auf der Ausschneidevorlage zum Bau eines Modellautos prangt der *Mercedes*-Stern. Um die einzelnen Bestandteile von Autos kennenzulernen, sollen die Grundschüler folgende Aufgabe bearbeiten: »Jedes Fahrzeug ist für einen besonderen Zweck gebaut. Je nach Einsatzbereich ist der zur Verfügung stehende Platz im Fahrzeug unterschiedlich aufgeteilt. Vergleiche die folgenden Fahrzeugarten und bewerte die Platzverteilung« (genius 2012, 24). Die vier abgebildeten Fahrzeugklassen – alle aus der *Daimler AG* – sollen hinsichtlich der Größe ihres Koffer- und ihres Fahrgastraums beschrieben werden. Das Lernziel? Nicht erkennbar.

Die Finanzwirtschaft lehrt Produktkunde

Besonders augenfällig ist der lobbyistisch motivierte Einfluss mittels Unterrichtsmaterialien im Feld der ökonomischen Bildung. Im Hintergrund steht das Anliegen privatwirtschaftlicher Akteure und arbeitgebernaher Interessenvereinigungen, die ökonomische Bildung im allgemeinbildenden Schulwesen mit einem Separatfach »Wirtschaft« aufzuwerten, in dem vorrangig die Themenfelder Finanzielle Bildung und *Entrepreneurship Education* gelehrt werden sollen. Dahinter steht die Behauptung, das Wirtschafts- und Finanzwissen der Jugendlichen sei ungenügend. Aber wissen Schüler über Wirtschaft wirklich weniger als über Politik, Gesellschaft und Geschichte?

Wohlwissend, dass ein in jungen Jahren erlangtes Weltbild besonders nachhaltig verfängt, drängen immer mehr privatwirtschaftliche Akteure in die Schulen, um im Wege der *Entrepreneurship Education* eine Kultur des unternehmerischen Denkens und Handelns zu verankern. Während bis in die 1980er-Jahre hinein ein sozialwissenschaftlicher Zugang vorherrschte, um Arbeitsverhältnisse aus der Perspektive der Arbeitnehmerschaft zu beleuchten, wird die Analyse, Deutung und Erkundung der Arbeitswelt seit einiger Zeit von arbeitgeberorientierten Initiativen wie *business@school, Schüler im Chefsessel, Gründerwoche, Gründerkids* oder *Junior – Schüler erleben Wirtschaft* dominiert, in denen Schülerfirmen aufgebaut werden und wo betriebswirtschaftliches Denken zum Dreh- und Angelpunkt sozialwissenschaftlicher Lehr- und Lernprozesse wird. Wie weit solche Überlegungen zurückreichen, lässt schon der 1997 veröffentlichte Bericht der *Kommission für Zukunftsfragen der Freistaaten Bayern und Sachsen* erahnen, an dem neben dem Vorsitzenden Meinhard Miegel u.a. der damalige *McKinsey*-Chef Herbert Henzler und das damalige Vorstandsmitglied des Energiekonzerns *VIAG*, Georg Obermeier, mitgewirkt hatten (Zukunftskommission Bayern-Sachsen 1997, 7ff.): »[Die Lehrer/-innen] müssen sich unternehmerischer verhalten, um mit Erfolg unternehmerische Verhaltensweisen vermitteln zu können. […] Das Leitbild der Zukunft [ist] der Mensch als Unternehmer seiner Arbeitskraft und Daseinsvorsorge. […] Deshalb müssen künftig bei Schülern, Auszubildenden und Studenten gezielt Eigenschaften wie Selbständigkeit, Verantwortungsbewusstsein, Eigeninitiative und Leistungsbereitschaft entwickelt werden.« Getragen von derartigen Absichten haben sich in den vergangenen Jahren zahlreiche Partnerschaften etabliert, die sich allein an der unternehmerischen Prioritätenliste in puncto Arbeitsverhalten orientieren, indem sie Ordnungssinn, Zuverlässigkeit und Pünktlichkeit zu vordringlichen pädagogischen Leitprinzipien erklären.

Inzwischen bietet eine Vielzahl von Initiativen unter dem Dach des vom *Bundesministerium für Wirtschaft und Energie* gebündelten Netzwerks *Unternehmergeist in die Schulen* Gratismaterialien an, wobei nicht wenige die unternehmerische und einzelwirtschaftliche Perspektive im arbeitsweltlichen Kontext extrapolieren und damit die interdisziplinäre Deutung der Arbeitswelt desavouieren. Den Hintergrund derartiger Bemühungen bildet die Behauptung, dass zu wenige Jugendliche den Wunsch nach beruflicher Selbstständigkeit entwickelten – ein vermeintliches Faktum, das zum Beispiel die 2001 von der *Stiftung Würth* finanzierte Studie *Wirtschaftswissen Jugendlicher in Baden-Württemberg* untermauert. Zurückgeführt wird dieses Manko dabei erstens auf unzulängliches wirtschaftswissenschaftliches Wissen und zweitens auf einen Sozialstaat – von Würth auch als sozialistische Marktwirtschaft beschrieben –, der »die Bürger der Eigenverantwortung entwöhnt« (Würth/Klein 2001, 5). Der inhaltlichen Verengung auf die »Weckung von Unternehmergeist« ist entgegenzuhalten, dass neun von zehn Erwerbstätigen in Deutschland abhängig beschäftigt sind – ein Umstand, den der Schulunterricht besser nicht ignorieren sollte.

Des Weiteren wird die Engführung ökonomischer Bildung durch die einseitige Konzentration auf das Themenfeld »Finanzen« offenkundig. Im Schatten der Wirtschafts- und Finanzmarktkrise 2008 ff. wird finanzielle Bildung insbesondere von Kreditinstituten und Versicherungskonzernen als Erfolg versprechender Weg aus der Legitimationskrise gedeutet und instrumentalisiert. Aber auch Finanzvertriebe wie die *Deutsche Vermögensberatung* (DVAG) schicken Mitarbeiter in die Schulen; ihr Lehrmaterial besteht aus getarnten PR-Texten zu Finanzthemen. Überdies propagieren Verbände wie die *Bundesvereinigung der Deutschen Arbeitgeberverbände* (BDA) Lernpartnerschaften zwischen Schulen und Unternehmen. Sie greifen vordergründig die vermeintliche Ahnungslosigkeit der Jugendlichen und hintergründig die weitreichenden Veränderungen der bundesrepublikanischen Sozialstaatsarchitektur auf, um unverhohlen für die private Altersvorsorge zu werben.

Nahezu alle Initiativen, die sich wie *My Finance Coach*, die *Initiative Neue Soziale Marktwirtschaft*, *Handelsblatt macht Schule*, *Geldlehrer Deutschland e. V.* oder *Schul/Bank* der finanziellen Bildung widmen, zielen auf bloßes Faktenwissen – oder gar auf eine reine »Produktkunde«, indem sie das Wissen über Aktien und Anleihen, Devisen und Derivate sowie Fonds und Futures zum Maßstab finanzieller Bildung erheben. Im bundesweit etablierten Bankenplanspiel *Schul/Banker* etwa sollen die jährlich rund 70.000 teilnehmenden Schüler von ihrem virtuellen Chefsessel aus auf Bilanzen, Gewinn-und-Verlust-Rechnungen sowie Ergebnisse der Zinsspann-, Liquiditäts- und Mindestreserverechnung reagieren. Bezüge zu wirtschafts- oder gar sozialpolitischen Überlegungen? Fehlanzeige. In Kooperation mit der *Frankfurt School of Finance & Management* führt der *Bankenverband Hessen* Lehrerfortbildungen durch, um Finanzthemen im schulischen Kontext aufzuwerten.

All jene, die mehr finanzielle Bildung propagieren, verweisen auf die regelmäßigen Untersuchungen zum wirtschaftswissenschaftlichen Wissen. Geradezu gebetsmühlenartig rufen sie den »Bildungsnotstand in Finanzfragen« aus und attestieren der deutschen Bevölkerung einen gravierenden »finanziellen Analphabetismus«. Dabei stammen nahezu alle Studien aus der

Finanz- und Versicherungswirtschaft oder aus dem benachbarten Stiftungsumfeld. Die alle drei Jahre durchgeführte Jugendstudie des *Bundesverbands deutscher Banken* ist eine der Analysen, die – begründet durch die mutmaßlichen Defizite – das Fundament für die Debatte um die Stärkung der finanziellen Bildung bilden (u.a. Bundesverband deutscher Banken 2015). Die einschlägigen Unterrichtsmaterialien der Finanzwirtschaft vernachlässigen nicht nur die Traditionslinien der sozialwissenschaftlichen Unterrichtsfächer; sie verharmlosen auch die Marktmechanismen ihrer Branche, worauf der ehemalige Bundesinnenminister Gerhart Baum (FDP) und seine Koautoren Julius Reiter und Olaf Methner hinweisen: »Schließlich ist von Unterrichtsmaterialien, die Banken oder Versicherungen anbieten, wohl kaum zu erwarten, dass sie zum Beispiel auf Fallstricke aufmerksam machen, die sie oft genug zum Nachteil ihrer Kunden im Kleingedruckten ihrer eigenen Verträge verstecken« (2009, 78).

Die Kritik am schulischen Engagement derartiger Initiativen umfasst auch die Arbeit externer Referenten, die in Vertretung ihrer Unternehmen – oder eben ihrer selbst – in die Schulklassen kommen. Große Aufmerksamkeit erregte zuletzt der Verein *Geldlehrer Deutschland e.V.*, der im Rahmen seiner »Bildungsoffensive« auf die Vermittlung finanzieller Bildung zielt. Mehr als 100 Geldlehrer sind dort engagiert; sie haben mittlerweile in 3.421 Unterrichtsstunden mehr als 4.270 Lernende erreicht, die dann »Sparpläne, Darlehen, Ratenkredite, Inflation und sogar ihre eigene Altersvorsorge selbstständig berechnen« mussten (Geldlehrer Deutschland e.V. 2015). Kurzfristiges Ziel des Vereins ist es, 1.000 Geldlehrkräfte für jährlich rund 50.000 Schüler auszubilden.

Wenngleich die als Geldlehrer auftretenden Vermögens- und Finanzberater laut Ehrenkodex gehalten sind, Werbemaßnahmen im Unterricht zu unterlassen, so ist dennoch Skepsis angebracht – zumal sie für ihre dreitägige Ausbildung 2.900 Euro zu zahlen haben. Es drängt sich der Verdacht auf, dass sie in den Klassenzimmern für ihre Finanz- und Versicherungsprodukte werben, indem sie die staatliche Umlagefinanzierung schlecht- und das privatwirtschaftlich organisierte Kapitaldeckungsprinzip schönreden. Viele erhalten auch Aufmerksamkeit über die lokale Berichterstattung, was dem mittlerweile von der Homepage entfernten, aber nach wie vor wirksamen Rekrutierungsversprechen der Initiative entspricht: »Erweitern Sie Ihren Bekanntheitsgrad. Werden sie angesehener Geldlehrer in Ihrer Region« (zit. nach GEW 2013, 43). Demnach sind die Nutznießer der Initiative also nicht die Schüler, sondern die Geldlehrer selbst.

Zu den erfolgreichsten und ältesten PR-Initiativen aus dem Bankensektor zählt das 1983 aufgesetzte *Planspiel Börse* des *Deutschen Sparkassen- und Giroverbandes*, an dem inzwischen mehr als eine Million Schüler- und Studierendenteams teilgenommen haben. Gewinner sind die Schüler mit den besten Anlageerfolgen. Wobei die Laufzeit des Planspiels bemerkenswert ist: zehn Wochen. Welche Botschaft wird dadurch vermittelt? Nachhaltiger Börsenerfolg ist binnen zehn Wochen möglich? Oder Zocken lohnt sich? Die grundsätzliche Frage ist, warum die Sparkassen als öffentlich-rechtliche Institutionen in Schulen um die Sparer von morgen buhlen dürfen, indem sie den Schülerteams 50.000 Euro virtuelles Startkapital für den Handel mit Aktien, Fonds und festverzinslichen Wertpapieren zur Verfügung stellen.

Weitere Bedenken löst die millionenschwere Initiative *My Finance Coach* aus: Sollte das nicht nur unter »G8-Vorzeichen« knappe Zeitkontingent 12-Jähriger wirklich mit den Fragen »Wie sorge ich privat für das Alter vor?«, »Wie betreibe ich bei meinen Finanzanlagen Risikodiversifikation?« und »Wie versichere ich mich richtig?« belastet werden? Zu kritischem Bewusstsein erziehen die ausgegebenen Materialien der Initiative jedenfalls nicht. Beim Thema Sparen etwa blenden sie die Risiken von Aktien und Anleihen – niedrige Bonität oder hohe Volatilität – ebenso aus wie Inflationsrisiken, Kreditfallen oder Falschberatungen. Zudem erteilen die seit geraumer Zeit auch außerhalb Deutschlands tätigen *Finance Coaches* Unterricht. Die Liste der Kooperationspartner ist mit mehr als 60 Unternehmen und Organisationen ungewöhnlich lang: Der Versicherungskonzern *Allianz*, die *Deutsche Börse*, die *Deutsche Kreditbank*, die *Cornelsen Akademie*, die *Klett MINT GmbH*, die Wirtschaftsprüfungsgesellschaft *KPMG* und die Unternehmensberatung *McKinsey & Company* – sie alle reihen sich in das mit mehr als 2.400 Schulen kooperierende Lobbybündnis ein. Aber warum unterstützen auch die OECD, die UNESCO und der *Deutsche Philologenverband* diese privatwirtschaftliche Initiative? Glauben sie ernsthaft, dass externer Sachverstand über Unternehmensmitarbeiter in den schulischen Regelunterricht Eingang finden soll? Müssen nicht gerade sie sich die Frage stellen (lassen), warum Vermittler von Strukturvertrieben Schulen besuchen dürfen, um potenzielle Kunden zu werben, indem sie erst deren Ängste vor Altersarmut schüren und dann die private Altersvorsorge propagieren? Schließlich ist das beinahe so, als würden Fast-Food-Restaurantleiter die Kinder über Ernährung informieren oder Pharmareferenten den Biologie- oder Chemieunterricht gestalten. Wollen wir das?

Ebenso wie andere umstrittene Bildungsinitiativen – zum Beispiel *Handelsblatt macht Schule* oder *Hoch im Kurs* – trägt auch *My Finance Coach* das *Comenius EduMedia-Siegel* und wurde sogar von der UNESCO als offizielles Projekt der UN-Dekade *Bildung für Nachhaltigkeit* ausgezeichnet. Die Aussagekraft solcher Gütesiegel kann und muss bezweifelt werden, denn die eingesetzten Materialien wurden kaum geprüft; der *Verbraucherzentrale Bundesverband* hat eine Vielzahl dieser Materialien sogar als wenig oder gar nicht für den Unterricht geeignet eingestuft. Die rheinland-pfälzische Landesregierung lehnt *My Finance Coach* aufgrund fachlicher »Bedenken im Hinblick auf die Ausrichtung der Materialien und die Durchführung« in toto ab (zit. nach GEW 2013, 68). Dennoch hat die Initiative bereits mehr als 735.000 Schüler erreicht (MFC 2015, 2), was auch daran liegen dürfte, dass sie »mit der bezüglich anrüchiger Kooperationen offenbar schmerzfreien bayerischen Lehrerfortbildungsakademie in Dillingen« Seminare ausrichtet (Balser/Ritzer 2016, 265).

»Treten Sie in Kontakt mit Ihren Kunden und Mitarbeitern von morgen« – so wirbt die mit 30.000 monatlichen Downloads ausgesprochen erfolgreiche Initiative *Handelsblatt macht Schule* (Handelsblatt 2015a). Ihre Themenhefte, produziert vom *Institut für ökonomische Bildung* (IÖB), tragen Titel wie »Finanzielle Allgemeinbildung«, »Innovation« oder »Unternehmen und Strukturwandel«. Die Wirtschaftsprüfungsgesellschaft *Ernst & Young*, der Energiekonzern *EWE*, die vom Lidl-Eigentümer gegründete *Dieter Schwarz-Stiftung* sowie die *Deutsche Industrie- und Handelskammer* (DIHK) sponsern das Projekt *Mitarbeiter machen Schule*, das sich an die Lehrkräfte wendet (Handelsblatt 2015b): »Lassen Sie Fragen Ihrer Schüler zu Wirtschaftsthemen direkt von Experten aus der Praxis beantworten! Wir vermitteln Ihnen Mitarbeiter von renommierten Unternehmen, Stiftungen und Verbänden, die Ihre Schule besuchen, Ihren Schülerinnen und Schülern Rede und Antwort stehen und für eine Doppelstunde Ihren Lehrauftrag übernehmen.« Der Verdacht, dass mit diesem Corporate Volunteering nicht nur Kunden und Nachwuchskräfte gewonnen, sondern auch Weltbilder geprägt werden sollen, drängt sich beim Blick auf die Liste der Projektpartner auf, die vom arbeitgebernahen *Institut der deutschen Wirtschaft Köln* über den *Verband Deutscher Privatschulverbände* bis hin zur *Stiftung der Deutschen Wirtschaft (SDW)* reicht. Zumal sich für das von dem arbeitgebernahen Wirtschaftsinstitut initiierte Projekt *Fit für die Wirtschaft* Mitarbeiter der *Targobank* als Wirtschaftstrainer bewerben können.

Ein weiteres privatwirtschaftlich finanziertes Projekt, das die Schule zur Werbefläche degradiert, ist *business@school.* Unter dem Dach dieser Initiative der *Boston Consulting Group* (BCG) – einer der weltweit größten Unternehmensberatungen – engagieren sich mehr als 20 Unternehmen, darunter die *Postbank AG*, der Energiekonzern *ENBW* sowie das *Handelsblatt.* Letzteres stellt ein Abonnement für die teilnehmenden Schulen sowie Unterrichtsmaterialien bereit, dem Selbstverständnis nach in der Absicht, den Unternehmergeist des Nachwuchses durch betriebswirtschaftliches Grundwissen zu stärken. Die als Praxisnähe verbrämte Unternehmensnähe wird durch regelmäßige Besuche von *BCG*-Mitarbeitern und Angehörigen der Partnerunternehmen gewährleistet. Weltweit haben seit 1998 mehr als 15.000 Schüler im Rahmen des Wettbewerbs eine Geschäftsidee samt Businessplan entwickelt, um anschließend ein Praktikum bei BCG absolvieren zu dürfen (BCG 2014). *business@school* nutzt die Institution Schule aber nicht nur zur Nachwuchsrekrutierung, sondern konkurriert mit seinen kostenlosen BWL-Seminaren für Lehrkräfte auch mit den staatlichen – und idealerweise neutralen – Aus-, Fort- und Weiterbildungsangeboten.

Auch die *Initiative Neue Soziale Marktwirtschaft* (INSM) bietet kostenlose Unterrichtsmaterialien an. Manipulierend wirkt dabei zum Beispiel das Material *Das kleine 1 × 1 der Sozialen Marktwirtschaft:* Es fragt, ob »nicht die soziale Balance in Deutschland gerade deshalb aus den Fugen geraten [ist], weil wir […] krampfhaft versuchen, die Schicksale von mehr als 80 Millionen Menschen in ein einziges, nämlich das vom Staat vorgegebene Korsett zu zwängen?« (INSM 2009, 48). Der in Art. 14 Abs. 2 des Grundgesetztes verankerte Eigentumsvorbehalt, wonach Eigentum verpflichtet und sein Gebrauch zugleich dem Wohle der Allgemeinheit dienen soll, wird mit den Worten kommentiert: »Zugegeben, dieses Gebot ist ohne Zweifel gut gemeint, doch von einer freiheitlichen Wirtschaftsverfassung zeugt es nun wirklich nicht« (ebd., 21). Wirtschaftsliberale Verfassungsskepsis als suggestiver Unterrichtsinhalt?

Darum, die Zusammenarbeit von Schulen und Betrieben auf- und auszubauen, geht es auch dem Netzwerk *SchuleWirtschaft*, das die BDA und das *Institut der deutschen Wirtschaft Köln* verantworten. Ihr untergeordnet sind die in beinahe jedem Bundesland ansässigen Landesarbeitsgemeinschaften sowie die mehr als 400 Arbeitskreise, die neben Fortbildungen zu Themen wie »Selbstständige Schule«, »Sponsoring« und »Führungsmanagement« auch kostenlose Unterrichtsmaterialien anbieten. Partner wie *McDonald's*, *Siemens*, die *Bertelsmann Stiftung* und die *Stiftung der Deutschen Wirtschaft* unterstützen die vier Mal jährlich erscheinende Schriftenreihe »Thema Wirtschaft«. Schulen könnten laut der Arbeitsgemeinschaft somit die Berufsberatung konkreter und den Unterricht praxisorientierter gestalten. Unternehmen gewönnen Einblicke in den aktuellen Ausbildungsstand, übernähmen gesellschaftliche Verantwortung, erhöhten ihren Bekanntheitsgrad, und schließlich böte sich ihnen auch die Möglichkeit der Anwerbung künftiger Arbeitskräfte – so oder so ähnlich heißt es auf den Websites der Landesarbeitsgemeinschaften.

Dieses Beispiel zeigt, wie Unternehmen, Wirtschaftsverbände und arbeitgebernahe Stiftungen ein einflussreiches Netzwerk gesponnen haben, mit denen sie die Schulen überziehen. Wie 1999 zuerst das *Deutsche Aktieninstitut* fordert es seit vielen Jahren ein eigenständiges Unterrichtsfach »Wirtschaft«, das ein »Fach *der* Wirtschaft« zu werden droht. Zu Recht haben die Bielefelder Sozialwissenschaftler Reinhold Hedtke und Lucca Möller darauf hingewiesen, dass diese Arbeitgebernetzwerke »durch Projekte, Personen, Publikationen und Finanzströme mit den Parteien CDU, FDP und CSU, mit ihnen nahe stehenden Einrichtungen sowie mit von ihnen geführten Bildungs- und Wissenschaftsministerien verbunden« sind (2011, 5).

Ein weiteres Thema ist das Schulsponsoring. Der Energiekonzern *RWE* zum Beispiel schloss mit zwei Schulen in Bergheim Kooperationsvereinbarungen, wonach das Essener Unternehmen außer Schüler- und Lehrerpraktika auch Bewerbungstrainings anbietet und der Schule Laufshirts, Schreibmaterial und vormals sogar mit einem eigenen Logo versehene Brotdosen sponsert. Ein Teil des Technikunterrichts findet im *RWE*-Ausbildungsstützpunkt Niederaußem statt. »Neben konkreter Hilfe in der unterrichtlichen Arbeit der Schule sollen Realschülerinnen und Realschüler Einblicke in die Gewinnung und Nutzung von Braunkohle sowie die Stromerzeugung erhalten. Auch sollen die Bedeutung und der Nutzen dieser Industrie für die Gesellschaft, besonders auch im heimischen Revier, den Realschülerinnen und Realschülern deutlich werden«, heißt es in einer der Vereinbarungen (Kramer/Schießl 2015, 70). Im Gegenzug verpflichtet sich die Bergheimer Schule, eine *RWE*-Hinweistafel im Eingangsbereich anzubringen, bei Maßnahmen der Öffentlichkeitsarbeit auf die Zusammenarbeit mit *RWE* hinzuweisen und dem Energiekonzern das Atrium für Veranstaltungen zu überlassen.

Aber auch staatliche Akteure werben in Schulen. So gibt das Bundesverteidigungsministerium pro Jahr knapp 30 Millionen Euro für schulische Nachwuchswerbung aus. Soldaten und speziell geschulte »Jugendoffiziere«

halten dort Vorträge und nehmen an Podiumsdiskussionen oder Karrieremessen teil, um Personal zu rekrutieren, das seit Abschaffung der Wehrpflicht knapp geworden ist. Auf ihrer Website werben die Streitkräfte für »Bundeswehr Adventure Camps«, die den Soldatenberuf als spannendes Abenteuer darstellen und damit nicht nur ein einseitiges, sondern auch ein verharmlosendes Bild vermitteln (Himmelrath 2015, Bundeswehr o. J.). Erfreulicherweise wächst die Kritik an dieser Praxis, sodass einige Schulen inzwischen der Bundeswehr den Zutritt verwehren. Zwei von ihnen wurden zuletzt mit dem *Aachener Friedenspreis* ausgezeichnet. Das macht Hoffnung – ebenso wie die Tatsache, dass Jugendoffiziere in Baden-Württemberg seit 2014 nicht mehr offen für den Dienst an der Waffe werben dürfen, wenngleich ein Kooperationsvertrag, der den Zugang von Jugendoffizieren zu Schulen regelt, weiterhin besteht (GEW 2014a, Greiner/dpa 2014). Es bleibt zu hoffen, dass sich der »UN-Fachausschuss für die Rechte des Kindes« endgültig durchsetzt. Er fordert ein grundsätzliches Verbot von Werbekampagnen für die Bundeswehr, die sich an Jugendliche wenden (GEW 2014b).

Hoffen lässt auch der Fall *ExxonMobil*. Der weltgrößte Energiekonzern förderte über mehrere Jahre hinweg zwei Schulen in Niedersachsen – nicht zufällig in einer Region, in der mit einer Kette von Erdgasfeldern einer der größten Bodenschätze Deutschlands liegt. *ExxonMobil* zahlte den Schulen 10.000 Euro pro Jahr, der PR-Chef des Unternehmens erläuterte den Schülern die Erdgasförderung und warb für eine Ausbildung im Unternehmen. Der *Wirtschaftsverband Erdöl- und Erdgasgewinnung* formuliert die Ziele solcher Kooperationen erstaunlich offen: Die Reputation der Branche solle verbessert und die Darstellungen über die Erdöl- und Erdgasproduktion in Schulen versachlicht werden. Offenkundig ist diese Art des »Greenwashing« erfolgreich: Immerhin hat sich für 45 Prozent der Schüler, die an der Kooperation mit *ExxonMobil* teilgenommen haben, »die Bewertung des Partnerunternehmens verbessert«. Bereits im Jahr 2013 sorgte das Kooperationsprojekt für Aufsehen, als das Fernsehmagazin »Frontal 21« kritisch darüber berichtete. Mehr als ein Jahr später hatte dann auch die niedersächsische Landesregierung klare Verstöße gegen die landeseigenen Antikorruptionsrichtlinien erkannt und die umstrittene Kooperation zwischen Gymnasien und Energiekonzernen wie *ExxonMobil, RWE, GdF Suez* sowie der *Wintershall Holding* beendet. Somit ist zumindest in Niedersachsen ein erster wichtiger Schritt getan, wenngleich der Branchenverband nach eigener Auskunft an neuen Verträgen arbeitet, die den geänderten Vorgaben für Schulsponsoring entsprechen (Kamella 2015).

Profit vor Pädagogik: die Privatschulen

»Lernen in der Baracke« – so überschrieb die Wochenzeitung *Die Zeit* im September 2015 die Ergebnisse ihrer Befragung, zu der sie ihre Leserschaft aufgerufen hatte, über die baulichen, technischen und hygienischen Mängel an Schulen zu berichten. Viele der 3.000 Eltern wussten von undichten Dächern und Fenstern, verschimmelten Wänden und defekten Heizungen zu berichten. Unzählige Beschwerden richteten sich gegen die verschmutzten Toiletten »mit verstopften Abflüssen und Pfützen auf dem Boden – so schmutzig, dass sich ihre Kinder das Wasserlassen stundenlang verkneifen« (Endres/Venohr 2015). Die anekdotische Berichterstattung der Eltern, wonach vielerorts ganze Schulgebäude marode sind, deckt sich mit wissenschaftlichen Erkenntnissen. Laut einer vom *Deutschen Institut für Urbanistik* (Difu) im Auftrag der *Kreditanstalt für Wiederaufbau* (KfW) durchgeführten Umfrage unter knapp 3.800 Gemeindeverwaltungen fehlen den Städten und Gemeinden rund 32 Milliarden Euro, um den Sanierungsstau in den Schulen aufzulösen (KfW 2015, 21). Insbesondere in großen Städten ist das Klagen der Kämmerer nicht zu überhören. Aber auch viele kleine und mittlere Kommunen können ihren Aufgaben als Schulträger aufgrund der desaströsen Haushaltslage nicht mehr ausreichend nachkommen. Nicht selten bröckelt an staatlichen Regelschulen der Putz von den Wänden, ist die technische Ausstattung veraltet oder fallen Unterrichtsstunden mangels Personal aus.

Diese teils unhaltbaren Zustände rauben dem staatlichen Regelschulsystem den Rückhalt. Mehr als die Hälfte der Eltern würden ihre Kinder laut einer unlängst veröffentlichten Forsa-Umfrage an einer Privatschule anmelden, wenn das Schulgeld dem nicht im Wege stünde (o. V. 2015). Getrieben von dem Wunsch, ihre Kinder ganztägig in kleinen Lerngruppen optimal fördern zu lassen und zugleich Familie und Beruf (besser) vereinbaren zu können, entscheiden sich immer mehr Eltern für das bundesweit wachsende Privatschulsystem. Bilingualen Unterricht, musikalische (Früh-)Förderung, Kooperationen mit Sportvereinen und Wirtschaftsunternehmen können oder wollen nur die wenigsten staatlichen Schulen anbieten. Privatschulen hingegen kommen diesen Bedürfnissen konsequent nach, sodass ihre Zahl in den vergangenen Jahren rasant in die Höhe schnellte: Nachdem zeitweilig jede zweite Woche eine neue Privatschule eröffnet wurde, befindet sich inzwischen jede zehnte der 34.000 allgemeinbildenden Schulen in privater Trägerschaft – Tendenz steigend.

Im beruflichen Bildungswesen liegt der Anteil mit einem knappen Viertel sogar noch höher. Großunternehmen wie die *Siemens AG* unterhalten seit vielen Jahren eigene Schulen, ebenso die *TÜV Rheinland Group*, aber auch die Kirchen: »Dort geht es vor allem um Pflege, Gesundheit und Erziehung. Auch wer Europasekretärin, Dolmetscher, Marketingassistent oder Journalistin werden will, landet häufig in einer privaten Einrichtung« (GEW 2010, 37). Und ein Blick ins Ausland lässt ahnen, dass der Privatschulboom in Deutschland seinen Zenit noch nicht überschritten haben dürfte: So besuchen in Großbritannien 36 Prozent der Schüler (staatlich geförderte) Privatschulen, in Chile 48 Prozent, in den Niederlanden sogar zwei Drittel (GEW 2015, 39 f.). Beschritten wird diese Entwicklung auch hier.

Entgegen der landläufigen Wahrnehmung beruht der Boom der Privatschulen in Deutschland jedoch nicht nur auf alternativen pädagogischen Konzepten. Vielmehr speist er sich maßgeblich aus einem handfesten Sparinteresse, das die für die Schulgebäude zuständigen Kommunen und die für die Bezahlung der Lehrkräfte verantwortlichen Länder eint. Befördert wird die Unterfinanzierung des staatlichen Schulwesens durch die Tatsache, dass die privaten Ersatzschulen die öffentliche Hand im Vergleich zur staatlichen Regelschule bis zu einem Drittel preiswerter zu stehen kommen. Während die Ausgaben für öffentliche Schulen zwischen 1995 und 2005 nur um 11,4 Prozent gestiegen sind, wurden die Zuschüsse für Privatschulen im selben Zeitraum laut dem vom Statistischen Bundesamt herausgegebenen Bildungsfinanzbericht allerdings um 60 Prozent erhöht (Köppe 2015, 158). Eltern haben des Weiteren die Möglichkeit, bis zu 30 Prozent des Schulgeldes bei der Einkommenssteuer abzusetzen (Weiß 2011, 20). Treibt die vermeintliche »Bildungsrepublik« also unweigerlich in Richtung »Privatschulrepublik«?

Der Trend, dass Eltern mit den entsprechenden sozialen und finanziellen Ressourcen ihre Kinder auf Privatschulen schicken, ist ungebrochen. Dabei versammeln sich unter dem breiten Dach der »Privatschulen« nicht nur klassische Internate wie die bundesweit bekannten Internatsgymnasien *Schloss Salem* oder *Schloss Torgelow*, sondern auch konfessionsgebundene Schulen, International Schools, Eliteschulen für Sport, Musik und Kunst sowie Berufs-, Förder- und Waldorfschulen. Gemeinsam ist ihnen zunächst lediglich, dass sie sich in privater Trägerschaft befinden, d. h. von Privatpersonen, Stiftungen, Kirchen oder Unternehmen gegründet, verwaltet und finanziert werden. Die verfassungsrechtlich legimitierten Privatschulen können »ihren inneren und äußeren Schulbetrieb nach eigenem pädagogischen, religiösen oder weltanschaulichen Konzept frei […] gestalten« (Weiß 2011, 11).

Gesetzlichen Vorgaben unterliegen sie bei der Gestaltung der Lehrpläne und der Auswahl der Lehrkräfte insbesondere dann, wenn sie nicht als »Ergänzungsschulen« wie klassische Sonntagsschulen oder die Internationalen Schulen fungieren, sondern staatlich als Ersatzschulen anerkannt sind, sodass Kinder und Jugendliche dort ihre Schulpflicht erfüllen können. Die überwiegende Zahl von Privatschulen ist nach wie vor gemeinnützig, verfolgt also keine Gewinnabsichten, sondern zielt auf die »Förderung pädagogischer, religiöser oder weltanschaulicher Ziele« (ebd.). So betreibt die katholische Kirche die meisten nicht staatlichen Schulen (686 Schulen), gefolgt von der evangelischen Kirche (478 Schulen); freie Waldorfschulen und freie Alternativschulen folgen mit deutlichem Abstand. Sie alle konkurrieren um Schüler, Lehrkräfte und öffentliche Fördermittel.

Anders nimmt sich dies bei den gewerblichen Anbietern aus, die ihre Schulen als Geschäftsmodell sehen, das den Bildungsmarkt mit 8,4 Millionen Schülern an allgemeinbildenden Schulen erschließen soll. Das gilt für die große Mehrheit der sogenannten Internationalen Schulen, aber auch für die bundesweit etablierten *Phorms*-Schulen, deren Hauptgeldgeber die Brüder Boehringer als Haupteigentümer des Pharmaunternehmens *Boehringer Ingelheim* sind. Die heutige *Phorms Education SE* wurde 2005 von den Unternehmern Alexander Olek und Béa Beste gegründet und ist schon jetzt einer der größten gewerblichen Anbieter von Privatschulen. Nachdem in Folge der Wirtschafts- und Finanzmarktkrise einige unrentable Standorte geschlossen werden mussten, sollen in den kommenden Jahren bis zu 50 weitere Schulen in deutschen Ballungszentren sowie an attraktiven Auslandsstandorten eröffnet werden. Als in diese Richtung wirkende Ideengeberin gilt Antonella Mei-Pochtler, die zu den *Phorms*-Investoren der ersten Stunde zählt. Die gebürtige Italienerin war Seniorpartnerin der Unternehmensberatung BCG, als die sie u. a. den Schülerwettbewerb *business@school* initiiert hatte. Ausdruck der Gewinnorientierung ist das Schulgeld von bis zu 1.050 Euro pro Monat, wobei das Essensgeld, die Aufwendungen für die Nachmittagsbetreuung und die Ausgaben für Schulkleidung, die im *Phorms*-Shop erhältlich ist, noch nicht eingerechnet sind.

Eine ausgesprochen enge Verzahnung zwischen internationalen Schulen, öffentlicher Hand und Privatwirtschaft lässt sich am Beispiel der *International School of Düsseldorf* (ISD) illustrieren. Der ISD e. V. gründete 1968 mit Unterstützung von Stadt und Landesregierung eine Ganztagsschule, in der aktuell etwa 1.000 Schüler aus 50 Ländern unterrichtet werden. Die Schulgebühren von bis zu 1.700 Euro pro Monat für rund 70 Prozent der Kinder und Jugendlichen übernehmen die Arbeitgeber der Eltern.

Da private Ersatzschulen ebenso wenig wie staatliche Regelschulen die »Sonderung der Schüler nach den Besitzverhältnissen der Eltern« vornehmen dürfen, staffeln private Ersatzschulen in der Regel das Schulgeld und umgehen so den Vorwurf, weniger wohlhabenden Familien den Zugang zu verwehren. Tatsache ist aber, dass Schulgeld – ähnlich wie Studiengebühren – wenn nicht eine finanzielle, so doch zumindest eine mentale Hürde darstellt.

Wie hoch die finanzielle Hürde ist, variiert beträchtlich. So fallen bei den *BIP-Mehlhornschulen* – das Akronym steht für Begabung, Intelligenz, Persönlichkeit – etwa 300 Euro Schulgeld pro Monat an (Klesman 2013). Die Grundschulen, Gymnasien und Kindertagesstätten werden von Vereinen oder GmbHs getragen und verfolgen im Sinne ihres Gründers Hans-Georg Mehlhorn einen »kreativpädagogischen« Ansatz. Bei der 2014 von der *Montessori-Stiftung* gegründeten *Quinoa-Schule* im Berliner Stadtteil Wedding sind lediglich 30 Euro Schulgeld pro Monat fällig, da sie sich explizit an einkommensschwache Familien wendet – so das Mission Statement auf der Homepage: »Wir haben eine Schule gegründet, um sozial benachteiligten Jugendlichen mehr Chancengerechtigkeit durch eine Aussicht auf Ausbildung und Bildungsaufstieg zu bieten. Unser Ziel ist eine spürbare Veränderung der Bildungslandschaft. Deutschland braucht dringend neue, chancengerechtere Schulkonzepte« (Quinoa 2016).

Reine Gewinnerzielungsabsichten verfolgen hingegen die Internationalen Schulen, an denen Schüler meist keine deutschen Bildungsabschlüsse, sondern das in zahlreichen Ländern zum Hochschulzugang berechtigende *International Baccalaureate* erwerben. International Schools finden sich in nahezu jeder deutschen Großstadt – ob in Braunschweig und Berlin, in Erlangen und Essen oder in Wuppertal und Wiesbaden. Da Internationale Schulen sich als Ergänzungsschulen nahezu ausschließlich über Gebühren und private Spenden finanzieren, verlangen sie in der Regel die höchsten Schulgebühren. Überdies sind sie stark von der angelsächsischen Schultradition geprägt, was sich u.a. in einer weitreichenden Autonomie in Finanzfragen äußert, d.h. sowohl die Sponsorensuche als auch die Einstellungsverfahren finden vor Ort statt. Vor allem aber werden ihre Lehrkräfte in der Regel schlechter bezahlt als an öffentlichen Schulen und zudem für gewöhnlich nur befristet eingestellt.

Charakteristisch für das Geschäftsgebaren dieser Schulbetreiber ist die *Swiss International School*, die mittlerweile an fünf deutschen Standorten (Friedrichshafen, Ingolstadt, Kassel, Regensburg und Stuttgart) ein Ganztagskonzept mit bilingualem Unterricht vorhält. Die »Schulkette« zählt zur *Klett-Gruppe*, die nicht nur den *Ernst Klett Verlag* als einen der umsatzstärksten hiesigen Schulbuchverlage umfasst, sondern auch die auf Schulmanagement spezialisierte *Beratungsgesellschaft für Bildung*, die *Europäische Fernhochschule Hamburg* (Euro-FH) und die *Klett MINT GmbH*, die das Renommee des Ursprungsverlags nutzt, um in Zusammenarbeit mit Unternehmen Unterrichtsmaterialien zu produzieren. Mit ihren 56 Unternehmen an 34 Standorten in 14 Ländern ist die *Klett*-Gruppe zu einem der führenden »Bildungsunternehmen in Europa« aufgestiegen, wobei sie 2014 knapp ein Drittel ihres Umsatzes in Höhe von knapp 460 Millionen Euro mit (Weiter-)Bildungsdienstleistungen und Präsenzeinrichtungen wie der *Swiss International School* erwirtschaftete (Klett 2015). Es ist davon auszugehen, dass die Expansion weiter vorangetrieben werden wird.

Ergänzungsschulen besuchen in erster Linie Kinder, deren Eltern berufsbedingt regelmäßig umziehen. Für all jene, die in Deutschland der Schulpflicht unterliegen, sind sie eigentlich unattraktiv, weil sie die Schulpflicht nicht erfüllen – von Ausnahmen abgesehen. Und diese Ausnahmen machen die Behörden immer häufiger. In Hamburg etwa herrscht ein vergleichsweise großzügiger Umgang mit diesen Genehmigungen, sodass nicht nur die Grenzen zwischen Ergänzungs- und Ersatzschulen zunehmend verschwimmen, sondern auch das damit verbundene »Sonderungsverbot« aufgeweicht wird. Die Crux liegt darin, dass Art. 7 Abs. 4 Satz 1 GG die »Sonderung der Schüler nach Besitzverhältnissen der Eltern« zwar an staatlichen Schulen und an privaten Ersatzschulen untersagt, nicht jedoch an privaten Ergänzungsschulen. Erteilen die Behörden immer mehr Ausnahmegenehmigungen, verschwimmen die Grenzen zwischen Ersatz- und Ergänzungsschulen.

An der *International School of Hamburg* (ISH) etwa, die bis zu 20.000 Euro Schulgeld pro Jahr verlangt, sind inzwischen ein Drittel der Schüler Deutsche (Kutter 2014). Und obwohl die ISH keine anerkannte Ersatzschule ist, in der Schüler nach den hier gültigen Standards unterrichtet werden müssen – die Lehrpläne vielmehr völlig frei entwickelt werden können –, wird diese Schule jährlich mit ca. 1,8 Millionen Euro von der Hamburger Stadtregierung gefördert (Die Linke 2014). Begründet wird dies mit dem herausgehobenen städtischen Interesse an dieser Schule, wird diese doch als Standortfaktor wahrgenommen, »um Hamburg als Wirtschaftsmetropole für die Ansiedlung von Fach- und Führungskräften internationaler Unternehmen und Organisationen attraktiv zu halten« (Bürgerschaft der Freien und Hansestadt Hamburg 2010). Somit handelt es sich bei der ISH um eine »Eliteschule«, die sich sowohl den Vorgaben für die Lehrpläne als auch für die Lehrerausbildung entziehen kann, exorbitant hohes Schulgeld verlangt – folglich keine anerkannte Ersatzschule werden kann (griffe doch dann das »Sonderungsverbot«) –, aber gleichzeitig relevante öffentliche Gelder erhält, die dann für staatliche Hamburger Schulen nicht mehr zur Verfügung stehen. So etwa war das im Stadtgebiet liegende *Gymnasium Marienthal* unlängst auf eine Spende der *Fielmann AG* angewiesen, um die technische Ausstattung in der Aula zu erneuern. In finanzschwachen Städten und Gemeinden entfaltet diese Umverteilung zugunsten privater Schulen noch wesentlich weiter reichende, um nicht zu sagen: verheerende Folgen.

Fragwürdige Schulkonzepte

Befürworter des Privatschulsystems argumentieren häufig mit der Notwendigkeit eines differenzierten Schulsystems. Erst Privatschulen bzw. »freie Schulen«, wie sie sie meist nennen, schafften eine Angebotsvielfalt, die den Eltern wirkliche Wahlfreiheit und den Kindern bestmögliche Entwicklungschancen eröffne. Allzu häufig ist statt Pluralität jedoch Distinktionsmöglichkeit gemeint: »Auf dem größer werdenden Markt der freien Schulwahl treten immer mehr Eltern mit hohen Qualitätsansprüchen als ›Schulkonsumenten‹ auf, funktionalisieren die gewählte Schule für ihr ›Bildungsprojekt Kind‹ und sichern sogleich mit der durch die Schulwahl verbundenen Distinktion von der Staatsschule für Jedermann ihre traditionellen oder neu gesuchten soziokulturellen Zugehörigkeiten« (Ullrich/Strunk 2012, 7).

Kinder nicht dem »Standardprogramm« der staatlichen Regelschulen zu überlassen, demonstriert jedoch nicht nur den Wunsch nach Distinktion gegenüber der breiten Masse, sondern ist zugleich Ausdruck einer überdurchschnittlichen Wertschätzung von Bildung. Längst verbinden auch »bildungsambitionierte« Mittelschichtfamilien – und nicht mehr nur die von Bildungsaspiration geprägte »Oberschicht« – mit dem Privatschulbesuch die Hoffnung, ihrem Kind einen Vorteil auf dem Arbeitsmarkt verschaffen zu können. »Wir haben uns überlegt, was werden die Kinder in 20 oder 30 Jahren brauchen, um auf dem Arbeitsmarkt zu bestehen?«, so Béa Beste, Gründerin und ehemalige Vorstandsvorsitzende der *Phorms Management*

AG (GEW 2007, 11). Diese bereits im Kindesalter ansetzende Fixierung auf Karrierepfade zielt auf die »unternehmerische Persönlichkeit« und geht entsprechend einher mit einer »Marketisierung des Bildungswesens«, in dem Schulen mehr und mehr als »Dienstleister« und Schüler bzw. ihre Eltern als »Klienten« wahrgenommen werden (Koinzer/Leschinsky 2009, 679 u. 674).

Das staatliche Schulwesen gilt als institutionell verkrustet und pädagogisch antiquiert. Erst private Bildungsangebote schafften den staatlichen Schulen die nötige Motivation, die sie für eine Weiterentwicklung brauchten – so auch die Argumentation von Bernhard Bueb, dem ehemaligen Leiter der privaten Internatsschule *Schloss Salem* (2007): »Auch in der Pädagogik ist der Wettbewerb so nützlich wie in der übrigen Wirtschaft, das vergisst man immer. In einer staatlichen Schule stehe ich praktisch ganz wenig unter Wettbewerbsdruck, weil die Schüler sowieso kommen, die haben oft gar keine andere Chance, als an die eigene Schule zu kommen. Wenn aber eine Privatschule nebenan aufmacht, dann müssen sie sich anstrengen, und das ist sehr gesund.« Es fügt sich daher in die Begründungslogik der Privatschulbefürworter, wenn die Frage, ob Privatschulen das staatliche Bildungsmonopol aufweichen, auf der Homepage der *Mehlhornschulen* mit einer tiefen Staatsskepsis beantwortet wird (2016): »Ja, sie tragen zur Aufweichung bei! Doch woraus leitet ein Staat ab, ein solches Monopol zu besitzen? Das einstige Bildungsmonopol ist schon als Wort ein Relikt totalitären Denkens. Der Staat maßte sich an, hoheitsrechtlich und stellvertretend darüber zu entscheiden, was für seine ›Untertanen‹ gut, bekömmlich und notwendig ist.« Dass dem öffentlichen Schulwesen in Demokratien die Aufgabe zukommt, Kinder vor totalitären, ideologischen und fundamental-religiösen Einflüssen zu schützen, indem es sie zu mündigen Bürgern erzieht, wird dabei geflissentlich übergangen.

Eben diese Gefahr lauert jedoch in einigen Privatschulen: So existieren in Deutschland derzeit knapp 100 freikirchliche evangelikale Bekenntnisschulen, die außer den Lehrplänen die Bibel als essenzielle Grundlage des Unterrichts betrachten, bekennen sich diese Schulen doch »zur göttlichen Inspiration der Heiligen Schrift« sowie »ihrer völligen Zuverlässigkeit und höchsten Autorität in allen Fragen des Glaubens und der Lebensführung« (Verband Evangelischer Bekenntnisschulen 2016). So wird dort im naturwissenschaftlichen Unterricht zwar die Evolutionstheorie gelehrt, sogleich jedoch durch die auf der biblischen Schöpfungsgeschichte basierende kreationistische Theorie des »Intelligent Design« relativiert (Schäfer 2011). Auch werden »blasphemische und obszöne« literarische Texte vermieden. Die Lehrerschaft soll als sexualmoralisches Vorbild fungieren. Homosexualität sowie »vor- und außereheliche Beziehungen« sind den »wiedergeborenen Christen« untersagt (GEW 2007). Weiter heißt es in den Statuten der in Bielefeld ansässigen evangelikalen Gesamtschule mit gymnasialer Oberstufe, dass dem Trägerverein »nur bekehrte, wiedergeborene Christen (Joh. 3,5) beitreten« dürfen und man sich von »liberaler Theologie und der Betrachtungsweise der historisch-kritischen Methode« eindeutig abgrenze. Kritik aufgrund fundamentalistischer Ansichten rufen auch die Schulen des Verbunds *Gymnasium & Realschule Dialog* in Köln hervor; seinen Verantwortlichen wird eine Nähe zu dem als Kreationist bezeichneten und auch sonst politisch höchst umstrittenen muslimischen Prediger Fethullah Gülen nachgesagt. Kritisiert werden die Schulen auch, weil rund 90 Prozent der Schüler türkischer Herkunft sind, sodass die Integration erschwert und das Entstehen von Parallelgesellschaften begünstigt wird.

Die Reichweite religiösen Einflusses wird deutlich, wenn man sich vor Augen führt, dass jeder zweite Schüler einer allgemeinbildenden Privatschule in Deutschland eine in konfessioneller Trägerschaft geführte Schule besucht. Die Mehrzahl der Privatschulen wird also noch immer von den christlichen Kirchen betrieben, was seine Ursache in der Entstehung des hiesigen Schulwesens hat: »Die politischen Wurzeln des Bildungsmarktes (sind) christlich-liberal geprägt« (Köppe 2015, 245). Die staatliche Garantie für die Errichtung von Privatschulen im Grundgesetz galt zunächst einmal bzw. wurde hauptsächlich geschaffen für konfessionelle Schulen; Kirchen und ihnen nahestehende Parteien hatten sich dafür massiv eingesetzt. Dementsprechend wurden bis Ende der 1980er-Jahre säkulare gegenüber konfessionellen Privatschulen finanziell deutlich benachteiligt (ebd., 235).

Distinktion statt Inklusion

Zwar gilt das Sonderungsverbot auch für Ersatzschulen, es ist ihnen aber durchaus erlaubt, ihre Schülerschaft nach den Kriterien ihres Schulkonzepts auszuwählen. Und diese erreichen meist ohne Weiteres jene sozio-ökonomische Distinktion, die viele Eltern wünschen – und die tatsächlich empirisch feststellbar ist: Elf Prozent der Kinder aus Haushalten mit mehr als dem 1,5-Fachen des mittleren bedarfsgewichteten Haushaltsnettoeinkommens besuchen eine Privatschule, in den übrigen Einkommensgruppen sind es sieben Prozent. Zwölf Prozent der Kinder aus Familien, in denen mindestens ein Elternteil Abitur hat, gehen auf Privatschulen – wenn beide Eltern maximal einen mittleren Bildungsabschluss haben, sind dies lediglich fünf Prozent (Lohmann u.a. 2009, 642). Da höhere Bildungsabschlüsse meist höhere Einkommen nach sich ziehen, fördern Privatschulen die soziale Distinktion gleich doppelt.

Der Wunsch der Eltern, sich dem staatlichen Bildungssystem zu entziehen, speist sich vor allem aus der Erwartung, dass sich die soziale Homogenität – präziser: die soziale Selektivität – der Schülerschaft in einer besseren oder eben auch formal höheren Bildung ihrer Kinder niederschlägt. Untersuchungen des Bildungsforschers Manfred Weiß, der die PISA-Zahlen des Jahres 2000 zur Leistungsfähigkeit von Privatschulen umfeldsensibel neu bewertete, zeigen indes, dass zwischen staatlichen und privaten Gymnasien »keine signifikanten Leistungsunterschiede« festzustellen sind (Weiß/Preuschoff 2004, 56), wenn soziale Herkunft, kognitive Grundfähigkeiten und Migrationshintergrund herausgerechnet werden. Etwaige Leistungsunterschiede beruhen nahezu ausschließlich auf einer homogeneren und privilegierteren Schülerschaft. »Für die Entstehung selektionsbedingter differenzieller Lernmilieus ist die Schulform entscheidend. […] Sowohl der durchschnittliche Sozialschichtungsindex als auch die durchschnittliche Punktzahl im kognitiven Fähigkeitstest differieren erwartungskonform zwischen den Schulformen deutlich stärker als zwischen öffentlichen und privaten Schulen identischer Schulform« (Weiß 2013, 230). Dass Privatschulen schon mit ihren Standorten die erwünschte soziale Auswahl steuern, fördert die Homogenität der Schülerschaft zusätzlich. Die schwierigen Aufgaben der Integration und der Inklusion überlassen sie dem staatlichen Bildungssystem.

Zwar können sich Privatschulen augenblicklich als erfolgreiche Alternative zu den staatlichen Schulen präsentieren, die weitere Privatisierung des Schulwesens aber wird den Unterricht qualitativ nicht steigern. Relevant dafür sind vielmehr Faktoren, von deren Wirksamkeit man nicht nur mit Blick auf die skandinavischen Staaten überzeugt sein muss: die Professionalisierung der Lehreraus-, -fort- und -weiterbildung, die Verkleinerung der Lerngruppen durch zusätzliches pädagogisches Personal sowie die verlässliche Ausstattung der Schulen mit Sachmitteln wie Schulbüchern, Technik und Ganztagsverpflegung. Leider steht jedoch zu erwarten, dass die staatlichen Schulen auch weiterhin einem Spardiktat unterworfen werden, das es ihnen erschwert, unter den Vorzeichen von verschärften Integrationsnotwendigkeiten sowie Inklusion, G8 und Zentralabitur qualitativ hochwertige Bildung anzubieten. Zugleich wird die sich seit Jahren fortschreibende soziale Spaltung unserer Gesellschaft das Abgrenzungsbedürfnis der Mittelschicht »nach unten« verstärken. Solange es den Privatschulen gelingt, ihren positiven Ruf aufrechtzuerhalten, werden sie nicht unter mangelnder Nachfrage leiden. Dies gilt jedenfalls dann, wenn die staatlichen Regelschulen auch in Zukunft mangels finanzieller Mittel keine vergleichbaren Angebote vorhalten (können). Angesichts der Tatsache, dass Deutschland bei den Bildungsausgaben unter den OECD-Staaten nach wie vor im letzten Drittel rangiert, dürfte die allseits beschworene »Bildungsrepublik« noch lange Zeit Utopie bleiben.

Im Notfall zahlt der Staat Lehrgeld: die Hochschulen

Allen Beteuerungen zum Trotz, die bundesrepublikanischen Universitäten mit finanziellen Kraftanstrengungen an die Weltspitze zu führen und ein »deutsches Harvard« zu etablieren, sehen sich Hochschulen immer stärker genötigt, Gelder aus der Privatwirtschaft einzuwerben. Bis zu einem Viertel ihres Budgets müssen sie inzwischen selbst erwirtschaften. So verwundert es nicht, dass private Unternehmen die hiesigen Hochschulen inzwischen mit mehr als doppelt so viel Geld sponsern wie noch vor zehn Jahren, nämlich mit mindestens 1,3 Milliarden Euro. An immer mehr Hochschulen werden Tablets von der Computerindustrie gesponsert, Hörsäle nach kapitalkräftigen Gönnern benannt oder Professuren von Unternehmen gestiftet. Finanzielle Förderung kommt dabei schwerpunktmäßig den Studiengängen zu, die sich unternehmerisch relevanten oder jedenfalls ökonomisch verwertbaren Forschungsgebieten widmen. Die anderen gehen in aller Regel leer aus.

Zwar hat die private Anschubfinanzierung von Stiftungsprofessuren mancherorts das Aussterben bedrohter Wissenschaftsdisziplinen verhindert, aber das sind seltene Ausnahmen – so etwa im Fall der Sinologie an der *Georg-August-Universität Göttingen*, wo die chinesische Regierung und der *Volkswagen*-Konzern zwischen 2009 und 2014 gleich drei Professuren einrichteten. Von 1995 bis 2005 verzichteten die Bundesländer in den Sprach- und Kulturwissenschaften auf die Wiederbesetzung von 663 Professuren, in den klassischen Philologien sowie in den Erziehungswissenschaften sank ihre Zahl im selben Zeitraum um mehr als ein Drittel. Eine 2009 vom *Stifterverband für die Deutsche Wissenschaft* veröffentlichte Studie wies nach, dass private Stifter beinahe siebenmal so viel Geld in die Wirtschafts-, Ingenieur- und Naturwissenschaften stecken wie in die Geistes- und Sozialwissenschaften: Betrachtet man alle Fächer, finden sich vier von fünf privat finanzierten Professuren in den wirtschaftsnahen Bereichen Mathematik, Natur- und Ingenieurwissenschaften und Medizin (Pauli 2015). So verstärkt die private Hochschulfinanzierung die Ungleichverteilung der Hochschulbudgets. Letztlich werden Universitäten dafür belohnt, wirtschaftsferne kleine Fächer abzustoßen – und durch »leistungsstärkere« zu ersetzen.

Schon jetzt fließt den MINT-Fächern, gemessen an der Zahl der Professuren, mehr als doppelt so viel Geld pro Professur zu wie den Sprach- oder Kulturwissenschaften. Diese »Förderkultur« verstärkt den Trend, »bilanzschwache« Fächer einzustellen. Gleichzeitig werden natur- und ingenieurwissenschaftliche Forschungsschwerpunkte ausgebaut, um nicht nur mehr private Zuwendungen, sondern im Wege des leistungsorientierten Finanzierungsmodells der Bundesländer auch umfangreichere Mittelzuflüsse aus staatlichen Schatullen sicherzustellen. Da die Bundesländer die Hochschulen nicht mehr allein nach der Zahl der Hochschullehrer oder der Studierenden bezahlen, sondern die eingeworbenen Drittmittel immer häufiger als Gradmesser für die Mittelzuflüsse gelten, erzielen Hochschulen mit vielen Drittmitteleinnahmen gleich doppelten Gewinn. Des Weiteren »müssen sich alle Wissenschaftsbereiche einem Wettbewerb um fallweise vergebene Sonderprogramme und Zusatzmittel unterziehen, was eine kontinuierliche Arbeit erschwert oder unmöglich macht« (Butterwegge 2009, 30). Mit der intensiv diskutierten Verlängerung der seit 2006 laufenden »Exzellenz-Initiative«, aus der wieder einige Universitäten mit dem Gesamtelitestatus hervorgehen werden, wird sich der Wettbewerb zwischen den Hochschulen vermutlich weiter verschärfen.

Unter dem Diktat klammer öffentlicher Kassen haben sich zudem zahlreiche Hochschulen für Werbung von Unternehmen geöffnet. So verkaufte die *Hochschule für angewandte Wissenschaften Würzburg-Schweinfurt* die Namensrechte ihres größten Hörsaales an die Supermarktkette *Aldi Süd*. Würzburger Studierende hören Vorlesungen aber nicht nur im »Aldi-Süd-Hörsaal«, sondern auch in dem vom *Deutschen Sparkassen- und Giroverband* finanzierten »Sparkassen-Hörsaal« der *Julius-Maximilians-Universität Würzburg*. Der Verkauf von Namensrechten hat nach den Fußballbundesligastadien nun also auch die Hochschulen erreicht.

Ein besonders wirkmächtiges Instrumentarium des »Agenda-Settings« an Hochschulen stellen Stiftungsprofessuren dar, deren Zahl sich seit 2010 auf mehr als 1.000 verdoppelt hat. Zwar beläuft sich der Anteil von Stiftungsprofessuren im Vergleich zu regulären Professuren bislang auf nur 2,2 Prozent, aber er steigt stetig. Zwei von drei der zunächst extern finanzierten Professuren werden anschließend in das reguläre Budget der Hochschulen übernommen. Sie wirken mithin als Trojanische Pferde, wie Ralf Pauli, Bildungsredakteur der *tageszeitung*, trefflich beschreibt (2015): »Die öffentliche Hand bezahlt also in den meisten Fällen früher oder später für eine Professur, die ein Unternehmen gemäß seiner eigenen Interessen gestiftet hat. Kein Wunder, dass die wenigsten Stifter eine Professur unbefristet fördern. Meist wird die Förderung nach fünf Jahren beendet.« Wenn sich das baden-württembergische Modell durchsetzen würde, wonach Hochschulen diese Anschubfinanzierung grundsätzlich nur annehmen dürfen, wenn sie sich verpflichten, die Kosten nach Ablauf des Förderzeitraums zu übernehmen, würde sich der inhaltliche Einfluss von Privaten auf den Hochschulsektor noch weiter verschärfen. Schon jetzt müssen die meisten Hochschulen nach Auslaufen der privaten Fördermittel für Stiftungsprofessuren eine andere Professur auslaufen lassen oder aber umwidmen.

Ein weiteres Manko: Die meisten Stiftungsprofessuren werden in den westdeutschen Bundesländern eingerichtet. Drei Viertel finden sich in Bayern, Baden-Württemberg, Berlin, Hessen, Niedersachsen und Nordrhein-Westfalen. Häufig bahnen Stiftungsprofessuren den Beginn weiter reichender Kooperationen zwischen Stiftern und Hochschulen an. So lassen zahlreiche Unternehmen nicht nur Professuren einrichten, sondern sie finanzieren auch technische Geräte, geben Forschungsaufträge an geneigte Institute, entsenden Mitarbeiter als Lehrbeauftragte oder sponsern Veranstaltungen. Ein besonders aufsehenerregender Fall wurde im Mai 2016 ruchbar, als dem Journalisten Thomas Leif gerichtlich gestattet wurde, den Kooperationsvertrag zwischen der *Johannes Gutenberg-Universität Mainz* und der aus dem Pharmakonzern *Boehringer Ingelheim* hervorgegangenen Stiftung einzusehen. Zwar sieht der 2009 geschlossene Vertrag, demzufolge bis zu 150 Millionen Euro Fördergelder in die Mainzer Spitzenforschung fließen sollen, nicht vor, dass die Stiftung Studien absegnen darf oder ihr Exklusivrechte an den Forschungsergebnissen zugebilligt werden. Aber sie hat sich maßgebliche Mitspracherechte bei der Berufung von Professoren gesichert: »So darf das Institut nur von Wissenschaftlern geleitet werden, mit denen die Stiftung einverstanden ist« (Fokken 2016).

Auch in den Aufsichtsgremien der Hochschulen, den Hochschulräten, üben Unternehmensvertreter Einfluss aus: Jedes vierte Mitglied und jeder zweite Vorsitzende der Hochschulräte stammt aus einem Privatunternehmen. So ist der Automobilkonzern *Daimler* allein in Süddeutschland in zehn

Hochschulräten vertreten, der Technologiekonzern *Siemens* in mehr als einem Dutzend der »Hochschulaufsichtsräte« (Semsrott 2015). Gewerkschaften oder Nichtregierungsorganisationen sind dagegen nur selten vertreten. Und an mindestens 30 Hochschulen zwischen Flensburg und Passau nimmt die Wirtschaft gleich doppelt Einfluss, indem sie Stiftungsprofessuren finanziert oder Kooperationsverträge unterhält – und zugleich Mitglieder in den Hochschulrat entsendet. So unterliegen Unternehmensvertreter einem unauflöslichen Interessenkonflikt, wenn sie sowohl im Namen ihres Arbeitgebers auftreten als auch im Namen der Hochschule urteilen (sollen). Besonders bedenklich ist diese Interessenverquickung deshalb, weil viele der Entscheidungen der meist nicht öffentlich tagenden Hochschulräte weiter reichen als die Beschlüsse der Senate, der höchsten beschlussfassenden Hochschulgremien, in denen Studierende und Beschäftigte über ihre Belange mitbestimmen dürfen.

Die ausgesprochen finanzstarke *Technische Universität München* etwa taucht nicht nur regelmäßig in der Spitzengruppe der deutschen Universitäten auf, sondern ist überdies besonders eng mit der lokalen Wirtschaft verwoben: Der Vorstandsvorsitzende von *BMW*, Harald Krüger, hat ebenso einen Platz im Hochschulrat wie der oberste »Siemensianer« Joe Kaeser. Und die Hauptaktionärin des bayerischen Automobilkonzerns, Susanne Klatten, stiftete der »Elite-Universität« 2009 rund zehn Millionen Euro zur Errichtung des nach ihr benannten Stiftungslehrstuhls für Empirische Bildungsforschung, den der Bildungsforscher und derzeitige Vorsitzende des Wissenschaftsrats, Manfred Prenzel, innehat. Der Hochschulrat der *Universität zu Köln* wird vom Aufsichtsratsvorsitzenden der *Bayer Material Science AG* geleitet, was keiner größeren Öffentlichkeit bekannt wurde, weil eine seit 2008 laufende Forschungskooperation der Universität mit der *Bayer AG* bis heute unter Verschluss gehalten wird. Der Versicherungskonzern *HUK Coburg* hat eine Stiftungsprofessur für Versicherungsbetriebslehre an der Hochschule seines Hauptsitzes eingerichtet und ist zugleich im Hochschulrat engagiert. An der *Hochschule Kempten* stammen acht der zehn Hochschulratsmitglieder aus der Wirtschaft, noch dazu zum Teil aus Unternehmen, die die Hochschule finanziell fördern.

Viele Angebote werden ausgesprochen offensiv formuliert. So verspricht die *Hochschule Pforzheim*, Förderer könnten bereits für ein paar Euro im Jahr »die Gelegenheit [nutzen], mit Gleichgesinnten in einen exklusiven Austausch zu treten«. Gemeinsam erweitere man die Vitalität und Vielfalt der Einrichtung. Auf Förderer warte ein »einzigartiger Zugang« und ein »exklusiver Klub«. Wer die Hochschule über fünf Jahre unterstütze, werde Mitglied im »Rektors Club«. Damit verbunden ist das Versprechen auf »informelle Gespräche« und »fachlichen Austausch« (Hochschule Pforzheim 2015). Das Angebot scheint für Unternehmer attraktiv zu sein: Neben dem Fahrzeugbauer *Daimler* und der Wirtschaftsprüfungsgesellschaft *Ernst & Young* ist auch die Firma *Witzenmann* im »Rektors Club« vertreten. Der Pforzheimer Hersteller von Metallschläuchen hat noch einen weiteren exklusiven Zugang zur Hochschule: Sein Geschäftsführer ist Mitglied im siebenköpfigen Hochschulrat, d. h. seine Stimme kann sowohl bei Strukturentwicklungsplänen und Bauvorhaben als auch bei der Wahl des Rektorats den Ausschlag geben.

Dem einst ehernen Gebot der Transparenz in wissenschaftlichen Einrichtungen genügen Hochschulräte vielfach nicht. So warnt das *Forum Hochschulräte*, das u. a. vom wirtschaftsnahen *Stifterverband der deutschen Wissenschaft* und dem CHE gefördert wird, vor öffentlichen Hochschulratssitzungen, könne doch dadurch die »offene Meinungsaussprache« beeinträchtigt werden. Dabei sollten Forschung und Lehre an den Hochschulen doch eigentlich unabhängig sein. Wenn wichtige Entscheidungen über Hochschulpolitik in Hinterzimmern getroffen werden, lässt sich ihre Unabhängigkeit nicht mehr prüfen. Ganz im Gegenteil: Über intransparente Hochschulräte kann die Wirtschaft auf Hochschulen einwirken – und sie immer weiter nach ihren Vorstellungen umgestalten. Ihr finanzielles Engagement, von dem Wissenschaftler teilweise existenziell abhängig sind, gefährdet die Freiheit der Wissenschaft, weil »die saubere Trennung von universitärer Forschung und interessengebundenen Aktivitäten« nicht mehr gewährleistet ist (Liedtke 2007, 161). Darüber hinaus werden Hochschulen seit nunmehr vier Jahrzenten immer stärker nach den Ideen des New Public Management umgestaltet, was zum Beispiel bedeutet, dass sie zunehmend autonom über die Verwendung ihrer Mittel entscheiden dürfen.

Privathochschulen auf dem Prüfstand

Diese Autonomie wird insbesondere privaten Hochschulen zugebilligt. Sie fristen zwar nach wie vor ein Nischendasein – mehr als 95 Prozent der Studierenden in Deutschland besuchen eine staatliche Hochschule –, trotz einiger Schließungen aber ist ihre Zahl in den vergangenen Jahren und Jahrzehnten rasant gestiegen: von 24 im Jahr 1995 auf 86 im Jahr 2007 (ohne kirchliche Hochschulen) (GEW 2009, 31). Inzwischen liegt ihre Zahl stabil bei über 100. Darunter finden sich die bundesweit bekannte *Bucerius Law School* in Hamburg, die in Oestrich-Winkel gegründete *EBS Universität für Wirtschaft und Recht*, die *European School of Management and Technology* in Berlin, die äußerst erfolgreiche *Frankfurt School of Finance & Management*, die vom ehemaligen nordrhein-westfälischen Wissenschaftsminister und langjährigen FDP-Landesvorsitzenden Andreas Pinkwart geleitete *Handelshochschule Leipzig*, die renommierte *Hertie School of Governance* in Berlin, die *Jacobs University Bremen*, die *Steinbeis-Hochschule Berlin*, die *Universität Witten/Herdecke*, die *WHU – Otto Beisheim School of Management* in Vallendar sowie die regelmäßig mit kreativen Annoncen aufwartende *Zeppelin Universität* in Friedrichshafen am Bodensee.

Am besten stehen Einrichtungen wie die *Bucerius Law School* oder die *Jacobs University Bremen* da, die von solventen und großzügigen Gönnern finanziert werden. Die an der Elbe ansässige Kaderschmiede für Juristen ist aus dem Nachlass des *Zeit*-Verlegers Gerd Bucerius hervorgegangen, der Bremer Hochschule überließ die Stiftung des Kaffeemilliardärs Klaus Jacobs die stattliche Summe von 200 Millionen Euro.

Aber das Primat des Privaten funktioniert längst nicht überall. So mussten viele private Hochschulen trotz hoher Gebühren und großer Versprechen nach nur wenigen Jahren geschlossen werden, darunter die *Adam-Ries-Fachhochschule* in Erfurt (bis 2013), die *EDU.CON Hochschule Berlin* (bis 2010), die *Fachhochschule Schwäbisch Hall* (bis 2013), die *International Business School of Service Management* in Hamburg (bis 2013), die *Internationale Hochschule Calw* (bis 2011), die *Private Fernfachhochschule Sachsen* in Chemnitz (bis 2010) sowie die *Private Hanseuniversität* in Rostock (bis 2009).

Die Nachricht von der Schließung der Rostocker Privatuniversität schlug als »Schiffbruch an der Ostseeküste« (Titz 2008) in der breiteren bildungsinteressierten Öffentlichkeit hohe Wellen, weil die dort auszumachenden Unzulänglichkeiten in der Finanzierungsarchitektur auf andere Privathochschulen übertragbar zu sein schienen. Für die Gründung der Hochschule, an der zuletzt auf drei Studierende sechs Professoren kamen, hatte ein Bremer Emissionshaus 2005 einen Bildungsfonds aufgelegt, dessen Stammkapital in Höhe von fünf Millionen Euro die *Educationtrend AG* zur Verfügung gestellt hatte. Jener Hamburger Bildungsinvestor geriet noch im selben Jahr aufgrund eines weiteren, wesentlich namhafteren Hochschulstandorts ins Gespräch: Die *International University* in Bruchsal musste nur wenig später ebenfalls Konkurs anmelden. Dabei waren wenigstens 15 Millionen Euro Steuergelder investiert worden, um die Kleinstadt bei Karlsruhe zur Universitätsstadt aufzuwerten.

Der 23-jährige Sebastian Zonker wurde zum Gesicht der rund 170 betroffenen Studierenden, die durchschnittlich rund 10.000 Euro Studiengebühren pro Jahr entrichtet hatten. Er wurde mit der Schließung der Hochschule im beschaulichen Bruchsal gleich zum zweiten Mal während seiner Studienzeit Zeuge einer Privathochschulinsolvenz, hatte er doch zuvor bereits an der *Privaten Hanseuniversität* in Rostock-Warnemünde studiert. Die Finanzierungsengpässe privater Hochschulen, die eher die Regel als die Ausnahme darzustellen scheinen, lassen sich auch am *Stuttgart Institute of Management and Technology* ablesen, das 2007 für den symbolischen Preis von einem Euro zum Verkauf stand, aber erst einen Käufer fand, als das Land Baden-Württemberg dem Käufer noch 1,5 Millionen Euro draufzahlte.

Will man die Historie der privaten Hochschulen ergründen, geht der Blick in Richtung Ruhrgebiet. Dort wurde 1983 die *Universität Witten-Herdecke* (UWH) als erste private Hochschule in Deutschland gegründet. Die einstige Reformhochschule ist immer wieder in die Kritik geraten, 2008 etwa konnte sie nur knapp ihrem Bankrott entgehen. Die Studiengebühren betragen bis zu 54.600 Euro für ein Studium – und dennoch wird auch die UWH staatlich mitfinanziert. Das Land Nordrhein-Westfalen zahlt jährlich knapp 13 Prozent des Gesamthaushalts. Fortlaufende existenzielle Schwierigkeiten hat auch die *EBS Universität für Wirtschaft und Recht* in Oestrich-Winkel. Eine Untreueanklage gegen den ehemaligen Präsidenten Christopher Jahns, Finanzierungsstreitigkeiten mit der hessischen Landesregierung – die Liste der Skandale an der EBS ist lang und scheint nicht enden zu wollen.

Trotz eklatanter Fehlentwicklungen in der privaten Hochschullandschaft erfreuen sich die Bildungseinrichtungen nach wie vor eines starken Zulaufs, obwohl sich die von Privatisierungsbefürwortern stets betonten Effizienz- und Leistungsgewinne durch die verstärkte Konkurrenz und das übergeordnete Leistungsprinzip nicht belegen lassen: »Dass sich die privaten Hochschulen durch ein höheres Maß instrumenteller Zweck-Mittel-Rationalität auszeichnen, findet in der empirischen Bildungsforschung keine Stütze« (Reisz/Stock 2008, 11).

Der Privatisierungsdruck an staatlichen Hochschulen

Der Privatisierungsdruck entlädt sich aber bei den öffentlichen Hochschulen, die sich verstärkt ökonomischen Maßstäben unterwerfen (müssen). Obwohl die Universitäten seit den 1970er-Jahren stetig steigende Studierendenzahlen zu verzeichnen hatten, gab es keine adäquate Aufstockung der Finanzierung. Personalmangel und daraus resultierende unterdurchschnittliche Betreuungsverhältnisse sind die Folge. »Wie beim Abbau des Sozialstaats wurde das vorsätzlich ›ausgehungerte‹ staatliche Hochschulsystem zum Sündenbock für die Probleme der Hochschullandschaft erklärt« und zum Anlass für tiefgreifende Reformen genommen (Lieb 2009, 59). Die Fokussierung auf das Einwerben von Drittmitteln durch (exzellente) Forschung führt vielfach dazu, dass die Lehre finanziell und personell benachteiligt wird. Hochschulen, die ihren Fokus auf die Lehre legen, können zudem kaum Drittmittel einwerben und sind damit oft auch deutlich schlechter ausgestattet. Hier lässt sich ein »Trend zur Spaltung in Eliteuniversität und reine Lehranstalten« beobachten (Krautz 2014, 73). Den deutschen Universitäten droht mithin die Aufspaltung in zwei Typen: An Forschungsuniversitäten wird die prestigeträchtige Forschung konzentriert, während an Ausbildungsuniversitäten nach dem Vorbild der vormaligen Fachhochschulen zügig auf einen Beruf hin ausgebildet werden dürfte.

Dabei haben sich die Arbeitsbedingungen an den Hochschulen keineswegs verbessert: Insgesamt 83 Prozent der an bundesdeutschen Hochschulen beschäftigten Wissenschaftler sind befristet angestellt – ein Wert, der auch im internationalen Vergleich als einzigartig bezeichnet werden muss (Xuân Müller 2012). Selbst in Großbritannien und in den USA genießt ein höherer Anteil der Forscher eine gesicherte Existenz. Aber selbst auf Professorenebene verfügen die Hochschulleitungen inzwischen über ein wirksames Instrument, mit dem sie den vermeintlichen Müßiggang unter Hochschullehrern verhindern können (bzw. sollen). So sieht das 2005 in Kraft getretene Professorenbesoldungsreformgesetz variable Leistungsbezüge nicht nur in Form von Berufungs- oder Bleibeleistungsbezügen vor. Mit befristeten oder unbefristeten, ruhegehaltfähigen oder nicht ruhegehaltfähigen, dynamisierten oder nicht dynamisierten Leistungszulagen verfügen die Hochschulleitungen mittels der Bonierung von Drittmittelaktivitäten über ein ausgesprochen wirksames Steuerungsinstrumentarium.

Allerdings hat die leistungsorientierte Bezahlung einen unerwünschten Nebeneffekt: Nunmehr platzen unzählige Berufungsverfahren, da die Kandidaten ihren Hut oft nur in den Ring werfen, um an ihrer Heimathochschule Bleibeverhandlungen führen zu können – und damit ihre Bezüge zu steigern. Dieses »Hochverhandeln« gereicht insbesondere kleineren, weniger namhaften Hochschulen zum Nachteil. Ihre Studierenden sind es, die immer häufiger mit vakanten oder vertretungshalber besetzten Professuren vorlieb nehmen müssen. Die Hochschulverwaltungen sehen sich genötigt, einen Großteil ihrer Kapazitäten auf die Planung und Abwicklung von Berufungsverfahren zu verwenden. Der politisch gewollte »produktive und qualitätssteigernde« Wettbewerb entpuppt sich somit für viele Stakeholder des Hochschulwesens als ruinöser Wettbewerb.

Beflügelt von Polemiken einiger meinungsprägender Medien hat sich das Bild des »Di-Mi-Do-Professors« auch bei den politischen Entscheidungsträgern eingebrannt. Es steht daher zu vermuten, dass die politisch Verantwortlichen auch in Zukunft finanzielle Leistungsanreize schaffen werden statt auf das Berufsethos und den Ehrgeiz der Professoren zu setzen. So wird auch weiterhin denen ein Nachteil aus der W-Besoldung erwachsen, die sich in der Lehre, in der akademischen Selbstverwaltung oder bei der Förderung des wissenschaftlichen Nachwuchses engagieren, aber keine nennenswerten Gelder aus staatlichen oder privaten Fördertöpfen einwerben. Dies wird die Kluft zwischen den Disziplinen noch weiter vertiefen. Wer sich mit Romanistik, Tamilistik oder Russistik befasst, wird auch in Zukunft kaum Chancen haben, sich mit den drittmittelstarken Kollegen aus den Naturwissenschaften, der Medizin oder der Betriebswirtschaftslehre zu messen. Sollten die Ministerien die Zulagentöpfe auch künftig deckeln, sodass der Personalhaushalt der Hochschulen identisch bleibt, muss der »Einkauf« von akademischen Spitzenverdienern weiterhin notwendigerweise zu Lasten der Kollegen gehen, die in weniger drittmittelstarken Disziplinen tätig sind.

Das wegweisende Urteil des Bundesverfassungsgerichts vom 14. Februar 2012 könnte sogar eine verhängnisvolle Verschlechterung auslösen: Um der Intransparenz zu begegnen, sollen Hochschullehrer »unter klar definierten, vorhersehbaren und erfüllbaren Voraussetzungen einen einklagbaren Rechtsanspruch auf die Gewährung von Leistungsbezügen« haben. Im Umkehrschluss bedeutet dies, dass die Hochschulleitungen klar operationalisierbare Leistungskriterien festlegen werden. Ziel- und Leistungsvereinbarungen könnten künftig flächendeckend so klar konturiert sein, wie dies an einigen Universitäten schon jetzt der Fall ist: »Binnen drei Jahren müssen Drittmittel in Höhe von 200.000 Euro eingeworben, die Absolventenzahlen um 10 Prozent gesteigert und wenigstes vier Beiträge in doppelt-blind referierten Fachzeitschriften veröffentlicht werden.« Werden Hochschullehrer dann auch noch im Angestelltenverhältnis geführt – wie dies immer häufiger geschieht –, droht ihnen im Falle nicht erreichter Zielvorgaben womöglich die Kündigung. Die Malaise der Professorenbesoldung liegt somit darin, dass die Politik sich einem 400 Jahre alten naturwissenschaftlichen Verlangen hingibt:

»Messen, was messbar ist – messbar machen, was nicht messbar ist.« Dieses Motto Galileo Galileis mag für die mathematische, astronomische und physikalische Vermessung der Welt taugen. Für die Besoldung von Hochschullehrern ist sie ungeeignet. Die produktive Kraft der Freiheit von Forschung und Lehre lässt sich schlichtweg nicht messen.

Die Besoldungsarithmetik wirft ein Schlaglicht auf die chronische Unterfinanzierung bundesdeutscher Hochschulen. Obschon Bildungspolitiker aller Parteien die Hochschulen als »Herz des Wissenschaftssystems« preisen und Bundes- wie Landespolitiker gleich welcher Couleur den »Rohstoff Wissen« als Ressource der Zukunft beschwören, mangelt es den meisten Hochschulen selbst zur Finanzierung ihres Alltagsbetriebs an Mitteln. Allein um die Bachelorstudiengänge zu finanzieren, fehlen nach Berechnungen der baden-württembergischen Landesregierung bis 2020 bundesweit 9,5 Milliarden Euro (Bauer 2012). Matthias Kleiner, ehemaliger Präsident der *Deutschen Forschungsgemeinschaft* (DFG), hat deshalb schon in seiner Neujahrsansprache im Jahr 2012 gefordert, die Grundfinanzierung der Hochschulen um ein Viertel aufzustocken. Das wären ca. fünf Milliarden Euro jährlich.

Allein die rasante Entwicklung der Studierendenzahlen würde eine sofortige Aufstockung der Hochschulgelder rechtfertigen. Ausgehend von 345.000 Studienanfängern im Jahr 2006 schnellte deren Zahl aufgrund der doppelten Abiturjahrgänge und des Wegfalls der Wehrpflicht zuletzt um knapp 50 Prozent in die Höhe. Statt der zunächst von der Kultusministerkonferenz prognostizierten 414.000 Erstsemester immatrikulierten sich im Wintersemester 2015/16 mehr als 516.000 neue Studierende. Die Kalkulation für den Hochschulpakt 2020, mit dem der Bund die Länder zur Aufrechterhaltung der Leistungsfähigkeit in Forschung und Lehre unterstützt, basiert indes nach wie vor auf den ursprünglichen und damit falsch kalkulierten Zahlen. So fehlen 2013 selbst im »Musterländle« Baden-Württemberg 7.000 ausfinanzierte Masterstudienplätze (Bauer 2012). Und noch immer geben wir selbst in Friedenszeiten mehr Geld für die Bundeswehr als für Bildung aus. 34,37 Milliarden Euro sah der Verteidigungshaushalt für 2016 vor. Schon ein Fünftel dieser Summe würde ausreichen, um sicht- und spürbare Verbesserungen an den Hochschulen herbeizuführen. Da die Hochschulausgaben jährlich steigen, die Grundfinanzierung durch die öffentliche Hand aber stagniert, erhöht sich der erforderliche Anteil an Drittmitteln fortlaufend, wobei die Hälfte aller von Unternehmen gewährten Drittmittel in Höhe von rund 2,4 Milliarden Euro in die Ingenieurwissenschaften fließt. Soll dieser »Vermarktlichung« der Hochschulen Einhalt geboten werden, braucht es eine grundsätzliche Kehrtwende.

Heimlicher Gewinner: die *Bertelsmann Stiftung*

Die Privatisierung des Bildungswesens findet ihren Ausdruck auch in der Einführung unternehmensähnlicher Anreizsysteme, die auf Wettbewerb ausgelegt sind. Den Weg dahin weist der Politik insbesondere die *Bertelsmann Stiftung*, die gemeinsam mit der *Reinhard Mohn Stiftung* und der *BVG Stiftung* vier Fünftel des Kapitals von Europas größtem Medienkonzern, der *Bertelsmann Group*, auf sich vereint. Diese wiederum ist mit einem Jahresumsatz von zuletzt rund 16,7 Milliarden Euro der weltweit neuntgrößte Medienkonzern. Zu ihm zählen u. a. die RTL-Gruppe, die Verlagsgruppen *Penguin Random House* sowie *Gruner + Jahr*, der Druck- und Kommunikationsdienstleister *Be Printers* sowie der mit 70.000 Beschäftigten international tätige Outsourcing-Dienstleister *Arvato*.

Als Vorfeld- und Geschäftsanbahnungseinrichtung engagiert sich die Stiftung mit rund 60 Millionen Euro pro Jahr in nahezu sämtlichen wirtschafts- und gesellschaftspolitischen Fragen. Im Klappentext des 2010 von Thomas Schuler veröffentlichten Buchs »Bertelsmannrepublik Deutschland« heißt es dazu treffend: »Ganz gleich, wer in Berlin oder Brüssel regiert, die *Bertelsmann Stiftung* regiert immer mit. Die Experten aus Gütersloh sind immer dabei in der öffentlichen Verwaltung, in der Bildungs-, Arbeitsmarkt-, Gesundheits- oder Außenpolitik.« Die beispiellos finanzstarke Stiftung wirkte nicht nur mit an der Entwicklung der »Agenda 2010« und den damit verbundenen »Hartz-IV-Reformen«. Seit Jahren ist die *Bertelsmann Stiftung* vor allem im Bildungswesen aktiv. Noch bevor die im Vorstand der Stiftung tonangebende Elisabeth »Liz« Mohn in der Tradition ihres verstorbenen Mannes gemeinsam mit der Verlegerin Friede Springer ein enges Netzwerk zu Bundeskanzlerin Angela Merkel flocht, hatten die »Bertelsmänner« bereits mit dem damaligen NRW-Ministerpräsidenten Johannes Rau (SPD) eine Bildungskommission eingerichtet, die den Bericht »Bildung der Zukunft – Schule der Zukunft« vorlegte. Dieser empfahl u. a. selbstverwaltete Budgets der einzelnen Schulen. Zwischen 2005 und 2010 setzte die nordrhein-westfälische Landesregierung unter Führung von CDU und FDP schließlich das Projekt »Selbständige Schule« um, das Schulen inzwischen bundesweit »auf ihrem Weg zu einer eigenverantwortlichen Organisation und einer selbstständigen Arbeitsweise« unterstützt. Die schrittweise Auflösung der Schulbezirke, die es Eltern ermöglicht, auch die Grundschule ihrer Kinder frei zu wählen, fügt sich ebenfalls in diese vermeintlich universelle »Rhetorik der Freiheit«.

Die Selbstevaluation in Schulen soll die Eigenverantwortung von Schulen stärken und Qualitätsvergleiche »vergleichbar mit den Qualitätsmanagementsystemen in der Wirtschaft« ermöglichen (zit. nach Lohmann 2007, 162). Inzwischen finden sich in allen Bundesländern Schulen, die dieses Instrument nutzen – aufgrund von Überlastung, mangelnder Qualifikation und Druck der Schulbehörden. Im Ergebnis mündet der Einsatz des Steuerungsinstruments jedoch in einen wettbewerbskonformen Bericht für die Schule, der als Grundlage für schulpolitische Maßnahmen dient – letztlich also dafür, »die eigene Kommodifizierung und Vermarktförmigung voranzutreiben« (Lohmann 2007, 163). Josef Kraus, der als gestandener Konservativer beinahe 30 Jahre lang dem *Deutschen Lehrerverband* vorstand, schreibt dazu: »Es ist höchst fragwürdig, wie sich hier eine private Stiftung in die Bildungspolitik einmischt« (2012). Unweigerlich fühlt man sich an britische Schulen erinnert, die in den 1980er-Jahren von Margaret Thatcher vielerorts in private Trägerschaft mit betriebswirtschaftlichen Prinzipien überführt wurden.

Auch an den Hochschulen ist die *Bertelsmann Stiftung* aktiv. Im Schulterschluss mit der Hochschulrektorenkonferenz plädierte das von ihr gegründete *Centrum für Hochschulentwicklung* (CHE) frühzeitig für die Einführung von Studiengebühren. Die inzwischen in allen Bundesländern wieder abgeschaffte »Campusmaut« von meist 500 Euro pro Semester orientierte sich an den um ein Vielfaches höheren Studiengebühren, die an angloamerikanischen Eliteuniversitäten zu entrichten sind. An den US-amerikanischen Ivy-League-Universitäten *Brown*, *Columbia*, *Cornell*, *Dartmouth*, *Harvard*, *Pennsylvania*, *Princeton* und *Yale* sind Gebühren von 50.000 US-Dollar pro Studienjahr keine Seltenheit. Und auch ein Studienplatz auf der britischen Insel ist für viele Studierende nicht erschwinglich, wobei die Kaderschmieden *Oxford University*, *Cambridge University* und *London School of Economics and Political Science* (LSE) die Liste der begehrten Institutionen anführen. Die Vorstellung, dass es neben einer staatlichen Sockelfinanzierung einer privaten Finanzierung des Studiums bedürfen soll, trägt die Handschrift der *Bertelsmann Stiftung* und fußt auf einer Mischkalkulation aus »Bildungssparen« (nach dem Vorbild des Bausparens) und bankkreditbasierter Finanzierung.

Wie weit der Arm der *Bertelsmann Stiftung* reicht, zeigt sich auch daran, dass das 1998 erstmalig aufgesetzte Ranking des CHE inzwischen für viele Studieninteressierte zum maßgeblichen Indikator für die Studienfach- und -ortswahl geworden ist. Das seit 2005 in Kooperation mit der Wochenzeitung *Die Zeit* und ihrem Ableger *Zeit Campus* popularisierte Hochschulranking liefert Studierenden trotz zahlreicher Diskussionen um seine methodischen Unzulänglichkeiten (u. a. zu kleine Stichproben) seit Jahren (vermeintlich) studienrelevante Informationen. 2012 rief die *Deutsche Gesellschaft für Soziologie* ihre Mitglieder aufgrund von »gravierenden methodischen Schwächen und empirischen Lücken« zum Boykott des Hochschulrankings auf (2012). Und fünf Jahre zuvor hatte bereits der *Verband der Historiker und Historikerinnen Deutschlands* grundlegende Einwände formuliert: »Ein Leitfaden für Studierende ist an sich sinnvoll, aber Sie erzeugen keinen Leitfaden, sondern eine Art Bundesligatabelle, die die Studenten irreführt« – so formulierte es der damalige Verbandsvorsitzende Werner Plumpe in einem Streitgespräch mit dem Leiter des CHE, Frank Ziegele (2010). Obwohl die Kritik an den Stichprobengrößen, Prüfkriterien und Gewichtungen der untersuchten Studiengänge bis heute andauert, wirft das Ranking ein Schlaglicht auf den bildungspolitischen Einfluss des CHE. Dazu zählt neben dem direkten Einfluss auf Ministerien über PR-Maßnahmen und persönliche Netzwerke insbesondere die strategische Platzierung von Umfragen. Direkten Einfluss übte die Gütersloher Stiftung aber auch auf die Entwicklung des inzwischen wieder zurückgedrehten Hochschulfreiheitsgesetzes in Nordrhein-Westfalen aus.

Was nur die öffentliche Bildung leisten kann

Die sich in Krippen, Kitas, Kindergärten, Schulen und Hochschulen vollziehenden Privatisierungen sind deshalb fatal, weil sie unweigerlich auch die staatlichen Angebote beeinflussen. Nur dann, wenn Bildung als öffentliches Gut vorgehalten wird, kann niemand aufgrund fehlender finanzieller Mittel ausgeschlossen werden. Kostenpflichtige Bildungsangebote mindern die Bildungschancen und -aspirationen derjenigen, die nicht über die Mittel dafür verfügen. Schaut man in den Bereich der Hochschulbildung, so haben die exorbitanten Studiengebühren in den USA und Großbritannien die soziale Selektion verschärft: In den USA entstammen vier Fünftel der Studierenden dem oberen Fünftel der Gesellschaft; in Großbritannien rekrutieren sich zwei Drittel der Studierenden aus dem oberen Drittel der Gesellschaft. Die zahlungskräftigen Nachfrager der privatisierten Bildungsgüter zählen auf die Zuteilung exklusiver Zugangsmöglichkeiten zu Bildungsressourcen und erhoffen sich davon ein besseres Bildungsangebot. Tatsächlich kommt es dadurch zu einer Bildungsselektion, die die unteren und mittleren Schichten auf die öffentlichen Schulen und Hochschulen mit schlechter Ausstattung an Personal und Sachen verweist, während die oberen Einkommens- und Vermögensgruppen den selektiven Charakter privater (Hoch-)Schulen schätzen.

Dabei muss die Sparpolitik der öffentlichen Hand auch in Deutschland als Hauptursache für die Misere der Bildungseinrichtungen sowie für die sich bahnbrechenden Privatisierungen angesehen werden: Lag der Anteil der Bildungsausgaben am Bruttoinlandsprodukt 1995 noch bei 6,9 Prozent, sank er nach den letzten Erhebungen auf 5,3 Prozent, sodass die Bundesrepublik Deutschland zuletzt auf Platz 31 von 37 OECD-Staaten abrutschte. Der private Anteil an den Ausgaben für Primar- und Sekundarschulen dagegen fällt im OECD-Vergleich mit über 15 Prozent sehr hoch aus. Selbst in den USA liegt er bei »nur« neun Prozent. Im vorschulischen und tertiären Bereich liegt die öffentliche Finanzierungsquote in Deutschland noch weitaus niedriger (Köppe 2015, 150; OECD 2014, 14). So verwundert es nicht, dass die Unterfinanzierung des öffentlichen Bildungswesens chronisch geworden ist und seiner Privatisierung den Weg bereitet hat.

Bildung muss jedoch als öffentliches Gut gehandelt werden, das jedem zusteht. Wird Bildung ausschließlich als »Standortfaktor« begriffen, um Wirtschaftswachstum und Wettbewerbsfähigkeit zu beflügeln, wird der Instrumentalisierung dieser kostbaren Ressource endgültig Tür und Tor geöffnet. Dabei sollten wir dafür Sorge tragen, dass die Verteilung der Bildungschancen nicht weiter vom Geldbeutel der Eltern abhängt. Begreifen wir Bildungspolitik wie die skandinavischen Staaten als beste Form präventiver Sozialpolitik, dürfen die politischen Zuständigkeiten nicht noch weiter zurückgedrängt werden. Entstaatlichung, Rationalisierung und Kommerzialisierung sind keine Lösung für das öffentliche Gut Bildung. Denn mit jeder Privatisierung von Bildungseinrichtungen wird die – im internationalen Vergleich ohnehin bereits hohe – soziale Selektivität hierzulande weiter verschärft. Dies steht in diametralem Widerspruch zur allseits proklamierten »Bildungsrepublik«, die Menschen unabhängig von ihrer sozio-ökonomischen Herkunft Aufstiegs- und Verwirklichungschancen eröffnen möchte.

Die Privatwirtschaft hat Vorfahrt: das Verkehrswesen

Obwohl Verkehrs*planung* lange Zeit als unverbrüchliches verkehrspolitisches Leitprinzip galt, verfing die neoliberale Staatskritik Anfang der 1980er-Jahre auch im Verkehrswesen. Die planerische Herangehensweise der Verkehrsbehörden wurde in Zweifel gezogen, die »Entstaatlichung des Staates« im Geiste der allgemeinen Ökonomisierungseuphorie auch in der Verkehrspolitik umgesetzt: Die Überführung der *Deutschen Bahn* (DB) in eine Aktiengesellschaft mit Börsenambitionen, der Betrieb von Autobahnen, Mautsystemen und Raststätten durch Privatunternehmen sowie der Verkauf der *Deutschen Lufthansa* und zahlreicher Flughäfen – über sämtliche verkehrspolitische Felder rollte und rollt die Privatisierungswelle.

Inzwischen jedoch haben die aus der Privatisierung der *Deutschen Bahn* erwachsenen Negativerscheinungen wie Lok-, Oberleitungs- und Triebfahrzeugschäden sowie damit verbundene Verspätungen von 8.000 Stunden pro Tag nicht nur die 1,8 Millionen Bahnpendler aufhorchen lassen, die täglich in die Züge steigen. Eine breite Mehrheit der Bevölkerung wünscht sich eine Bürger- statt eine Börsenbahn, die nicht jedes Jahr die Fahrpreise erhöht, sondern Deutschland flächendeckend mit Schienenverkehrsleistungen bedient. Auch die um 16 Monate verzögerte Inbetriebnahme des Lkw-Mautsystems »Toll Collect« durch das Betreiberkonsortium aus *Deutscher Telekom*, *Daimler Chrysler* und dem auf Mautsysteme spezialisierten französischen Infrastrukturbetreiber *Cofiroute* hat viele Menschen skeptisch werden lassen, zumal der Bund bis heute auf die Kompensationszahlungen für die Verzögerung zu warten hat. Und auch der Verkauf der vormals bundeseigenen Autobahnraststätten an die *Autobahn Tank & Rast GmbH*, die beinahe ausnahmslos alle Raststätten entlang der Bundesautobahnen inklusive Tankstellen betreibt, versetzt diejenigen in Rage, die 70 Cent für ihren Toilettengang an die *Tank & Rast*-Tochterfirma *Sanifair* zu entrichten haben.

Kritik an Privatisierungen im Bereich der Verkehrsinfrastruktur kommt zusehends auch aus traditionell konservativen Kreisen. So kritisierte der Generalsekretär des *Zentralverbands des deutschen Handwerks* (ZDH), Holger Schwannecke, unlängst die Äußerung von Bundesverkehrsminister Alexander Dobrindt (CSU), wonach sich öffentlich-private Partnerschaften (ÖPP) »für den Bund, die Autofahrer und die Investoren« lohnten. Er hingegen sehe darin »erhebliche Probleme«. Da sowohl die Länder als auch die Kommunen in der Bauverwaltung massive Einsparungen vorgenommen hätten, fehlten dort »Bauherrenkompetenz« und Geld, sodass bei ÖPP-Projekten nur noch »einige wenige Großkonzerne« das Sagen hätten (Schwannecke 2015). Zugleich betont er, dass bei der Einbindung privaten Kapitals in die Straßenfinanzierung über Infrastrukturgesellschaften, diese »umfassend in öffentlichem Eigentum verbleiben« und »die verkehrsspezifischen Planungen der Politik – effizient – umsetzen« müssen.

Bemerkenswert ist auch die Grundsätzlichkeit der Kritik des einflussreichsten Vertreter des deutschen Handwerks (ebd.): »Aktuell werden in ÖPP sehr hohe Renditen zugesichert, die Subunternehmer und ihre Beschäftigten, aber auch Steuerzahler und Straßennutzer finanzieren müssen – zusätzlich zum eigentlichen Bau- und Erhaltungsaufwand. Dieser fatalen Entwicklung muss ein Riegel vorgeschoben werden. Die Gestaltungsmacht der öffentlichen Auftraggeber darf nicht weiter geschmälert werden.« Das für die Instandsetzung der Infrastruktur erforderliche Investitionsvolumen ist beträchtlich: Um die maroden Brücken, Straßen und Schienennetze instand zu setzen, müssen nach Berechnungen des *Instituts der deutschen Wirtschaft Köln* allein in den kommenden zehn Jahren 120 Milliarden Euro investiert werden.

Entgleisungen der Privatisierung: die *Deutsche Bahn*

Seit der Ära Hartmut Mehdorns, dessen Schreibtisch die Börsensymbole Bulle und Bär zierten, wird das Bahnsystem systematisch kaputtgespart, um die Braut *Deutsche Bahn AG* für den sicherlich nur aufgeschobenen, nicht aber aufgehobenen Börsengang hübsch zu machen. Viele verkehrspolitische Entscheidungsträger scheinen vergessen zu haben, dass sich die positiv konnotierte Eisenbahn-Terminologie nicht ohne Grund im alltäglichen Sprachgebrauch niedergeschlagen hat: Termingenauigkeit wird umschrieben mit »pünktlich wie die Eisenbahn«, ein sich abzeichnendes gutes Geschäft befindet sich »auf dem richtigen Gleis«, im Trend liegt, »wer den Zug der Zeit kennt«, und wenn ein aufwendiger Empfang bereitet wird, so ist von einem »großen Bahnhof« die Rede. In der Tat lässt sich die Geschichte der Bahn als Erfolgsstory lesen. Allein die Schienenverkehrssparte der *Deutschen Bahn AG* befördert täglich rund 5,4 Millionen Fahrgäste. Damit hat der letzte große deutsche Staatskonzern innerhalb von 20 Tagen mehr Kunden an Bord als die *Deutsche Lufthansa* mitsamt ihrer Tochtergesellschaften *Eurowings* (vormals *Germanwings*), *Austrian Airlines* und *Swiss International Air Lines* binnen eines ganzen Jahres.

Die Privatisierung der *Deutschen Bahn* illustriert besonders eindrucksvoll, welche sozial-, umwelt- und finanzpolitischen Risiken mit der Kapitalmarktorientierung eines Unternehmens einhergehen können. Als »kränkelnder Dinosaurier im Schuldenmeer« und »Sprengsatz des Bundeshaushalts« wurde die einstige »Behördenbahn« *Deutsche Bundesbahn* in den letzten Jahren ihres Bestehens diskreditiert. Zwischen 1949 bis 1994 waren insgesamt 16 mehr oder minder umfassende Reformen umgesetzt worden, ohne dass die sich kontinuierlich verschärfende Finanzsituation nennenswert konsolidiert worden wäre. Angesichts dessen stellte sich immer wieder die Frage, ob das Modell der gemeinwirtschaftlichen Grundversorgung an mangelnder Performanz gescheitert sei. Schließlich setzte man auf die *formelle* (Umwandlung in eine Aktiengesellschaft) und *materielle* (Veräußerung der Anteilsscheine an Privatinvestoren) Privatisierung.

Seinen konkreten Ausdruck fand der »Sinneswandel« in Richtung »schlanker« Staat darin, dass die Neuformulierung des Art. 87 GG sowie die mehr als 130 für die Umsetzung der Bahnreform erforderlichen Gesetzesänderungen im Dezember 1993 eine breite parlamentarische Mehrheit fanden. Mit 558 Ja-Stimmen, 13 Gegenstimmen und nur vier Enthaltungen gab der Bundestag den Weg für die »Jahrhundertentscheidung der Verkehrspolitik« frei (Benz 1997, 164). Abgesehen von der Fraktion der PDS/Linke Liste bezogen sich alle Fraktionen auf die von den FDP-Abgeordneten vorgetragene Position: »Es ist eine staatliche Aufgabe, für eine leistungsfähige Verkehrsinfrastruktur zu sorgen. Aber es ist keine originär staatliche Aufgabe, den Transport von Menschen oder Gütern selbst in die Hand zu nehmen. Der Staat ist nun einmal ein miserabler Fahrkartenverkäufer« (Kohn 1994, 44).

Mit der Zeit stimmten die etablierten Parteien in die beharrlich vorgetragene Forderung des DB-Vorstandes ein, den ehemals größten Arbeitgeber der Bundesrepublik von »den Fesseln des öffentlichen Dienst- und Haushaltsrechts« (Dürr 1998, 101) zu befreien und dorthin zu führen, wo die Marktmechanismen am wirkungs- und mitunter verhängnisvollsten greifen: auf das Börsenparkett. Die Grundlage nahezu sämtlicher Diskussionen über die Ausgestaltung der Privatisierung bildete die Überzeugung, dass sich die *Deutsche Bahn*, um erfolgreich operieren zu können, an den von betriebswirtschaftlichem Kalkül dominierten Erwartungen des Kapitalmarktes orientieren müsse. Die Umsetzung des am 30. Mai 2008 vom Deutschen Bundestag verabschiedeten Gesetzes »Zukunft der Bahn, Bahn der Zukunft – Die Bahnreform zügig weiterentwickeln«, das die Teilkapitalprivatisierung von 24,9 Prozent der Konzernmutter *DB Mobility Networks Logistics AG* vorsieht, wurde aufgrund der Auswirkungen der Wirtschafts- und Finanzmarktkrise 2008 ff. ausgesetzt. Doch schon im Koalitionsvertrag der CDU/CSU/FDP-Bundesregierung vom Oktober 2009 wurde der Börsengang erneut zum Ziel erklärt: »Sobald der Kapitalmarkt es zulässt, werden wir die schrittweise, ertragsoptimierte Privatisierung der Transport- und Logistiksparten« der *Deutschen Bahn* einleiten.

Im Januar 2011 erklärten einflussreiche Verkehrspolitiker der Regierungsparteien, die Bundesregierung favorisiere nunmehr eine Bahnprivatisierung, in deren Zentrum der Teilverkauf der *Deutschen Bahn* stehe. Vor dem Hintergrund desaströser Umsätze im Frachtverkehr berät der DB-Vorstand augenblicklich wieder über einen Teilverkauf der DB-Töchter *Schenker* (Logistik) und *Arriva* (Auslandspersonenverkehr). Damit soll – höchstwahrscheinlich über einen Börsengang – das im Zuge von Privatisierungen immer wieder beschworene »frische« private Kapital in den Konzern eingespeist werden. Angesichts der stark sinkenden Umsätze soll der Konzern mit dem im Dezember 2015 beschlossenen mehrjährigen Programm »Zukunft Bahn« grundlegend umgebaut werden. Die für den geplanten Börsengang aufgebaute Doppelstruktur mit der *DB Mobility Networks Logistics AG* soll wieder aufgelöst, Kundenfreundlichkeit und Pünktlichkeit sollen verbessert werden. Bahnchef Rüdiger Grube rechnet dafür mit Sonderbelastungen von rund zwei Milliarden Euro für die Geschäftsjahre 2015 und 2016. Zwar scheint der Börsengang des Gesamtkonzerns damit vorläufig vom Tisch zu sein, doch wird die angestrebte Teilprivatisierung die Unternehmensführung noch sicht- und spürbarer in Richtung Kapitalmarkt treiben.

Einmal mehr werden entscheidende Gründe übersehen, die gegen eine Kapitalmarktorientierung und einen damit letztlich immer verbundenen Börsengang sprechen: So wird ein börsennotiertes Unternehmen unter rein kaufmännischen Gesichtspunkten stets solche Zugleistungen und -verbindungen aufgeben (müssen), deren Ertragswerte negativ sind oder jedenfalls unterhalb der durchschnittlichen Rendite im Bahnsektor liegen. Die einem Glaubensbekenntnis gleichkommende Behauptung, konkurrierende Betreibergesellschaften übernähmen anschließend derartige Zugfahrten, Linien oder Netzteile, verklärt den Umstand, dass auch diese nach betriebswirtschaftlichem Kalkül operieren (müssen). Mit anderen Worten: Auch im Wettbewerb zwischen verschiedenen Zuggesellschaften führt der Rentabilitätsdruck zu einer Einstellung unprofitabler Streckenabschnitte – es sei denn, die Betreibergesellschaften werden dann doch wieder staatlich subventioniert. Genau dies geschieht über die Regionalisierungsmittel, die der Bund den Ländern und Zweckverbänden für entsprechende Leistungen im Schienenpersonennahverkehr (SPNV) bzw. im gesamten öffentlichen Personennahverkehr (ÖPNV) zahlt. Die im Volksmund fest verankerte Losung »Wettbewerb belebt das Geschäft« greift hier eben gerade nicht.

Hinzu kommt, dass die generationenübergreifenden Zeiträume, auf die Infrastrukturinvestitionen ausgelegt sind, in einem unauflösbaren Spannungsverhältnis mit den kurzfristigen Rentabilitätsinteressen börsennotierter Unternehmen stehen. Dies zeigt ein Blick nach Großbritannien und Neuseeland. In beiden Ländern wurde die Infrastruktur an private Investoren verkauft – jeweils mit verheerenden Folgen: Der Cashflow wurde nicht reinvestiert, sondern getreu der Shareholder-Value-Orientierung an die Aktionäre ausgeschüttet, während die Investitionen in die Instandhaltung des Trassennetzes auf ein Minimum reduziert wurden. Während die britische *Railtrack* im Oktober 2001 tatsächlich Konkurs anmelden musste, stand die neuseeländische *Tranzrail* unmittelbar vor der Insolvenz. In beiden Fällen sahen sich die Regierungen schließlich gezwungen, die Schienenwege wieder zu verstaatlichen, um sie mit Milliarden- bzw. dreistelligen Millionenbeträgen zu modernisieren. Gleiches ist im Fall der *Deutschen Bahn AG* zwar nicht möglich, weil die Mehrheit der Anteile am Schienennetz nach geltendem Recht beim Staat bleiben muss. Bei einer Grundgesetzänderung allerdings drohte ein vergleichbares Fiasko – insbesondere dann, wenn sich der DB-Vorstand mit dem von ihm favorisierten integrierten Börsengang durchsetzen und die infrastrukturelle Grundversorgung im Bahnwesen zur Unternehmensaufgabe erklären sollte.

Dessen ungeachtet sind weitere unerwünschte Folgen der von der DB-Führung beharrlich verfolgten Kapitalmarktorientierung nicht zu übersehen: die Wandlung zu einem international agierenden Mobilitäts- und Logistikkonzern, in deren Folge nur noch 40 Prozent des Unternehmensgewinns mit dem heimischen Schienenverkehr erzielt werden; der bundesweit verfolgte Verkauf bahneigener Liegenschaften (insbesondere von Bahnhofsgebäuden); die kaum mehr sozialverträgliche Tarifpolitik; der umfassende Personalabbau sowie der mit den Ökonomisierungsbestrebungen verbundene Bedeutungsverlust der Bahn im intermodalen Wettbewerb. Zwar stieg die Zahl der Fahrgäste seit der Bahnreform im Jahr 1994 um mehr als 50 Prozent, aber bei genauerer Betrachtung verblassen die Erfolge der *Deutschen Bahn AG*. Die Verluste der Güterverkehrstochter *DB Schenker Rail* gelten als Hauptgrund für die Gesamtkonzernverluste von rund einer Milliarden Euro im Jahr 2015, weshalb das Management trotz des seit 20 Jahren anhaltenden Rückzugs der Bahn aus der Fläche und der damit verbundenen Verlagerung der Gütertransporte auf immer vollere Straßen nicht nur weitere Güterverkehrsstellen schließen, sondern auch rund 2.500 Arbeitsplätze abbauen will (Küfer 2015).

Einmal mehr setzt sich die kapitalmarktgetriebene Orientierung am kurzfristigen Gewinn gegen die verkehrspolitisch sinnvolle langfristige Planung durch. Dabei verweisen die Beschäftigtenvertreter anders als die rein betriebswirtschaftlich argumentierenden Manager auf einen wesentlichen Punkt hin: »Der Schienengüterverkehr ist ein zentraler Bestandteil der Energiewende und muss seine Vorteile in Energieeffizienz und Umweltfreundlichkeit gegenüber anderen Verkehrsträgern nutzen«, heißt es von Seiten der in der DGB-Gewerkschaft EVG organisierten Betriebsräte (ebd.). Gestützt von der Bundesregierung, ignoriert das DB-Management somit den Ausstoß von Millionen Tonnen zusätzlicher CO_2-Emissionen.

Was den personengebundenen Bahnverkehr angeht, so ist die Aussagekraft der Fahrgastzahlen aus den Geschäftsberichten anzuzweifeln. Karl-Dieter Bodack, projektverantwortlicher Planer und Entwickler des einstigen Erfolgsschlagers Interregio, wies in einer bemerkenswerten Untersuchung nach, dass die Steigerungsraten zwar korrekt errechnet wurden, die *Deutsche Bahn* jedoch »die Erfassungsmodalitäten […] mehrfach so geändert hat, dass für gleiche Leistungen höhere Zahlenwerte ausgewiesen werden« (2004, 525). Wie der Bundesrechnungshof zuvor bereits vermutet hatte, kam mit der Ausgabe von »Daten und Fakten DB 1998/99« erstmalig ein Erfassungsverfahren zum Einsatz, das in wesentlichen Aspekten von den statistischen Gepflogenheiten abwich: Den Bestimmungen in der Verordnung über die Eisenbahnstatistik zuwiderlaufend, bezog diese Statistik nicht mehr ausschließlich zahlende Fahrgäste ein, sondern auch das Bahnpersonal sowie Freifahrer (zum Beispiel Menschen mit Behinderung, Bundestagsabgeordnete und Bundeswehrbedienstete). Überdies dürfen die steigenden Fahrgastzahlen, ebenso wenig wie der wachsende Güterverkehr, nicht wesentlich als betriebswirtschaftliche Leistung der Bahn gewertet werden, sondern als Begleiterscheinung einer boomenden, stark exportorientierten und globalisierten Volkswirtschaft und dem daraus erwachsenden Mobilitätsbedürfnis – insbesondere von Berufspendlern.

Sowohl in Sachen Komfort und Pünktlichkeit als auch mit Blick auf die sozialverträgliche Preis- und die kundengerechte Fahrplangestaltung könnte die Bahn ihre Wettbewerbsvorteile gegenüber dem motorisierten Individualverkehr (besser) ausspielen, wenn sie sich nicht dem kurzsichtigen betriebswirtschaftlichen Diktat unterwürfe. So fehlt der Komfort nicht nur dort, wo Fahrgäste während der Stoßzeiten dicht gedrängt in Regionalverkehrszügen stehen, sondern natürlich auch dort, wo der Zugverkehr eingestellt wurde. Seit 1990 wurden rund 100 Städte mit mehr als 20.000 Einwohnern vom Fernverkehr abgekoppelt, darunter nicht wenige Städte mit mehr als 100.000 Einwohnern. Auch der Auto- und Nachtzugverkehr wurde in den vergangenen Jahren ständig zurückgefahren, obwohl viele Verbindungen trotz des veralteten und wenig komfortablen Wagenmaterials noch immer stark nachgefragt waren. Somit leuchten viele in der Öffentlichkeit präsentierte Zahlen, Daten und Fakten des »Unternehmens Zukunft« (Bahnwerbung) bei näherem Hinsehen alles andere als rosarot.

Die vom kapitalmarktorientierten Spardiktat geprägte und damit unzureichende Beschaffung neuen »rollenden Materials« ist einer der Hauptgründe, weshalb Ende 2015 jeder dritte Zug im Fernverkehr unpünktlich einlief. Ihren Tiefpunkt hätte die Privatisierungspolitik fast mit dem berüchtigten »Radsatzwellenbruch« erreicht, als am 9. Juli 2008 bei der Einfahrt in den Kölner Hauptbahnhof ein ICE neusten Typs entgleiste. Allein aufgrund der niedrigen Geschwindigkeit des Zugs kam es nicht zu einem Unglück wie 1998 in Eschede, als bei dem schwersten Bahnunglück in der Geschichte der Bundesrepublik Deutschland 101 Menschen ums Leben kamen. Da die *Deutsche Bahn* jedoch nach dem Unfall in Köln ihre ICE-Flotte weiter mit Höchstgeschwindigkeit fahren ließ, als sei nichts geschehen, beschied das Eisenbahnbundesamt (EBA) zwei Tage später: Alle im Einsatz befindlichen ICE 3, die seit der letzten Ultraschallüberprüfung mehr als 60.000 Kilometer Laufleistung hatten, seien »aus dem Betrieb zu nehmen«, ohne Verzögerung auf »Rissfreiheit« zu überprüfen, und es ordnete die »sofortige Vollziehung dieses Bescheides […] wegen Gefahr im Verzug als Notstandsmaßnahme im öffentlichen Interesse« an (Bahn für alle 2008).

Nicht nur das Achsenproblem von 2008 und die Reaktion des DB-Vorstands darauf können als Ausdruck einer rigorosen Kapitalmarktorientierung gewertet werden. Auch das Berliner S-Bahn-Desaster, die in den Sommermonaten 2010 defekten Klimaanlagen und der weitreichende Zusammenbruch des Zugverkehrs in den Wintermonaten der Jahre 2009/2010 und 2010/2011 belegen die privatisierungsbedingten Defizite. Die landesweit auf Bahnsteigen und in Zügen zu vernehmende Kritik am Zugverkehr, speziell am Platzhirsch *Deutsche Bahn*, kommt oft genug als »Bahn-Bashing« daher; in vielen Fällen allerdings ist sie stichhaltig. Der Ausspruch Kurt Tucholskys, dass alle besseren Geschichten am Bahnhof beginnen, hat seine Gültigkeit verloren.

Verkauf, Verpachtung und Verwahrlosung von Bahnhöfen

Die Privatisierungswelle erfasst auch die Bahnhofsgebäude: Die ehemaligen »Kathedralen des Verkehrs« mit ihrem städtebaulich prägenden Charakter werden umgestaltet zu »Geschäftswelten mit Gleisanschluss« (Wolf 2002, 47). Dabei ist der symbolische und emotionale Stellenwert von Bahnhofsgebäuden für die Stadtentwicklung sowie für das Schienensystem nicht zu unterschätzen. Wenn Fassaden von Bahnhofsgebäuden bröckeln, Bahnsteige von Schlaglöchern durchsiebt sind und schlecht ausgeleuchtete Durchgänge nach Urin stinken, verprellt dies selbst leidenschaftliche Bahnfahrer, von potenziellen Kunden ganz zu schweigen. Obwohl zwischen 2009 und 2011 insgesamt 325 Millionen Euro aus den Konjunkturprogrammen I und II in die Sanierung der Bahnhofsanlagen flossen, ist für die Bahnhofsgebäude keine Besserung in Sicht.

Obschon Bahnhöfe nicht nur Ankunfts-, Abfahrts- und Wartestellen für Zugreisende sind, sondern auch »Visitenkarten« der Städte, der *Deutschen Bahn* und des Bahnsystems insgesamt, setzt sich das Phänomen des »Bahnhofssterbens« fort. Die Kapitalmarktfähigkeit fest im Blick, treibt die *Deutsche Bahn AG* mit dem (Aus-)Verkauf der Bahnhofsgebäude den Abbau des Anlagevermögens und damit die Steigerung der Eigenkapitalrendite voran. In den vergangenen 20 Jahren wurden rund 1.700 Bahnhofsgebäude veräußert und mehrere Hundert geschlossen, von den verbliebenen 1.200 Bahnhöfen soll noch einmal rund die Hälfte verkauft werden. Schon für wenige Tausend Euro können Kommunen, Privatpersonen oder Investoren verfallene oder verfallende Bahnhofsgebäude erwerben. Bereits jetzt ist die Bahnhofsdichte massiv gesunken: Lag sie Mitte der 1960er-Jahre in Westdeutschland noch bei 4,1 Kilometern, findet sich nun entlang des seit 1994 um ein

Drittel geschrumpften Schienennetzes nur noch alle sieben Kilometer ein Bahnhofsgebäude. In Thüringen, Sachsen und Sachsen-Anhalt sollen in Zukunft nur noch insgesamt 39 Stationen mitsamt Empfangsgebäude im Eigentum des Konzerns stehen. An den übrigen Haltepunkten sollen Bahnsteige, Fahrkartenautomaten und Wartehäuschen ausreichen.

Eine Garantie, dass die Einnahmen aus den Bahnhofs- und Liegenschaftsverkäufen in die Sanierung und Renovierung kleiner und mittelgroßer Bahnhöfe fließen, fehlt. Dabei müssen die Bahnhöfe, Bahnsteige und Bahntrassen auch in Mittweida, Monheim und Mönchengladbach (weiter) modernisiert werden, um einen attraktiven Zugang zum Nah- sowie eine verlässliche Anbindung an den Fernverkehr zu schaffen. Damit die »Kultur des Reisens«, die das Transportmittel Bahn gegenüber Straßen- und Luftverkehr auszeichnet, schon in den Empfangshallen beginnen kann, müssten Bahnhöfe wieder aufgewertet werden – als Glieder der Reisekette, als Ausdruck unseres kulturellen Erbes und als eindrucksvolle Eingangstore zu den Städten.

Insofern zeugt es von Kurzsichtigkeit, dass künftig nur noch an 83 Bahnhöfen ein »personenbedienter Service« in Gestalt von Fahrkartenschaltern vorgesehen ist. An allen anderen Standorten sollen Fahrgäste auf Fahrkartenautomaten ausweichen, wenn sie sich nicht auf komplexe Internet-Buchungsplattformen oder kostspielige Telefon-Hotlines verlassen wollen. Dabei weiß der DB-Konzern offenkundig selbst um die Komplexität des Fahrkartenkaufs. So bot das DB-Museum in Nürnberg zeitweilig vierstündige Automatenschulungen an – in der Informationsbroschüre verbunden mit dem Hinweis, dass es in den vergangenen Jahren eine große Nachfrage danach gegeben habe. Insofern trifft der Personalabbau nicht nur die Beschäftigten selbst. Der Verkauf bzw. die Aufgabe der Bahnhöfe hat auch soziale Folgen: Unter Preisgabe gesellschaftlicher Solidarität zu Lasten von Obdachlosen wurden die zu Bundesbahnzeiten eingerichteten Bahnhofsmissionen sukzessive aufgegeben, der private Betreiber *McClean* hat einen Exklusivvertrag für den Betrieb von Toiletten mit der *Deutschen Bahn* geschlossen, und private Sicherheitsdienste sorgen dafür, dass »missliebige« Besucher von den Fahrgästen nicht mehr wahrgenommen werden »müssen«, womit – typisch für Privatisierungen – ein bedeutender Teil sozialer Realität ausgeblendet wird.

Kosten und Nutzen von »Stuttgart 21«

Ausdruck der Privatisierungspolitik ist auch das zur Negativchiffre bundesdeutscher Bahnpolitik herangewachsene gigantomanische Bauvorhaben »Stuttgart 21«. Wie schon bei der Errichtung des 1,1 Milliarden Euro teuren Berliner Hauptbahnhofs explodieren auch hier die Baukosten – auf mindestens 6,5 Milliarden Euro, wie Bahnchef Grube im März 2013 einräumte, nachdem die Kosten 1995 noch auf 4,8 Milliarden D-Mark (2,45 Milliarden Euro) taxiert worden waren. Skeptiker, die sich auf ein Gutachten des Münchner Beratungsbüros *Vieregg-Rössler* stützen können, rechnen sogar mit bis zu 9,8 Milliarden Euro. Darüber hinaus sind nun 3,3 Milliarden Euro für die knapp 60 Kilometer lange Hochgeschwindigkeitsstrecke Wendlingen–Ulm als wesentlicher Bestandteil des Projekts veranschlagt.

Warum die Debatte um eines der kostspieligsten europäischen Infrastrukturprojekte auch überregional breite Beachtung findet, zeigt ein Blick hinter die Kulissen des Bauvorhabens: So existierten die »Projekte 21« in den Planungen der *Deutschen Bahn* auch für die Hauptbahnhöfe in München und Frankfurt am Main. Auch dort sollten die Gleise künftig unterirdisch verlaufen, das oberirdische Bahnareal in attraktiver Innenstadtlage für den Betrieb aufgegeben und – teils samt Immobilien – über die *DB Services Immobilien GmbH* veräußert werden. Aber während diese Projekte aufgrund der exorbitanten Kosten verworfen wurden, hielten Kommunal-, Landes- und Bundespolitik an dem Projekt »Stuttgart 21« fest. Die lukrative Veräußerung des oberflächigen Areals mag den Ausschlag gegeben haben.

Diejenigen, die sich für die Umgestaltung des 16-gleisigen Kopfbahnhofs in einen achtgleisigen Durchgangsbahnhof aussprechen, verweisen mit besonderer Verve auf die damit einhergehenden Fahrtzeitverkürzungen. So würde sich mit »Stuttgart 21« und dem Bau der ICE-Strecke Wendlingen–Ulm die Fahrtzeit zum Münchener Hauptbahnhof um 26 Minuten verkürzen. Diese Verkürzung macht aber (fast) nur eine Verlängerung der Fahrtzeiten von Stuttgart nach München seit 1995 wett, die durch immer geringere Wartungen der Züge und Modernisierungen der Schieneninfrastruktur verursacht worden war. Hinzu kommt, dass der Güterverkehr auf dem Abstellgleis zu landen droht. Bei größeren Steigungen ist die neue Route nämlich nur für Güterzüge mit einem Gewicht von maximal 1.000 Tonnen und einer Länge von bis zu 500 Metern geeignet. Solche Züge verkehren aber kaum noch, denn selbst die im »kombinierten Verkehr« eingesetzten Züge, die deutlich leichter sind als die mit Massengut beladenen Ganzzüge, weisen im

Durchschnitt ein Bruttogewicht von 1.400 Tonnen auf – Tendenz steigend (Cordes 2010, 20).

Wenn »Stuttgart 21« von seinen Befürwortern als zentrales Glied der »Magistrale für Europa« zwischen Paris und Budapest gedeutet wird, fragt man sich, warum zur Beschleunigung des Zugverkehrs nicht mit derselben Leidenschaft die Verbesserung der Interoperabilität gefordert wird. Noch immer existieren in Europa drei Spurweiten, ein Dutzend Zugsicherungssysteme und unterschiedliche Stromsysteme. Zugleich ist die bis mindestens 2022 offene Baustelle in der baden-württembergischen Landeshauptstadt Ausdruck einer neuen Bahnhofskultur, die bundesweit um sich greift: Prestigeträchtigen Großbahnhöfen stehen marode Bahnhofsgebäude an kleinen und mittelgroßen Stationen gegenüber. Ganz bewusst zielt die *Deutsche Bahn* auf einträgliche »Geschäftswelten mit Gleisanschluss« in Großstädten, während die betriebswirtschaftlich unattraktiven Bahnhöfe abgestoßen werden.

Unter Privatisierungsgesichtspunkten kritisch zu betrachten ist das Projekt »Stuttgart 21« auch deshalb, weil der *Deutschen Bahn AG* mit ihrer Gründung am 5. Januar 1994 kraft Gesetz Liegenschaften zugeschlagen wurden, die als nicht bahnnotwendig klassifiziert werden müssen. So kann für mehrere Flurstücke am Stuttgarter Hauptbahnhof belegt werden, dass diese einer »bahnfremden« Nutzung unterlagen, wurden sie doch an eine Spedition, ein Möbelhaus und einen Alteisenvertrieb verpachtet (Wanner 2006). Eine »Zuordnung« des von dem Projekt »Stuttgart 21« betroffenen Liegenschaftskomplexes an die *Deutsche Bahn AG* erfolgte nicht auf dem rechtlich vorgesehenen Weg. Laut Eisenbahnneuordnungsgesetz nämlich hätten die Liegenschaften in das Eigentum des Bundeseisenbahnvermögens (BEV) überführt werden müssen und nicht in das des privatisierten Logistikkonzerns (Deutscher Bundestag 1996). Einmal mehr verzichtet der Staat mittels dieser Privatisierung öffentlichen Eigentums zu Gunsten des DB-Konzerns auf millionenschwere Erlöse.

Rückzug aus der Fläche

Obwohl rund 90 Prozent aller Bahnfahrten auf den Personennahverkehr entfallen, also auf Strecken von unter 50 Kilometern Reichweite oder weniger als einer Stunde Fahrtzeit, fließen nur zehn Prozent aller personentransportbezogenen Investitionen dorthin. Neun von zehn Euros werden also in den Ausbau des Personenfernverkehrs investiert – trotz eines nahezu stagnierenden Fahrgastaufkommens im Fernverkehr. Auch eine *Hub-and-Spokes*-Strategie, bei der nicht flächendeckend die Reise-, sondern auf einzelnen Magistralen die Spitzengeschwindigkeit erhöht wird, läuft ins Leere. Denn allzu häufig wird die auf den Hochgeschwindigkeitsstrecken verkürzte Fahrtzeit im nächsten Verkehrsknotenpunkt durch schlechte Anbindungen an den Nahverkehr wieder aufgezehrt.

Dabei ist die polyzentrische Siedlungsstruktur der Bundesrepublik geradezu prädestiniert für ein engmaschiges Schienennetz, mit dem »möglichst viele Fische am Verkehrsmarkt« gefangen werden können (Monheim 2003, 149). Die Abkehr von der Flächenbahn geht einher mit der Konzentration auf eine spezifische Klientel: Geschäftsreisende, die als (potenzielle) Erste-Klasse-Kunden WLAN-Zugang und Mobilfunkempfang im Zug sowie exklusiven Service in den DB-Lounges wünschen. Seit dem Amtsantritt von Hartmut Mehdorn im Dezember 1996 verzichtet die *Deutsche Bahn* auf eine Flächenbahn, die Bahnreisen für alle Bürger ermöglicht, und beschränkt sich stattdessen auf schnelle Fernreisen für Wenige.

Auch der Güterverkehr leidet unter dem kapitalmarktorientierten Rückzug aus der Fläche. Obwohl Politiker sämtlicher Parteien seit Jahrzehnten beteuern, den Frachttransport von der Straße auf die Schiene verlagern zu wollen, wurde die Zahl der industriellen Gleisanschlüsse seit 1992 um mehr als zwei Drittel reduziert. Dabei ist die Rheintalstrecke als wichtigste deutsche Frachtverbindung zwischen den Nordseehäfen und dem Mittelmeer nach wie vor ein Nadelöhr für den europäischen Güterverkehr, weil hier nur zwei statt vier Schienenstränge zur Verfügung stehen. Wird dieser Investitionsstau aufgrund der horrenden Ausgaben für Großprojekte wie »Stuttgart 21« oder Neubautrassen wie die ICE-Strecken Nürnberg–Erfurt–Halle und Wendlingen–Ulm nicht auch im nördlichen Streckenabschnitt oberhalb von Weil am Rhein aufgelöst, werden die Güterströme trotz Lkw-Schwerverkehrsabgabe (»Lkw-Maut«), Ökosteuer und gestiegener Kraftstoffpreise auch künftig zum Großteil über Autobahnen abgewickelt.

Der vielerorts zu beobachtende Verschleiß der Gleise als Ergebnis der kapitalmarktorientierten Sparpolitik führt dazu, dass immer mehr Strecken nicht mit der ursprünglich vorgesehenen Geschwindigkeit befahren werden können. Zudem wurde das Schienennetz in den letzten 20 Jahren kaum erweitert, während das Verkehrsaufkommen stetig gestiegen ist – mit der Folge, dass insbesondere viel befahrene Strecken hoffnungslos überlastet sind. Die Kommission »Zukunft der Verkehrsinfrastrukturfinanzierung« kam

2012 zu dem Ergebnis, dass pro Jahr 7,2 Milliarden Euro fehlen, um das Schienennetz in einen bedarfsgerechten Zustand zu versetzen. In Anbetracht der Tatsache, dass die EU-Ost-Erweiterung für die Schiene *die* zentrale Entwicklungsdeterminante der kommenden Jahre darstellt, müssen alle, die sich für die Bahnpolitik verantwortlich zeichnen, auf eine Verbesserung der Interoperabilität auf europäischer Ebene sowie ein breitenwirksames Konzept zur Güterverkehrserschließung drängen. Nur klar definierte Angebotsqualitäten und Mindeststandards werden die Akzeptanz der Wirtschaft finden. Eine geeignete Maßnahme wäre die Erschließung von Industriezonen des verarbeitenden Gewerbes durch Anschlussgleise bzw. die Ansiedlung von Betrieben mit erheblichem Güterumschlag in mit Industriegleisen erschlossenen Sektoren. Ferner sollten sämtliche Transportaufträge der öffentlichen Hand an Bahnunternehmen vergeben werden.

Bahnpolitik kann schließlich nur dann erfolgreich sein, wenn die gewünschte Verlagerung des Verkehrs auf die Schiene nicht mit einigen wenigen, vermeintlich prestigeträchtigen Großprojekten verfolgt wird, sondern mit einer intelligenten Vernetzung von Nah- und Fernverkehr, einer engen Taktung des Bahnangebots sowie dem Ausbau in der Fläche. Ein Vorbild könnten die *Schweizerischen Bundesbahnen* sein, wo das eherne Gesetz der Verkehrswissenschaft – »Angebot schafft Nachfrage« – konsequent angewandt wird. Im Einklang mit dem 1987 von der schweizerischen Bevölkerung im Rahmen einer Volksabstimmung legitimierten Konzept werden Züge modernisiert, Trassenengpässe behoben und die verschiedenen Teilsysteme des öffentlichen Verkehrs noch enger vernetzt. Obwohl das Schweizer Bahnsystem die höchste Auslastung in ganz Europa aufweist, erreichen immerhin 95 Prozent der Züge mit einer Abweichung von gerade einmal vier Minuten oder weniger ihr Ziel. Dies wäre auch in Deutschland möglich, wenn die Triebfahrzeuge in kürzeren Intervallen gewartet, der Gleiskörper kontinuierlich ausgebessert und die »Entmischung« von Personen- und Güterverkehr durch separate Gleisstränge vorangetrieben würde.

Da der Börsengang der *Deutschen Bahn* im Schatten der Verwerfungen an den internationalen Kapitalmärkten aufgeschoben wurde, gibt es nach wie vor eine Instanz, die dem Allgemeinwohl auch qua Grundgesetz verpflichtet ist: die Bundesrepublik Deutschland als unverändert hundertprozentige Eigentümerin des Unternehmens. Es wird Zeit, dass dem politischen Bekenntnis »Mehr Verkehr auf die Schiene« endlich Taten folgen. Dazu bräuchte es eine Orientierung an Art. 87e Abs. 4 GG, wonach »der Bund gewährleistet, dass dem Wohl der Allgemeinheit, insbesondere den Verkehrsbedürfnissen, beim Ausbau und Erhalt des Schienennetzes der Eisenbahnen des Bundes sowie bei deren Verkehrsangeboten auf diesem Schienennetz [...] Rechnung getragen wird.« Die Bundesgesetze, die »das Nähere« regeln sollen, wurden allerdings auch mehr als zwei Jahrzehnte nach der »Bahnreform« noch nicht auf den Weg gebracht. Wo bleibt zum Beispiel ein Bundesgesetz, das Mindestverkehrsangebote für einzelne Regionen definiert, um das Allgemeinwohl über das Unternehmenswohl zu stellen? Spätestens jetzt, da das Versprechen der Politik absehbar uneingelöst bleiben wird, die *Deutsche Bahn* könne als börsenfähiges Unternehmen in einem liberalisierten Markt aufblühen, ist dieser Schritt fällig.

Vor allem aber muss sich auf (verkehrs)politischer Ebene die Einsicht durchsetzen, dass ein modernes Verkehrswesen, auf das jedes Industrieland nicht zuletzt unter den Vorzeichen eines beschleunigten Klimawandels angewiesen ist, Sicherheiten und Perspektiven benötigt, die der Markt allein nicht bieten kann. Deshalb dürfen weder die allzu oft legislaturgetriebenen Volks- noch die meist quartalsgetriebenen Unternehmensvertreter eine auf langfristige Erfolge angelegte, staatlich verantwortete Bahnpolitik scheuen. Der tägliche Verkehrsinfarkt auf den Straßen lässt hoffen, dass die Notwendigkeit für eine Renaissance des Bahnverkehrs endgültig erkannt und schließlich anerkannt wird. Schließlich darf nicht in Vergessenheit geraten, dass Verkehrsadern die Lebensadern einer Gesellschaft sind. Es ist der Staat, der dafür sorgen muss, dass auch in der Uckermark, in der Sächsischen Schweiz und im Bayerischen Wald Züge verkehren. Dort nämlich ist auf den Markt kein Verlass.

Das Debakel der Berliner S-Bahn

Das Beispiel der S-Bahn Berlin zeigt die Folgen des rigiden Privatisierungskurses besonders deutlich: Der Betrieb der Berliner S-Bahn lief mehr als ein Jahrhundert lang weitgehend stabil – sei es in den Jahren der Weimarer Republik, während der beiden Weltkriege, zu DDR- oder aber zu Westberliner Zeiten. Heute, da die S-Bahn hundertprozentiges Eigentum der *Deutschen Bahn* ist, sieht es anders aus: In den Wintermonaten 2010 konnten aufgrund massiver technischer Störungen zeitweilig nur 36 Prozent der 526 S-Bahn-Züge eingesetzt werden, sodass die Außenbezirke Spandau und Hennigsdorf eine Woche lang vom S-Bahn-Verkehr abgehängt waren. Seither fährt die S-Bahn immer wieder mit Notfahrplänen, da es nach wie vor an (verlässlichen) S-Bahnen und Triebfahrzeugführern mangelt. Dies ist der Tatsache geschuldet, dass die Belegschaft radikal abgebaut, die Instandhaltungskapazitäten massiv reduziert und die Wartungsintervalle »gespreizt« wurden. Allein in der Hauptwerkstatt wurde die Mitarbeiterzahl von 800 auf 200 und die Zahl der Meister von 26 auf drei herabgesetzt. Mit dem Sparprogramm »OSB« (Optimierung S-Bahnen) von 2005 war das Ziel verbunden, den Zufluss der durch die Berliner S-Bahn erwirtschafteten Mittel an die *Deutsche Bahn* zu steigern, um auf diese Weise die Gewinne des Mutterkonzerns zu maximieren – und den Börsengang einzuleiten.

Mit Blick auf die nicht nur in Berlin sichtbaren eklatanten Materialmängel erklärte Bahnchef Grube im Januar 2011: »Wir fahren längst auf Verschleiß. Wir haben keine Reserven mehr.« Und in der Tat gibt es aufgrund des massiven Personalabbaus und der systematischen Schließung von Werkstätten flächendeckend Wartungsprobleme. Als im April 2010 ein ICE auf der Strecke zwischen Montabaur und Limburg bei voller Fahrt eine Tür verlor, diese auf einen entgegenkommenden ICE prallte und es sechs Verletzte zu beklagen gab, ließ die *Deutsche Bahn* zunächst verlauten, Grund für das Unglück sei ein Konstruktionsfehler gewesen. Untersuchungen indes ergaben, dass eine lose Stellmutter in der Verriegelung und damit ein Wartungsfehler die Ursache war. Als im August 2013 aus Mangel an Fahrdienstleitern das Stellwerk am Mainzer Bahnhof nicht bedient werden konnte, löste dies nicht nur ein wochenlanges Verkehrschaos aus. Ein DB-Vorstand musste seinen Posten aufgeben, weil sich herausstellte, dass die Bahnmitarbeiter Millionen von Überstunden und Urlaubstagen angesammelt hatten. Die in einigen Medien als »Realsatire« bezeichnete Mainzer Bahngeschichte wurde zum Symptom des Personalproblems der Bahn, pflanzten sich die Störungen doch bundesweit mit zahlreichen Ausfällen fort. Deutlich wurde auch, dass die »schlanke Bahn« im Inland im krassen Gegensatz zu den groß angelegten Akquisitionen und Investitionen des Konzerns im Ausland steht.

»Die Welt des DB-Konzerns wird von Jahr zu Jahr größer – und sie dreht sich auch schneller«, heißt es in der Broschüre »Menschen bewegen – Welten verbinden«. Sowohl unter Hartmut Mehdorn als auch unter Rüdiger Grube, der aus der Automobilindustrie zur Bahn gekommen war, kaufte die *Deutsche Bahn* für mehrere Milliarden Euro vieles zu, was außerhalb ihres eigentlichen Kerngeschäftes – dem heimischen Schienenverkehr – liegt: die Straßenspediteure *Schenker*, *Hangartner* und *Joyau*, die britische Güterbahn *EWS*, den US-amerikanischen Luft- und Seefrachtspezialisten *Bax Global*, das dänische Busunternehmen *Pan Bus* sowie den britische Verkehrskonzern

Arriva. Allein die Übernahme dieses weltweit größten privaten Bus- und Bahnbetreibers im Jahr 2010 kostete die *Deutsche Bahn* knapp drei Milliarden Euro.

Nur ein Jahr zuvor hatte sie im Emirat Katar einen Auftrag in Höhe von 17 Milliarden Euro über Bahninfrastrukturprojekte abgeschlossen, nachdem der seinerzeitige Bundesverkehrsminister Peter Ramsauer (CSU) und Bahnchef Rüdiger Grube in den Vereinigten Arabischen Emiraten für unterschiedliche Bahnsysteme in der Region geworben hatten. Und nach wie vor verfolgt die *Deutsche Bahn* das Projekt einer durchgehenden ICE-Verbindung zwischen Frankfurt am Main und London. Die inzwischen ausgesprochen vielfältige Markenarchitektur ist Ausdruck der strategischen Neuausrichtung des Konzerns, die durch den dem DB-Label angefügten Anglizismus »Mobility Networks Logistics« auch von außen sichtbar wird: der Wandel vom Schienentransporteur zum integrierten, international operierenden Mobilitäts- und Logistikkonzern mit rund 231.000 Mitarbeitern in über 130 Staaten. Eben dort ist der »Mobilitätsriese« tätig, um Bahntrassen zu bauen, Züge zu betreiben und mit dem Bahnverkehr rivalisierende Verkehrswege in der Luft- und Seefahrt, aber eben auch auf der Straße auf- und auszubauen.

Dass derartige Auslandsakquisitionen und -aktivitäten einerseits mit der Bonität der Bundesrepublik Deutschland im Rücken vollzogen werden und andererseits bundesweit rund ein Drittel aller Stellwerke mit durchschnittlich 93 Jahren veraltet sind sowie 9,4 Prozent des Schienennetzes aufgrund seines altersbedingten Zustandes nicht mit der vorgesehenen Geschwindigkeit befahrbar sind, ruft Kritik hervor. Und diese Kritik ist berechtigt. Der Protest gegen die Investitions- und Expansionspolitik des DB-Konzerns sollte sich nicht auf »Stuttgart 21« beschränken: Schließlich fehlen die Milliarden, die in Stuttgart verbaut und in London oder Zürich für Zukäufe ausgegeben wurden, im ganzen Land – mit fatalen Folgen für den Schienenverkehr zwischen Flensburg und Passau.

Die Tarifpolitik der *Deutschen Bahn*

Ungeachtet des Werbeslogans »Unsere Züge schonen die Umwelt. Unsere Preise schonen ihren Geldbeutel«, der auf einigen Loks zu lesen ist, hebt die *Deutsche Bahn* jeweils zum Fahrplanwechsel im Dezember – und damit gerade noch rechtzeitig vor dem Weihnachtsreiseverkehr – die Ticketpreise an. Seit 2003 erhöhte sie die Preise insgesamt um 39 Prozent im Fern- und um

41 Prozent im Nahverkehr, die Preise für Reservierungen haben sich mehr als verdoppelt. Mit dem Fahrplanwechsel im Dezember 2011 entfielen sogar die Sparpreise 25 und 50, was insbesondere Gelegenheitsreisende ohne Bahncard traf. Auch die Preise für Ländertickets stiegen: das Baden-Württemberg-Ticket zum Beispiel um 34 Prozent. Ebenso die Preise für die Bahncards, die zum wichtigsten Kundenbindungsprogramm zählt: Die Bahncard 50 verteuerte sich seit 2003 um rund 85 Prozent; die Bahncard 100 wurde im selben Zeitraum immerhin ein Drittel teurer. Auch wenn man die Sparangebote der Bahn berücksichtigt, stiegen die Fahrpreise im Bahnverkehr zwischen 1993 und 2013 um 78,6 Prozent, während die allgemeine Teuerungsrate mit 37,1 Prozent nicht einmal halb so hoch ausfällt.

Warum nur treibt der DB-Vorstand den großen Kundenstamm der preissensiblen Vielfahrer mit den Fahrpreiserhöhungen in die Autos bzw. in die Flugzeuge von *Air Berlin*, *Eurowings* und *Ryan Air*? Und das, obwohl ein wachsender Kundenkreis nicht über die Mittel verfügt, um auf alternative Verkehrsträger auszuweichen. Vergessen sind die Zeiten, in denen der Staat Familien mit drei oder mehr Kindern den Wuermeling-Pass (»Karnickelpass«) ausgab, der einer kostenlosen Bahncard 50 entsprach. Es bleibt zu hoffen, dass die noch bestehenden sozialen Korrekturmaßnahmen wie zum Beispiel Job- und Schülertickets auch in Zukunft bezuschusst werden. Warum aber wird im Sinne der Sozialverträglichkeit keine Tarifobergrenze des Bahnreisens festgesetzt, wie dies nun mit der vom Bundeskabinett beschlossenen »Markttransparenzstelle« (der sogenannten Benzinpolizei) für den Straßenverkehr geschehen soll?

Dass dies keineswegs illusorisch ist, zeigt ein Blick nach Brüssel, wenngleich auf einen anderen Sektor: So wird in der seit Ende 2000 geltenden Wasserrahmenrichtlinie die staatliche Preisgestaltung explizit als politisches Instrument zur Förderung eines nachhaltigen Umgangs mit Wasser erwähnt. In Analogie zu dieser Richtlinie und mit Betonung einer nachhaltigen, umweltverträglichen Verkehrsentwicklung könnte die Preisgestaltung der Bahn zumindest im Nahverkehr in die Hände des Staates gelegt werden. So könnte er konkrete sozial- und umweltpolitische Ziele verfolgen. In einer Zeit, in der Mobilität wichtiger ist denn je, muss eine reiche Gesellschaft wie die bundesrepublikanische dafür sorgen, dass auch diejenigen Bevölkerungsgruppen mobil sein können, die über kein eigenes Kraftfahrzeug verfügen und daher auf den ÖPNV angewiesen sind. Auch unter ökologischen Gesichtspunkten wäre es wünschenswert, dass das Autofahren nicht länger günstiger sein kann als das Reisen mit der Bahn.

Es ist einigermaßen verblüffend oder eben auch erhellend, wenn die eigenwirtschaftlichen Geschäftsbereiche der *Deutschen Bahn AG*, d. h. die Bereiche, die ohne staatliche Zuschüsse auskommen müssen, keine oder nur (sehr) geringe Gewinne ausweisen. So sanken die Gewinne im Schienengüterverkehr in den vergangenen Jahren kontinuierlich. Bis zu 5.000 Jobs sollen von 2016 an bei *DB Schenker Rail* gestrichen werden; das entspricht 16 Prozent der Gesamtbelegschaft. Das ist ein historischer Schnitt für die seit Jahren kriselnde Güterverkehrssparte des DB-Konzerns. Christian Böttger, Professor am Fachbereich Wirtschaftsingenieurwesen der *Hochschule für Wirtschaft und Technik Berlin*, gab schon vor Jahren zu verstehen (zit. nach Wolf/Knierim 2011): »Bei der [von der DB aufgemachten Rechnung] fehlen die Kapitalkosten für all die Übernahmen. Die Zinsen für die 7,5 Milliarden Euro teuren Zukäufe fressen die Gewinne auf. Fakt ist: Die Logistiktochter Schenker hat noch nie ihre Kapitalkosten verdient. Das gleiche gilt für den Kauf von Arriva. Hier müsste sich der derzeitige Gewinn des Konzerns verdoppeln, damit man auf null käme. Die *Deutsche Bahn* zahlt jedes Jahr drauf, und am Ende haftet der deutsche Steuerzahler.«

Der Erfolg der Schweizerischen Bundesbahnen

1966 schaltete die damalige Bundesbahn den Werbeslogan »Alle reden vom Wetter. Wir nicht«, und sowohl die Bevölkerung als auch die Fahrgäste nahmen ihn als zutreffend wahr. Heute würde eine solche Werbung allenfalls als bitterer Sarkasmus ausgelegt. So erlebt die *Deutsche Bahn* nahezu jedes Jahr ein Winterchaos. Weichen frieren ein, weil – anders als auf vielen Strecken der russischen Staatsbahn RZD, an die die *Deutsche Bahn* beheizte Weichenanlagen verkauft, – Enteisungsanlagen fehlen; es mangelt an witterungsfesten Zügen und an Reservezügen, nicht selten wird die Stromzufuhr bei Oberleitungen durch herabbrechende Äste unterbrochen. Im Winter 2010, als die Zustände besonders chaotisch waren, verwies Bahnchef Rüdiger Grube auf den »frühen Wintereinbruch«, um zugleich mit dem meteorologischen Superlativ (»der kälteste und schneereichste Dezember seit 41 Jahren«) zu jonglieren. Als veritable Strukturkrise begriff das Management der *Deutschen Bahn* die »witterungsbedingten« Störfälle jedenfalls nicht. Dabei lässt sich mit einem Blick in die Schweiz belegen, dass diese Krise hausgemacht war.

Die *Schweizerischen Bundesbahnen* verkehren seit Jahrzehnten ohne große Störungen. Auch im »Jahrhundertwinter« 2010/2011 lief der Bahnverkehr in der Alpenrepublik weitgehend regelmäßig und zur Zufriedenheit der Fahrgäste – bei deutlich niedrigeren Temperaturen und im Halbstundentakt auf Höhen zwischen 400 und 1.400 Metern über dem Meeresspiegel. Einen direkten Vergleich zwischen den Eisenbahnen in der Schweiz und in Deutschland konnte man am 27. Dezember 2010 in der *Neuen Züricher Zeitung* lesen: »Während in den letzten Wintertagen auf den Schienen der deutschen Bahn großes Chaos herrschte, verlief der Bahnverkehr in der Schweiz weitgehend problemlos. [...] Die Bahn kehre bei tiefen Temperaturen und Schnee einiges vor, um Verspätungen oder Zugsausfälle möglichst zu vermeiden. So werden in eisigen Nächten abgestellte Lokomotiven nicht vom Strom getrennt, sondern stets auf einer gewissen Betriebstemperatur gehalten. Außerdem sind die Weichen auf den Hauptlinien elektrisch oder mit Propangas beheizt, sodass sie nicht einfrieren können. In Deutschland ist das anders, weshalb die derzeit eisigen Temperaturen rasch größere Behinderungen zur Folge haben können.«

In der Schweiz lässt sich beobachten, wie ein staatlich organisiertes Bahnsystem höchst effizient, nahezu flächendeckend und mit breiter Akzeptanz der Bevölkerung betrieben wird. »Die Deutsche Bahn tut alles, um an die Börse zu kommen. Die schweizerische Bahn tut alles für Ihre Kunden«, urteilte das Wirtschaftsmagazin *brand eins* (Bergmann 2006).

Jeder Schweizer unternimmt im Durchschnitt pro Jahr 51 Bahnfahrten von insgesamt 2274 Kilometern Länge, was im Vergleich mit Deutschland mehr als dem Doppelten entspricht. Das Schweizer Fahrgastaufkommen ist seit Jahresanfang 2000 um ein Drittel gestiegen, aktuell nutzen täglich rund eine Million Fahrgäste die Schweizer Bahnen – nicht zuletzt, weil konstant drei von vier Kunden sowohl mit dem Service als auch mit dem Fahrplan für das (bezogen auf die Landesfläche) dichteste Bahnnetz Europas zufrieden sind. Wie effizient die als spezialrechtliche Aktiengesellschaft im Eigentum der Eidgenossenschaft geführten *Schweizerischen Bundesbahnen* wirtschaften, lässt sich daran ablesen, dass jeder auf der Schiene zurückgelegte Personen- und Tonnenkilometer mit nur 2,4 Cent subventioniert wird – im Gegensatz zu rund 7 Cent in der Bundesrepublik. Angesichts dieser beachtlichen Erfolge erstaunt es, wie selten das Schweizer Bahnsystem in der Diskussion um die Zukunft der *Deutschen Bahn* als Positivbeispiel herangezogen wird. Schließlich lässt sich mit Blick auf das dortige Bahnwesen anschaulich der Nachweis führen, dass der weit verbreitete und bisweilen stichhaltige Vorwurf der mangelnden Effizienz öffentlicher Unternehmen nicht generell zutrifft – jedenfalls dann nicht, wenn die Rahmenbedingungen eine steuerliche und investitionsbezogene Gleichbehandlung der Verkehrsträger gewährleisten.

Gemeinsam mit den Japanern zählen die Schweizer auch deshalb zu den weltweit eifrigsten Bahnfahrern, weil das Preissystem durch seine Schlichtheit überzeugt. Die Schweizer Bahnkunden kennen keinen »Tarifdschungel«, der Fahrgästen und Bediensteten aufwendige Recherchen nach der preiswertesten Verbindung abverlangt. Während die *Deutsche Bahn* wenigstens ein halbes Dutzend unterschiedlicher Fahrpreise für eine Strecke ausweist, verfügen die *Schweizerischen Bundesbahnen* über ein klar strukturiertes, einstufiges Tarifsystem.

Während in Deutschland, besonders im Osten, immer mehr Strecken stillgelegt werden, beherzigt die Geschäftsführung der *Schweizerischen Bundesbahnen* mit dem Ausbau des Regional- und Nahverkehrs ein ehernes Gesetz der Verkehrswissenschaft: Angebot schafft Nachfrage. Im Rahmen des »Bahn-2000«-Konzepts wurden die Züge modernisiert, Doppel- und Vierspurlücken geschlossen und der integrale Taktfahrplan optimiert. An Knotenpunkten wie Basel, Bern, Genf oder Zürich können Reisende im Stunden- oder Halbstundentakt umsteigen. Obwohl das Schweizer Bahnsystem die höchste Auslastung in ganz Europa aufweist, erreichen 88 Prozent der Züge mit einer Abweichung von weniger als drei Minuten ihr Ziel. Die Gründe dafür wären aufschlussreich für das deutsche Bahnsystem: Die Triebfahrzeuge werden in kürzeren Intervallen gewartet als bei der *Deutschen Bahn AG*, das Gleisnetz wird kontinuierlich ausgebessert, und mehr als die Hälfte der Trassenkilometer verlaufen mehrgleisig, sodass es auch in Ballungszentren kaum Nadelöhre gibt. Die Schweiz ist schlicht bereit, für ein staatlich verantwortetes Bahnsystem tief in die Tasche zu greifen, macht dies aber deutlich effizienter als der hiesige »Platzhirsch« *Deutsche Bahn*.

Laufende Ausbauprojekte werden unter der Leitidee »Zukünftige Entwicklung der Bahninfrastruktur« gesammelt und zielen vor allem auf die Erhöhung von Kapazitäten, die Stabilisierung des Fahrplans und die Verkürzung von Fahrtzeiten – und zwar hauptsächlich durch den Ausbau und die Erweiterung des Schienennetzes. Die Initiative »Finanzierung und Ausbau der Bahninfrastruktur«, die die Schweizer 2014 in einer Volksabstimmung mit deutlicher Mehrheit annahmen, schreibt die Finanzierung der Bahninfrastruktur sogar in der Verfassung fest, sodass dauerhaft substanzielle staatliche Investitionen zu erwarten sind.

Die aufwendig instandgehaltenen 794 Bahnhöfe und Stationen entlang des Streckennetzes ermöglichen im Durchschnitt alle 3,7 Kilometer den

Zustieg und sorgen auch in entlegenen Regionen der Schweiz für ein hohes Schienenverkehrsaufkommen. Um in der Bundesrepublik die gleiche Bahninfrastrukturversorgung vorweisen zu können, müsste das hiesige Eisenbahnnetz über 55.000 Kilometer lang und damit rund 20.000 Kilometer länger sein, als dies derzeit der Fall ist. Während das DB-Management auf einen globalen Logistikkonzern setzt, hegen die Schweizer keinerlei Ambitionen im Straßen-, Luft- und Wasserverkehr: »Wir bleiben bei unserem Kerngeschäft, und das ist der Bahntransport. Man fragt uns oft: Wieso kauft ihr nicht auch einen Spediteur? Wir machen das ganz bewusst nicht, weil wir offen sein wollen für alle Spediteure, die die Bahn nutzen wollen«, so Stephan Appenzeller, Sprecher der *Schweizerischen Bundesbahnen Cargo* (zit. nach Bergmann 2006). Nicht die Steigerung des Unternehmensgewinns ist das Ziel, sondern die optimale Versorgung der Schweizer Bevölkerung.

Die hohe Akzeptanz, die neben den *Schweizerischen Bundesbahnen* auch die von Kommunen und Kantonen betriebenen Bahngesellschaften genießen, schlägt sich auch im Fahrkartenverkauf nieder: Jährlich abonnieren mehr als zwei Millionen Schweizer die für 185 Schweizer Franken angebotene Halbtax-Karte, die grundsätzlich den halben Fahrpreis garantiert. Gemessen an der Bevölkerungszahl werden somit in der Schweiz mehr als zehnmal so viele Halbtax-Abonnements abgesetzt wie in Deutschland Bahncards 50, sodass in der Schweiz mehr Ermäßigungskarten im Umlauf sind als es zugelassene Kraftfahrzeuge gibt. Des Weiteren erwähnenswert: Fast 500.000 Schweizer sind im Besitz eines Generalabonnements, einer universellen Mobilitätskarte, die auf allen Teilsystemen des öffentlichen Verkehrs gilt – einschließlich Bergbahnen, Trams und Schiffen.

Der regelmäßig vorgetragene Einwand, die Geografie der »kleinen Schweiz« begünstige die Schiene, läuft ins Leere – genau das Gegenteil trifft zu: Sowohl unter klimatischen als auch unter topografischen Gesichtspunkten sind die schweizerischen Bedingungen außerordentlich unvorteilhaft für den Bahnverkehr. Aufgrund der oft gewaltigen Höhenunterschiede, die im Streckenverlauf überwunden werden müssen, sind die meisten Investitionsprojekte – wie zum Beispiel die im Juni 2016 eröffnete Alpentransversale – um ein Vielfaches teurer als in Deutschland, Frankreich oder den Beneluxstaaten.

Entsprachen die Schweizer ÖPNV- und Bahndaten lange Zeit weithin denen der Bundesrepublik, so vollzog sich Ende der 1960er-Jahre zwischen Basel und Chiasso eine staatlich angestoßene Kehrtwende. Anders als der DB-Vorstand setzte die Unternehmensleitung der *Schweizerischen Bundes-*

bahnen fortan konsequent auf die Beseitigung von Kapazitätsengpässen, Langsamfahrstellen und Netzlücken. In zahlreichen Referenden sprach sich die Schweizer Bevölkerung für flächendeckende Bahnverkehrs- und gegen prestigeträchtige Höchstgeschwindigkeitsprojekte aus, auch wenn dies nicht immer den Plänen der Unternehmensführung entsprach. Dass die überwältigende Mehrheit der Bundesbürger ähnlich abstimmen würde wie die Schweizer Bevölkerung (wenn sie denn dürfte), ficht die politisch Verantwortlichen nicht an: Die Kapitalprivatisierung des letzten großen deutschen Staatsunternehmens droht nach wie vor.

Der Ausverkauf von *British Rail* und seine Folgen

Stattdessen richtet die Mehrheit der hiesigen Verkehrspolitiker den Blick nach Großbritannien, wo der Schienenverkehr bereits vor zwei Jahrzehnten privatisiert wurde – mit größtenteils katastrophalen Folgen. »Auf ein Pferd zu wetten ist immer noch sicherer als auf einen Zug« – geradezu sprichwörtlich sind dort die Verspätungen der Züge. Aber zwischen Brighton und Inverness liegt weitaus mehr im Argen als nur die extreme Unpünktlichkeit der Züge. Nicht zufällig veröffentlichen auflagenstarke Tageszeitungen wie *Daily Mirror* und *Daily Mail* Artikelserien, in denen die obskursten Alltagserlebnisse ihrer Leserschaft mit dem »schlechtesten Bahnsystem Europas« (Zöttl 2011) dokumentiert werden. Ähnlich wie bei der *Deutschen Bahn* erweist sich das Buchungssystem mit bis zu 16 verschiedenen Tarifen pro Strecke als kaum durchschaubar. Zudem sind nur wenige Schaffner in der Lage, Auskunft über verspätete und ausgefallene Züge bzw. Anschlussverbindungen konkurrierender Betreibergesellschaften zu geben.

Für die britischen Bahnkunden bedeutet die Privatisierung aber noch gravierendere Nachteile: Seit der Privatisierung sind die Durchschnittspreise selbst unter Einbeziehung von Sonderkontingenten um rund ein Viertel gestiegen, die regulären Preise auf beliebten Strecken sogar um bis zu 245 Prozent. Zudem beklagen die Kunden die sinkenden Qualitätsstandards. Die Beschwerden über annullierte Züge, defekte Waggontüren, überfüllte Zugabteile und von Flöhen befallene Sitze veranlassten die *Strategic Rail Authority* 2003 sogar, der Betreibergesellschaft *Connex* den laufenden Lizenzvertrag für die Verbindungen des – auch hierzulande tätigen – Unternehmens in den Grafschaften Kent und Sussex zu kündigen.

Diese Fehlentwicklungen sind teilweise der massiven und langfristigen Unterfinanzierung des britischen Bahnwesens seit Mitte der 1960er-Jahre geschuldet. Im Kern resultieren sie aber aus der zum Jahresende 1993 initiierten Bahnreform – einer Turboprivatisierung, die ihresgleichen sucht. Thatchers Amtsnachfolger John Major folgte der Auffassung »the business of government is [not] the government of business« (Lawson 1981, 3) und lenkte im April 1994 das einst stolze Staatsunternehmen *British Rail* in Richtung privates Abstellgleis. An diese britische Institution hatte sich nicht einmal Margaret Thatcher herangewagt, obwohl sie in ihrer elfjährigen Amtszeit – so wird kolportiert – nur ein einziges Mal mit der Bahn gereist war. Unter ihrer Ägide waren lediglich Eisenbahnhotels und einige den Ärmelkanal bedienende Hovercraft-Fähren verkauft worden. Geradezu Lehrbuchcharakter besitzt dabei der Transformationsprozess, den die Infrastrukturgesellschaft *Railtrack* binnen sechs Jahren durchlief: Schon fünf Jahre nach dem Börsengang im Frühjahr 1996 musste die Aktiengesellschaft Insolvenz anmelden. Seit Oktober 2002 firmiert das unter hohen Kosten für die britischen Steuerzahler de facto (wieder) verstaatlichte Unternehmen unter *Network Rail*.

Da die Zerschlagung des Bahnsystems bei zahlreichen Führungskräften der Staatsbahn von Beginn an auf Widerstand gestoßen war, hatte die Regierung bei der Schaffung des Regulierungssystems zahlreiche externe Berater hinzugezogen, die sich unter weitgehender Missachtung der Spezifika des Bahnsektors an möglichst rasch zu erzielenden staatlichen Einnahmen orientierten. Insgesamt gab das Transportministerium gemeinsam mit *British Rail*, *Railtrack* und den privaten Ausschreibungsbewerbern Honorare von rund einer Milliarde Pfund Sterling aus für die Expertise von Wirtschaftsprüfungsgesellschaften, Unternehmensberatungen und Anwaltskanzleien (Wolmar 2001, 75 u. 198). Mit der Implementierung von Wettbewerb und der Einführung von privatem Sektorenmanagement sowie zusätzlichen Investitionen durch den privaten Sektor sollten Qualität und Effizienz des Bahnbetriebs sichergestellt werden. Die »schleichende« Privatisierung, an deren Anfang der Verkauf von 29 Eisenbahnhotels und des Hovercraft-Services über den Ärmelkanal im Jahr 1979 stand, wurde nun von einer alle Sparten umfassenden materiellen Privatisierung abgelöst. Häufig wurde dabei auf die neu entstandene Schifffahrtsgesellschaft *Sealink* verwiesen, die als vormals marodes Unternehmen binnen drei Jahren in die Gewinnzone zurückgeführt und zuletzt für vier Milliarden Pfund Sterling an die in Göteborg beheimatete Fährgesellschaft *Stena Line* verkauft werden konnte.

Aber die von der Regierung unter John Major eingeleitete Privatisierung von *British Rail* ließ schon früh einen nicht an Grundsätzen der Sozialverträglichkeit ausgerichteten Personalabbau erkennen. Allein die Betreibergesellschaften reduzierten die Zahl der Beschäftigten von 46.845 im Jahr 1996 auf 38.234 nur fünf Jahre später. Dies ist insofern bemerkenswert, als bereits vor Einleitung der Bahnreform in Reaktion auf die Empfehlungen des *Serpell Committee* seit Anfang der 1980er-Jahre mehr als ein Drittel des seinerzeit vorhandenen Personals in Kooperation mit der einflussreichen *National Union of Rail, Maritime and Transport Workers* (RMT) zum Einsparpotenzial erklärt worden war. Von ehemals 186.400 »Rounders« im Jahr 1976 waren 1993 nur noch 113.400 im Unternehmen verblieben, sodass allein zwischen 1987 und 1993 die Arbeitsproduktivität, die sich in der Relation der geleisteten Zugkilometer pro Beschäftigtem widerspiegelt, um 17 Prozent stieg und damit den höchsten Wert unter allen europäischen Bahngesellschaften erreichte (Shaoul 2004, 31).

Während Fahrgäste und Beschäftigte unter den (geschäfts)politischen Verfehlungen litten, profitierten institutionelle und wohlhabende Privatanleger ebenso wie die Manager von der materiellen Privatisierung der Betreiber- und Fuhrparkgesellschaften. Die hohen Einmaleinnahmen, die mit der Veräußerung der drei *Rolling Stock Companies* (ROSCOs) erzielt werden konnten, gereichten insbesondere den beteiligten Vorständen zum finanziellen Vorteil: Sandy Anderson, der das Management-Buy-out der *Porterbrook*-Gruppe verantwortete, John Prideaux, der den Betreiber *Angel Trains* für 672,5 Millionen Pfund Sterling an die *Royal Bank of Scotland* verkaufte und Andrew Jukes, der als leitender Manager des Zugleasingunternehmens *Eversholt* fungierte, flossen jeweils zweistellige Millionenbeträge zu (Bagwell 2004, 114). Die ROSCOs erzielten zwischen 1996 und 1999 eine jährliche Eigenkapitalrendite von 24 Prozent und eine Umsatzrendite von 70 Prozent (Shaoul 2004, 32). Neben der Fahrzeugflotte sowie den Reparatur- und Ausbesserungswerkstätten wurde auch die Geschäftssparte Infrastrukturinstandhaltung an mehrere konkurrierende Unternehmen veräußert. Die umsatzstärksten Frachtgesellschaften *Rail Express Systems, Loadhaul, Transrail Freight and Mainline Freight* erwarb der größte britische Logistikdienstleister *English, Welsh & Scottish Railways Ltd.* (EWS), der 2007 von der *Deutschen Bahn* aufgekauft wurde und seit 2009 unter *DB Schenker Rail UK* firmiert.

Das zentrale Problem im »Mutterland der Eisenbahnen« ist die Desintegration und Fragmentierung des Bahnsystems; Ken Loachs grandioser Film »The Navigators« (2001) beschreibt sie eindrucksvoll, auch in ihrer Wirkung auf die Beschäftigten. *British Rail* wurde zwischen 1994 und 1997 mit der Trennung von Infrastruktur- und Verkehrsbetrieb nicht nur vertikal, sondern mit der Aufgliederung in 106 Unternehmen, die binnen sieben Jahren allesamt in private Hände überführt wurden, auch horizontal zerschlagen. Dabei ist die integrative Kraft eines Eisenbahnsystems existenziell: »Wenn jemand, der einen Zug betreibt, nicht auch über den Unterhalt seines Streckennetzes, die Signalanlagen, den Fahrplan, die Länge der Bahnsteige, die Zuggrößen und damit einen Großteil seiner fixen Kosten bestimmen kann, dann orientiert er seinen Betrieb allein am kurzfristigen Profit und reicht den Schwarzen Peter im Fall des Scheiterns an jemand anderen weiter« (Jenkins 2004).

Darüber hinaus erwies sich die Vergabe von 25 Betriebslizenzen als geradezu fatal. Denn im Widerspruch zu der erklärten Absicht, Wettbewerb implementieren zu wollen, wurden mit dem Vergabeverfahren (1995–1997) Gebietsmonopole geschaffen. So zeichnet das Unternehmensquartett aus *National Express*, *Arriva*, *Virgin/Stagecoach* und der *First Group* mittlerweile für rund zwei Drittel der Reisekilometer verantwortlich und erwirtschaftet mehr als 70 Prozent der Gesamteinnahmen im Schienenpersonenverkehr. Angesichts der hohen Einmalinvestitionen wird sich der Konzentrationsprozess in den kommenden Jahren weiter zum Nachteil kapitalschwächerer Betreibergesellschaften fortsetzen.

Konkurrenz erwächst einem Betreiber gegenwärtig nur dann, wenn sich die Lizenzen geografisch überschneiden. Eine derartige intramodale Wettbewerbsstruktur stellt indes eine absolute Ausnahme dar: Wählt man irgendeine Stadt in Großbritannien, um von dort eine Reise anzutreten, so wird man feststellen, dass es generell nur eine Verbindung gibt – es sei denn, Geld und Zeit spielen keine Rolle. Mittlerweile sind die verantwortlichen Stellen immerhin dazu übergegangen, jeweils nur eine Betreibergesellschaft für die Züge eines bestimmten Londoner Bahnhofs zuzulassen.

Hinzu kommt die lähmende Wirkung des Wettbewerbs auf dem Gesamtverkehrsmarkt. Durch die Vergabe zahlreicher Lizenzen für den Bahnbetrieb an Busgesellschaften haben sich diese in ausgewählten Regionen monopolartige Transportstrukturen geschaffen – und können nun die Preise diktieren. So ist die europaweit agierende *National Express Group* mit 1.200 Busdestinationen innerhalb Großbritanniens auch Eigentümerin von mehr als einem Drittel der Betreibergesellschaften im inländischen Schienenverkehr. Diese Umstände lassen erkennen, dass von echtem Wettbewerb keine Rede sein kann. Eben deshalb bewerben sich die Unternehmen im Rahmen des Vergabeverfahrens in der Regel um »Konzessionen zum alleinigen Betreiben einer bestimmten Strecke oder eines bestimmten Netzes für einen längeren Zeitraum« (Wolf 2006, 54). Da letztlich regionale Monopole in Form von Streckenmonopolen gewährt werden, findet de facto kaum Wettbewerb statt. Die eigentliche Konkurrenz besteht weiterhin zwischen den verschiedenen Verkehrsträgern, d. h. zwischen Straßen-, Flug- und Schienenverkehr (wobei im Gütertransport noch die Binnenschifffahrt hinzukommt).

Das Bahnunglück von Hatfield, bei dem am 17. Oktober 2000 auf der stark frequentierten Ostküstenstrecke von London nach Leeds vier Menschen getötet und 70 teils schwer verletzt wurden, bedeutete eine Zäsur in der britischen Bahngeschichte. Denn während es bei früheren Unfällen in Southall und Paddington noch nahezu unmöglich gewesen war, eindeutige Ursachen herauszuarbeiten und konkrete Verantwortliche zu benennen, lag die Unfallursache diesmal nach einhelliger Auffassung der Experten in einem einzigen Umstand begründet: der in mehrfacher Hinsicht mangelhaften interinstitutionellen Koordination, die sich aus der Fragmentierung des Bahnsystems ergibt. Obwohl der für den Unfall ursächliche Riss am Schienenkopf seit zwei Jahren bekannt gewesen war, blieb die Instandsetzung infolge von Kompetenzstreitigkeiten zwischen *Railtrack*, dem mit der Wartung beauftragten Subunternehmen *Balfour Beatty* und der für Erneuerungsmaßnahmen zuständigen Baugesellschaft *Jarvis Fastline* aus.

Im Zuge der gerichtlichen Aufarbeitung musste die *Railtrack*-Führung einräumen, weder den Netzzustand noch die Gefahrenpotenziale erfasst zu haben. Wie marode das Trassennetz zu jener Zeit war, lässt sich daran ablesen, dass *Railtrack* gezwungen gewesen war, 1.286 Streckenabschnitte zu Langsamfahrstellen zu erklären und zahlreiche Trassen zu schließen – mit verheerenden Auswirkungen auf den Bahnverkehr. Noch Anfang Dezember 2000, also rund zwei Monate nach dem Unglück, waren trotz ständig wechselnder, jeweils an der Streckenführung und -beschaffenheit ausgerichteter Fahrpläne 55 Prozent der 18.000 täglich verkehrenden Reisezüge verspätet. Das Fahrgastaufkommen sank um ein Viertel, sodass staatliche Zuschüsse erforderlich waren, um Insolvenzen der Transportgesellschaften abzuwenden. Kurzzeitig setzte die Fluggesellschaft *British Airways* auf der Kurzstrecke London–Manchester sogar Maschinen des Typs Boeing 747 ein, um der Nachfrage Rechnung zu tragen. Die Londoner Handelskammer schätzt, dass im letzten Quartal des Jahres 2000 als unmittelbare Folge des Bahnunglücks allein in der Hauptstadt 30 Millionen Arbeitsstunden verloren gingen und

600 Millionen Pfund Sterling an Produktivitätsverlusten verzeichnet werden mussten (Eaglesham/Mason 2001).

Nach wie vor bilden die Betreibergesellschaften gemeinsam mit den drei Zugleasingfirmen, dem Infrastrukturbetreiber *Network Rail* sowie den mehr als 2.000 (!) Subunternehmen ein selbst für die Beteiligten kaum mehr zu durchschauendes Interaktions- und Aufgabengeflecht. Krisenverschärfend kommt hinzu, dass sowohl die Betreiber- als auch die Fuhrparkgesellschaften binnen kurzer Zeit eine möglichst hohe Kapitalrendite zugunsten ihrer Aktionäre zu erzielen versuchen, indem sie die Kosten durch Personalkürzungen und Investitionsrückhaltungen drosseln. Weitere Spielräume wurden dadurch gewonnen, dass Kosten zu Lasten der Subunternehmer externalisiert wurden. Man hätte voraussehen können, dass dies die Koordination und Kohärenz eines komplexen Systems, in dem derart viele neue Geschäftseinheiten zusammenwirken müssen, gefährden würde – zumal die Betriebs- und Organisationsabläufe höchst unterschiedlich waren.

Waren die Verantwortlichkeiten zu Zeiten von *British Rail* eindeutig zu benennen, gab es infolge der Fragmentierung zusätzlichen Bedarf an kostspieligen bürokratischen Abläufen – und nicht ein Weniger an Verwaltungsaufwand, wie die Protagonisten der Privatisierungspolitik immer wieder behaupten. Mehrere Kostenrechnungen kommen zu dem Schluss, dass eine Umstrukturierung und Sanierung der Staatsbahn durch die öffentliche Hand bedeutend preiswerter gewesen wäre. Schließlich wurde der britische Haushalt mit den Kosten für die Rückübernahme der Infrastruktur von *Railtrack* mit 500 Milliarden Pfund Sterling belastet. Des Weiteren müssen nun die vernachlässigten Modernisierungen sowie der Ausbau und Erhalt des Netzes von staatlicher Seite jedes Jahr mit mehreren Milliarden Pfund Sterling finanziert werden. 3,8 Milliarden Pfund Sterling waren es allein im Haushaltsjahr 2013/14 (Office for Rail Regulation 2015 a, 5). So ist nur ein Drittel des britischen Bahnnetzes elektrifiziert. Aber nicht nur die Steuerzahler werden zur Kasse gebeten, auch die Fahrgäste. Seit der Bahnprivatisierung 1995 sind die Ticketpreise im Durchschnitt um 117 Prozent gestiegen, weshalb die Privatisierung des britischen Bahnwesens trotz Korrekturen nach wie vor auf breite Ablehnung stößt (Office for Rail Regulation 2015b).

Angesichts der britischen Zustände scheint die Überführung der *Deutschen Bahn* in eine Aktiengesellschaft zum Jahresbeginn 1994 ebenso fragwürdig wie ihr Verkauf an Investoren. So merken mit Blick nach Großbritannien nicht nur Historiker an, dass insbesondere Bahnprivatisierungen allzu häufig politisch – wenn nicht gar ideologisch – motiviert waren, weil innerhalb kürzester Zeit hohe Einmaleinnahmen erzielt werden können, um kurzfristig die klammen staatlichen Kassen zu füllen. So zum Beispiel war die von John Major eingeleitete Privatisierung von *British Rail* im Jahr 1994 aus betriebswirtschaftlichen Gründen keineswegs zwingend; noch im letzten Jahr vor der »Reform« hatte das Unternehmen 71 Prozent seiner Einnahmen aus Entgelten für Verkehrsleistungen erzielt – ein Wert, den in Europa damals nur die staatliche schwedische Eisenbahngesellschaft *Statens Järnvägar* übertraf.

Freie Fahrt für freie Investoren: der Straßenverkehr

Wenn über Mobilität als Grundbedürfnis öffentlich diskutiert wird, steht im Land der Autofahrer meist nicht der Bahn-, sondern der Straßenverkehr im Mittelpunkt. Trotzdem fehlen dem Staat nach Berechnungen der Bund-Länder-Kommission »Zukunft der Verkehrsinfrastrukturfinanzierung« auf absehbare Zeit jedes Jahr rund 7,2 Milliarden Euro für den Erhalt seiner Verkehrswege. Um trotz chronischer Unterfinanzierung der öffentlichen Kassen in die (Straßen-)Infrastruktur investieren zu können, setzt auch die amtierende Bundesregierung auf das vermeintliche Allheilmittel Privatisierung, weshalb u.a. immer mehr Autobahnen nach Public-Private-Partnership-Prinzipien privatisiert werden. Dabei spiegeln sich die negativen Folgen dieses in Großbritannien entwickelten Konzessionsmodells nicht nur in höheren Gebühren für die WC-Benutzung an privatisierten Raststätten wider. Zugleich verzichtet der Staat auf milliardenschwere Einnahmen – etwa im Zusammenhang mit der Lkw-Maut.

Mit der zum Jahresbeginn 2016 angelaufenen Schuldenbremse wird sich der staatliche Investitionsstau gerade im Verkehrssektor noch weiter verschärfen, ist die strukturelle jährliche Neuverschuldung des Bundes doch nun auf 0,35 Prozent des Bruttoinlandsproduktes begrenzt. Zugleich ist den Bundesländern die Nettokreditaufnahme ab 2020 gänzlich untersagt, sodass der Druck zur privaten Finanzierung von Infrastrukturprojekten gerade auch im Verkehrswesen noch größer werden wird. Dabei zeigen zahlreiche Privatisierungsprojekte schon jetzt, dass den Steuerzahlern durch den Wandel von der Gemeinwohl- hin zur Gewinnorientierung auch im Verkehrssektor langfristig deutlich höhere Kosten entstehen.

Die öffentlich-privaten Partnerschaften beim Bau und Betrieb von Autobahnen sind dafür nur ein Beispiel. Auch andere Verkehrswege sind ein lukratives Betätigungsfeld für private Akteure. So werden in Deutschland – maßgeblich von Privatunternehmen initiiert und finanziert – jeden Tag durchschnittlich rund 70 Hektar naturbelassener oder landwirtschaftlich genutzter Fläche in Verkehrs- und Siedlungsflächen umgewandelt. Ein Großteil dieser Fläche entfällt auf das Verkehrsnetz, sodass allein 7,2 Prozent der Fläche Nordrhein-Westfalens von Verkehrswegen bedeckt sind. Davon wiederum entfallen 86,5 Prozent auf den Straßenverkehr. Tendenziell ähnlich verhält es sich in den übrigen Bundesländern.

Zwar findet die staatliche Bereitstellung der Straßeninfrastruktur nach dem Prinzip der Daseinsvorsorge nach wie vor breiten Rückhalt in der Bevölkerung, aber in Zeiten eines rasanten Wachstums der Verkehrsströme stößt der steuerfinanzierte Ausbau des Straßennetzes zusehends an Grenzen. Angesichts defizitärer Kommunal-, Landes- und Bundeshaushalte müssen inzwischen vielerorts dringend notwendige Straßenverkehrsinvestitionen ausgesetzt werden. Um die Aufrechterhaltung eines effizienten Straßennetzes zu gewährleisten, scheint vielen Experten die Einbindung privaten Kapitals unumgänglich. Schon in dem 1994 verabschiedeten Fernstraßenbauprivatfinanzierungsgesetz wurde die Möglichkeit des Baus und der Finanzierung von Bundesfernstraßen durch Privatunternehmen festgeschrieben: »Zur Verstärkung von Investitionen in das Bundesfernstraßennetz können Private Aufgaben des Neu- und Ausbaus von Bundesfernstraßen auf der Grundlage einer Mautgebührenfinanzierung wahrnehmen« (§ 1, Abs. 1). Und nicht zuletzt wegen der zum Jahresbeginn 2005 eingeführten Lkw-Maut sieht sich der Bund mit Geschäftsmodellen konfrontiert, die die Einbindung privaten Kapitals zur Finanzierung des Straßenverkehrsnetzes vorsehen. Aktuell wird die Umsetzung der Empfehlungen in der von Bundeswirtschaftsminister Sigmar Gabriel (SPD) eingesetzten und nach dem Leiter des *Deutschen Instituts für Wirtschaftsforschung* (DIW) benannten »Fratzscher-Kommission« geprüft.

Diese hat einen Zehn-Punkte-Plan entwickelt, um den allein im kommunalen Bereich auf 132 Milliarden Euro bezifferten Investitionsstau zu beheben. Ferner schlägt die Kommission vor, Autobahnen und Bundesfernstraßen zu privatisieren. Um dieses gewaltige Investitionsvolumen zu stemmen, soll eine Verkehrsinfrastrukturgesellschaft (»Bundesfernstraßengesellschaft«) gegründet werden, die aus privatem Kapital und den Erlösen aus der geplanten Pkw-Maut finanziert wird. Die Empfehlungen des DIW lassen erkennen, wohin die Reise in einigen Jahren gehen könnte: Auch wenn die Verkehrsminister der Bundesländer den erforderlichen Gesetzesänderungen kritisch gegenüberstehen, scheint die Privatisierung nicht erst unter veränderten politischen Vorzeichen, sprich: im Falle eines Regierungswechsels, wahrscheinlich.

Die vorgeschlagene Bundesfernstraßengesellschaft ist eng mit laufenden und geplanten ÖPP-Projekten verbunden. So kommen ÖPP-Modelle nach einer Berechnung der Initiative *Gemeingut in BürgerInnenhand* (GiB) schon heute in 58 Prozent der gebauten Autobahnneubau-Kilometer zum Zug, was angesichts von Auftragsvolumina von bis zu 300 Milliarden Euro für jeden Investor ausgesprochen attraktiv ist: »Die Bundesfernstraßengesellschaft würde dabei die Rahmenstruktur bilden, ÖPP und ausgegebene Anleihen die faktische Anlageform« (Thiele/Waßmuth 2016, 8). Mit zentralisierten und im Privatrecht angesiedelten Unternehmen des Bundes wie einer Fernstraßengesellschaft oder auch einer »Kapitalsammelstelle für Fernstraßen« könnte ÖPP dauerhaft institutionalisiert werden.

Das Projekt Bundesfernstraßengesellschaft beinhaltet demnach den Plan für die Umformung und Zentralisierung des Verkehrssektors auf vier Ebenen: 1. durch den Wechsel ins Privatrecht, 2. durch die Festsetzung von ÖPP als Standardmodell, 3. durch die Ausgabe hochverzinslicher Anleihen der formell privaten Gesellschaften und 4. durch die spätere materielle Teilprivatisierung der gebildeten Struktur. Anfang 2016 etablierten GiB, das globalisierungskritische Bündnis Attac, die Dienstleistungsgewerkschaft ver.di und der *Verband Deutscher Straßenwärter* zusammen mit Wissenschaftlern, Verbandsvertretern und Bundestagsabgeordneten eine »Plattform gegen eine Bundesfernstraßengesellschaft«, der sich inzwischen auch die *Naturfreunde Deutschlands* und der *Berliner Wassertisch* angeschlossen haben. In ihrem gemeinsamen Aufruf wird die drohende Privatisierung nicht nur mit Blick auf den damit verbundenen Arbeitsplatzabbau, sondern auch unter Verweis auf die Umweltschäden kritisiert. Allgemein anerkannte Ziele wie die Reduktion gesundheits- und klimaschädlicher Emissionen würden konterkariert, wenn zum Ausbau des Fernstraßenverkehrs eine eigene Rechtskonstruktion geschaffen würde, mit deren Hilfe die Schuldenbremse umgangen werden könnte. Letztlich hat die Fratzscher-Kommission eine weitere Möglichkeit entdeckt, die »Kosten der Eurokrise von den Kapitalanlegern zu den Verbrauchern und Steuerzahlern zu verlagern« (Mühlenkamp 2016).

Neben der materiellen Privatisierung des deutschen Autobahnnetzes, deren Erlöse wie in den meisten Fällen der Privatisierung öffentlicher Güter und Dienstleistungen weit unterhalb des aktuellen Substanzwertes des deutschen Autobahnnetzes liegen dürften, wird seit vielen Jahren eine funktionale Privatisierung in Betracht gezogen. Propagiert wird diese Form des (Aus-)Verkaufs staatlichen Eigentums u. a. von Beratungsfirmen wie *Alfen Consult*. Der Gründer des Unternehmens, das auf Wirtschaftlichkeitsvergleiche spezialisiert ist, Hans Wilhelm Alfen, ist Inhaber der Professur für Betriebswirtschaft im Bauwesen an der *Bauhaus-Universität Weimar*. Unter dem Slogan »Für eine zuverlässige und wirtschaftliche Infrastruktur« berät das Unternehmen seit vielen Jahren Kommunal-, Landes- und Bundesverwaltungen bei der Frage, wie sie öffentliche Infrastruktur privatisieren können. Während die Aufträge für *Alfen Consult* selbst wirtschaftlich durchaus interessant sein dürften, sind es die ÖPP-Projekte für die öffentliche Hand meistens nicht. Tatsächlich offenbart sich hier im Kleinen das mit ÖPP-Modellen verbundene privat-staatliche Hybridwesen (Rügemer 2012, 2): »Komplizenschaft und Verfilzung zwischen Privat und Staat, allerdings unter privatwirtschaftlichen Maximen. Der Professor, der zuvor für den Baukonzern Hochtief gearbeitet hat, lässt sich also auf der einen Seite staatlich alimentieren, während er gleichzeitig daran arbeitet, den Staat und die Allgemeinheit zu schädigen.«

Bundesweit angekurbelt werden die ÖPP-Projekte auch von der *ÖPP Deutschland AG*. Diese Initiative, die von der Lobby-Organisation *Initiative Finanzstandort Deutschland* (IFD) ins Leben gerufen worden war, bildet selbst eine öffentlich-private Partnerschaft: zwischen dem Bundesministerium der Finanzen sowie dem Bundesministerium für Verkehr, Bau und Stadtentwicklung einerseits und – das ist das skandalträchtige Element – einflussreichen privaten Akteuren aus der ÖPP-Landschaft andererseits. Die Agentur unter der Leitung von Bernward Kulle, der zuvor Vorstandsmitglied der *Hochtief Concessions AG* war, berät öffentliche Auftraggeber wie Kommunen, Länder oder Bundesbehörden bei der Umsetzung von ÖPP-Projekten. Der Bund hält zwar die Mehrheit von 57 Prozent der Anteile an der *ÖPP Deutschland AG*, aber die ca. 70 privatwirtschaftlichen Aktionäre der Beteiligungsgesellschaft mit ihren mehreren Millionen Euro Umsatz im Jahr sind die eigentlichen Hausherren. Mitarbeiter der *Deutschen Bank* und der *Kreditanstalt für Wiederaufbau* arbeiten dort ebenso an gemeinsamen Konzepten mit Mitarbeitern aus den einschlägigen Ministerien wie die Kanzlei *Freshfields Bruckhaus Deringer* und die Unternehmensberatung *McKinsey*. Die Vermischung von Initiatoren und Profiteuren ist augenfällig: Vater Staat subventioniert mit der *ÖPP Deutschland AG* nicht nur den Lobbyismus der Industrie, sondern verleiht ihm überdies noch einen seriösen Anstrich.

Die beteiligten Unternehmen leugnen die mit Privatisierungen à la ÖPP einhergehende Monopolisierung und stellen stattdessen signifikante Effizienzgewinne in Aussicht. So hat sich unter dem Druck der privatwirtschaftlichen Lobby die Vergabe von Konzessionen für den Betrieb von Autobahnteilstücken als von der Politik favorisierte Form der Privatisierung herausgebildet. Bei den ÖPP-Projekten im Bundesfernstraßenbau verpflichtet sich ein privater Investor zum Beispiel, ein Autobahnteilstück von vier auf sechs Fahrstreifen auszubauen. Er übernimmt die Bauleistungen, die Finanzierung der Investition sowie den Erhalt und Betrieb des Autobahnteilstücks über einen Vertragszeitraum von in der Regel 30 Jahren. »Entlohnt« werden die Privatunternehmen meist durch die Beteiligung an den Einnahmen aus der Lkw-Maut. Angesichts der Verkehrsentwicklungsprognosen, wonach das Verkehrsaufkommen – insbesondere auf den Autobahnen – weiter steigen wird, stellt sich diese Form der Privatisierung als äußerst lukratives Investment dar.

Insofern kommt der rasante Zuwachs dieser funktionalen Privatisierungen nicht überraschend. Sechs Pilotprojekte wurden bislang fertiggestellt: Die Autobahnabschnitte Augsburg West–München Allach (A 8), Landesgrenze Hessen–Gotha (A 4), Malsch–Offenburg (A 5) und Bremer Kreuz–Buchholz (A 1) wurden allesamt nach dem »Ausbaumodell« von privaten Investoren ausgebaut und betrieben, die »feste Warnowquerung« in Rostock und die »Travequerung« in Lübeck werden nach dem »Verfügbarkeitsmodell« betrieben (BMVI 2015). Zehn weitere Projekte sind im Bau bzw. in Planung, so beispielsweise die Strecken Dreieck Havelland–Dreieck Pankow (A 10), Dreieck Havelland–Neuruppin (A 24) sowie das Autobahndreieck Bordesholm–Autobahndreieck Hamburg/Nordwest (A 7). Die finanziellen Größenordnungen dieser Projekte sind gigantisch: Allein die Investitionsvolumina belaufen sich auf ca. 14 Milliarden Euro.

Aber die amtierende Bundesregierung setzt auch andernorts auf öffentlich-private Partnerschaften im Fernstraßenbau. Die zu erwartenden Probleme illustriert der Autobahnabschnitt zwischen dem baden-württembergischen Wiesloch (Anschlussstelle Rauenberg) und dem 25 Kilometer entfernten Kreuz Weinsberg (A 6). So sah sich der damalige Bundesverkehrsminister Peter Ramsauer (CSU) 2012 massiver Kritik ausgesetzt, weil die Konzessionsverträge offenkundig auf Basis teils unseriöser Berechnungen vergeben worden waren. Im September 2014 wurde das Ausschreibungsverfahren sogar vorübergehend gestoppt. Eine entscheidende Rolle dürfte der parteipolitisch zur Neutralität verpflichtete Bundesrechnungshof gespielt haben. In einem bundesweit beachteten Gutachten kommt er zu dem Schluss, dass eine aktualisierte und realistische Wirtschaftlichkeitsprüfung ein weitaus dunkleres Licht auf die Gesamtkosten und die damit verbundene Privatisierungsentscheidung geworfen hätte.

Entkräftet wurde darin u.a. das Hauptargument derjenigen, die das ÖPP-Modell im Autobahnbau und -betrieb mit dem Hinweis befürworten, dass private Unternehmen die Leistungen durchweg preisgünstiger anbieten könnten als die staatliche Verwaltung. Bei näherem Hinsehen stellt sich jedoch heraus, dass sich dieser propagierte Effizienz- und Kostenvorteil der Privatwirtschaft in vielen Fällen nicht realisiert hat. Schon 2009 äußerte der Bundesrechnungshof erhebliche Zweifel am ÖPP-Model im Autobahnbau. Nach Prüfung der ersten vier umgesetzten Projekte bezweifelte er die wirtschaftlichen Vorteile für den Bund. Experten fürchteten frühzeitig einen »erheblichen wirtschaftlichen Schaden« für den Staat durch den Einsatz öffentlich-privater Partnerschaften (Schumann 2013). 2014 kam der Bundesrechnungshof zu dem vernichtenden Ergebnis, dass die Bundesfernstraßen, die als ÖPP-Projekt gebaut und betrieben wurden, 1,9 Milliarden Euro teurer sind als vergleichbare staatliche Projekte. Die bisherigen ÖPP-Projekte seien als unwirtschaftlich einzustufen (zit. nach Schlieter 2014).

Obwohl die Gutachten, die die wirtschaftliche Überlegenheit des Privatsektors belegen sollen, gewöhnlich streng vertraulich sind, gelangte das Wirtschaftlichkeitsgutachten für den erwähnten Abschnitt der A 6 an die Presse und damit auch an die Öffentlichkeit. Dem Gutachten ist zu entnehmen, dass seine Verfasser unterstellten, private Betreiber seien effizienter, weshalb sie einseitig zugunsten des ÖPP-Modells argumentierten. So werden Effizienzvorteile der Privatwirtschaft von bis zu zehn Prozent gegenüber der öffentlichen Hand unterstellt, ohne dass dies empirisch untermauert würde. Schon bei einer Halbierung dieser äußerst optimistischen Annahme verschwindet der Effizienzvorteil der Privaten. Ein wesentlicher Grund für die Vorteile der staatlichen Finanzierung liegt auf der Hand: Der Bund mit seiner hohen Bonität erhält die für den Autobahnaus- und -neubau benötigten Kredite wesentlich günstiger als Privatunternehmen (zumal wenn es sich um solche aus der Bauwirtschaft handelt). Diesen immensen Kostenvorteil müsste ein Privatunternehmen zunächst einmal kompensieren, bevor es Effizienzvorteile zu erzielen überhaupt in der Lage wäre.

Wahrer Grund für die immense Verbreitung des ÖPP-Modells in jüngerer Zeit ist die seit 2016 auf Bundesebene wirksame Schuldenbremse. Bei einer Finanzierung durch die öffentliche Hand muss der Staat die Kredite unmittelbar als Schulden verbuchen, bei einer ÖPP-Konstruktion hingegen fallen die Zahlungen über einen Zeitraum von mehreren Jahrzehnten –

meist verteilt auf 30 Jahre – an. Auch wenn die Gesamtkosten dann letztlich deutlich höher ausfallen, scheint die Staatsschuld zunächst geringer. Man muss ÖPP-Projekte insofern als eine versteckte staatliche Kreditaufnahme ansehen, mit der die Schuldenbremse zwar umgangen, letztlich aber nicht gelöst wird. Für Politiker, die mit Blick auf ihre (Wieder-)Wahl auf Erfolge wie einen ausgeglichenen Haushalt in der auf vier oder fünf Jahre angelegten Legislaturperiode verweisen können müssen, sind Privatisierungen nach der ÖPP-Arithmetik somit ausgesprochen attraktiv.

Die Nebenbetriebe der Autobahnen

Die Privatisierungsbemühungen beschränken sich aber nicht auf das Autobahnnetz. Längst reichen sie bis zu den »Service-Einrichtungen für Verkehrsteilnehmer entlang bundesdeutscher Autobahnen« (Bundeskartellamt 2011, 3). Zu den sogenannten Nebenbetrieben zählen u. a. Tankstellen, Raststätten und Hotels. So wurde 1998 das bundeseigene Unternehmen *Autobahn Tank & Rast GmbH* privatisiert, wobei die Privatisierung nicht im Wege eines Börsengangs vollzogen wurde, sondern durch die Veräußerung im Rahmen eines Bieterverfahrens: Das Unternehmen ging für ca. 600 Millionen Euro an ein privates Konsortium aus der *Allianz Capital Partner GmbH*, der *Deutschen Lufthansa Service Holding AG* sowie der *Apax Beteiligungs GmbH*. Das Auktionsverfahren erfreute sich angesichts der Quasi-Monopolstellung der bundeseigenen Service-Einheiten in der deutschen Autobahnraststättenlandschaft eines ungemeinen Zuspruchs. Die rot-grüne Bundesregierung verfolgte mit dieser Privatisierung neben der »verkehrspolitisch[en] […] Stärkung des Systems ›Fahren – Tanken – Rasten‹ auf der Autobahn« sowie der Generierung von Einmaleinnahmen auch den Erhalt der »mittelständischen Strukturen im Bereich der Pächter/Betreiber« (ebd., 5).

2004 verkaufte das Konsortium aus *Allianz*, *Lufthansa* und *Apax* dann *Tank & Rast* für geschätzte 1,1 Milliarden Euro an das britische Private-Equity-Unternehmen *Terra Firma Capital Partners*. *Terra Firma* soll sich 2006 eine üppige Sonderdividende ausgeschüttet haben, was maßgeblich zur immensen Schuldenlast von *Tank & Rast* beigetragen haben dürfte (Staib 2012). Ein Jahr später wurde die Hälfte von *Tank & Rast* für geschätzt 1,3 Milliarden Euro an den Infrastrukturfonds des *Deutschen Bank*-Geschäftsbereichs für Immobilieninvestments namens RREEF weitergereicht – mehr als *Terra Firma* drei Jahre vorher noch für das gesamte Unternehmen bezahlt hatte.

Durch die hohe Sonderdividende und die vormalige Ausschüttung lastet jedoch seither ein Schuldenberg von rund 2,2 Milliarden Euro auf *Tank & Rast* (Hecking 2012). Nicht zuletzt deswegen wurde wohl die Gebühr des seit seiner Einführung 2010 viel diskutierten »*Sanifair*-Toilettenwertbons« von 50 auf 70 Cent erhöht – obwohl sich weiterhin nur 50 Cent an der Kasse einlösen lassen. Mit jedem Toilettengang an einer Raststätte zahlen wir die Zeche für die Privatisierung und lassen wir die Kassen der Investoren klingeln.

Das seinerzeit ausgegebene Ziel des Erhalts mittelständischer Betreiberstrukturen sowie der Angebotsvielfalt an Tankstellen kann insofern als gescheitert gelten, als dass die 12.000 Mitarbeiter zählende *Autobahn Tank & Rast GmbH* als führender Anbieter in diesem Segment inzwischen ca. 390 Raststätten, 350 Tankstellen und 50 Hotels entlang der Bundesautobahnen betreibt und damit eine monopolartige Stellung innehat. Diese marktbeherrschende Stellung wurde durch den Kauf der über 30 Raststätten-Restaurants der Marke *Axxe* von der *Metro Group* im Jahr 2009 noch ausgebaut. Die Zahl der Pächter von Autobahnraststätten hat sich in den letzten 15 Jahren auf nur noch 130 reduziert. Sie stehen unter einem enormen (Kosten-)Druck durch *Tank & Rast*, welcher der Gewerkschaft *Nahrung Genuss Gaststätten* (NGG) zufolge auch über geringere Löhne an die Angestellten der Raststätten weitergegeben wird (Hecking 2012). Dem dürftigen Zahlenwerk, das *Tank & Rast* veröffentlicht, ist zu entnehmen, dass das Ergebnis vor Steuern, Zinsen und Abschreibungen 2014 bei über 236 Millionen Euro lag, also bei fast der Hälfte des Umsatzes. Eine solche Gewinnmarge ist nur in einem Bereich zu erzielen, in dem es so gut wie keinen Wettbewerb gibt. Und der gigantische Schuldenberg, den die *Tank & Rast GmbH* mit mehr als viereinhalb Mal so hohen Schulden wie Umsätzen aufgetürmt hat, lässt sich überhaupt nur mit Quasi-Monopolgewinnen tragen.

Eine weitere Neuerung: Seit Herbst 2013 werden die Rechte, an Autobahntankstellen Treibstoff anzubieten, nicht mehr ausschließlich nach dem traditionellen Quotensystem vergeben, sondern an den Höchstbietenden verkauft. Dieses von *Tank & Rast* eingeführte Auktionsverfahren wird dazu führen, dass das Tanken an den Autobahnen noch teurer werden wird. Die »Vermarktlichung« der Autobahnraststätten hat also zu einer Monopolisierung geführt, die nicht nur im Widerspruch zum neoklassischen Modell steht, sondern jede Form des Wettbewerbs vermissen lässt – den auszuweiten sie ursprünglich eingesetzt worden war.

Kostenfaktor Lkw-Maut

Dies gilt auch für das Lkw-Mautsystem »Toll Collect«. Schon 1990 hatte die damalige schwarz-gelbe Bundesregierung den gewerblichen Güterverkehr mittels einer Lkw-Gebühr an den Kosten zur Aufrechterhaltung der Straßeninfrastruktur beteiligen wollen. Da die Ausgestaltung der Gebühr zu jener Zeit jedoch nicht von EG-Recht gedeckt war, musste sie schon kurz nach ihrer Einführung wieder ausgesetzt werden. An ihrem Vorhaben, den Lkw-Verkehr bei der Finanzierung der Infrastruktur stärker einzubeziehen, hielt die Bundesregierung indes fest. So führte die Bundesrepublik Deutschland im August 1994 gemeinsam mit den Niederlanden, Belgien, Luxemburg und Dänemark die Eurovignette als »Autobahnbenutzungsgebühr für schwere Nutzfahrzeuge« ein, wobei neben den institutionellen Rahmenbedingungen auch die Gebührensätze sowie die nationalstaatliche Aufteilung des Gebührenaufkommens festgelegt wurden. Aufbau und Umsetzung des Gebührensystems wurden gleich zu Beginn an das private Unternehmen *AGES Maut System GmbH & Co. KG* übertragen, welches zu diesem Zweck u. a. von den Gesellschaftern *Vodafone*, *Aral* und *Shell* gegründet worden war. Aus Sicht der damaligen Bundesregierung war die zeitbezogene Straßenbenutzungsgebühr jedoch nicht das optimale Instrumentarium, weshalb das Bundesumweltministerium bereits 1998 eine streckenabhängige und damit »verursachergerechte Anlastung« der Wegekosten anstrebte (BMU 2009).

Vor diesem Hintergrund erhielt im Juli 2002 das Bieterkonsortium *Electronic Toll Collect* (ETC), in dem sich die Konzerne *Daimler Chrysler AG* (45 Prozent), *Deutsche Telekom AG* (45 Prozent) sowie *Cofiroute A.* (10 Prozent) zusammenfanden, den Zuschlag zur Entwicklung und Umsetzung eines bundesweit implementierfähigen Lkw-Mautsystems (Bundesministerium für Verkehr, Bau und Stadtentwicklung 2013). Das bislang größte Einzelprojekt nach ÖPP-Muster war geboren, nachdem preiswertere und im Ausland bereits weitreichend erprobte Mautsysteme ausgeschlossen worden waren. Laut dem von der Anwaltskanzlei *Freshfields Bruckhaus Deringer* verfassten Vertrag sollte *Toll Collect* über einen Zeitraum von zwölf Jahren ca. 650 Millionen Euro p. a. aus den Mauteinnahmen erhalten, wobei die Möglichkeit einer dreimaligen Verlängerung des Vertrags festgeschrieben wurde. Aufgrund zahlreicher technischer Schwierigkeiten musste der Starttermin des elektronischen Mautsystems *Toll Collect* zweimal verschoben werden, nachdem der ursprünglich zum 31. August 2003 geplante Starttermin nicht eingehalten werden konnte. Stattdessen konnte das Bundesamt für Güterverkehr erst am 15. Dezember 2004, d.h. rund 16 Monate später als vertraglich vereinbart, die vorläufige Betriebserlaubnis erteilen. Zum 1. Januar 2005 erfolgte dann der offizielle Start der Bemautung mit einer »abgespeckten« Version des Mautsystems, ein Jahr später lief das System dann mit der vollen Funktionalität an.

In Reaktion auf die verspätete Einführung und die damit einhergehenden Einnahmeausfälle kam es zu einem juristischen Tauziehen. So ließ das Bundesverkehrsministerium am 29. Juli 2005 Klage gegen die Betreibergesellschaft *Toll Collect* einreichen, fühlte sich der Bund doch zu lange im Unklaren gelassen über die stockende Entwicklung und die damit verbundenen Einnahmeausfälle: »Die Betreiber haben den Bund getäuscht, indem sie Zusagen zu den Terminen der Inbetriebnahme teils in der Kenntnis der Verzögerungen und teils ohne hinreichende Grundlage ins Blaue hinein, also arglistig, abgegeben haben«, heißt es in der Klageschrift. Daraus leitet der Bund seine Forderungen in Höhe von 3,5 Milliarden Euro Einnahmeausfällen und 1,6 Milliarden Euro Vertragsstrafen ab. Mittlerweile stehen im anhängigen Schiedsverfahren Forderungen in Höhe von mehr als sieben Milliarden Euro im Raum (Delhaes/Thelen 2012). Allein der Prozess vor dem privaten Schiedsgericht hat die Steuerzahler bislang rund 136 Millionen Euro gekostet – und vor 2017 wird nicht mit einer Einigung gerechnet. Eine außergerichtliche Einigung scheiterte am Widerstand des ehemaligen Bundesverkehrsminister Peter Ramsauer (CSU), der auf eine richterliche Entscheidung bestand, um potenziellen Anschuldigungen, »auf Milliarden zu Ungunsten des Bundes verzichtet zu haben«, jede rechtliche Grundlage zu entziehen (zit. nach Tretbar 2012).

Hätte der Bund den Betrieb des Mautsystems eigenständig organisiert – etwa über die bundesweit engmaschig vertretenen Autobahnmeistereien – wäre es nicht zu einem kostspieligen Gerichtsverfahren und womöglich auch nicht zu einer derart gravierenden Verzögerung der Inbetriebnahme gekommen. Zudem flossen mehr als zehn Prozent von den 2012 erzielten Mauteinnahmen in Höhe von 4,36 Milliarden Euro an das Betreiberkonsortium. Im Jahr 2015 lief der Vertrag erstmalig aus. Angesichts der Tatsache, dass das Bundesamt für Güterverkehr allein 2012 mehr als 330 Millionen mautpflichtiger Lkw-Fahrten auf deutschen Bundesautobahnen zählte, hätte es sich schon rein betriebswirtschaftlich rentiert, das Lkw-Mautsystem fortan in Eigenregie zu betreiben (BAG 2013). Darüber hinaus sieht der aktuelle Koalitionsvertrag zwischen CDU, CSU und SPD vor, dass ab 2018 die Lkw-Maut auf alle Bundesstraßen ausgeweitet wird. Die Länge der mautpflichtigen Straßen in Deutschland stiege damit von rund 13.000 auf mehr als 40.000 Kilometer. Der ambitionierte Zeitplan für diese deutliche Ausweitung der Maut spräche ebenfalls dafür, dass der Bund – zumindest vorübergehend – das *Toll-Collect*-System in Eigenregie betreibt. Dessen ungeachtet hat der Bund nicht nur den im August 2015 ausgelaufenen Konzessionsvertrag mit *Toll Collect* um drei weitere Jahre verlängert, sondern das Konsortium auch noch mit der Mauterhebung auf 1.100 Kilometern Bundesstraßen betraut. Die erneute Beauftragung eines Dienstleisters, mit dem man nicht nur unzufrieden ist, sondern auch in einer rechtlichen Auseinandersetzung steht, lässt sich wohl kaum anders als mit höchst erfolgreicher Lobbyarbeit erklären.

Es bleibt zu hoffen, dass wenigstens das im Juli 2014 von Bundesverkehrsminister Alexander Dobrindt (CSU) vorgestellte Konzept zur Einführung der Pkw-Maut endgültig in der Schublade verschwindet, denn es wäre ein weiterer Schritt hin zu einem vollständig privatisierten Straßenverkehrssystem. Die Probleme des derzeit diskutierten Pkw-Maut-Konzepts sind vielschichtig. Davon abgesehen, dass die »Ausländer-Maut« – wie sie die Boulevardzeitung *Bild* früh geringschätzte – einen Keil zwischen die EU-Bürger zu treiben droht, lässt sich auch der mit ihrer Erhebung verbundene Aufwand kaum rechtfertigen. Nach Abzug der Systemkosten wird mit Einnahmen von ca. 600 Millionen Euro pro Jahr gerechnet. Angesichts eines Bundeshaushalts in Höhe von knapp 300 Milliarden Euro scheint diese Summe zu gering, um ein derartig komplexes System einzuführen. Überdies besteht auch bei der Pkw-Maut die Gefahr, dass sie zum Renditeobjekt von Investoren und somit einer weiteren Privatisierung der Autobahnen durch öffentlich-private Partnerschaften Vorschub leisten wird.

Destination Privatisierung: die zivile Luftfahrt

Spätestens seit Ende der 1990er-Jahre mussten sich Auto und Bahn einem weiteren Konkurrenten stellen – dem Flugzeug, dessen Tarife durch Dumping-Offerten der *low cost carriers* teilweise bis auf null sanken und dessen Verfügbarkeit durch die wachsende Zahl von Regionalflughäfen fortlaufend stieg. Bis zum heutigen Tag steht die wachsende Flughafendichte dem Konzept der *Deutschen Bahn* diametral entgegen, denn während jene durch das Streichen von Nebenstrecken den Rückzug aus der Fläche antritt, diffundiert der Verkehrsträger Flugzeug bis in entlegene Regionen, wie die Existenz von bundesweit 34 Verkehrsflughäfen belegt.

Die sogenannten *no frills airlines* namens *Ryan Air*, *Eurowings*, *TUIfly* und *Air Berlin* profitieren davon, dass der grenzüberschreitende Flugverkehr im Gegensatz zum Schienenverkehr von der Mehrwertsteuer ausgenommen ist, der Kerosinverbrauch weltweit nicht besteuert wird – somit in der Bundesrepublik auch die Ökosteuer als Annexsteuer nicht erhoben wird – und Bundesländer ebenso wie zahlreiche Städte und Gemeinden in der Erwartung neuer Arbeitsplätze großzügige Infrastrukturzuschüsse für Flughafenneu- und -ausbauten gewähren. Derartige Subventionen sind nach einem Urteil des Europäischen Gerichtshofs (EuGH) vom Frühjahr 2005 als »Teil der Förderung gering entwickelter Regionen« gestattet, ein Privileg, von dem die Bahn nur träumen kann (Wolf 2006, 19). Die Umwidmung von Militärbasen zu zivilen Flugfeldern in Hahn (Hunsrück) und Weeze (Niederrhein) sowie der Aus- und Neubau von Regionalflughäfen wie in Münster/Osnabrück und Lippstadt/Paderborn sind aber nicht nur sichtbarer Ausdruck der einseitigen Verwendung regionaler Fördergelder und der ungleichen fiskalischen Belastungsarchitektur im Verkehrssektor, sondern auch das Ergebnis der Privatisierung öffentlichen Raums.

In der Privatisierungsgeschichte der Luftfahrtindustrie spielen sowohl Flughäfen als auch Flugsicherungsbehörden und Fluggesellschaften eine entscheidende Rolle. Da die Luftfahrtbranche seit vielen Jahren zu den am stärksten expandierenden Branchen zählt, bedarf es weiterhin massiver Investitionen im gesamten Luftfahrtsektor. Weltweit sehen sich nicht nur Flughäfen und Fluggesellschaften, sondern auch Flugsicherungsbehörden mit Kapazitätsengpässen und damit verbundenen Koordinations- und Finanzierungsproblemen konfrontiert. Der daraus resultierende Kapitalbedarf bildet den maßgeblichen Grund für die zunehmenden Ökonomisierungstendenzen in der Luftfahrt.

Bis in die 1990er-Jahre war die Befriedigung der Luftverkehrsinteressen ausschließlich in der Zuständigkeit der öffentlichen Hand, sodass sich die Privatisierungs-, Liberalisierungs- und Deregulierungstendenzen in der Luftfahrtbranche als Ausdruck eines Umdenkens in Sachen Daseinsvorsorge deuten lassen. Dabei zeigen sich die Privatisierungstendenzen im deutschen Luftverkehrswesen als ausgesprochen vielgestaltig: Während die Fluggesellschaften schon lange privat betrieben werden – zuletzt wurde 1997 der Branchenprimus, die *Deutsche Lufthansa*, privatisiert –, werden zunehmend auch Verkehrsflughäfen von Privatunternehmen betrieben.

Flughäfen in privater Hand

Bau, Betrieb und Finanzierung von Flughäfen wurden lange Zeit ausschließlich staatlicher Kompetenz zugeordnet, und die Flughäfen in Deutschland sind nach wie vor mehrheitlich oder ganz Eigentum der öffentlichen Hand. Einer rigiden und umfangreichen Privatisierung im deutschen Flughafensektor steht bis heute die »sektorspezifische Regulierung des Staates« entgegen (Dummann 2005, 2), leiten sich die Eigentumsverhältnisse doch in besonderer Weise aus der Argumentation der Daseinsvorsorge ab. So wird gemeinhin angenommen, dass eine zu weit reichende Deregulierung des deutschen Flughafensektors aufgrund des zumeist gegebenen natürlichen Monopols nicht sinnvoll sei. Privatisierungsfreundliche Politiker verliehen dieser Behauptung dadurch Nachdruck, dass sie privaten Investoren die Fähigkeit zu »wünschenswerte[n] Vorhalte- und Erweiterungsinvestitionen« absprachen (ebd., 203).

Trotz dieser Bedenken erfasste der Privatisierungstrend der letzten Jahrzehnte schließlich auch den bundesdeutschen Flughafensektor. Das stetig gewachsene Passagieraufkommen sowie die zunehmende Liberalisierung des weltweiten Luftverkehrs haben einen geradezu einzigartigen Wettbewerb induziert. Damit einhergehend würden – so die Privatisierungsbefürworter – auch an deutsche Flughäfen »höhere Anforderungen […] hinsichtlich ihrer Leistungsfähigkeit und Effizienz« gestellt (ebd., 2). Um die vermeintlich unumgängliche Wettbewerbsfähigkeit des deutschen Luftfahrtsektors aufrechtzuerhalten bzw. auszubauen, wird die monopolistische Produktion von Flughafenleistungen durch die öffentliche Hand verstärkt infrage gestellt. Verfechter einer weiteren Privatisierung des »Flughafenmarktes« sehen daher die öffentliche Hand mehr denn je auf die Mithilfe privater Investoren angewiesen, um das Infrastrukturangebot an Flughäfen auszubauen.

In ihrem »Luftfahrtkonzept 2000« aus dem Jahr 1994 untermauerte die damalige schwarz-gelbe Bundesregierung ihre Absicht, eine stringente Privatisierung der Bundesanteile im deutschen Flughafenbereich zu forcieren (Bundesministerium für Verkehr 1994). Nicht wenige Privatisierungsbefürworter argumentieren, dass Flughäfen »ausnahmslos privatrechtlich in Form von Gesellschaften mit beschränkter Haftung oder Aktiengesellschaften« zu organisieren seien (Frick 2007), zumal sich auch in Deutschland viele Flughäfen mit raschen und ausgesprochen kostspieligen Expansionsinvestitionen konfrontiert sähen. Wie beim Bahnwesen halten sie die Privatisierung von Flughäfen aus ordnungspolitischer Sicht für notwendig, um in Zeiten leerer Staatskassen durch die Einbeziehung privater Kapitalgeber die Belastung öffentlicher Haushalte gering zu halten. Zudem könne so ein Management-Know-how-Transfer in Gang gesetzt werden, der die Produktivität der Flughäfen zu steigern in der Lage sei.

Materielle Teilprivatisierungen zielten in Deutschland bislang insbesondere auf überwiegend umsatzstarke Flughäfen, wie die in Frankfurt am Main (*Fraport AG*), Düsseldorf (50 Prozent Stadt Düsseldorf und 50 Prozent *Airport Partners GmbH*, die wiederum zu 40 Prozent der *Hochtief AirPort GmbH*, zu 20 Prozent der *Hochtief AirPort Capital KGaA* und zu 40 Prozent der *Dublin Airport Authority plc.* gehört), Hamburg (51 Prozent Freie und Hansestadt Hamburg und 49 Prozent *Hochtief AirPort GmbH*), Hannover (35 Prozent Landeshauptstadt Hannover, 35 Prozent Land Niedersachsen und 30 Prozent *Fraport AG*) und Mönchengladbach (70 Prozent Düsseldorfer Flughafen und 30 Prozent *Niederrhein Energie und Wasser GmbH*). Der *Flughafen Düsseldorf International* wurde 1997 als erster deutscher Verkehrsflughafen teilprivatisiert, als die nordrhein-westfälische Landesregierung 50 Prozent ihrer Anteilsscheine an die *Airport Partners GmbH* veräußerte. In den Jahren 1998 und 2000 erfolgte durch Verkäufe staatlicher Anteile die Teilprivatisierung der Flughäfen Hannover und Hamburg. Im Gegensatz zu den bereits genannten Flughäfen vollzog sich die Teilprivatisierung des Frankfurter Flughafens im Rahmen eines Börsengangs im Juni 2001. Die rechtliche Grundlage für diesen Börsengang bildete die Gründung der inzwischen weltweit tätigen *Fraport AG*. Unabhängig von der konkreten Ausgestaltung der einzelnen Privatisierungen lässt sich feststellen, dass der Trend in Richtung privatunternehmerisch geführter Flughäfen auf Jahre hinaus anhalten dürfte.

Deutsche Lufthansa und Deutsche Flugsicherung

Ausdruck der fortschreitenden Ökonomisierung des deutschen Luftverkehrssektors ist nicht zuletzt die Privatisierung des »Flagcarriers« der Bundesrepublik Deutschland, der *Deutschen Lufthansa*. Noch bis in die 1980er-Jahre hinein war der Bundesregierung die hoheitliche Kompetenz zugesprochen worden, »einen gesellschaftsrechtlichen Einfluss auf die deutschen Linienluftverkehrsgesellschaften und damit die Lufthansa« auszuüben (von Ruckteschell 1996, 365). Das Fundament dafür bildete die gesellschaftlich akzeptierte Verantwortung der öffentlichen Hand, den Luftverkehrsdienst bereit- und sicherzustellen. Aus staatlicher Sicht bedürften die »Befriedigung« und die »Sicherstellung« des öffentlichen Luftverkehrsinteresses einer über die »gesetzgeberischen Kompetenzen im Luftverkehrssektor« hinausreichenden Einflussmaßnahme – so der allgemeine Tenor (ebd.).

Schon beim Börsengang der *Deutschen Lufthansa* 1966 war klar, dass die staatliche Mehrheitsanteilseignerschaft ein wesentliches Steuerungsinstrument zu Gunsten der Öffentlichkeit darstellen sollte. So hielt die Bundesregierung bis zur Kapitalerhöhung im Jahr 1978 an ihrer Politik der mehrheitlichen Beteiligung fest, knapp 75 Prozent der Anteile befanden sich bis dahin in staatlichem Besitz. Für die erste Teilprivatisierung der *Lufthansa* war schließlich die weltweite Deregulierungswelle im Luftverkehr ausschlaggebend, deren Ursprünge in den USA zu finden sind. Mit der zunehmenden Deregulierung entbrannte erstmals ein Wettbewerb im Linienflugsegment. Um in diesem Wettbewerb bestehen zu können, entschloss sich die Bundesregierung, privatwirtschaftliche Investoren mit »ins Boot« zu nehmen.

Im Zuge weiterer Kapitalerhöhungen Ende der 1980er- und Anfang der 90er-Jahre reduzierte sich der Anteil des Bundes an der Lufthansa schrittweise von 75 auf knapp 51 Prozent (von Ruckteschell 1996, 369). Neben der anhaltenden Deregulierung des globalen Luftverkehrs stellte das Inkrafttreten des Vertrags zum europäischen Binnenmarkt 1993 einen weiteren Meilenstein im Privatisierungsprozess dar, wurde dadurch doch die Legitimation einer Mehrheitsanteilschaft des Bundes an der *Lufthansa AG* zunehmend lauter hinterfragt. Im Gegensatz zur bisherigen politischen Ausrichtung der Bundesregierung verfolgte die EU eine konsequente Politik der abnehmenden Kontrolle und Steuerung der Linienluftverkehrsgesellschaften durch die staatliche Hand. Darüber hinaus bedingten bzw. bestärkten die drastischen Bilanzverluste, die die *Lufthansa AG* im Zuge der Luftfahrtkrise 1992 zu verbuchen hatte, die staatliche Absicht, eine weitere Privatisierung der Fluggesellschaft voranzutreiben. Um eine wettbewerbs- und konkurrenzfähige Fluggesellschaft zu garantieren, wurde 1997 der letzte Schritt für die vollständige Privatisierung eingeleitet, als die Bundesregierung die letzten 37,5 Prozent der bundeseigenen *Lufthansa*-Anteilsscheine auf dem Börsenparkett platzierte. Einmal mehr wurde aus einer angekündigten Teilprivatisierung eine Vollprivatisierung.

Bundespräsidialen Widerstand rief die Privatisierung der *Deutschen Flugsicherung* (DFS) hervor, die nach § 27c Absatz 2 Luftverkehrsgesetz für die Sicherheit und Pünktlichkeit im nationalen Luftverkehr und damit für die Überwachung von jährlich mehr als drei Millionen Flugbewegungen zuständig ist. Das Unternehmen mit Sitz im hessischen Langen wurde im Januar 1993 gegründet und löste die überörtliche militärische Flugsicherung (üMilFS) sowie die Bundesanstalt für Flugsicherung (BFS) als bundesweite Kontrollinstanz des zivilen und militärischen Flugverkehrs ab. Als Teil der Luftverkehrsverwaltung des Bundes war die BFS bereits 1953 zur Überwachung des bundesdeutschen Flugraums gegründet worden. Ihre exponierte Stellung lässt sich schon daran erkennen, dass seinerzeit per Gesetz beschlossen worden war, »die damals fast ausschließlich aus Angestellten bestehende Belegschaft der Flugsicherung mit Hinweis auf deren hoheitliche Aufgaben zu verbeamten« (Müller 1994, 1). Sinn und Zweck dieser Maßnahme war es, Arbeitskämpfe und Arbeitsniederlegungen der Lotsen und damit einhergehende operative Probleme im stetig wachsenden nationalen Flugverkehr zu unterbinden.

Die steigenden Verkehrszahlen im deutschen Luftverkehr gingen einher mit steigenden Kosten der nationalen Flugüberwachung, die Jahr für Jahr ein Defizit von 100 bis 200 Millionen D-Mark (51 bis 102 Millionen Euro) im Budget der Flugsicherung verursachte. Diese Defizite veranlassten den Bund Anfang der 1990er-Jahre, die Privatisierung der Bundesbehörde einzuleiten, sodass – wie bereits angedeutet – die BFS zum 1. Januar 1993 in die DFS als Gesellschaft mit beschränkter Haftung überführt wurde. Um der in Art. 87 d GG vorgeschriebenen Bundesverwaltung des Luftverkehrs gerecht zu werden, änderte sich im Zuge dieses ersten Privatisierungsschritts lediglich die Organisationsform, während die Eigentumsverhältnisse unberührt blieben. Und um das von der Bundesregierung ausgegebene Ziel eines finanziell unabhängigen Dienstleistungsunternehmens zu erreichen, stockte der Bund das Eigenkapital auf 410 Millionen D-Mark (209 Millionen Euro) auf. Der kostspieligste Teil dieser organisatorischen Umwandlung der Flugsicherungsbehörde stellte zweifelsohne die »finanzielle Besitzstandsgarantie für die Belegschaft« dar (Müller 1994, 2). Um die verbliebenen Beamten zu einem Wechsel in ein Angestelltenverhältnis zu bewegen, musste der Bund massive Gehaltsteigerungen der Fluglotsen sowie hohe Nachzahlungen an die gesetzliche Rentenversicherung in Kauf nehmen – auch dies übrigens eine (finanzielle) Kehrseite vieler Privatisierungen.

Die DFS ist nach wie vor Eigentum der Bundesrepublik Deutschland; sie untersteht dem Bundesministerium für Verkehr, Bau und Stadtentwicklung. Gegründet zunächst in Anlehnung an die Vorgängerbehörde als Unternehmen ohne Gewinnerzielungsabsichten, wurde das kostendeckende Wirtschaften mit der Zeit als vorrangiges Ziel ausgegeben. Ausdruck der neuen

Unternehmenspolitik waren weitreichende Rationalisierungen, aber auch eine deutliche Anhebung der An- und Abfluggebühren, die für Navigationsdienste und -einrichtungen anfallen. Die parallel vollzogene Expansion des Unternehmens führte dazu, dass die DFS 16 internationale Flughäfen und neun Regionalflughäfen überwacht, wo sie über ihre Tochterfirma *The Tower Company* vertreten ist.

Eine in der Öffentlichkeit breit diskutierte Zäsur in Richtung Ökonomisierung der Flugsicherung stellte das 2005 in den Deutschen Bundestag eingebrachte Flugsicherungsgesetz dar, mit dem der Weg für die Kapitalprivatisierung der DFS freigemacht werden sollte. Im Gegensatz zur (bloß) formellen Privatisierung 1993 sollte nun eine materielle, sprich: eine Kapitalprivatisierung eingeleitet werden, weshalb das vorgelegte Flugsicherungsgesetz den Verkauf von 74,9 Prozent der bundeseigenen DFS-Anteile an private Investoren ermöglichte. Um den Einfluss des Bundes auf die nationale Flugsicherung beizubehalten, sollte dem Bund eine Sperrminorität von 25,1 Prozent zugesprochen werden. Die Umsetzung des bereits vom Bundestag verabschiedeten Gesetzes scheiterte jedoch noch im selben Jahr an der Zustimmung des damaligen Bundespräsidenten Horst Köhler. Dieser wandte ein, dass »nach der aktuellen Rechtslage […] die Flugsicherung eine sonderpolizeiliche Aufgabe des Staates [ist], die hoheitlich durch den Staat wahrzunehmen ist und nicht etwa durch private Unternehmen« (Münchenberg 2007).

Hätte Köhler das Gesetz am 24. Oktober 2006 im Bundespräsidialamt unterschrieben, wäre die DFS mit an Sicherheit grenzender Wahrscheinlichkeit heute mehrheitlich in privaten Händen. Diese Vermutung liegt auch deshalb nahe, weil die von der EU-Kommission 2004 ausgegebene Vision eines »Single European Sky«, d. h. eines einheitlichen europäischen Luftraums, für die DFS eine ausgesprochen attraktive, aber kostspielige Wachstumsperspektive darstellt. Um im Wettbewerb gegenüber anderen europäischen Flugsicherungsgesellschaften bestehen zu können, halten nicht wenige Verkehrspolitiker – insbesondere aus den Reihen von Union und FDP – an einer stärkeren Marktorientierung der DFS im Wege einer Kapitalprivatisierung fest. In Vorbereitung einer solchen materiellen Privatisierung wurde bereits in Art. 87 GG der Begriff »bundeseigene Verwaltung« durch »Bundesverwaltung« ersetzt, sodass nun durch die Ausstattung Privater mit hoheitlichen Rechten eine Teilprivatisierung der DFS möglich ist (Schwenn 2007). Einmal mehr stellen die erwarteten Einnahmen in Höhe von ca. einer Milliarde Euro aus dem Verkauf von drei Vierteln der Anteilsscheine einen triftigen Grund für den Bund dar, die Privatisierung der Flugsicherung zu vollenden.

Was nur die öffentliche Verkehrsplanung leisten kann

Die skizzierte Ökonomisierung im Verkehrssektor lässt – neben den im Detail sehr unterschiedlich zu Tage tretenden negativen Auswirkungen – erkennen, dass eine allein auf Marktkonformität zielende Verkehrspolitik ein ehernes volkswirtschaftliches Gesetz verkennt: Preise können bei knappen, nicht erneuerbaren Ressourcen aufgrund verzerrter Kostenrechnung falsche Signale aussenden. Das weithin akzeptierte Ansinnen der Umweltökonomie, eine an den Grundsätzen der Nachhaltigkeit orientierte *Marktgestaltung* anzustrengen, wird mit der ausschließlichen Marktorientierung ignoriert. Gestalterischen Elementen, die zum Beispiel eine breitenwirksame Optimierung der Schieneninfrastruktur zuließen, wird damit die (politische) Legitimation entzogen.

Dass die Verkehrssysteme bislang nicht ausreichend vernetzt wurden, reicht den Apologeten der Marktkonformität, um eine noch weiter reichende Privatisierung der Verkehrsinfrastruktur zu fordern. Dabei blenden sie aus, dass etwa mit der (von der FDP vor einigen Jahren geforderten) Privatisierung von *Park-and-Ride*-Anlagen nicht nur deren kostenlose Nutzung zur Disposition gestellt würde, sondern zugleich ein entscheidender Anreiz für den Umstieg vom Auto auf die Bahn verloren ginge. Zudem entscheidet in einem Politikentwurf, der ausschließlich auf den marktwirtschaftlichen Wettbewerb baut, allein der Preis über die Möglichkeit des Zugangs zu einem Gut oder einer Dienstleistung. Eine Unternehmenspolitik, die sich bar staatlicher Korrektur ausnahmslos an den marktüblichen Leistungsmaßstäben, sprich: Gewinn- und Effizienzkriterien, orientiert, führt jedoch zu einer Selektion der Teilhabe an Dienstleistungen, die einst jedem – unabhängig von der Zahlungskraft – offen standen.

In Zeiten, in denen die »Hartz-IV«-Regelsatzberechnung lediglich 25,14 Euro für Mobilität vorsieht, gilt dies sowohl für den Zugang zum stetig teurer werdenden motorisierten Individualverkehr als auch für den ÖPNV, dessen Tarifstruktur in zahlreichen Verkehrsverbünden trotz eines mancherorts eingeführten »Sozialtickets« die soziale Ausgewogenheit vermissen lässt. Allein die zum 1. April 1999 um die Ökosteuer angehobene Besteuerung des

Mineralöls zwang eine Vielzahl von Menschen, die Nutzung des Pkw einzuschränken, für nicht wenige wurde sie unerschwinglich. Hier hätten durch eine systematische Förderung des ÖPNV ökologische und soziale Ziele der Verkehrspolitik miteinander verknüpft werden können, aber einmal mehr setzte man mit der Privatisierung von Verkehrsleistungen auf das Primat des Marktes.

Sollte mit der Privatisierung der Autobahnen ein weiteres Hindernis für ohnehin sozial benachteiligte Bevölkerungsgruppen errichtet werden, wird deren Mobilität noch weiter eingeschränkt. Dies gilt insbesondere vor dem Hintergrund der Tatsache, dass die Bewohner ländlich geprägter Regionen zunehmend auf eine Anbindung an das Schienennetz verzichten müssen. Dabei wird die von Mitgliedern der neoliberalen Denkfabrik *Kronberger Kreis* formulierte Annahme, dass es »auf alle Fälle zu einer Verbilligung der bisher staatlich erbrachten Leistungen« (Hohenthal 1993) komme, durch die Tarifentwicklung der *Deutschen Bahn* und der Verkehrsverbünde seit Jahren ad absurdum geführt. Die Tatsache, dass für viele Züge Kontingente preiswerter Fahrscheine bereitgehalten werden, kann nicht darüber hinwegtäuschen, dass das Preisniveau seit Beginn der Bahnstrukturreform 1994 inflationsbereinigt um mehr als 25 Prozent gestiegen ist. Dass sich der Unmut der Bevölkerung bis heute in Grenzen hält, ist auch darauf zurückzuführen, dass die Öffentlichkeit über Jahre massiv manipuliert worden ist, um die umstrittene Privatisierung durchzusetzen. So hat das DB-Management die Lobby-Agentur *European Public Policy Advisers GmbH* im Jahr 2007 beauftragt, mit Umfragen sowie Meinungsbeiträgen in Zeitungen, Leserbriefen und Blogeinträgen für die Bahnprivatisierung zu werben. Was aussah wie Expertenstatements und Beiträge privatisierungsfreundlicher Bürger, war tatsächlich das Ergebnis einer 1,3 Millionen Euro teuren Auftragsarbeit, zu der selbst eine fingierte Bürgerinitiative pro Bahnprivatisierung zählte.

Ebenso wie die von Bundeskanzlerin Angela Merkel beschworene »marktkonforme Demokratie« auf der Suche nach einer Neujustierung des Verhältnisses von Politik und Ökonomie nicht als Leitbild taugen kann, unterläuft den Befürwortern der neoliberalen Verkehrswende eine Fehleinschätzung, wenn sie jede staatliche Intervention – gleich welchem verkehrspolitischen Ziel sie dient – als Ausdruck eines überbordenden Wohlfahrts- und Versorgungsstaates begreifen. Nicht zuletzt aus den Vereinbarungen der »Agenda 21« geht hervor, dass Verkehrspolitik leitbildorientiert entwickelt, gestaltend angegangen und unter Einbeziehung staatlicher Steuerungselemente betrieben werden sollte. Soll »die Dominanz der Umwelt als natürliche(r) Basis allen Lebens und Wirtschaftens« Anerkennung finden, bedarf es der Instrumente, die eine effiziente Nutzung der Natur belohnen und den Raubbau an ihr bestrafen, um ein Gegengewicht zum »naturblinden Markt« zu schaffen (von Weizsäcker 2000, 5).

Dabei ist die dynamische, reziproke Beziehung zwischen Investitionen in die Verkehrsinfrastruktur auf der einen und einem entsprechenden Verkehrsaufkommen auf der anderen Seite wissenschaftlich eindeutig belegt: »Ein Ausbau und eine Verbesserung des Verkehrssystems (führen) zu einem überproportionalen Verkehrswachstum« (Krebs 1997, 56). Dies gilt auch mit Blick auf die einzelnen Verkehrsträger, d.h. der Neu- und Ausbau von Straßen erzeugt Straßenverkehr, der Neu- und Ausbau von Flughäfen Flugverkehr, der Neu- und Ausbau von Häfen Schiffsverkehr und der Neu- und Ausbau von Radwegen Radverkehr. Für den Verkehrssektor kann mithin das *Saysche Theorem* Gültigkeit beanspruchen: Das Angebot schafft sich seine Nachfrage, weshalb eine staatliche Steuerung des Verkehrsmarktes unabdingbar ist.

Berthold Stumpf, ehemaliger Mitarbeiter in der Hauptverwaltung der *Deutschen Bundesbahn*, hat die Misere der Verkehrspolitik bereits 1955 zutreffend beschrieben, als er formulierte: »Geht man jedoch den Dingen – ganz ohne Leidenschaft und vor allem ohne Interessentenbrille – auf den Grund, so zeigt sich, dass die viel beredete Verkehrskrise in Deutschland dem Grunde nach gar keine Krise des Verkehrs ist, sondern nichts weiter als die Folge einer mangelnden Verkehrsordnung durch den Staat, einer Verkehrsordnung, die Rechte und Pflichten gleichmäßig für alle Verkehrsmittel zu verteilen hätte. Man kann bei uns überhaupt nicht von einem ›Wettbewerb‹ der Verkehrsmittel, etwa zwischen der Schiene und der Straße, sprechen. Ein Wettbewerb setzt, wenn er aufrichtig und echt gemeint ist, gleiche Startbedingungen für alle Teilnehmer voraus. Davon kann aber […] bisher auf dem Gebiete des Verkehrs nicht die Rede sein« (1961, 89).

Der verfassungsrechtliche »Body-Mass-Index« wird im Verkehrswesen gleich mehrfach missachtet. So wird mit der Ausdünnung der öffentlichen Infrastruktur immer sicht- und spürbarer das in Art. 20 und Art. 28 GG verankerte Sozialstaatsprinzip unterminiert, die in Art. 72 Abs. 2 GG festgeschriebene Gleichwertigkeit der Lebensverhältnisse als Staatsziel verkannt und die in Art. 87 GG für die Luftverkehrsverwaltung sowie die Verwaltung der bundeseigenen Eisenbahnen ausgehöhlt.

Die Behauptung, dass ein Festhalten am Konzept der »Verkehrs*planung*« zu einer »Durchstaatlichung der Gesellschaft« führe (Hirsch 1980, 61), stellt eine der unzähligen zu kurz greifenden Argumentationen neoliberaler Programmatik dar. So belegen die seit Jahren schwelenden Probleme der *Deutschen Bahn* in Gestalt von Oberleitungs-, Lok- und Triebwerkschäden sowie die im relativen Vergleich rückläufig ausfallenden Transportzahlen eindrücklich, wie gravierend die Defizite eines an ökonomischen Kennzahlen orientierten Bahnsektors ausfallen können. Gerade im Flug- und Straßenverkehrswesen gilt es, die öffentlich-privaten Partnerschaften im Blick zu behalten: Was nach Partnerschaft auf Augenhöhe klingt und als Heilmittel gegen wachsende Staatsschulden gepriesen wird, erweist sich bei näherer Betrachtung als eine besonders fatale Variante des (Aus-)Verkaufs staatlichen Eigentums zu Lasten der Bevölkerung. Gerade diese subtile Form der Ökonomisierung lässt erkennen, dass die ausschließliche Orientierung an Marktgesichtspunkten im Verkehrssektor eine betriebswirtschaftlich verkürzte Sicht auf die verkehrspolitischen Herausforderungen des 21. Jahrhunderts wirft. Eine sozial- und umweltpolitisch verträgliche Verkehrsplanung kann allein der Markt keinem Verkehrsmittel bieten.

»War sells«: die Bundeswehr

Ob in Dülmen, Soest oder Hamburg – das Konzept des »schlanken« Staates macht vor den Kasernentoren nicht Halt: Der Staat privatisiert Kasernengebäude der Bundeswehr, ihre Fahrzeuge und ihre Aufgaben in der Logistik, Beratung und Wartung. Nicht erst seit der Abschaffung der Wehrpflicht rücken immer häufiger private Wach- und Sicherheitsunternehmen aus, um an der Seite von Bundeswehrsoldaten zur Waffe zu greifen oder ihre militärischen Aktivitäten zu flankieren. Der Trend zur Entstaatlichung von Armeen ist auch ein Ergebnis der »neuen Kriege«, in denen nicht nur Staaten gegen Staaten kämpfen, sondern auch nichtstaatliche Akteure wie der *Islamische Staat* oder *Al-Qaida* gegen Regierungen oder Bevölkerungsgruppen (häufig mit terroristischen Mitteln oder im Guerillakrieg). Auch diese weitreichenden Veränderungen in der globalen Sicherheitsarchitektur lassen private Sicherheits- und Militärfirmen boomen.

Für private Geldgeber liegt der Anreiz, ein gemeinhin als »schmutzig« wahrgenommenes Geschäft aufzunehmen, vor allem in den niedrigen Markteintrittskosten: Sie können im großen Stil auf Personal zugreifen, das Polizei oder Armee ausgebildet haben, sodass ihnen kaum Ausbildungskosten entstehen. Nachfrage und Rendite in diesem Bereich sind derart gewaltig, dass allein in Deutschland mehr als 2.500 private Sicherheits- und Militärfirmen registriert sind (Kümmel 2007, 192). Auf mehr als 100 Milliarden Euro wird der weltweite Umsatz privater Militärdienstleister inzwischen geschätzt – Tendenz steigend.

Dabei steht diese neue Art von »Stellvertreterkriegen« im Widerspruch zum aktuellen Koalitionsvertrag von SPD und CDU/CSU, in dem es heißt: »Die in internationalen Auslandseinsätzen vermehrt zu beobachtende Auslagerung von militärischen Aufgaben auf private Unternehmen kommt für uns nicht in Frage« (CDU/CSU/SPD 2013, 17). Kaum ein Satz des Koalitionsvertrags wird jedoch weniger ernst genommen als dieser. Rüstungskonzerne warten heute Fahrzeuge und Waffensysteme in Afghanistan und im Kosovo. Private Sicherheitsfirmen bewachen die Einsatzlager, und Berater aus privaten Rüstungs-, IT- und Logistikunternehmen unterstützen die Bundeswehr nicht nur bei der Satellitenüberwachung, sondern auch bei der computerbasierten Simulation von Gefechtssituationen durch Piloten, Marineoffiziere und Fußsoldaten. Und die Bundeswehr selbst betrachtet die Grenze zur Privatwirtschaft offenbar nicht als endgültig: Kernbereiche des Militärs stünden nur »heute noch nicht« im Zentrum von Privatisierungsüberlegungen (Richter 2011).

Selbst wenn man sich für eine möglichst weitreichende Demilitarisierung ausspricht, stellt sich zumindest unter den Vorzeichen der derzeit dominanten Außen- und Sicherheitspolitik die Frage, ob – und wenn ja: wie – ökonomisches und militärisches Kalkül miteinander in Einklang gebracht werden können. Antworten auf diese Frage verlangen nicht nur die rund 180.000 aktiven Soldaten, sondern auch die zahlreichen Städte und Gemeinden, in denen die Bundeswehr als Arbeitgeber bedeutsam ist. Auch bei den nur mittelbar Betroffenen ruft das Engagement der Bundeswehr in immer umfangreicheren NATO- und UN-Missionen Unmut hervor. Da es der bundesrepublikanischen Bevölkerung immer schwerer zu vermitteln ist, dass »Söhne« und »Töchter« des Landes in Afghanistan, Mali oder Somalia ihr Leben riskieren, ist es dem Image der Bundeswehr zuträglich, auf »privates« Engagement zu setzen. Denn Mitarbeiter privater Militärfirmen tauchen in den öffentlichen Berichten nicht auf, sodass die tatsächliche Zahl der Beteiligten – und auch die der Todesopfer – in der Öffentlichkeit geringer erscheint. Zudem werden durch den Einsatz von Privatfirmen mehr Kampftruppen entsandt als beispielsweise vom Mandat genehmigt sind.

Die Bereitschaft zur Finanzierung der Bundeswehr ist seit dem Ende des Kalten Krieges massiv zurückgegangen, sodass Gerhard Schröders Nein zum Irakkrieg 2002 den Nerv der Bevölkerung traf. Neben der gesunkenen Gefahr eines kriegerischen Konflikts hat die chronische Unterfinanzierung der öffentlichen Haushalte dazu geführt, dass der Verteidigungsetat bis 2013 fortlaufend verringert wurde. Die zunehmende Privatisierung einzelner Dienstleistungen ist somit sowohl Ausdruck eines veränderten Aufgabenprofils der Bundeswehr als auch das Ergebnis der bis 2013 rückläufigen Verteidigungsausgaben. Nur so lässt sich erklären, dass an der Privatisierung bundeswehreigener Aufgaben festgehalten wird, obwohl der Verteidigungsetat aufgrund der verschärften globalen Bedrohungslage seit 2013 jährlich gestiegen ist – zuletzt auf stattliche 34,3 Milliarden Euro.

Nicht ohne Grund hat Bundesverteidigungsministerin Ursula von der Leyen (CDU) die ehemalige Unternehmensberaterin Katrin Suder zur Staatssekretärin gemacht – eine Frau, die 14 Jahre für *McKinsey* gearbeitet hat, zuletzt als erste weibliche Direktorin in Deutschland. Sie soll die Bundeswehr umkrempeln, d. h. in der Tradition ihrer vorherigen Tätigkeit Kosten drücken, Bilanzen optimieren und Personaleinsparungen vorschlagen. In der *Zeit* wurde die verbeamtete Staatssekretärin als eindeutig privatisierungsaffin porträtiert (Dausend/Niejahr 2015): »Wenn man sich mit Katrin Suder unterhält, dann bricht immer wieder die Unternehmensberaterin aus ihr heraus. Sie benötigt keine drei Sätze, um ›Rüstungsindustrie 4.0‹, ›Ebit-Effekte‹, ›spec freeze‹ und ›early warnings‹ unterzubringen.« Doch ist diese Personalie letztlich nur eine Randnotiz wert.

Wesentlich gravierender ist das Urteil des Bundesverfassungsgerichts vom 3. Juli 2012, wonach die Streitkräfte auch im Inland mit militärischen Kampfmitteln eingesetzt werden dürfen (Bundesverfassungsgericht 2012). Diese historische Kehrtwende lässt Beobachter schlussfolgern, dass wir nun in einer anderen Republik lebten. Denn für die finanzielle und logistische Konzentration auf die »militärische[n] Kernaufgaben« wurden in den vergangenen Jahren immer mehr Serviceaufgaben in Verwaltung, Logistik und Betrieb an die Privatwirtschaft übertragen (Portugall 2007, 141 ff.). Fünf Prozent des Verteidigungsetats sind aus diesem Grund seit einigen Jahren für »Betreiberlösungen«, d. h. für Kooperationen mit der Industrie, vorgesehen. Der Anteil des Budgets für Serviceaufgaben konnte bisher jedoch nicht reduziert werden, er liegt seit vielen Jahren konstant bei rund 40 Prozent. Dabei sollen eigentlich die Effizienzgewinne privatwirtschaftlicher Akteure gegenüber vermeintlich trägen staatlichen Verwaltungsapparaten genutzt und neue Investitionspotenziale gehoben werden. So erklärt es sich etwa, dass das am Standort Erfurt neu aufgestellte Logistikkommando der Bundeswehr über das Bundesamt für Ausrüstung, Informationstechnik und Nutzung der Bundeswehr (BAAINBw) Transportrahmenverträge mit 25 privaten Vertragspartnern geschlossen hat. Dazu zählen u. a. die *DB Fahrzeuginstandhaltung GmbH* – ein Tochterunternehmen der *Deutschen Bahn AG* –, die *DHL Vertriebs GmbH*, die *Hellmann Worldwide Logistics GmbH & Co. KG*, die *Kühne & Nagel AG & Co. KG*, die *Schenker Deutschland AG*, aber auch die in San Francisco angesiedelte *Triton Container International Limited* (Deutscher Bundestag 2013, 4 f.).

Privatisierungen in den USA: Vorbild oder Mahnung?

Der Trend zur Privatisierung ist aber kein bundesdeutsches Spezifikum. Weltweit übertragen Regierungen militärische Aufgaben an Privatfirmen. Dabei umfasst das Tätigkeitsfeld seit einiger Zeit nicht mehr nur den Bereich der »Nicht-Kernaufgaben« im Dienstleistungs- und Servicebereich, sondern zunehmend auch originär militärische Bereiche. Das staatliche Gewaltmonopol wird insbesondere dort geschwächt, wo bislang streng vertrauliche strategische Informationen und sensibles technisches Know-how ausgetauscht werden; zu denken ist aber auch an die systematische Schwächung der Streitkräfte, wenn private Partner aus finanziellen oder geschäftsstrategischen Gründen ausfallen.

Ein Blick über den Atlantik skizziert womöglich das Bild der zukünftigen Bundeswehr. Rund 580 Milliarden US-Dollar betrug der US-amerikanische Verteidigungshaushalt 2015; ungefähr ein Drittel des Budgets für militärisches Personal fließt inzwischen an private Militärfirmen. Aufgrund des signifikanten Anstiegs von Einsätzen nutzt das Pentagon bereits in fast allen Bereichen auch private Anbieter, und zwar sowohl im Service- als auch im Kernbereich militärischer Aktivitäten. Einsparungen scheinen damit nicht verbunden zu sein. Insbesondere der Krieg gegen den Terrorismus führte zu einer »Fokussierung der militärischen Ressourcen auf operative Kampfeinheiten« (Pfeiffer 2009, 111). So sind private Unternehmen beispielsweise für die Wartung und Instandhaltung von Waffensystemen sowie für die Logistik, den Transport und die Grundversorgung der Truppen im Einsatzgebiet verantwortlich. Enorme Abhängigkeiten sind die zwangsläufige Folge. Da die privaten Militärfirmen für die US-Streitkräfte »vitale Unterstützungsleistungen« bereithalten, haben sie sich zu einem »eigenständigen sicherheitspolitischen Akteur« entwickelt (Petersohn 2006, 20 f. u. 30). Unbestätigten Berichten zufolge waren 2014 auch in der Ostukraine Söldner des größten US-amerikanischen Sicherheitsunternehmens *Academi* (vormals *Blackwater*) im Einsatz. Im Irakkrieg stellten die Mitarbeiter privater Militärfirmen nach den US-Truppen gar das größte Kontingent. Allein das amerikanische Militär beschäftigte dort mindestens 21 verschiedene Firmen (Kümmel 2007, 190). Höchstwahrscheinlich nahmen die US-Streitkräfte sogar eine illegale »unmittelbare Unterstützung von Kampfhandlungen« in Anspruch (Petersohn 2006, 24). Damit verstießen die USA gegen ihre eigenen Auflagen sowie gegen das internationale Verbot der Beschäftigung von Söldnern und gefährdeten auf diese Weise ihr Sicherheitsmonopol.

So ist auch der Folterskandal von Abu Ghureib noch skandalträchtiger als gemeinhin angenommen. Der am 25. August 2004 veröffentlichte Ermittlungsbericht der Generäle George Fay und Anthony Jones offenbarte, dass in Abu Ghureib nicht nur Militärpolizisten und Geheimdienstagenten Verhöre vornahmen, sondern auch private Ermittler. Laut Bericht seien die als Verhörspezialisten und Übersetzer angestellten Mitarbeiter der Unternehmen *Titan* und *CACI* nicht genügend geschult gewesen. Wegen unzureichender Ressourcen und dem daraus entstehenden Mangel an ausgebildetem militärischem Personal wurden Zivilisten eingesetzt, die weder mit der Genfer Konvention vertraut waren noch Erfahrung mit Krisensituationen hatten. Im Bericht heißt es: »Several of the interrogators were civilians and about half of those civilians lacked sufficient background and training. Those civilians were allowed to interrogate because there were no more military assets to fill the slots« (Fay/Jones 2004, 46).

Dabei unterlagen die Mitarbeiter der Unternehmen *Titan* und *CACI* nicht nur keiner parlamentarischen Kontrolle. Zugleich stellt sich die Frage, ob die US-Regierung womöglich gar nicht im Detail informiert sein wollte, was bei den unmenschlichen Verhören geschah und vermutlich nach wie vor geschieht. Zwar dementierte das Unternehmen *Titan*, dass seine Mitarbeiter Gefangene in Abu Ghureib verhört hätten. »Wir stellen nur Übersetzer ein«, verteidigte sich Firmenchef Gene Ray (zit. nach Hoyng/Ilsemann 2004, 134). Die vornehmlich als Übersetzer angestellten Zivilisten werden jedoch durch den von Fay und Jones vorgelegten Ermittlungsbericht massiv belastet. So wird beispielsweise ein *Titan*-Mitarbeiter des Missbrauchs an einem minderjährigen Jungen verdächtigt (Fay/Jones 2004, 133). In einem anderen Fall ermutigt der *CACI*-Verhörspezialist einen amerikanischen Soldaten zur Anwendung von Folter während der Befragung. Angst bei den Gefangenen hervorzurufen sei das Ziel gewesen (ebd., 118; 132). Nach Informationen des Nachrichtenmagazins *Der Spiegel* wurde ein privater Verhörspezialist entlassen, der sich damit gebrüstet hatte, »während der Vernehmungen mehrere Tische zerbrochen zu haben«; dies sei zwar »unbeabsichtigt« geschehen, habe aber die Gefangenen eingeschüchtert (Hoyng/Ilsemann 2004, 134 f.). Zweifel an der Unschuld der *Titan*- und *CACI*-Mitarbeiter sind jedoch nicht nur angebracht, weil in der Folterstätte die herkömmlichen Normen eines Rechtsstaats nicht gewahrt wurden, sondern auch, weil der *Titan*-Konkurrent *CACI* eindeutige Stellenangebote schaltete: Die Firma mit 16.300 Beschäftigten weltweit suchte für den Irak, aber auch für Afghanistan und das

Kosovo »Verhörspezialisten«, um bei allenfalls »moderater Aufsicht« Häftlinge »örtlicher Nationalität effektiv zu interviewen« (ebd., 134).

Der ehemalige US-amerikanische Verteidigungsminister Donald Rumsfeld sah diesen staatlichen Kompetenzverlust nicht als Problem an und fand eine geradezu grenzenlos offene Definition staatlicher Kernaufgaben: »Alle Funktionen, die der Privatsektor zur Verfügung stellen kann, sind keine Kernfunktionen der Regierung« (zit. nach Wulf 2005, 185). In der jüngsten Vergangenheit hat das US-Verteidigungsministerium sogar Aufträge vergeben, die nun ausschließlich von privaten Militärfirmen wahrgenommen werden. So wurde das Privatunternehmen *DynCorp* für die Drogenbekämpfung in Südamerika (vornehmlich in Kolumbien) angeheuert. Im Rahmen des Einsatzes soll nicht nur ein unbeteiligtes Zivilflugzeug abgeschossen worden sein, sondern auch die Bevölkerung durch versprühte Gifte Schaden genommen haben. Dabei war die Pentagon-Vertragsfirma *DynCorp*, die allein für ihre Einsätze im Irak und in Afghanistan zwischen 2004 und 2006 über 1,8 Milliarden US-Dollar kassierte, schon während des Bosnienkrieges in Verruf geraten, als mehrere seiner Angestellten dort minderjährige Mädchen zur Prostitution gezwungen hatten.

Auch im Kontext von euphemistisch als »Wiederaufbauoperationen« bezeichneten Besatzungsmissionen auf dem Balkan, im Irak und in Afghanistan setzte das Pentagon früh auf private Unterstützung, d. h. auch im Nachgang der Hauptkampfhandlungen ist der von privaten Vertragsnehmern verantwortete Transport von Fahrzeugen, Personal und Waffen in Einsatzgebieten längst etabliert. So zielt das »Zivile Aufwuchsprogramm Logistik« auf die gesamte Kriegslogistik im Einsatzgebiet. Diese reicht vom Transport der Truppen zwischen den Camps über den Bau und Betrieb von Wäschereien sowie Kantinen bis hin zur Versorgung mit Elektrizität, Trinkwasser und Treibstoff. Der Militärexperte Christoph Marischka schreibt dazu (2009, 2): »Mit einer Unterbrechung zwischen 1995 und 2001, als die Firma *DynCorp* ein günstigeres Angebot vorlegte, ging der Zuschlag – zuletzt für ganze zehn Jahre – an die *Halliburton*-Tochter *Kellogg Brown & Root* (zuvor: *Brown & Root Services*, heute: KBR Inc.). Zwischen 2002 und 2006 erhielt diese vom Verteidigungsministerium insgesamt 13,8 Milliarden US-Dollar, 2006 hatte die Firma 43.000 Mitarbeiter im Irak und 6.700 Mitarbeiter in Afghanistan (hier ist die Tendenz stark steigend) beschäftigt, sie betreibt die größten Camps der US-Army in Afghanistan und ist auch an der Jagd nach Terroristen selbst beteiligt.«

Die teils verheerenden Folgen der Privatisierung des militärisch-industriellen Komplexes vollziehen sich gerade in den USA meist unbeachtet von der Öffentlichkeit, da sich die Privatunternehmen nicht notwendigerweise vor der amerikanischen Gerichtsbarkeit verantworten müssen und selbst der US-amerikanische Senat über Aufträge von unter 50 Millionen US-Dollar nicht informiert werden muss (Felber/Reimon 2003, 207). Darunter liegende Aufträge werden so jeglicher öffentlichen und parlamentarischen Kontrolle entzogen. Insofern muss die mit Privatisierungen verbundene Politik der Geheimhaltung aus Sicht der US-amerikanischen Regierung einmal mehr als ausgesprochen erfolgreich bewertet werden.

Die Privatwirtschaft im Einsatz: Service- und Kernaufgaben

Noch haben die meisten politisch Verantwortlichen in der Bundesrepublik Bedenken gegenüber der Privatisierung. Deswegen und wegen der grundgesetzlichen Bestimmungen setzte die Bundeswehr private Dienstleister bislang in erster Linie im Rahmen von Nicht-Kernaufgaben ein. Die Bedenken, Privatunternehmen noch weitreichender in Kriegshandlungen einzubeziehen, scheinen allerdings zu schwinden. Sowohl bei den verschiedenen Auslandseinsätzen der Bundeswehr als auch an Stützpunkten im Inland werden inzwischen Unternehmen aus der Rüstungs-, Logistik- und IT-Branche mit teils hochsensiblen, sicherheitsrelevanten Aufgaben betraut. So montiert *Airbus* im Militärischen Luftfahrtzentrum im bayerischen Manching Eurofighter-Jets und konstruiert Drohnen. Und auch wenn es um die Weiterentwicklung von Software geht, arbeiten Bundeswehrbeamte eng mit dem Rüstungskonzern zusammen, »manchmal sogar Schreibtisch an Schreibtisch« (Fuchs/Friederichs 2015a). Dass diese enge Kooperation keine Ausnahme darstellt, lässt sich daran ablesen, dass Mitarbeiter des Rüstungskonzerns *Rheinmetall* im Feldlager Kabul das Kettenfahrzeug *Wiesel* warten und die Bundeswehrsoldaten nicht nur schulen, sondern ihnen sogar auf Patrouillenfahrten zur Seite stehen.

Die (Teil-)Privatisierung der Bundeswehr nach US-amerikanischem Vorbild soll zu mehr Kosteneffizienz führen. Um dieses Ziel zu erreichen, wurde 2000 eigens die *Gesellschaft für Entwicklung, Beschaffung und Betrieb* (g.e.b.b.) als Inhouse-Gesellschaft des Bundesministeriums der Verteidigung gegründet. In dieser formell privatisierten Gesellschaft ist der Staat derzeit (noch) alleiniger Gesellschafter. Vorrangige Aufgabe der Gesellschaft ist es, öffentlich-privaten Partnerschaften in der Bundeswehr den Weg zu bereiten. ÖPPs sollen die Wirtschaftlichkeit erhöhen, sodass die auf diesem Wege erreichten Einsparungen weitere Investitionen ermöglichen. Längst werden militärische Einrichtungen wie die Hubschraubersimulationsanlagen in Bückeburg, Holzdorf und Fassberg (mit einem Investitionsvolumen von insgesamt 245 Millionen Euro) als ÖPP-Konzessionsmodelle betrieben. Für 17,5 Jahre steht dafür die *Helicopter Flight Training Services* Projektgesellschaft (HFTS) mit den Unternehmen *CAE*, *Airbus Helicopters*, *Rheinmetall Defence* und *Thales* als Gesellschaftern zur Verfügung. Und die Fürst-Wrede-Kaserne München wurde nicht nur als ÖPP-Projekt saniert, sondern wird inzwischen auch als solches betrieben.

Aber was als Partnerschaft auf Augenhöhe und als Maßnahme gegen wachsende Staatsschulden gepriesen wird, erweist sich bei näherer Betrachtung als eine besonders fatale Variante des (Aus-)Verkaufs staatlichen Eigentums. Denn obwohl Vater Staat weiterhin ein Mitspracherecht eingeräumt wird, wandern immer mehr Aufgaben, Kompetenzen und Privilegien von der öffentlichen Hand in private Hände. So sind Privatinvestoren nach dem im September 2015 beschlossenen »ÖPP-Beschleunigungsgesetz« von der Grundsteuer befreit, wenn sie Grundstücke erwerben, um darauf Schulen, Rathäuser oder eben auch Truppenübungsplätze zu errichten. Auch ein Nachweis über das vorhandene Eigenkapital ist nicht erforderlich, sodass sich diese Geschäfte rasant und flächendeckend ausdehnen.

In der Bundeswehr wurden seit Gründung der g.e.b.b. bereits etliche ÖPPs in den Bereichen Liegenschaften, Logistik und Bekleidung realisiert. Diese Entwicklung bedarf insofern besonderer Aufmerksamkeit, als rund ein Prozent der Fläche Deutschlands im Eigentum der Bundeswehr steht, was sie – die Kirche als größtem privaten Grundbesitzer der westlichen Welt außen vor gelassen – nach der *Deutschen Bahn* zum zweitgrößten Grundbesitzer zwischen Flensburg und Passau macht. Da zahlreiche Kasernen und Truppenübungsplätze aufgrund der zuletzt durch die Aussetzung der Wehrpflicht verschärften Truppenverkleinerungen geschlossen werden, stehen immer mehr der nicht genutzten Grundstücke nun zum Verkauf. Da mittelfristig nur noch 70 Prozent der Standorte erhalten bleiben sollen, erarbeitet die Bundeswehr gemeinsam mit privaten Partnern Nutzungskonzepte, um durch Liegenschaftsverkäufe Einmaleinnahmen zu erzielen. Daneben stellt die Vermietung von Grundstücken eine seit geraumer Zeit systematisch genutzte Möglichkeit zur »Generierung von Einnahmen« dar, wie der aufgrund von Untreuevorwürfen vorzeitig von seinem Amt entbundene Geschäftsführer der g.e.b.b., Martin Rüttler, betont (2007, 167).

Insgesamt sollen durch die Standortverringerungen bis zu 500 Millionen Euro eingespart werden (Gause 2004, 79). Aber auch künftige Sanierungen und die wenigen noch geplanten Neubauten sollen mittels ÖPPs umgesetzt werden. Und der Betrieb augenblicklich noch genutzter Kasernen wird ebenfalls teilweise in die Hände der Privatwirtschaft überführt. So wurde 2004 unter Beteiligung der g.e.b.b. und der *Serco GmbH* – die u. a. auch die JVA Hünfeld in Hessen sowie Schulen in Monheim am Rhein betreibt – das *Unterstützungszentrum Altmark (UZA)* gegründet, welches als ÖPP-Konstrukt insbesondere die Verwaltung sowie die Logistik des *Gefechtsübungszentrums Heer* mitsamt aller Waffensysteme organisiert. Nach nur vier Jahren wurde es durch das *Rheinmetall Dienstleistungszentrum Altmark* (RDA) abgelöst. In diesem Gefechtsübungszentrum werden Soldaten auf Auslandseinsätze vorbereitet, indem Gefechtssituationen simuliert werden – nun unter Aufsicht eines Privatunternehmens, das für diesen Auftrag mit mehr als 250 Angestellten vor Ort pro Jahr rund 20 Millionen Euro verdient.

Unter dem Titel »Wir sind hier der Kriegsgott« illustrieren die *Zeit*-Redakteure Christian Fuchs und Hauke Friederichs, wie weitreichend sich der Rüstungskonzern *Rheinmetall* mit dem ehemaligen Bundesentwicklungshilfeminister Dirk Niebel (FDP) als Cheflobbyisten im militärischen Kerngeschäft der Bundeswehr engagiert. In ihrer Reportage über diese letzte Ausbildungsstation, die jeder deutsche Heeressoldat vor einem Auslandseinsatz zu durchlaufen hat, heißt es (2015a): »Auf einem Hügel in Sachsen-Anhalt erhebt sich der Nachbau einer Moschee in den wolkenverhangenen Himmel, im Tal erstreckt sich eine Siedlung, die ein afghanisches Dorf darstellen soll. Gehöfte mit hohen Mauern, zweistöckige Häuser, beigefarbene Container. Der Flecken heißt Hottenleben, ist meistens unbewohnt und liegt auf dem Gelände des größten Heeres-Truppenübungsplatzes Europas. […] Insgesamt gibt es sechs Dörfer auf dem Truppenübungsplatz Altmark, manche arabisch aufgemacht, andere erinnern an den Balkan.« 2017 sollen erste Abschnitte der Kunststadt Schnöggersburg eröffnet werden. Dort werden sich alle Merkmale einer Stadt finden: eine Autobahn, eine Mülldeponie, ein Wasserwerk, ein Stadion und ein Elendsviertel, eine U-Bahn und ein 22 Meter breiter Fluss – so wird der Kampf in einer Großstadt erfahrbar. Bis zu 1.500 Personen können an den Kampfsimulationen teilnehmen, die von den

Ausbildern auf den Monitoren in dem ebenfalls von *Rheinmetall* betriebenen Leitungszentrum verfolgt werden.

Auch das Kommunikationsnetz und die Laserduellsimulatoren, die Datenverarbeitungsanlage sowie die Hard- und Software stellt das Düsseldorfer Unternehmen, sodass sich überall ein ähnliches Bild ergibt: »Was nach Bundeswehr aussieht, ist in Wahrheit Rheinmetall« (ebd.). Zwar darf das Privatunternehmen auch hier offiziell nur die Dienstleistungen übernehmen, die nicht zu den militärischen Kernaufgaben gehören, »aber an den Schnittstellen gibt es Probleme der Trennung von Industrie und Bundeswehr«, räumt ein ehemaliger *Rheinmetall*-Manager ein (ebd.). Das zeigt sich auch daran, dass die Mitarbeiter des Rüstungskonzerns bei der Produktion von Videomitschnitten mitwirken, wenn Bundeswehroffiziere die Leistung ihrer Truppe am Ende eines Übungstages auswerten. Die in Bremen ansässige Tochterfirma *Rheinmetall Defence Electronics* (RDE) sorgt für die nötige technische Unterstützung. Das Gefechtsübungszentrum in der Altmark dient dem Rüstungskonzern sicher auch als Werbeplattform, um ausländische Geldgeber anzulocken. So hat das Unternehmen inzwischen millionenschwere Aufträge aus Russland und Saudi-Arabien für vergleichbare Zentren erhalten. Das Beispiel zeigt, dass selbst sensibelste Aktivitäten der Bundeswehr nicht mehr vor Privatisierungen geschützt sind und somit die nationale Sicherheit gefährdet ist.

Die wohl am weitesten gehende Privatisierung von Logistikdienstleistungen ist mit derjenigen des Fuhrparks durch die g.e.b.b. verbunden. So wurde im Juni 2002 die *Bundeswehr Fuhrpark Service GmbH* als ÖPP unter Beteiligung des Bundes (75,1 Prozent) sowie der mit 24,9 Prozent an der Fuhrparkgesellschaft beteiligten *Deutschen Bahn AG* gegründet, die seither die zivilen Fahrzeuge des Heeres in 18 Mobilitätscentern in Deutschland bereitstellt und wartet. Mittlerweile werden auch Fahrzeuge mit militärischer Sonderausstattung vermietet, wozu das Unternehmen 2015 vom Bund eine Kapitalaufstockung von 77,6 Millionen Euro erhielt (Bundeswehr 2015). Offiziellen Verlautbarungen zufolge soll die Vermietung neben einer besseren Auslastung der Fahrzeuge zu einem effizienteren Umgang führen. Zudem hat die GmbH viele der alten Fahrzeuge durch neue ersetzt, wodurch die Treibstoff- und Reparaturkosten – bei einem um die Hälfte reduzierten Fahrzeugbestand – signifikant gesenkt werden konnten. In einer Befragung lobten die Soldaten zwar die Verbesserung des technischen Zustands der Fahrzeuge, kritisierten jedoch sowohl die Organisation des privaten Anbieters als auch die mangelnde Verfügbarkeit der Fahrzeuge (Portugall 2007, 154).

Mittlerweile hält die *Bundeswehr Fuhrpark Service GmbH* sogar für die Bundeswehrtruppen in Auslandseinsätzen Fahrzeuge bereit, so beispielsweise in Bosnien-Herzegowina, im Kosovo und in Afghanistan. Auch für ausländische Streitkräfte und internationale Organisationen bietet das Unternehmen Konzepte, und zwar nicht nur im Inland, sondern auch in Auslandseinsätzen. In einer Stellungnahme zu bisherigen Privatisierungsprojekten bei der Bundeswehr konstatiert das Bundesverteidigungsministerium dennoch, dass »Effizienzpotenziale in Modernisierungsvorhaben [...] infolge nichtmarktlicher Anreiz- und Steuerungssysteme nicht ausgeschöpft« würden. Das privatisierte Fuhrparkwesen beispielsweise sei sowohl auf der Angebots- als auch auf der Nachfrageseite monopolistisch organisiert. Marktwirtschaftliche Strukturen würden demnach auch durch Hinzuziehung der Privatwirtschaft nicht erreicht, was sich »nicht positiv auf die Privatisierungsbilanz« auswirke (Richter 2011).

Diese Selbsterkenntnis wirft die Frage auf, warum dann trotzdem an der Privatisierungsstrategie festgehalten wird, zumal nur zwei Monate nach Gründung der privatwirtschaftlichen *Bundeswehr Fuhrpark Service GmbH* auch das Bekleidungswesen der Bundeswehr privatisiert wurde. Dies geschah mittels Gründung der *Lion Hellmann Bundeswehr Bekleidungsgesellschaft mbH* (LHBw), an der die g.e.b.b. – und damit mittelbar der Bund – nur noch mit 25,1 Prozent beteiligt ist. Ziel war die Senkung der Beschaffungs- und Personalkosten sowie die Verbesserung des Preis-Leistungs-Verhältnisses. So sollte die LHBw den Personalbestand reduzieren und mehrere hundert Millionen Euro einsparen. Seit Beginn der Partnerschaft wurden rund zwölf Millionen Euro investiert, wobei u. a. die bisherigen Kleiderkammern in eine geringere Zahl von Servicestationen umgewandelt wurden.

Aber auch in diesem Fall blieb der Erfolg aus. Nur 13 Jahre nach ihrer Gründung stand die LHBw, die nicht nur die Bundeswehr, sondern mit ihrer Tochtergesellschaft auch die hiesige Polizei, die US-Armee sowie private Großkunden belieferte, vor der Insolvenz. Nachdem die Verantwortlichen der Bundeswehr diese öffentlich-private Partnerschaft lange Zeit als Erfolg gefeiert hatten, von der sich der Bund eine weitreichende finanzielle Entlastung und die LHBw mit ihrer Tochtergesellschaft ein lukratives Geschäft versprochen hatte, musste der Bund das Unternehmen 2015 übernehmen und als Inhouse-Gesellschaft weiterbetreiben, um die Dienstbekleidung der Soldaten sicherzustellen. Dazu musste er u. a. auch die vor allem durch Drittgeschäfte entstandenen Schulden der GmbH in Millionenhöhe übernehmen. Aus einer Vorlage des Bundesfinanzministeriums an den Haushaltsausschuss des Deutschen Bundestags geht hervor, dass 91,9 Millionen Euro für den Rückkauf anfallen (Dahlkamp/Gebauer 2015). Demnach wird der Bund diesen stattlichen Betrag dafür aufwenden müssen, um die privaten Partner aus der LHBw herauszukaufen (8,7 Millionen Euro), die Schulden der Firma zu decken (48,3 Millionen Euro) und einen Teil des Verlustgeschäfts loszuschlagen (bis zu 5,8 Millionen Euro). Dieser Schritt sei nötig, da dem Bund »die für eine erfolgreiche Veräußerung erforderlichen Marktkenntnisse fehlen«, heißt es in einem als vertraulich eingestuften Bericht (ebd.).

2005 war bereits in einem anderen Segment das privatwirtschaftliche Outsourcing umgesetzt worden, indem die Instandsetzung von Heeresgerät an die *Heeresinstandsetzungslogistik GmbH* übergeben wurde. Das privatwirtschaftliche Unternehmen wurde von der *HIL Industrie-Holding GmbH* und dem Bund als Minderheitsgesellschafter betrieben. Das Unternehmen sollte die Materialerhaltung übernehmen und den Ausbildungs- und Übungsbetrieb unterstützen. Nach acht Jahren übernahm der Bund 2013 die Gesellschafteranteile von der Industrie, die *HIL GmbH* wird nun als Inhouse-Gesellschaft des Bundes betrieben.

Nur ein Jahr später wurde die *BWI Informationstechnik GmbH* gegründet, um die »nicht-militärische Informations- und Kommunikationstechnik der Bundeswehr zu modernisieren und wirtschaftlich zu betreiben«, wie es bis heute in den Worten der drei Gesellschafter Bundeswehr, *Siemens* und *IBM* heißt (2016). Sie soll durch ihre informationstechnische Unterstützung in den Bereichen der Administration und Logistik die wirtschaftliche und technische Effizienz erhöhen. Die Gesellschaft ist nach eigenen Angaben inzwischen die größte öffentlich-private Partnerschaft Europas. »Das IT-Projekt der Bundeswehr zeigt: ÖPP funktioniert auch in großen Dimensionen« (Herkules 2016). So wird auf der Website der *BWI* die Kooperation mit dem in Meckenheim beheimateten Unternehmen angepriesen, das ca. 1.200 Bundeswehr-Liegenschaften betreut und überdies sowohl mit Rechenzentren in Köln/Bonn, Strausberg und Wilhelmshaven als auch mit Betriebskompetenzzentren in Bonn, München und Rheinbach sowie mit 25 Servicecentern bundesweit präsent ist.

Aber auch diese größte öffentlich-private Partnerschaft Europas kann nicht als Erfolg verbucht werden. So sollte das IT-Projekt der BWI mit dem vielversprechenden Namen »Herkules« die Modernisierung und Standardisierung der zivilen Telefon- und Computertechnik besonders kostengünstig einleiten. Aber statt der veranschlagten sechs Millionen Euro wurden dafür sehr viel größere Summen erforderlich, weil die Bundeswehr den Verkabelungsstand nicht korrekt zu benennen wusste. Dadurch entstanden der Betreibergesellschaft *BWI* Mehrkosten von mehr als 500 Millionen Euro, was früh Kritik provozierte, zahlt der Bund für das Projekt Herkules doch nun weit mehr als geplant. Experten konstatieren (Friederichs/Staud 2013): »Im Gegenzug erhält er Leistungen, die schlechter sind als erwartet. Und ändern kann er daran auch nicht mehr viel – wegen unvorteilhafter Verträge.« Es regt sich zudem der Verdacht, dass gegen das Vergaberecht verstoßen wurde, wurde das Budget doch nachträglich ohne öffentliche Ausschreibung erhöht. Insider bemängeln auch die offensichtlich unzureichende Qualität der Technologie. So seien 2012 etliche Beschwerden über Drucker und Anwendungen, Netzwerkverbindungen und sogar ausgefallene Server dokumentiert worden (ebd.).

Interessanterweise kommt selbst das Bundesverteidigungsministerium zu dem Schluss, dass zwar die »Modernisierungsprojekte im Servicebereich der Bundeswehr […] zur Erhöhung der Ergebnisqualität der Leistungen [führen], die Bilanz in Punkto Struktur- und Prozessqualität […] hingegen oftmals negativ« ausfalle (Richter 2011). Die Erwartungen an öffentlich-private Partnerschaften haben sich auch hier nicht erfüllt. So wurde das bis zum Jahresende 2016 laufende IT-Projekt »Herkules« weder zügig noch kostengünstig abgeschlossen. Die vom *Handelsblatt* bereits am 26. November 2009 geäußerte Befürchtung eines »Milliardenfiaskos« dürfte gerechtfertigt sein. Und die Frage, ob die Bundeswehr das Projekt nicht selbst hätte durchführen können bzw. müssen, ist auch deshalb zu stellen, weil die Kooperation zwischen Militär und Privatwirtschaft zu einem weiteren Problem führt: zur Einbuße an Kompetenzen in einem hochgradig sicherheitssensiblen Bereich. So verfügen Bundeswehrmitarbeiter im Rahmen öffentlich-privater Partnerschaften nach geraumer Zeit nicht mehr über das Know-how für Reparaturen oder Updates.

Die wenig rühmliche Geschichte des *BWI Leistungsverbunds* hat auch die politisch Verantwortlichen erkennen lassen, dass die »Konzentrierung auf Kernkompetenzen« nicht problemlos zu handhaben ist. Nun will der Bund die *BWI Informationstechnik GmbH* zum 1. Januar 2017, wenn die Verträge mit *Siemens* und *IBM* nach nur zehn Jahren auslaufen, vollständig verstaatlichen. Eine Neuausschreibung sei nicht geplant, so die Bundeswehr (Hegmann 2015). Um aber wieder Hoheitsgewalt über die eigenen Daten zu erhalten, wird der Staat den privaten Partnern eine auf mehrere Millionen zu beziffernde Abfindung zahlen müssen. Der erhoffte Erfolg der öffentlich-privaten Kooperation ist ausgeblieben.

Während euphorische Bundeswehrvertreter einige der privaten Beteiligungsmodelle unverändert als zukunftsweisend wahrnehmen, gilt eine öffentlich-private Partnerschaft definitiv als gescheitert: das Pilotprojekt »Truppenküchen München II«, das in einem Market-Testing-Verfahren die für die Bundeswehr optimale Lösung zwischen einer Inhouse-Gesellschaft einerseits und dem Privatunternehmen *Dussmann* andererseits ermitteln sollte. Aber nach nur einem Jahr Vertragslaufzeit kündigte das Unternehmen die Liaison mit der Bundeswehr. Das zum August 2005 lancierte Pilotprojekt führte Mitarbeiter der *Dussmann*-Gruppe mit Bundeswehrangehörigen zusammen, um Einsparungen gegenüber dem Truppenküchen-Modell der Bundeswehr zu erreichen. Die Zusammenarbeit scheiterte jedoch an unklaren Zuständigkeiten. So fühlten sich die Bundeswehrangehörigen weiter nur gegenüber ihrem direkten Arbeitgeber weisungsgebunden, nicht aber gegenüber den Vorgesetzten aus der *Dussmann*-Gruppe, was die Zusammenarbeit stellen- und phasenweise blockierte und schließlich zu einem abrupten Ende kommen ließ.

Und auch in ausgesprochen sicherheitsrelevanten Feldern wie der Bewachung militärischer Einrichtungen beauftragt die Bundeswehr immer häufiger Privatunternehmen. Der Rundfunkjournalist Stefan Ludmann (2015) stellte in einem Beitrag für den NDR unlängst dar, dass sich die Kosten für die Bewachung der Kasernen in der Regel auf mehrere Millionen Euro pro Einrichtung beliefen. Dies ist insofern bemerkenswert, als inzwischen bundesweit gut zwei Drittel der militärischen Objekte von privaten Sicherheitsfirmen geschützt werden. Nach marktwirtschaftlichen Prinzipien erhält in der Regel der günstigste Anbieter den Zuschlag, was die sinkende Qualität der Bewachung erklärt. Das Credo »je billiger, desto besser« führt jedoch auf eine falsche Spur, weil jeder Einbruch in ein Gebäude immense Schäden verursacht und die unzureichende Bewachung militärischer Einrichtungen ein erhebliches Sicherheitsproblem ist – etwa dann, wenn sensibles Kriegsgerät in die falschen Hände gerät.

Diese Frage wurde in Reaktion auf den größten Munitionsdiebstahl aus Bundeswehrbeständen in den letzten 30 Jahren bundeswehrintern intensiv erörtert, jedoch leider nicht in der breiten Öffentlichkeit. Dabei steht zu vermuten, dass für den Einbruch in die Fallschirmjägerkaserne im niedersächsischen Seedorf, bei dem am 7. März 2014 über 34.000 Patronen Handwaffenmunition entwendet wurden, Insiderwissen erforderlich war, das durch den Einsatz privater Sicherheitskräfte in kriminelle Kreise eingespeist wurde (Jungholt 2014). Dessen ungeachtet sind im Entwurf des letzten Haushaltsplans 209 Millionen Euro für die konventionelle gewerbliche Bewachung sowie die »Betreibermodelle Absicherung« veranschlagt, die mit privaten Subunternehmen das Wachpersonal stellen. Sage und schreibe 361 der 445 hiesigen Bundeswehreinrichtungen werden inzwischen von Privatfirmen beschützt (Fuchs/Friederichs 2015a).

Rüstungskonzerne im Auslandseinsatz

Auch in den Auslandseinsätzen in Afghanistan oder im Kosovo übernehmen Mitarbeiter privater Sicherheitsfirmen militärisch relevante Aufgaben. Aus der Antwort der Bundesregierung auf eine kleine Anfrage der Fraktion Bündnis 90/Die Grünen geht hervor, dass sich 2015 mindestens 29 Angehörige von Rüstungsunternehmen zur Wartung und Instandsetzung sowie zum Betrieb von Waffensystemen bzw. militärischen Gerätschaften im Kosovo bzw. in Afghanistan aufhielten (Deutscher Bundestag 2015, 2). Die zivilen Mitarbeiter der Rüstungskonzerne *General Dynamics*, *Krauss-Maffei Wegmann* und *Rheinmetall* wurden hauptsächlich zur Instandsetzung von Fahrzeugen eingesetzt. 17 Mitarbeiter der *Airbus Defence and Space & Airborne Solutions GmbH* befanden sich zur Wartung der Heron-Drohne sowie zur »Durchführung von Starts, Steig- und Reisefluganteilen« in Afghanistan, wobei insgesamt 38 Mitarbeiter wechselnd eingesetzt wurden (ebd., 3). Der Rüstungskonzern *Airbus Defence & Space Airborne Solutions GmbH* ist seit 2009 für Betrieb, Logistik und Wartung von Drohnen zuständig, er soll die »Verfügbarkeit für den Einsatzflugbetrieb« bereitstellen (Fuchs/Friederichs 2015a).

In einer internen Vorlage des Bundesfinanzministeriums heißt es: Die bereitgestellten Fähigkeiten der Drohne durch das Unternehmen seien »zum Schutz der Soldaten der Bundeswehr […] weiterhin unerlässlich« (ebd.). Schon bislang haben private Rüstungsfirmen über 310 Millionen Euro von der Bundeswehr dafür kassiert, dass sie die Heron-Drohne warten und steuern. Mehrere Unternehmensmitarbeiter wurden gar gemeinsam mit Soldaten der Bundeswehr für das Bedienen der Heron ausgebildet. Die in der Öffentlichkeit immer wieder beteuerte Trennung des militärischen vom zivilen Bereich muss in Zweifel gezogen werden, wenn privat angeheuerte Piloten Drohnen der Bundeswehr fliegen. *Airbus*-Mitarbeiter seien sogar schon mehrere Kilometer weit ohne die Unterstützung der Bundeswehr zum Einsatzgebiet geflogen – obwohl sie im Grunde die Drohnen lediglich starten und landen dürfen (Fuchs/Friederichs 2015c).

Weitere im Einsatz entscheidende Kernbereiche, in denen die Leistungen bereits zum jetzigen Zeitpunkt von privaten Militärfirmen erbracht werden, sind die strategische Verlegefähigkeit – der (Luft-)Transport von Material und Personal – sowie die (Satelliten-)Aufklärung. Im Kosovo werden Privatunternehmen zur Grundversorgung und in Afghanistan für wachdienstliche Aufgaben herangezogen. Die Mitarbeiter von Privatfirmen befinden sich zum Teil in unmittelbarer Nähe des Kampfgeschehens, weshalb ihre Gefährdung ebenso wenig ausgeschlossen werden kann wie die Destabilisierung der außen- und sicherheitspolitischen Lage. Hier werden eigentlich nicht auslagerungsfähige Kompetenzen im Einsatzgebiet an Privatfirmen abgegeben. Doch da hierzulande bisher keine Regeln existieren, die die Kontrolle privater Militärfirmen vorsehen, kann die Bundeswehr diese selbst in Konfliktnähe einsetzen. Das Risiko wird damit ausgelagert. Es liegt nun beim privaten Unternehmen; der Staat haftet nicht für die zivilen Mitarbeiter. Außerdem tauchen sie in keiner offiziellen Bundeswehrstatistik auf. Heikel wird das Ganze, wenn auf diese Weise die Truppen für Einsätze in Krisengebieten an der Mandatsobergrenze vorbei aufgestockt werden können, gelten die Mitarbeiter doch nicht als Soldaten. So habe die Bundeswehr nach Ablauf des Isaf-Mandats in Afghanistan viel militärisches Personal durch Mitarbeiter von Privatfirmen ausgetauscht (Fuchs/Friederichs 2015c). Eine Verpflichtung privater Unternehmen zur Transparenz täte daher Not.

New Public Management

Immer wieder wird die Privatisierung der Bundeswehr damit gerechtfertigt, dass nur durch das Einbinden ziviler Beschäftigter eine Konzentration auf die Kernkompetenzen der Armee gewährleistet werden könne. Es sei teurer, Soldaten beispielsweise für Wartungsarbeiten einzusetzen als Mitarbeiter eines Privatunternehmens. Der mit dem Outsourcing verbundene Kompetenzverlust wird jedoch in diesem Zusammenhang unterschätzt. Wenn die Bundeswehrmitarbeiter nicht für den Umgang mit der verwendeten Technik geschult sind, entsteht eine bedenkliche Abhängigkeit von Dienstleistungsunternehmen, die keiner direkten staatlichen Kontrolle unterliegen. Somit steht nichts Geringeres auf dem Spiel als das staatliche Gewaltmonopol.

Dessen ungeachtet verfolgen die politisch Verantwortlichen unbeirrt das Ziel, die Bundeswehr durch die Einführung neuer Steuerungsinstrumente nach den Prinzipien des New Public Management an betriebswirtschaftlichen Kennzahlen auszurichten. Dies soll zu einer »Veränderung der Organisation Bundeswehr zu mehr rationalen, an Zweck-Mittel-Denken, mitunter erwerbswirtschaftlich ausgerichteten Handlungsorientierungen im Gegensatz zu eher affektuellen, traditionell versorgungswirtschaftlichen und wertbezogenen Handlungsorientierungen« führen (Gause 2004, 7). In dem vom Bundesverteidigungsministerium herausgegebenen »Weißbuch zur Sicherheitspolitik Deutschlands und zur Zukunft der Bundeswehr 2006« sind folgende Ziele festgeschrieben (2006, 79 u. 96):

1. Die Bundeswehr soll durch eine »konsequente Konzentration auf die Kernfähigkeiten« ökonomisiert und entbürokratisiert werden, »bis hin zu einer völligen Entlastung« von Serviceaufgaben. So sollen »Betriebskosten und gebundenes Kapital gesenkt« werden.
2. Da »knappe Ressourcen und Haushaltsmittel [...] zu innovativen Ansätzen bei Investitionen zwingen«, sollen über private Investoren »neue Ertragsquellen erschlossen« werden.

In den Worten der Bundeswehroberen ist die Neuausrichtung der Armee unverzichtbar, um sie »den sich verändernden sicherheitspolitischen Rahmenbedingungen anzupassen, die Struktur demografiefest zu gestalten und ein solides finanzielles Fundament für die Zukunft zu schaffen« (Niedersächsischer Landtag 2012, 2). Auch wenn der Reformeifer in diesen Worten nur vage zum Ausdruck kommt, dominiert seit Mitte der 1990er-Jahre die Strategie einer Verbetriebswirtschaftlichung des Militärischen. Wie weitreichend aber können – und dürfen – Privatisierungen im militärischen Bereich sein, ohne dass das staatliche Gewaltmonopol rechtlich unzulässig unterminiert wird? Schließlich heißt es in Art. 87a Abs. 1 Satz 1 des Grundgesetzes: »Der Bund stellt Streitkräfte zur Verteidigung auf.«

Nach Ansicht der meisten Juristen handelt es sich dabei um eine »exklusive bzw. ausschließliche Staatsaufgabe« (Gramm 2004, 83). Hinweise auf die Möglichkeiten von Teilprivatisierungen fehlen hingegen, der Extremfall der vollständigen Privatisierung wird sogar explizit untersagt. Demnach dürften die meisten Juristen der Auffassung ihres Kollegen Christof Gramm beipflichten: »Die wenigen aufgabenrechtlichen Aussagen des Grundgesetzes lassen sich auch als *materielle* Privatisierungssperren lesen« (ebd.; Hervorhebung im Original). Ob Privatisierungen von Teilbereichen der Bundeswehr die Gewährleistung der Sicherheit durch den Staat beeinträchtigen, liegt damit im Ermessen der Politik. Bisher wurde dies so ausgelegt, dass »eine Privatisierung staatlicher Kernaufgaben im Militär- und Sicherheitsbereich, die zu einer Erosion des staatlichen Gewaltmonopols führen würde«, zu vermeiden sei (Kümmel 2007, 191). Aber sind die Kern- und Nebenaufgaben in der Praxis tatsächlich sauber zu trennen? Gerade in militärischen Einsätzen sind auch die sogenannten Serviceaufgaben entscheidend – etwa dann, wenn private Mitarbeiter die Waffensysteme und Fahrzeuge warten, deren Funktionstüchtigkeit für die Soldaten überlebenswichtig sein kann.

Die politische Motivation für den Einsatz privater Militärfirmen speist sich vor allem in CDU, SPD und FDP nicht allein aus der positiven Einschätzung von Privatisierungen. Hinzu tritt der verteidigungspolitische Wunsch, die Flexibilität von Armeen zu erhöhen und ihre Einsatzmöglichkeiten zu erweitern. Hinter dem Bemühen steht auch das Ziel, die nationalen Streitkräfte verstärkt in internationalen Missionen wie in Afghanistan, im Kosovo, vor der Küste Somalias oder in Syrien einsetzen zu können. So lassen sich – einhergehend mit der verstärkten Einbindung der Bundesrepublik in NATO und UNO – »die Einsätze der Bundeswehr künftig weder hinsichtlich ihrer Einsatzart noch nach ihrer Intensität beziehungsweise geographisch eingrenzen« (Gause 2004, 38). Da solche Einsätze, die immer wieder Soldaten das Leben kosten, in der Bevölkerung unbeliebt sind, können militärische Dienstleistungsunternehmen aufgrund der geringen Aufmerksamkeit, die ihnen entgegengebracht wird, für Regierungen attraktiv sein.

Zugleich verbinden sich mit der qua Privatisierung vorangebrachten »Schlankheitskur« für Verteidigungs- wie Haushaltspolitiker Einsparziele – zumal die rasanten technologischen Entwicklungen im Bereich militärischer Gerätschaften das Vorhalten eigener personeller wie materieller Ressourcen in den vergangenen Jahren stetig unrentabler hat werden lassen. Aber selbst wenn man betriebswirtschaftliche Rentabilität bei sicherheitspolitischen Erwägungen als Kriterium gelten lässt, muss der wirtschaftliche Nutzen von Privatisierungen als höchst fragwürdig bezeichnet werden. So sind insbesondere bei sehr ausgereiften technischen Dienstleistungen, mit denen Privatfirmen von Armeen beauftragt werden, häufig monopolistische oder oligopolistische Angebotsstrukturen vorzufinden, sodass der (modelltheoretisch) angenommene Preisvorteil des Marktes gegenüber staatlichen Anbietern außer Kraft gesetzt wird. Der renommierte Sicherheitsexperte Ulrich Petersohn kommt in einer Studie für die *Stiftung Wissenschaft und Politik* zu dem Schluss: »Bei komplexeren Aufgaben […] sind Privatfirmen nicht besser oder kosteneffizienter als der öffentliche Sektor«, die »Annahme einer generellen Kosteneffizienz von privaten Militärfirmen« ist »zumindest zweifelhaft« (2006, 9). Dadurch, dass Privatfirmen nicht nur an Militäreinsätzen beteiligt werden, sondern durch gezielte, intransparente, teils unlautere Lobbyarbeit auch auf deren Anbahnung und Ausgestaltung – und damit auch auf die Außenpolitik – Einfluss nehmen können, werden demokratische Entscheidungsprozesse unterminiert.

Soldaten oder Söldner? Kern- oder Serviceaufgaben?

Dass die von Privatisierungsbefürwortern immer wieder beschworene Grenzziehung zwischen »nicht privatisierungsfähigen« Kern- und »privatisierungsfähigen« Serviceaufgaben unmöglich ist, zeigt das Aufgabenspektrum privater Sicherheits- und Militärfirmen. Ihr Portfolio reicht von logistischen und technischen Dienstleistungen vor dem Einsatz (zum Beispiel Beratung und Ausbildung) über bewaffneten Objekt- und Personenschutz bis hin zur direkten Beteiligung an Kampfhandlungen. Die meist eng miteinander verstrickten Tätigkeitsfelder sind kaum gegeneinander abzugrenzen. Wie etwa soll die Tätigkeit eines Informatikers eingeordnet werden, der dem Oberbefehlshaber per Computer Daten über Truppenbewegungen durchgibt?

Die Aktivitäten privater Militärfirmen sind von den durch die Vollversammlung der Vereinten Nationen verbotenen »herkömmlichen Söldnerdiensten« nur schwer zu unterscheiden (Wulf 2005, 61 f.). Als Söldner wird nach internationalem Recht bezeichnet, »wer speziell angeheuert wurde, um zu kämpfen, wer unmittelbar an Kampfhandlungen teilnimmt und dies primär aus persönlichen Gewinnmotiven tut« (Genfer Abkommen über den Schutz der Opfer internationaler bewaffneter Konflikte 1949, zit. nach ebd., 64). Diese Kriterien enthalten jedoch viel Interpretationsspielraum, und sie gelten daher zahlreichen Beobachtern als für die »statusrechtliche Einordnung privater Sicherheits- und Militärkräfte nahezu irrelevant« (Schaller 2005, 9).

Dass der »Einsatz von Zivilisten in bewaffneten Konflikten […] völkerrechtlichen Beschränkungen unterworfen« ist, während der »Einsatz privater Dienstleister in Streitkräften […] völkerrechtlich nicht verboten« ist, eröffnet weitere Deutungsmöglichkeiten (Petersohn 2006, 22). So wird zwischen Kombattanten und Zivilisten als Nichtkombattanten unterschieden, wobei zu letzteren auch Mitarbeiter von Privatfirmen zählen können. Zwar dürfen sie sich nicht direkt an Kampfhandlungen beteiligen, da sie andernfalls als Söldner gelten. Für deren Ausgang spielen sie dennoch eine zentrale Rolle. Überhaupt ist die Definition des Söldnertums so ungenau, dass sie als juristische Grauzone im internationalen Recht bezeichnet wird. Laut dem vormaligen UN-Sonderberichterstatter für Söldnerfragen Enrique Ballesteros sind die »völkerrechtliche[n] Regelungen und Definitionen widersprüchlich und lückenhaft« (Petersohn 2006, 22). Erschwerend kommt hinzu, dass die »Internationale Konvention gegen die Rekrutierung, Nutzung, Finanzierung und das Training von Söldnern«, die das Verbot konkretisieren sollte, aufgrund fehlender Ratifizierungen noch nicht in Kraft ist (ebd., 23). Wie viele andere Regierungen weigert sich auch die bundesrepublikanische seit Jahren, eine verbindliche internationale Gesetzgebung zum Status von Söldnern auf den Weg zu bringen.

Dabei hat sich die Zahl der privaten Akteure im Kampfeinsatz im Verhältnis zu den eingesetzten Soldaten seit Beginn der 1990er-Jahre vervielfacht. Schätzungen zufolge kommt mittlerweile ein Mitarbeiter privater Militärfirmen auf zehn Soldaten, während das Verhältnis vor 20 Jahren noch bei 1 : 100 lag. Dies ist besorgniserregend, weil gerade die Regierungen von »failed states«, deren Militär korrupt, schlecht ausgebildet und/oder unzureichend ausgerüstet ist, private Militärfirmen in bewaffneten Konflikten einsetzen. So beteiligten sich private Militärfirmen schon vor knapp 30 Jahren an den Kriegen in Angola und Sierra Leone, insbesondere die mittlerweile nicht mehr existierende Firma *Executive Outcomes* (Pfeiffer 2009, 47). Die Regierung von Papua-Neuguinea beauftragte die Militärfirma *Sandline International* 1997 mit dem Kampf gegen die *Revolutionary Army*. Und obschon der Einsatz abgebrochen wurde, nachdem die australische Regierung eingegriffen hatte, geriet das politisch ohnehin instabile Papua-Neuguinea in eine Staatskrise (Homann 2009, 163 ff.).

Schließlich können die wirtschaftlichen Ziele der Firmen die Effizienz und den Erfolg der Streitkräfte behindern, da sich das Ziel der Gewinnmaximierung mit militärischen Notwendigkeiten gewöhnlich nicht vereinbaren lässt. Belohnen lassen sich die Privatunternehmen nämlich auch Erfolge, die nur von kurzer Dauer sind, die (politischen) Konfliktursachen aber nicht beseitigen. In zerfallen(d)en Staaten werden private Militärfirmen bzw. Söldner aber nicht nur top-down von Regierungen, sondern häufig auch bottom-up von Rebellengruppen, Warlords oder kriminellen Vereinigungen eingesetzt. Konfliktursachen können auf diese Weise nicht behoben werden. Doch sind solche Einsätze für die beteiligten Firmen ausgesprochen lukrativ, da sie von den Auftraggebern zum Teil über Beteiligungen an gefundenen Rohstoff- oder Mineralvorkommen vergütet werden. So kann »wirtschaftliche Macht [...] noch schneller in militärische Macht umgesetzt werden« (Wulf 2003):

Mit jedem Kriegstag verdienen diese Unternehmen Geld. Einen Krieg zu beenden, heißt für sie, ein florierendes Geschäft zu beenden.

Doch nicht nur »failed states« lassen Kriege durch private Anbieter verrichten oder anbahnen. Auch Industriestaaten lassen militärische Trainingszentren von weltweit operierenden Unternehmen wie *Cubic* und *Military Professional Ressources* (MPRI) betreiben. Und oftmals sind die staatlichen Streitkräfte nicht mehr in der Lage, ihre technologisch hochgerüsteten Geräte selbst zu warten, sodass Privatunternehmen wie *Vinnell* zum Einsatz kommen. Von Ausbildung und Gefechtstraining über die strategische Planung bis zur Aufklärung können diese Beratungsfirmen nahezu sämtliche für die Kriegführung relevanten Dienstleistungen erbringen (Pfeiffer 2009). MPRI beispielsweise setzte 1995 ein Trainingsprogramm für die kroatische Armee auf, die kurz darauf kriegsentscheidende Erfolge gegen die serbischen Truppen erzielte. Und auch »bei jeder UN-Friedensmission seit 1990 waren private Militärfirmen beteiligt« (Reichel u. a. 2007, 30).

In der frühen Neuzeit führten die hohen Kosten der Kriegführung, die allein der entstehende Steuerstaat zu stemmen vermochte, zur Verstaatlichung des Krieges. Im Zeitalter der neuen, meist asymmetrischen Kriege sind es hingegen gerade umgekehrt Kostengründe, die die Reprivatisierung fördern. Die Hoffnungen auf Einsparungen und Effizienzgewinne erfüllen sich allerdings selten. So streben die Firmen einerseits im Gegenteil zu staatlichen Auftraggebern hohe Gewinnmargen an, andererseits liegt die schnelle und effiziente Erledigung von Aufträgen nicht unbedingt in ihrem Interesse, schließlich lässt sich durch die Verzögerung eines Auftrages oder die unnötig hohe Anzahl an Mitarbeitern Geld verdienen (Reichel u. a. 2007, 56).

Der Einsatz privater Militärfirmen, die höchst flexibel sind und ausgesprochen kurzfristig mit Einsätzen beauftragt werden können, birgt vielfältige Risiken. So sind die militärischen Befehlshaber für die Sicherheit der Angestellten privater Firmen verantwortlich, können diese im Ernstfall jedoch nicht zwingen, im Kriegs- oder Krisengebiet zu bleiben. Anders als Soldaten, die allenfalls desertieren können, ist es Mitarbeitern privater Sicherheitsfirmen freigestellt zu kündigen. Wenn also der Nachschub oder die Aufklärung in einem Konfliktgebiet von privaten Militärfirmen besorgt wird, deren Mitarbeiter bei einer akuten Gefährdung ihre Positionen verlassen, stellt dies eine Bedrohung für die Sicherheit der Streitkräfte sowie für das Gelingen des Einsatzes dar. Vor diesem Hintergrund lässt sich eine vergleichsweise simple Gleichung aufmachen: Je größer die Gefährdung ist, der sich die Mitarbeiter einer privaten Militärfirma ausgesetzt sehen, desto unwahrscheinlicher ist das für den Einsatz erforderliche kooperative Verhalten. Ferner sind die privaten Mitarbeiter nicht notwendigerweise in die Kommandokette eingegliedert, was die Einsatzführung maßgeblich erschwert. Mit Blick auf die Bundesrepublik kann zudem ein Verstoß gegen grundgesetzliche Bestimmungen angenommen werden, kann der Staat seiner in Art. 2 Abs. 2 Satz 1 und Art. 1 Abs. 1 Satz 2 des Grundgesetzes festgeschriebenen Schutzpflicht doch unter diesen Umständen nicht mehr uneingeschränkt nachkommen.

Demokratie in Gefahr: die Folgen der Privatisierung

Dass sich die vormals ausschließlich der Regierung und dem Parlament verpflichtete Bundeswehr Schritt für Schritt zu einem auf Effizienz und Wirtschaftlichkeit ausgerichteten Unternehmen wandelt, hat nicht nur Auswirkungen auf die Einsatzentscheidungen. Zugleich wird durch diesen Wandel auch das Selbstverständnis der Beschäftigten und ihre Außenwahrnehmung geprägt. Für die Bediensteten der Bundeswehr – insbesondere im Verwaltungs- und Dienstleistungsbereich – haben die Privatisierungen zunächst einmal als »Freisetzungen« verbrämte Entlassungen zur Folge, da Einsparungen bei den Personalkosten – wie so häufig – den ersten Schritt zu mehr »unternehmerischer« Wirtschaftlichkeit darstellen. Die 2011 eingeleitete Schließung von mehr als einem Drittel der Standorte – nur 264 von 394 sollen mittelfristig erhalten bleiben – vernichtet aber auch Arbeitsplätze im Umfeld der Kasernen. Gerade in strukturschwachen Regionen, in denen Kasernen oftmals angesiedelt sind, regt sich daher breiter Widerstand.

Auch die Arbeitsverhältnisse der verbleibenden Bundeswehrbediensteten ändern sich einschneidend, sodass inzwischen alle Beschäftigten in Kontakt mit privatisierten Servicebereichen wie dem Fuhrpark und dem Bekleidungswesen kommen. Eine wachsende Zahl von Beschäftigten sieht sich darüber hinaus zu unmittelbaren Kooperationen mit Mitarbeitern privater Firmen verpflichtet, obwohl die Zufriedenheit mit deren Leistungen kontinuierlich gesunken ist. Kritisiert wird vor allem die Umsetzung der gemeinsam mit den Verantwortlichen der Bundeswehr festgelegten Ziele, aber auch bei der Planung und Beschaffung werden Verschlechterungen bemängelt (Großeholz 2007, 30). Wie in zahlreichen anderen Bereichen des vormals öffentlichen Sektors untergräbt diese Unzufriedenheit mit den privaten Partnern die Arbeitsmoral und konterkariert damit die erwünschten Effizienzsteigerungen.

Wie bei anderen Privatisierungen bereiten auch hier die grundsätzlich verschiedenen, mitunter sogar gegensätzlichen Ziele der Privatunternehmen einerseits und der öffentlichen Verwaltung andererseits Probleme. Während erstere wirtschaftliche Risiken eingehen (müssen), um Gewinne zu erwirtschaften, müssen staatliche Einrichtungen selbst latente Risiken nach bestem Wissen und Gewissen ausschließen, um die öffentlichen Haushalte nicht (über Gebühr) zu belasten. Wenn von der Bundeswehr ein wirtschaftlicheres Verhalten gefordert wird, bedeutet dies zum einen ein erhöhtes Risiko für die Streitkräfte, die unter Umständen nicht mehr optimal für den *worst case* gewappnet sind, zum anderen aber auch eine nicht kalkulierbare Belastung des Staatshaushaltes. Durch die angestrebte Transformation der Bundeswehr zu einer weltweit einsetzbaren »flexible(n) und hochmobile(n) Truppe« (Rüttler 2007, 167) entstehen höhere und schlechter zu kalkulierende Kosten, bergen die internationalen Einsätze doch immense Risiken, die millionenschwere Investitionen in Ausbildung und Ausrüstung erforderlich machen.

Zu den Risiken öffentlich-privater Partnerschaften zählen auch die Tendenzen zur »Verselbstständigung« und Bürokratisierung sowie zu strukturierter Verantwortungslosigkeit. Ob die erhofften Chancen erzielt werden, ist dagegen kaum nachzuvollziehen. Wenn die Ziele von Privatisierungen im Servicebereich erreicht werden, können sie durchaus zur Entbürokratisierung beitragen und die Bediensteten von Verwaltungsaufgaben entlasten. Im militärischen Kernbereich hingegen überwiegen die Nachteile für Bundeswehrangehörige wie Steuerzahler eindeutig. Auch in einer Veröffentlichung des Bundesverteidigungsministeriums fällt die Bilanz der bisherigen öffentlich-privaten Partnerschaften kritisch aus (Richter 2011): »Offenbar leiden umfangreiche ÖPP-Projekte in der Bundeswehr an der schieren Komplexität der Großorganisation Bundeswehr und an bestehenden und wohl zum Teil auch durch das jeweilige Privatisierungsvorhaben selbst induzierten bürokratischen Hemmnissen, die ein vollumfängliches Ausschöpfen privatwirtschaftlicher Managementkompetenz verhindern. Die Bilanz der Struktur- und Prozessqualität von ÖPP-Projekten im Servicebereich der Bundeswehr fällt also im Gegensatz zu der der Ergebnisqualität oftmals negativ aus.« Die ökonomische Beurteilung von Privatisierungen ist aufgrund mangelnder Transparenz für die Öffentlichkeit ebenso wie für die meisten Bundeswehrbediensteten nahezu unmöglich.

Noch bedeutender ist die Kehrseite der Privatisierung im Bereich der Außen- und Sicherheitspolitik: Die demokratische Kontrolle militärischer Aktionen durch das Parlament wird im Zuge von Privatisierungen massiv geschwächt. »Das neoliberale Konzept, auf Marktmechanismen auch im Sicherheitsbereich zu setzen, stellt die institutionelle Balance zwischen ziviler Kontrolle und professioneller Autonomie für das Militär in Frage. War schon der Bereich Sicherheit bislang von wirksamen parlamentarischen Kontrollen weit entfernt, so werden die Parlamentarier in Zukunft noch weniger mitzureden haben, weil sich das Militär durch internationale Kooperationen und durch die Übertragung von Aufgaben an Privatfirmen tendenziell den Kontrollen entzieht« (Wulf 2003). Solche Tendenzen zur Entdemokratisierung politischer Entscheidungen unterminieren die Partizipationsmöglichkeiten von Parlamentariern, bergen aber auch die Gefahr, dass am Parlament vorbei militärische Einsätze nicht-defensiver Natur beschlossen werden, die mit dem deutschen Grundgesetz nicht vereinbar sind. Schließlich gefährden Privatisierungen militärischer Aufgaben die staatliche Souveränität: »Je mehr Kompetenzen seiner Sicherheitsfunktion der Staat im Zuge von Privatisierungsmaßnahmen an private Sicherheits- und Militärfirmen überträgt, umso stärker ist er in seiner Handlungsfähigkeit und Souveränität beeinträchtigt« (Pfeiffer 2009, 11).

Es steht zu befürchten, dass die Bundeswehr ungeachtet der tendenziell negativen eigenen und der extrem beunruhigenden US-amerikanischen Erfahrungen weiterhin auf Privatisierungen setzen wird, obschon sich auch die bundesrepublikanische Armee bereits jetzt allzu häufig in einer völkerrechtlichen Grauzone bewegt – ebenso wie NATO, EU und OSZE, die vor allem Ausbildungsleistungen von privaten Militärfirmen erbringen lassen. Dabei hat die Privatisierung militärischer Aufgaben schon jetzt zu einem folgenreichen Wandel im Verhältnis von Militär und Nationalstaat geführt, der mit Blick auf das schwindende Gewaltmonopol des Staates durchweg kritisch zu bewerten ist – wie das Beispiel der vom Pentagon betriebenen Privatisierungspolitik eindrücklich zeigt. Denn immer dann, wenn Staaten sich in sicherheitspolitisch sensiblen Bereichen von Privatfirmen abhängig machen, laufen sie Gefahr, die Entscheidungs-, Handlungs- und Deutungshoheit über den Kriegsverlauf preiszugeben – zu Gunsten von Privatunternehmen, die betriebswirtschaftlichen Kosten-Nutzen-Rechnungen Vorrang vor politischen Zielen einräumen. Sie unterliegen keiner parlamentarischen Kontrolle, sondern der Kontrolle ihrer Aktionäre und Auftraggeber.

Dabei sind Kriege immer Verlustgeschäfte, und zwar – wie es die Kriege des 20. Jahrhunderts gezeigt haben – für alle Beteiligten, d.h. auch für die Sieger. Wird der Krieg zum Geschäftsmodell für Kombattanten, besteht die Gefahr, dass er als Instrument der politischen Führung entgleitet und die Entwicklung der Neuzeit sich umkehrt: »Erst im Verlaufe des 17. Jahrhunderts ist es den Staaten in Europa gelungen, sich als die nicht nur legitimen, sondern auch *faktischen* Monopolisten des Krieges durchzusetzen. [...] Diese Verstaatlichung hatte zur Folge, dass Glücksritter und private Kriegsunternehmer, die von ihnen aufgestellte und ausgestattete Einheiten an die je kriegführenden Parteien vermieteten, aus dem Kriegsgeschehen verschwanden und es danach in Europa keine handlungsfähigen Akteure mehr gab, die *unmittelbar* vom Krieg lebten und profitierten« (Münkler 2006, 142). Denn zuvor hatte es zu allen Zeiten Söldner gegeben: Im Italien der Renaissance und im Dreißigjährigen Krieg zogen ganze Söldnerheere umher und boten ihre Dienste jedem an, der dafür zahlte.

Für die Gegenwart und Zukunft urteilt der israelische Militärhistoriker Martin van Creveld mit Blick auf die Privatisierung des Militärischen (1998, 330): »Wenn neue Organisationstypen die elementaren Aufgaben der Kriegführung in die Hände nehmen, dann werden sie zweifellos auch neue Mythen verkünden und ihre Ziele auf radikal unterschiedliche Art und Weise festlegen. Wenn sich die neuen Formen des bewaffneten Konflikts vervielfachen und ausbreiten, verschwimmen die Grenzen zwischen Öffentlichem und Privatem, Regierung und Volk, Militärischem und Zivilem.« In welche Richtung sich dieser Trend entwickeln kann, lassen die von privaten Sicherheitsdiensten bewachten *gated communities* in Brasilien, Südafrika und Venezuela erahnen, wo mancherorts nur noch Privatunternehmen für die Sicherheit der (wohlhabenden) Bürger sorgen können.

Die stets betonte Trennung zwischen Kernaufgaben einerseits und privatisierungsfähigen Serviceaufgaben anderseits lässt sich dauerhaft nicht durchhalten, da jede Privatisierung von Serviceaufgaben – beabsichtigte oder unbeabsichtigte – Konsequenzen für militärische Kernkompetenzen haben kann. Das viel beschworene Privatisierungskonzept läuft auch deshalb ins Leere, weil die Kosten des Inputs, der Transformation und des Outputs militärischer »(Fehl-)Leistungen« nicht messbar sind, infolgedessen »eine Ökonomisierung im Kernbereich des militärischen Handelns nicht möglich« ist (Keller 2007, 59). Wie bei Privatisierungen in anderen vormals staatlich verantworteten Bereichen bleibt die Interessendivergenz zwischen Gewinnerzielungsabsichten auf der privaten und Gemeinwohlverpflichtungen auf der öffentlichen Seite unweigerlich bestehen. Kurzfristige Einsparpotenziale können die Preisgabe parlamentarischer Kontrolle und die damit verbundene Entdemokratisierung nicht rechtfertigten. Sicherheitspolitische Absichten müssen gerade auch mit Blick auf das staatliche Gewaltmonopol von ökonomischem Kalkül entkoppelt bleiben. Andernfalls läuft der Staat Gefahr, sicherheitsrelevante Informationen preiszugeben und Entscheidungen über das kostbare Gut Frieden privaten Unternehmen anheimzustellen. Frieden ist aber nicht irgendein privates Gut, sondern das wertvollste öffentliche Gut, das wir haben. Wir sollten es bestmöglich schützen.

Privatisierung der Lebensrisiken: Rente und Arbeit

Es ist der rot-grünen Bundesregierung anzulasten, eine der größten kulturellen Errungenschaften aller Zeiten reformiert – oder besser gesagt: demontiert zu haben. Im neoliberalen (Irr-)Glauben daran, dass nur ein »schlanker« Staat ein guter Staat sei, stutzte die von Gerhard Schröder (SPD) geführte Bundesregierung den von Reichskanzler Bismarck am Ende des 19. Jahrhunderts begründeten Sozialstaat, der einst weltweit Bewunderer fand. Obschon der private Reichtum in Deutschland nie größer war, leitete der aus der Bundestagswahl am 22. September 2002 erneut als »Reformer« und Begründer der »Neuen Mitte« siegreich hervorgegangene Schröder einen historisch beispiellosen Um- und Abbau der sozialen Sicherungssysteme ein. Solidarität und Egalität als tragende Säulen des Sozialstaates schienen ihm und seinen Anhängern auf dem »Dritten Weg« nicht mehr zeitgemäß. Stattdessen galt das Credo »Wenn jeder für sich selbst sorgt, ist für alle gesorgt« auch bei der Privatisierung der Lebensrisiken.

Noch auf den Oppositionsbänken waren die sozialdemokratischen »Modernisierer in spe« von der *Bertelsmann Stiftung* an deren »Lösungsmodelle« für den »Reformstau« herangeführt worden, um das Kapitaldeckungsverfahren in der Rente und die Flexibilisierung des Arbeitsmarktes im Falle einer Regierungsübernahme durchzusetzen. Renten-, Kranken-, Pflege- und Arbeitslosenversicherung galten bald nicht mehr nur in liberal-konservativen Kreisen als Sinnbild für ein »gesetzliches Zwangssystem«, das es zu entstaatlichen, sprich: zu privatisieren galt. Selbst in Kreisen der SPD, der Gewerkschaften und der Kirchen formierte sich kein wirksamer Widerstand gegen die Rhetorik des sozialen Kahlschlags, die der damalige Bundespräsident Roman Herzog (CDU) mit seiner Kritik am »verfetteten« Gemeinwesen, das den bundesrepublikanischen Wohlstand gefährde, maßgeblich befeuerte. In seiner viel zitierten »Ruck-Rede« vom 26. April 1997 kritisierte er den Sozialstaat grundlegend: »Durch Deutschland muß ein Ruck gehen. Wir müssen Abschied nehmen von liebgewordenen Besitzständen. Alle sind angesprochen, alle müssen Opfer bringen, alle müssen mitmachen. [...] Wir haben so viel Sozialstaat aufgebaut, dass er unsozial geworden ist.« Kann ein Sozialstaat unsozial sein? Oder ist eine Gesellschaft unsozial, die ihn sich trotz ihres historischen Reichtums nicht mehr leisten will?

In seiner »Agenda 2010«, der Regierungserklärung vom 14. März 2003, propagierte Gerhard Schröder einen sozialpolitischen Paradigmenwechsel. Dazu zählten neben Leistungskürzungen wie Nullrunden für Rentner, die 2004 erstmals auf die jährliche Anpassung der Renten verzichten mussten, vor allem die Erhöhung des gesetzlichen Renteneintrittsalters von 65 auf 67 Jahre sowie die Kürzung der Bezugszeiten von Arbeitslosengeld. Strukturelle Veränderungen griffen mit der (Teil-)Privatisierung der staatlichen Altersvorsorge in Form von Riester- und Rürup-Rente Platz. Spürbar um- und abgebaut wurde der Wohlfahrtsstaat auch für Erwerbslose, die sich noch weiter reichenden administrativen Kontrollen zu unterwerfen und im Zweifel mit drastischen Sanktionen der sogenannten Hartz-Gesetze zu rechnen hatten. Das nach dem 2007 wegen Untreue und Begünstigung zu einer Freiheitsstrafe von zwei Jahren verurteilten VW-Manager Peter Hartz (SPD) benannte Gesetzespaket markiert bis heute eine Zäsur in der bundesdeutschen Sozialstaatsarchitektur, waren doch insbesondere mit dem als »Hartz IV« bekannt gewordenen Vierten Gesetz für moderne Dienstleistungen am Arbeitsmarkt Einschnitte in die Wohlfahrtsarchitektur verbunden, die das (sozial)politische Klima dauerhaft verändert haben.

Mit dem Rücktritt Oskar Lafontaines (heute: Die Linke) als Bundesfinanzminister und SPD-Parteivorsitzendem im März 1999 sowie dem »Kaltstellen« etablierter Sozialpolitiker wie Norbert Blüm (CDU), Rudolf Dreßler (SPD) und Ursula Engelen-Kefer (SPD) gerieten nicht nur die sozialen Sicherungssysteme unter Druck. Auch der für die Sozialstaatsarchitektur grundlegende Gerechtigkeitsbegriff wurde umgedeutet: von der Bedarfs- zur Leistungsgerechtigkeit, von der Verteilungs- zur Beteiligungsgerechtigkeit und – dieses Narrativ ist bis heute besonders wirksam – von der sozialen zur Generationengerechtigkeit. An die Stelle von Solidarität als gesellschaftlicher Leitidee trat die nun parteienübergreifend beschworene Eigenverantwortung. Das Unwort des Jahres 2002, »Ich-AG«, will vordergründig die wirtschaftlich Schwächsten euphemistisch zur Aktiengesellschaft aufwerten, verdeutlicht aber vor allem den Verfall solidarischer Bindungen und steht sinnbildlich für die Privatisierung der Arbeitswelt: Der Arbeitnehmer ist zum »Unternehmer seiner selbst« geworden. Der »Arbeitskraftunternehmer« stellt seine Arbeitskraft aber nicht nur auf eigene Rechnung zur Verfügung, wenn er außerhalb des etablierten Sozialversicherungssystems als Ein-Personen-Unternehmen Pakete zustellt, Fenster putzt oder einen Imbiss betreibt. Sichtbar erfasst hat die Privatisierungswelle die Berufs- und Arbeitswelt auch dort, wo Mini-, Midi- und Multijobs oder Werkverträge die Abkehr vom sozialversicherungspflichtigen Normalarbeitsverhältnis eingeleitet haben.

Lobbyisten als Profiteure: der Sozialstaat

Ohne Lobbyismus ist kaum eine Privatisierung denkbar, aber die Privatisierung der Sozialversicherungssysteme ist nahezu ausschließlich den parteienübergreifenden, auf Jahre angelegten und auf alle politischen Ebenen zielenden Lobbyaktivitäten zuzuschreiben. Mehr noch als in allen anderen Politikfeldern, in denen Eckpfeiler der staatlichen Daseinsvorsorge privatisiert wurden, ist die Privatisierung der Altersvorsorge das Ergebnis einer langjährigen und äußerst geschickten politischen Kampagne. Vermeintlich unabhängige Institute wie das 1997 von der *Deutschen Bank* gegründete *Deutsche Institut für Altersvorsorge* oder das arbeitgebernahe *Institut der deutschen Wirtschaft Köln* streuten so beharrlich wie regelmäßig die Argumentation, dass die alten Generationen auf Kosten der jungen lebten.

Gemeinsam mit der *Initiative Neue Soziale Marktwirtschaft* (INSM) und der *Bertelsmann Stiftung* popularisierten sie teilweise Horrorprognosen über zu erwartende Beitragssätze für die Rentenversicherung von bis zu 26 Prozent (statt der derzeit geltenden 18,7 Prozent). Zusammen mit den nach neoliberalen Glaubenssätzen zu hohen Lohnnebenkosten diente ihnen dieses Szenario als Argument, um vor der Gefährdung von Arbeitsplätzen am »Standort Deutschland« zu warnen. Früh schon platzierten sie wissenschaftlich unhaltbare Prognosen über Zeiträume von bis zu 50 Jahren, die die Angst der Bevölkerung vor Altersarmut schürten, indem sie die staatliche Umlagefinanzierung schlecht- und das privatwirtschaftlich organisierte Kapitaldeckungsprinzip schönredeten. Dazu steigerten die Lebensversicherungen ihre Bruttowerbeaufwendungen im Zeitraum zwischen 1995 und 2000 sowohl unter der schwarz-gelben wie unter der rot-grünen Bundesregierung um 55 Prozent, die Großbanken um 58 Prozent sowie die Finanzanlage- und Fondsgesellschaften um sage und schreibe 651 Prozent (Wehlau 2009, 252).

Jenseits dieses Hauptwegs beeinflusste die Finanzdienstleistungsbranche die Reformdebatte über Schleichwege: breitenwirksame Kampagnen, geschickt platzierte Product-Placements in überregionalen Medien sowie die Finanzierung vermeintlich unabhängiger wissenschaftlicher Forschungseinrichtungen, die eher als Think Tanks zu bezeichnen sind. Tatsächlich ist die Mehrzahl dieser »Denkfabriken«, die an der Schnittstelle zwischen Wirtschaft, Wissenschaft und Öffentlichkeit operieren, nicht nur ideell, sondern auch finanziell mit der (Finanz-)Wirtschaft verbunden: So wird das *Deutsche Institut für Altersvorsorge*, das »sich als geistige Plattform eines umfassenden Diskurses über Altersvorsorge und Generationengerechtigkeit« versteht, von der *Deutschen Bank* und ihren Tochterfirmen finanziert, um »die Öffentlichkeit ebenso sachgerecht wie neutral über Themen der gesetzlichen, betrieblichen und privaten Altersvorsorge zu informieren, die öffentliche Meinung mitzuprägen, sich an einem Dialog über den besten Weg der Zukunftssicherung für die Bürger zu beteiligen und selbst geeignete Lösungsvorschläge für die Gestaltung der Alterssicherungssysteme zu entwickeln« (Deutsches Institut für Altersvorsorge o. J.).

An der zur Schau gestellten Unabhängigkeit darf man auch beim *Deutschen Aktieninstitut* zweifeln, das durch Banken (u. a. *Barclays, Deutsche Bank, Commerzbank, Goldman Sachs, Merrill Lynch, Morgan Stanley*) ebenso finanziert wird wie durch international tätige Rechtsanwaltskanzleien (*Freshfields Bruckhaus Deringer, Gleiss Lutz, Hogan Lovells, Linklaters* und *Mayer Brown*), Versicherungsgesellschaften (*Allianz, Continental* und *Ergo Versicherungsgruppe*) und Finanzdienstleister wie *AWD* oder *MLP*. Erwartungsgemäß einseitige Argumentationen gegen die gesetzliche Rentenversicherung kommen auch aus dem *Institut der Deutschen Wirtschaft Köln*, das von Unternehmensverbänden, insbesondere vom *Bundesverband der Deutschen Arbeitgeberverbände* und dem *Bundesverband der Deutschen Industrie*, sowie von Unternehmen der Privatwirtschaft finanziert wird.

Ausgesprochen öffentlichkeitswirksam attackiert die als »Lautsprecher des Kapitals« und »erfolgreichste Lobby […] [der] Wirtschaftsliberalen in Deutschland« bezeichnete *Initiative Neue Soziale Marktwirtschaft* die Sozialversicherungssysteme klassischer Prägung (Hamann 2005). Dabei greift die vom *Arbeitgeberverband Gesamtmetall* finanzierte Lobbyinitiative auf ein breites Netz von Persönlichkeiten des öffentlichen Lebens zurück, um ihre Kritik am ausufernden Sozialstaat zu streuen.

INSM-»Botschafter« wie der Historiker Arnulf Baring, der ehemalige Präsident der Deutschen Bundesbank Hans Tietmeyer, der einstige Chefvolkswirt der Europäischen Zentralbank Otmar Issing sowie der parteipolitisch flexible und seit 2008 womöglich endgültig in der CDU beheimatete Haushaltsexperte Oswald Metzger werden ebenso als Werbeträger für die Ideen der INSM geführt wie die Altkanzler Gerhard Schröder und Willy Brandt (SPD). »Demokratie braucht Leistung« hieß es auf einem der im Sommer 2015 platzierten überlebensgroßen Plakate unter Bezugnahme auf ein Brandt-Zitat. Der »Agenda-2010«-Kanzler wird mit dem Ausspruch »Eigenverantwortung fördern und mehr Eigenleistung von jedem fordern« zitiert. In die Rubrik »Guerilla-Marketing« fallen Werbeaktivitäten wie die am letzten Spieltag der Fußballbundesligasaison 2002/03, als die INSM über ausgewählten Fußballstadien die Warnung »Ohne Reformen steigt Deutschland ab!« per Flugzeugbanner verbreitete. Begleitet wurde die Kampagne von einem Interview mit dem damaligen »INSM-Botschafter« Uli Hoeneß, dem später wegen umfänglicher Steuerhinterziehung verurteilten Ex-Manager des *FC Bayern München*.

Ein wirklicher Coup gelang der INSM mit der Kofinanzierung einer dreiteiligen Dokumentation, die den Titel »Das Märchen von der sicheren Rente« trug, erreichte diese doch allein mit der ersten von drei Ausstrahlungen in der ARD einen Marktanteil von 8,5 Prozent. Zwei Millionen Zuschauer mussten den Eindruck gewinnen, dass die Informationen sachlich korrekt und kontrovers dargestellt wurden, tatsächlich aber segelte die INSM unter der renommierten Flagge des öffentlich-rechtlichen Rundfunks. Ähnlich einflussreich dürfte die Aktion der INSM im Jahr 2002 gewesen sein, als sie in sieben Folgen der ARD-Serie *Marienhof* verdeckte Botschaften platzieren ließ, die die Notwendigkeit von Reformen im Arbeits- und Steuerrecht betonten (Lobbypedia o. J.). Für vergleichsweise bescheidene 58.670 Euro erreichten diese auf die Privatisierung der sozialen Sicherungssysteme zielenden Ideen ein Millionenpublikum. Für die Platzierung von Figuren in der Vorabendserie, die sich für »eine stärkere Ausrichtung des Unterrichts an den Bedürfnissen der Unternehmen und die Übernahme betriebswirtschaftlicher Vorgehensweisen« aussprachen, kassierte der Lobbyverband der Metall- und Elektroindustrie sogar eine Rüge des Deutschen PR-Rates (Kramer/Schießl 2015, 69). Aber auch der vermeintlich seriösere *Verband der Versicherungswirtschaft* nutzte diesen Kanal, um in der Vorabendserie für 208.607 Euro sogenannte Placements unterzubringen, die unterschiedliche Versicherungsfälle behandelten (Müller 2005).

Auftragsforschung, Honorartätigkeiten und Drehtüreffekte

Auch auf dem Feld der »wissenschaftlichen« Politikberatung lassen sich zahlreiche Akteure wie Sachverständigenräte, Beiräte von Ministerien, Expertenkommissionen, Stiftungen und Think Tanks identifizieren, die sich zwar in ihrer Institutionalisierung sowie im »Autonomiegrad« ihrer Forschung unterscheiden, ihren interessenpolitisch motivierten Einfluss auf (sozial)politische Entscheidungsträger jedoch sehr viel stärker geltend machen, als dies früher der Fall war. Von der Privatwirtschaft mit großzügigen Zahlungen bedachte Wissenschaftler forderten frühzeitig den Wechsel von der umlagefinanzierten gesetzlichen Rente zu einem dualen System der Altersvorsorge. Insbesondere einige Ökonomie-Professoren müssen sich den Vorwurf gefallen lassen, nicht nur Auftragsuntersuchungen durchgeführt, sondern über Aufsichtsrats-, Beirats- oder Vortragstätigkeiten finanzielle Zuwendungen erhalten zu haben, die für ihre »Forschungsergebnisse« teilweise eher leitend gewesen sein dürften als wissenschaftliche Erkenntnisse.

So wird das von dem Freiburger Wirtschaftswissenschaftler Bernd Raffelhüschen gegründete *Forschungszentrum Generationenverträge* u.a. vom *Verband der Privaten Krankenversicherung* sowie von der *HDI-Gerling Pensionsmanagement AG*, der *Union Asset Management Holding AG* und der *Initiative Neue Soziale Marktwirtschaft* finanziert. Raffelhüschen selbst ist nicht nur im Aufsichtsrat der *ERGO Versicherungsgruppe* und als Botschafter der *Initiative Neue Soziale Marktwirtschaft* tätig, sondern auch als gut bezahlter Referent des Finanzdienstleisters *MLP* und der *Gothaer Versicherung* (Balodis/Hühne 2013, 71). Für das *Deutsche Institut für Altersvorsorge* publizierte er gemeinsam mit seinen Kollegen Meinhard Miegel und Axel Börsch-Supan Studien zu Themen der privaten Altersvorsorge. Der Tenor der von den führenden deutschen Rentenökonomen verfassten Einschätzung – »Die kapitalgedeckte Altersvorsorge ist unvermeidlich!« – wird von der Öffentlichkeit bis heute auch deshalb akzeptiert, weil die Geldgeber aus der Finanzwirtschaft, die ein vitales Interesse an einer Privatisierung der Rentenversicherung haben, in der medialen Verbreitung der »Analysen« häufig gerade nicht erwähnt wurden.

Ein wirkmächtiger Privatisierungsakteur ist auch der Sozialwissenschaftler, Publizist und Lobbyist Meinhard Miegel, der 1977 gemeinsam mit dem ehemaligen sächsischen Ministerpräsidenten Kurt Biedenkopf (CDU) das *Institut für Wirtschaft und Gesellschaft* gründete, zahlreiche Studien für das *Deutsche Institut für Altersvorsorge* verfasste und viele Jahre dem Konzernbeirat des Versicherungskonzerns *AXA* angehörte. Mehrfach trat er als Referent für den Finanzdienstleister *MLP* in Erscheinung. Bert Rürup (SPD), der sich mit der Rürup-Rente ebenso wie sein Parteikollege Walter Riester einen Namen als Privatisierer der sozialen Sicherungssysteme machte, legte 2009 den Vorsitz der sogenannten Wirtschaftsweisen nieder, um nur wenige Monate später als Chefökonom bei dem von Carsten Maschmeyer gegründeten Finanzdienstleister *AWD* anzuheuern. 2010 gründete er mit dem in der »Klatschpresse« glorifizierten, tatsächlich aber höchst umstrittenen Hannoveraner »Drückerkönig« die *MaschmeyerRürup AG* (ebd., 76f.). Es bleibt eines der größten Rätsel in der Diskussion um die Privatisierung der Rente, warum öffentlich vollkommen unzureichend diskutiert wurde, dass nahezu alle Experten, die sich zeitweilig einer geradezu einzigartigen medialen Präsenz erfreuten, in verschiedenen Funktionen mit der Versicherungswirtschaft verbunden waren, der mit dem Auf- und Ausbau der privaten Altersvorsorge ein ausgesprochen einträglicher Markt eröffnet wurde.

Einen besonders drastischen Fall der lobbyistisch motivierten Beeinflussung von (Ex-)Politikern stellt Walter Riester dar. Der zwischen 1998 und 2002 für die Reform des gesetzlichen Rentenversicherungssystems verantwortliche Bundesminister für Arbeit und Sozialordnung konnte bereits vor seinem Ausscheiden aus dem Deutschen Bundestag 2009 neben seinem Mandat 69 bezahlte Tätigkeiten ausweisen. Rund 50 dieser als Nebentätigkeiten deklarierten außerparlamentarischen Verpflichtungen wurden mit der seinerzeit höchsten Verdienstkategorie von wenigstens 7.000 Euro angegeben. Allein im letzten Jahr vor seinem Ausscheiden aus dem Deutschen Bundestag verdiente Riester neben seinem Mandat mindestens 180.000 Euro, wobei ein Großteil auf Vorträge bei Finanzdienstleistern wie *AWD*, *DEVK*, *Provinzial*, *Sparda-Bank* und *Union Investment* entfällt – auf Unternehmen also, die bis zum heutigen Tag maßgeblich von den Riester-Verträgen profitieren. Kann man ernstlich glauben, dass sich der Namensgeber der staatlich geförderten privaten Altersvorsorge seine politischen Entscheidungen nicht hat »vergolden« lassen?

Walter Riester ist jedoch keine Ausnahme. Jeder zehnte Bundestagsabgeordnete war während der 14. Legislaturperiode (1998–2002) mit der Finanzdienstleistungsbranche verflochten. Entweder hatten diese Abgeordneten dort ihre beruflichen Wurzeln, waren dort parallel zu ihrem Mandat tätig oder übten entweder Aufsichtsrats- und Vorstands- oder aber andere Gremientätigkeiten aus (Wehlau 2009, 220). Noch gravierender zeigt sich diese Verflechtung an der Zusammensetzung der relevanten Ausschüsse des Bundestages für Arbeit und Sozialordnung (13 Prozent), Finanzen (18 Prozent) und Haushalt (12 Prozent), wo sich überproportional viele »Nebenverdienstler« fanden (ebd., 223). Namentlich zu nennen sind beispielsweise der sozialpolitische Sprecher der CDU/CSU-Fraktion, Karl-Josef Laumann (CDU), sowie der für die Themen »Arbeit und Soziales« in diversen Bundestagsausschüssen verantwortliche Klaus Brandner (SPD). Beide waren als Mandatsträger zugleich Beiratsmitglieder der *Allianz Lebensversicherung*. Christiane Scheel (Bündnis 90/Die Grünen) war als finanzpolitische Sprecherin ihrer Fraktion und Vorsitzende des Finanzausschusses sowohl im Beirat der *Barmenia Versicherungen* als auch in dem der *Hamburg-Mannheimer Versicherung*. Hansgeorg Hauser (CSU), von 1995 bis 1998 Parlamentarischer Staatssekretär im Bundesministerium der Finanzen, war von 2000 bis 2009 sogar parallel zu seinem Bundestagsmandat vom Vorstand der *Commerzbank* beauftragt, die Beziehungen zu Parteien, Botschaften und Verbänden zu pflegen. Allein neun der 20 Minister der abgewählten Regierung Kohl waren neben ihrer parlamentarischen Arbeit in der anschließenden Legislaturperiode für die Finanzbranche tätig und verschafften den Finanzdienstleistern exklusive Zugänge zu Bundesministerien (ebd., 225).

Die Schlüsselfigur für die Reformierung, besser gesagt: die Deformierung des staatlichen Rentensystems war jedoch der damalige Bundeskanzler Gerhard Schröder, der seine amtsbezogene Richtlinienkompetenz als »Genosse der Bosse« schon früh vollstreckte. Seinem Hannoveraner Freund, dem *AWD*-Gründer Carsten Maschmeyer, fühlte sich der aus bescheidenen Verhältnissen stammende Schröder schon frühzeitig verpflichtet. Der seit der Hochzeit mit Veronica Ferres auch in den Boulevardmedien präsente Maschmeyer hatte Schröder bereits im Bundestagswahlkampf 1998 mit Großanzeigen unterstützt, auf denen »Der nächste Kanzler muss ein Niedersachse sein« oder »Handwerk und Mittelstand für Gerhard Schröder« zu lesen war. Während Schröders Kanzlerschaft wurde diese »Hannover-Connection« intensiviert. Schröder trat nicht nur als Gastredner bei *AWD*-Veranstaltungen auf. Zugleich zahlte der Milliardär Maschmeyer noch während Schröders Kanzlerschaft stattliche zwei Millionen Euro für die Rechte an dessen Memoiren – ein höchst skandalträchtiger Vorgang, der erst 2014 öffentlich wurde (Weiland 2014). Zu Maschmeyers Netzwerk zählte auch der spätere Bundespräsident Christian Wulff (CDU), der zuvor das Amt des niedersächsischen Ministerpräsidenten innehatte. Im Zuge der sich 2011/12 anbahnenden und schließlich im Rücktritt gipfelnden Affäre, in der es u. a. um die fragwürdigen Beziehungen Wulffs zu reichen Unternehmern ging, kam ans Licht, dass dieser 2010 mit seiner Familie in Maschmeyers Feriendomizil

»Paradise Castle« im mallorquinischen Port d'Andratx für einen bescheidenen Tagessatz von 323 Euro Urlaub gemacht hatte. Später wurde das Anwesen für knapp 40 Millionen Euro verkauft.

Den Drehtüreffekt nutzte nicht nur Gerhard Schröder, der bereits ein halbes Jahr nach seinem Auszug aus dem Bundeskanzleramt als Berater der Investmentbank *Rothschild* anheuerte und seither hohe fünfstellige Vortragshonorare von teils umstrittenen Finanzdienstleistern wie dem österreichischen Hedge-Fonds *Superfund* einstreicht. Auch führende Mitglieder aus (dem Dunstkreis) der Regierung Schröder wechselten nach ihrer politischen Tätigkeit in die Finanzwirtschaft. Hans Martin Bury (SPD) etwa wurde nach seiner Zeit als Staatsminister im Bundeskanzleramt sowie im Auswärtigen Amt Managing Director der *European Investment Banking Division* der US-amerikanischen Investmentbank *Lehman Brothers*. Der vormalige Staatssekretär im Bundesfinanzministerium Caio Koch-Weser wechselte ins Management der *Deutschen Bank*, der ehemalige Stellvertretende Regierungssprecher Béla Anda (SPD) wurde Kommunikationsdirektor bei *AWD*, und der einstige Staatssekretär im Außenministerium Wolfgang Ischinger Politikberater des ehemaligen *Allianz*-Chefs Michael Diekmann. Nahezu alle einflussreichen Entscheidungsträger sicherten sich lukrative Jobs in der Finanzwirtschaft für die Zeit nach ihrer politischen Laufbahn (Wehlau 2009, 229).

Neben den personellen Verflechtungen einzelner Abgeordneter haben die großzügigen Spenden der Finanz- und Versicherungswirtschaft den Gesetzgebungsprozess zur Privatisierung der Altersvorsorge angebahnt bzw. begleitet. Insgesamt 4,5 Millionen Euro flossen in der 14. Legislaturperiode allein an Großspenden (ebd., 239). Diese parteienübergreifend angelegten Spendenaktivitäten kamen allen an der Rentenreform beteiligten Parteien mit Ausnahme der PDS zugute und können als charakteristisch für eine »großpolitische Landschaftspflege im Vorfeld politischer Entscheidungen« (Claudia Roth, zit. nach Wehlau 2009, 239) bezeichnet werden. Besonders bemerkenswert ist, dass die rot-grünen Koalitionsparteien erstmalig und mehrfach Großspenden aus der Finanzdienstleistungsbranche erhielten, nachdem sie angekündigt hatten, die private Altersvorsorge systematisch zu stärken. Allein die Großspenden des Branchenprimus der Versicherungswirtschaft, der *Allianz AG*, wurden von 1994 bis 2002 um das Zwölffache auf 450.000 Euro angehoben, wobei eben bemerkenswerterweise 125.000 Euro an die SPD und 50.000 Euro an Bündnis 90/Die Grünen flossen (ebd., 238).

Rendite statt Rente: die Privatisierung der Altersvorsorge

Des Weiteren war die ministeriale Neubesetzung im Bundesfinanzministerium von entscheidender Bedeutung für die Privatisierung der sozialen Sicherungssysteme. Auf den »Keynesianer« Oskar Lafontaine, der in Reaktion auf das »Minister-Mobbing« von Kanzleramtschef Bodo Hombach (SPD) und den schwelenden Konflikt mit dem wirtschaftsnahen »Modernisierer« Schröder nur ein halbes Jahr nach dem fulminanten Wahlsieg der SPD am 27. September 1998 als SPD-Parteivorsitzender und Bundesfinanzminister zurückgetreten war, folgte Hans Eichel (SPD). Der frühere hessische Ministerpräsident verfolgte einen strikten Konsolidierungskurs und übte Druck auf das Bundesministerium für Arbeit und Sozialordnung aus. Mehrmals mahnte Eichel öffentlich an, dass Reformen des bestehenden Rentenversicherungssystems überfällig seien, und machte mit Forderungen an das Arbeitsministerium, Mittel in Höhe von 12 Milliarden D-Mark (6,1 Milliarden Euro) einzusparen, auch gleich präzise Vorgaben (ebd., 152). Gemeinsam mit seinen neu eingesetzten Staatssekretären Heribert Zitzelsberger, der vormals bei der *Bayer AG* tätig war, und Caio Koch-Weser, der zuvor für die Weltbank arbeitete und heute im erweiterten Vorstand der *Deutschen Bank AG* wirkt, trieb er die Einführung einer staatlich subventionierten privaten Altersvorsorge mit aller Entschiedenheit voran. Da die steuerliche Förderung privater Altersvorsorgeprodukte sowie ihre Zulassung in den Zuständigkeitsbereich seines Ministeriums fielen, war Eichel maßgeblich an der Rentenreform beteiligt: »Rente – Eichels nächste Reform« titelte *Die Zeit* im Juli 2000 ebenso plakativ wie zutreffend.

Die intensive Einbeziehung des Bundesfinanzministeriums, auf das die Banken- und Versicherungswirtschaft nicht nur über »Leihbeamte« traditionell großen Einfluss hat, diente mithin als Einfallstor für finanzwirtschaftsnahe Interessengruppen. Die zuvor weitgehend für sich und im Konsens agierenden Beamten des Bundesministeriums für Arbeit und Sozialordnung waren im Gesetzgebungsprozess daher nicht nur mit den Forderungen nach Haushaltsdisziplin aus dem Hause Eichel konfrontiert, sondern auch mit den Privatisierungsinteressen der Finanzbranche. Somit fehlte den Sozialpolitikern der Rückhalt bei der anstehenden Rentenreform, die nun maßgeblich durch das Bundeskanzleramt geprägt wurde. Neben Lafontaine wurden die prominentesten Sozialpolitiker Rudolf Dreßler und Ottmar Schreiner (beide SPD) ausgegrenzt und durch schrödertreue Sozialdemokraten wie die spätere Gesundheitsministerin Ulla Schmidt (SPD) ersetzt. Der langjährige und parteiintern höchst anerkannte Sozialexperte Rudolf Dreßler wurde bewusst übergangen, weil er – im Gegensatz zu seinem auf die Stärkung der kapitalgedeckten Altersvorsorge setzenden Parteifreund Walter Riester – ganz hinter dem SPD-Rentenkonzept »Strukturreform statt Leistungskürzungen« stand.

Außerdem wurde der für die Rentenreform zuständige Abteilungsleiter im Bundesarbeitsministerium, Thomas Ebert (SPD), von Walter Riester aus »politischen Gründen« in den einstweiligen Ruhestand versetzt. Ursula Köbl und Winfried Schmähl, der dem für Rentenversicherungsfragen eingerichteten Sozialbeirat vorstand, wurden nicht erneut in das Gremium berufen – ein bis dato einzigartiges Ereignis in der Geschichte dieses Beirats (ebd., 155). Nachfolger wurden die den Reformplänen Riesters nahestehenden Wissenschaftler Barbara Riedmüller (SPD) und Bert Rürup, der gleich zum Vorsitzenden des Beirats ernannt wurde.

Die Weichen für eine umfassende Rentenreform wurden bereits im Bundestagswahlkampf 1998 gestellt, als Gerhard Schröder den damaligen Vizepräsidenten der *IG Metall*, Walter Riester, zum ersten Mitglied seines Schattenkabinetts machte. Riesters bevorzugte Reformidee, die er zu seiner Zeit als Spitzengewerkschafter entwickelt, im Bundestagswahlkampf offensiv vertreten und in das »Bündnis für Arbeit« bereits eingebracht hatte, war die eines Tariffonds: Die Sozialpartner sollten ein halbes Prozent der ausgehandelten Lohnsumme in einen Fonds einbringen, der langfristig zur Teilfinanzierung der Arbeitnehmerrenten beitragen sollte. Dieser Vorschlag wurde zwar von den Arbeitgeberorganisationen begrüßt, von den Gewerkschaften jedoch rundum abgelehnt, sahen diese darin doch eine »Infragestellung des Prinzips der paritätischen Finanzierung der Sozialversicherung« (Trampusch 2009, 153). Nachdem klar geworden war, dass nur einer der Sozialpartner für die Idee des Tariffonds zu gewinnen war, wurde diese Reformoption schlicht unrealisierbar. Daraufhin wurde als Alternativlösung das Konzept der Riester-Rente geboren: eine staatlich subventionierte private Zusatzversicherung zur bestehenden gesetzlichen Rentenversicherung.

Altersarmut und Vorsorgelücken

Die Riester-Reform brachte 2001 vor allem zwei Neuerungen: Erstens wurde die Nettolohnanpassung der Rente durch die »modifizierte Bruttolohnanpassung« ersetzt, was das Netto-Standardrentenniveau von 70 Prozent auf

64 Prozent absenken sollte. Nach dem neuen Prinzip »hängt der Zuwachs der Renten von der Entwicklung des durchschnittlichen Bruttolohns ab, von dem jedoch die Beiträge zur gesetzlichen Rentenversicherung und die empfohlenen Aufwendungen für die geförderte ›private‹ Altersvorsorge abgezogen werden« (Berner 2008, 135). Die zwei Jahre zuvor rückgängig gemachten Rentenkürzungen der Regierung Kohl kamen so – quasi durch die Hintertür – zurück. Zweitens wurde die »Eichel-Förderung« eingeführt, mit der die betriebliche Altersvorsorge staatlich gefördert wird. In diesem Rahmen wurde ein Rechtsanspruch auf Entgeltumwandlung eingeführt, wonach jeder Arbeitnehmer bis zu vier Prozent der Beitragsbemessungsgrenze in der gesetzlichen Rentenversicherung jährlich steuer- und abgabenfrei in eine Pensionskasse, einen Pensionsfonds oder eine Direktversicherung einzahlen kann (ebd., 144 f.). Profiteure: Banken und Versicherungen.

Schon 2003 wurde deutlich, dass die Berechnungen zur Entwicklung des Arbeitsmarktes und der durchschnittlichen Lebenserwartung zu optimistisch waren. Daher wurde durch das Rentenversicherungs-Nachhaltigkeitsgesetz von 2004 der »Nachhaltigkeitsfaktor« eingeführt, der die Rentenanpassung an die Lohn- und Beschäftigungsentwicklung koppeln sollte. Die Rente orientiert sich seither an dem Verhältnis von Leistungsbeziehern und Beitragszahlern. Zudem wurde eine Mindestsicherung für das Netto-Standardrentenniveau vor Steuern von 46 Prozent für das Jahr 2020 und von nur noch 43 Prozent des Lohnniveaus für das Jahr 2030 eingeführt. Dieser Entschluss gab das jahrzehntelange rentenpolitische Ziel der Lebensstandardsicherung auf und ersetzte es durch das (sozial)politisch bedenkliche Mindestsicherungsziel. Mit diesen gesetzlichen Neuerungen sind private Rücklagen für die Zeit nach dem Berufsleben für viele, insbesondere einkommensschwache Menschen, tatsächlich unumgänglich geworden.

Eineinhalb Jahrzehnte nach Einführung der staatlich subventionierten privaten Altersvorsorge mehren sich die Zweifel an der Riester-Reform – nicht zuletzt, weil das Leistungsniveau der gesetzlichen Rentenversicherung massiv sank. Die drohende Gefahr einer steigenden Altersarmut wird kaum mehr geleugnet. Die Zahl derer, die auf Grundsicherung im Alter angewiesen sind, wuchs zuletzt auf über 500.000. Gleichzeitig stieg die Zahl von Senioren, die einen Mini-Job übernehmen (müssen), um nicht auf Grundsicherung angewiesen zu sein, auf knapp eine Million. Der Trend wird noch deutlicher, wenn diejenigen Personen mitgezählt werden, die kurz vor dem Eintritt ins Rentenalter stehen, auf Hartz IV angewiesen sind und im Rentenalter aller Voraussicht nach Grundsicherung beziehen werden. Ihre Zahl stieg von rund 260.000 im Jahr 2010 auf zuletzt etwa 320.000. Die Vorsorgelücke, die durch die Senkung des Rentenniveaus gerissen wurde, scheint durch das »Riestern« allein nicht geschlossen werden zu können. Kurzum: Es gibt wohl zu viele Menschen in Deutschland, die nicht genug sparen können. Dass die Riester-Rente auf die Grundsicherung im Alter angerechnet wird, dürfte sie überdies demotivieren.

Ernüchterung macht sich auch bei einem Blick auf die Qualität der Riester-Rente breit. Laut einer 2011 vom renommierten *Deutschen Institut für Wirtschaftsforschung* veröffentlichten Studie sind die meisten Riester-Verträge »schlechte Produkte zuungunsten der Versicherten« (Hagen/Kleinlein 2011, 15). Sie wiesen eine miserable Rendite sowie hohe Abgaben und Verwaltungskosten auf, die vollkommen intransparent und sogar für Experten kaum nachvollziehbar seien (ebd., 5 ff.). Die schlechten Renditen seien vor allem auf die Senkung des Garantiezinses, den die Riester-Versicherer anbieten müssen, von ursprünglich 3,25 auf nun 1,75 Prozent zurückzuführen. Zudem seien die »Unisex«-Tarife, die für Frauen und Männer die gleiche Lebenserwartung unterstellen, unrealistisch. Schließlich gingen die Anbieter von Riester-Renten von einer bis zu elf Jahre höheren Lebenserwartung aus als das Statistische Bundesamt. So würden die Rentenbezüge deutlich reduziert: Eine 35-jährige Frau, die im Alter über ihre eigenen eingezahlten Beiträge und die staatlichen Zulagen hinaus noch die Inflation ausgleichen und eine bescheidene Rendite von 2,5 Prozent erhalten möchte, müsse demnach das geradezu biblische Alter von 109 Jahren erreichen (ebd., 11). Bei einer statistischen Lebenserwartung von 88 Jahren für Frauen scheint dies unrealistisch. Dementsprechend folgern die Wissenschaftler: »Für viele Riestersparer ist […] die Rendite nicht höher, als wenn sie ihr Gespartes in einen Sparstrumpf gesteckt hätten« (ebd., 13). Den im Frühjahr 2016 unterbreiteten Vorschlag von Horst Seehofer (CSU), das Niveau der gesetzlichen Rente weniger stark abzusenken und zugleich die staatliche Förderung der privaten Altersvorsorge einzuschränken, kommentierte Peter Bofinger, Mitglied des Sachverständigenrates zur Begutachtung der gesamtwirtschaftlichen Entwicklung, mit den Worten (2016): »Das Konzept, die geringere staatliche Rente durch die Riester-Rente auszugleichen, ist gescheitert. Die Kosten haben einen großen Teil der Rendite aufgezehrt. Und in der Nullzins-Welt hat sich die Hoffnung, eine höhere Rendite als bei der gesetzlichen Rente zu erzielen, dann völlig zerschlagen.«

Ähnlich kritisch sieht es bei der 2004 mit dem Alterseinkünftegesetz eingeführten Rürup-Rente aus. »Wie Versicherer mit Rürup-Renten abkassieren«, urteilte selbst das wirtschaftsfreundliche *Handelsblatt* 2012 über die nach dem Vorsitzenden der Sachverständigenkommission zur Neuordnung der steuerrechtlichen Behandlung von Altersvorsorgeaufwendungen und Altersbezügen benannte Privatrente (Hussla 2012). So schauen auch viele Selbstständige, die aufgrund zu hoher Einkommen nicht von der Riester-Förderung profitieren können, mit dieser vom Staat subventionierten privaten Leibrentenversicherung in die Röhre.

Wie bei allen Finanzgeschäften stehen den Verlierern stets Gewinner gegenüber: Die Finanz- und Versicherungswirtschaft hat von der Privatisierung des Rentensystems profitiert. Mehr als 16 Millionen Riester-Verträge schlossen die Deutschen bisher ab (BMAS 2015). 2015 erzielte die Versicherungsbranche einen Gesamtumsatz von rund 1,4 Milliarden Euro, was eine Steigerung von 400 Millionen Euro im Vergleich zum Jahr 2009 bedeutet (Statista 2015). Die Riester-Reform kann damit als großflächiges Subventionsprogramm für die Finanz- und Versicherungswirtschaft gewertet werden.

Wären die Milliarden staatlicher Subventionen nicht besser einzusetzen? Gäbe es politischen Konsens darüber, dass an zusätzlicher privater Vorsorge kein Weg vorbeiführt, könnte diese schließlich auch obligatorisch eingeführt werden – entweder über öffentlich verwaltete Fonds am Kapitalmarkt wie die unlängst vorgeschlagene »Deutschlandrente« (wodurch Verwaltungs- und Werbungskosten gespart würden) oder aber über das Umlageverfahren, das mit einer fiktiven Kapitalisierung kombiniert wird. So werden in Schweden die »auf den Individualkonten fiktiv als Kapital akkumulierten Beiträge [...] dynamisiert und bei Rentenbeginn über einen vom Geburtsjahrgang und dem Renteneintrittsalter abhängigen ›Annuitätendivisor‹ in eine Monatsrente umgewandelt« (Rische 2013, 15). Das skandinavische Wohlfahrtsstaatsmodell böte sich durchaus als Referenz an.

Vergessene Vorzüge des Umlageverfahrens

Um zu erkennen, dass es keine sachlichen Gründe gab, den »Generationenvertrag« als Basis der gesetzlichen Rentenversicherung in Deutschland aufzukündigen, reicht im Grunde ein Blick auf ihre Funktionsmechanismen. Bis heute wird das Gros ihrer Einnahmen im Umlageverfahren erbracht, d. h. die Beiträge werden – abgesehen von einer Nachhaltigkeitsrücklage von 1,9 Prozent der Monatsausgaben – unmittelbar als Leistungen wieder ausgezahlt (Deutsche Rentenversicherung 2015, 23). Im Gegenzug für die Beitragszahlungen, die direkt in die Renten für Alte, Hinterbliebene und Invaliden fließen, erhalten die derzeit Erwerbstätigkeiten Ansprüche auf zukünftige Leistungen.

Dieses jahrhundertealte System basiert auf dem Versicherungs-, dem Äquivalenz- und – jedenfalls grundsätzlich – dem Solidarprinzip. Alle Mitglieder sind gegen den Verlust des Arbeitseinkommens versichert (Versicherungsprinzip), wobei sich die konkrete Höhe der Leistungen an den zuvor erbrachten Beitragszahlungen bemisst (Äquivalenzprinzip). Darüber hinaus werden Zeiten ohne Erwerbstätigkeit (beispielsweise bei Arbeitslosigkeit oder während der Berufsausbildung) bei der Bestimmung der Rente angerechnet, und für bestimmte Zeiten wie solche der Kindererziehung oder der familiären Pflege übernimmt der Staat – sprich: die Allgemeinheit – die Beitragszahlungen (Solidarprinzip).

Dieses etablierte Umlageverfahren der gesetzlichen Rentenversicherung kritisieren Marktapologeten vor allem deshalb, weil die Einnahmen zum einen von den Beschäftigungszahlen und damit der aktuellen Konjunktur abhängen und zum anderen von der Relation von Beitragszahlern und Rentnern. Die neoliberale Annahme lautet, dass bei einer tendenziell alternden Bevölkerung immer weniger Junge immer mehr Alten gegenüberstehen, das System somit der »demografischen Katastrophe« entgegen liefe (Birg 2005). Dabei wird jedoch nicht nur die Produktivitätsentwicklung der deutschen Wirtschaft vernachlässigt, sondern auch die Potenziale einer Abschmelzung der derzeit knapp vier Millionen Arbeitslosen übersehen, die nur zum Teil von der offiziellen Statistik erfasst werden. So erläutert der profilierte Statistikprofessor Gerd Bosbach: »Selbst wenn die Produktivitätssteigerung je Arbeitnehmer jährlich nur ein Prozent beträgt, könnte jeder Beschäftigte im Jahr 2060 30 Prozent Rentenbeitrag zahlen und gleichzeitig noch sein verbleibendes Einkommen um über vierzig Prozent steigern, nach Abzug der Preissteigerung« (2012). Trotz einer tendenziell sinkenden Erwerbsbevölkerung – und auch diese Annahme muss sich erst noch erweisen – ist das umlagefinanzierte Rentensystem somit keinesfalls systemimmanent gefährdet.

Überdies hat das Umlageverfahren, das als solidarischer Gesellschaftsvertrag ohne Gewinnstreben organisiert ist, eindeutige Vorteile gegenüber dem Kapitaldeckungsverfahren, bei dem der Volkswirtschaft durch den Aufbau eines Kapitalstocks Geld entzogen und damit individuell »angespart« wird. Erstens ist es ungemein flexibel, wie die Tatsache belegt, dass vier Millionen DDR-Renten nach der Wiedervereinigung umgestellt werden konnten. Zweitens ist das System der Umlagefinanzierung weitaus kostengünstiger als die privatwirtschaftliche Alternative: Rund 1,5 Prozent Verwaltungskosten fallen bei der gesetzlichen Rentenversicherung an, mehr als 15 Prozent bei privaten Rentenversicherungen (Balodis/Hühne 2013, 58; Engelen-Kefer 2004, 110). Ein dritter Vorteil ist die weitgehende Unabhängigkeit von Inflation und schwankenden Aktienkursen. Da die immensen Kapitalmengen weder angehäuft noch gewinnbringend angelegt werden müssen, ist die Gefahr ihrer völligen oder teilweisen Vernichtung bei Kurseinbrüchen an den Börsen ausgeschlossen. Millionen US-Amerikaner, die sich auf privatwirtschaftliche Pensionsfonds haben verlassen müssen, können von dieser Vernichtung ein Lied singen.

Die erfolgreichen Sachbuchautoren Michael Reimon und Christian Felber beschreiben dies in ihrem 2003 erschienenen »Schwarzbuch Privatisierung« am Beispiel eines individuellen Schicksals ebenso eingängig wie zutreffend (135 f.): »Im November 2001 war für Janice Farmer die Welt noch in Ordnung. Ihr Rentendepot beim US-Energieriesen *Enron* war 700.000 US-Dollar schwer, damit lässt sich in den USA ein passabler Ruhestand verbringen. Doch am 3. Dezember brach die heile Welt zusammen: das siebtgrößte Unternehmen der USA meldete aus heiterem Himmel Konkurs an. Innerhalb weniger Monate stürzte der *Enron*-Aktienkurs von über 32 US-Dollar auf wenige Cents ab. Um den freien Fall des Kurses zu stoppen, verhängte das Management über Aktien, die im Besitz von Mitarbeitern (zum Zweck der Altersvorsorge) waren, eine Verkaufssperre. Die älteren Beschäftigten mussten ohnmächtig mit ansehen, wie mit dem Kursverfall ihre Rentendepots dahinschmolzen. Von Janice' Vorsorge blieben gerade noch 20.000 US-Dollar übrig. Insgesamt verloren die älteren Angestellten 1,2 Milliarden US-Dollar. Die Topmanager hatten dagegen rechtzeitig ihre Aktien abgestoßen und ebenso viel, eine Milliarde US-Dollar, an Gewinn einkassiert.«

Enron, dessen inzwischen zu mehrjährigen Haftstrafen verurteilte Vorstände Kenneth Lay und Jeffrey Skilling noch wenige Monate vor der Konzernpleite unter tosendem Beifall der Mitarbeiter ein Transparent mit dem Versprechen »Vom größten Energiekonzern der Welt zum größten Konzern der Welt« entrollt hatten, war kein Einzelfall im US-amerikanischen Rentensystem. Da sich die staatlichen Renten im »Land der unbegrenzten Möglichkeiten« bis 2030 nur noch auf 37 Prozent des letzten Einkommens belaufen sollen, sind alle US-Amerikaner, die keine millionenschweren Erbschaften zu erwarten haben, existenziell auf betriebliche und private Zusatzrenten angewiesen. Derzeit haben rund 61 Millionen Arbeitnehmer rund 4,3 Billionen US-Dollar in sogenannte 401(k)-Fonds der betrieblichen Altersvorsorge investiert. Bei diesem für Unternehmen wie Arbeitnehmer steuerlich vorteilhaften und daher beliebten Modell fließt das Geld in einen offenen Pensionsfonds. Die Höhe der Rente richtet sich nach der Performance des Fonds, wobei der Arbeitgeber feste Beiträge in den Pensionsfonds einzahlt, sodass die Arbeitnehmer letztlich das Anlagerisiko tragen.

Zusätzliche Risiken birgt das 401(k)-Fondsmodell, weil viele Konzerne den Löwenanteil in hauseigene Aktien stecken. Die Arbeitnehmer sind somit einer doppelten Gefahr ausgesetzt. Gerät ihr Arbeitgeber in finanzielle Schwierigkeiten, verlieren sie unter Umständen zunächst ihre Arbeit und dann auch noch ihre Rentenansprüche. So hatten die *Enron*-Beschäftigten beinahe zwei Drittel ihrer Firmenrente in *Enron*-Aktien angelegt, die nach der Insolvenz des Konzerns ebenfalls verloren waren. Aber auch die Unternehmen *Global Crossing*, *United Airlines*, *US Airways* und *General Motors* setzten die Renten ihrer Angestellten aufs Spiel, indem sie hauptsächlich eigene Aktien in ihre 401(k)-Fonds aufnahmen. Nach diesen Erfahrungen wurden neue Gesetze geschaffen, um die Anlage in Aktien des eigenen Unternehmens einzudämmen – doch noch immer füllen zehn der 50 größten US-amerikanischen Unternehmen ihre Fonds mit eigenen Aktien.

Ähnliches gilt für Großbritannien, wo bis zu 80 Prozent der Rentenfondsanteile in Aktien angelegt sind. Dass dies ausgesprochen riskant ist, zeigte der Sinkflug der Rentenfonds im Jahr 2002. Beinahe 14 Prozent ihres Wertes – und damit rund 150 Milliarden Euro – verloren die britischen Rentenfonds damals. Noch gravierendere Folgen hatten die kapitalmarktgetriebenen Krisen für die japanischen Lebensversicherer. Drei der Marktführer – *Kyoei Life*, *Chiyoda Mutual Life* und *Tokio Mutual Life* – mussten Konkurs anmelden, nachdem der japanische Börsenindex Nikkei von knapp 40.000 Punkten im Jahr 1989 auf unter 10.000 Punkte im Jahr 2001 gefallen war; allein im Jahr 1990 verlor er sage und schreibe 40 Prozent. Obschon die Versicherer ihren Kunden 15 Prozent Rendite versprochen hatten, erzielten diese nun nur noch höchstens drei Prozent. Die Konkursopfer erhielten lediglich eine symbolische Schadensbegrenzung aus dem staatlichen Ausgleichsfonds. Selbst das reiche Norwegen setzt in der Altersvorsorge auf Aktien: Das Land verfügt über den mit einem Volumen von aktuell 830 Milliarden US-Dollar größten staatlichen Pensionsfonds der Welt, 60 Prozent der Anteile sind in Aktien angelegt. Der Rentenfonds hat sich nun jedoch vor allem mit chinesischen Aktien verspekuliert und verlor allein im dritten Quartal 2015 die stattliche Summe von 32 Milliarden Euro. Ähnliches droht auch Deutschland, wenn die kapitalmarktgetriebene Privatisierung der Altersvorsorge ins Werk gesetzt wird.

Privatsache Arbeitslosigkeit: Hartz IV

Das am 9. September 1982 veröffentlichte *Lambsdorff-Papier* leitete im Zuge der »geistig-moralischen Wende«, die Helmut Kohl anlässlich seiner Amtsübernahme als Bundeskanzler im Herbst 1982 versprach, die Privatisierung der Arbeitsverhältnisse ein. »Weniger Staat, mehr Markt« – so lautete das Credo der neuen Bundesregierung. Der Forderungskatalog, der als »Scheidungspapier« der sozialliberalen Koalition in die Geschichte eingegangen ist, wandte sich in erster Linie gegen Reformen, die zu Zeiten der Kanzlerschaft Willy Brandts umgesetzt worden waren. Der seinerzeit höchst einflussreiche und 2009 verstorbene Bundeswirtschaftsminister Otto Graf Lambsdorff (FDP) forderte in dem Strategiepapier neben einer spürbaren Verschärfung der Zumutbarkeitsregeln für Erwerbslose und einer Verwaltung der Arbeitslosenhilfe durch die Sozialämter insbesondere eine »Verbilligung des Faktors Arbeit« durch eine nachhaltige Senkung der Sozialleistungsquote. Die von einigen neoliberalen Getreuen als »Wohlfahrtsdiktatur« bezeichnete Sozialstaatsarchitektur sollte ad acta gelegt werden.

Beim Lesen des Memorandums drängt sich die Frage auf, ob es sich dabei nicht um ein Drehbuch für die heutige Wirtschafts- und Sozialpolitik handelt, so sehr gleichen die von den folgenden Bundesregierungen umgesetzten Maßnahmen dem Handlungskatalog (Butterwegge 2008, 137): »Von einer zeitlichen Begrenzung der Bezugsdauer des Arbeitslosengeldes auf zwölf Monate über die Einführung eines ›demografischen Faktors‹ zur Beschränkung der Rentenhöhe (›Berücksichtigung des steigenden Rentneranteils in der Rentenformel‹) bis zur stärkeren Selbstbeteiligung im Gesundheitswesen listete das Lambsdorff-Papier fast alle ›sozialen Grausamkeiten‹ auf, welche die folgenden Bundesregierungen verwirklichten. Erst das ›Hartz IV‹ genannte Gesetzespaket der rot-grünen Koalition ging durch die Abschaffung der Arbeitslosenhilfe und die Absenkung des an deren Stelle tretenden Arbeitslosengeldes (ALG) II auf Sozialhilfeniveau über den Forderungskatalog des damaligen FDP-Wirtschaftsministers hinaus.«

Bereits die christlich-liberale Koalition (1982–1998) nahm mehrmals Anlauf, den Arbeitsmarkt zu flexibilisieren und die Sozialleistungen zu kürzen. Doch erst unter Kanzler Schröder wurde mit den Hartz-Reformen der Umbau der Arbeitsmarktpolitik vollzogen – zur großen Überraschung der Wähler, die im Glauben an eine Abkehr von der Privatisierung der Sozialpolitik die christlich-liberale Koalition abgewählt hatten. Angekündigt worden war die »sozialdemokratische Variante« des Sozialstaatsum- und -abbaus indes bereits im Wahlkampf. Mit der »Neuen Mitte« nahm die deutsche Sozialdemokratie Anleihe bei der britischen Labour-Partei, die bei den Parlamentswahlen am 1. Mai 1997 fulminant gesiegt hatte. Bezeichnenderweise wurden auch die Wähler der britischen »Arbeiterpartei« enttäuscht: Ausgerechnet am Tag der Arbeit wurde mit Tony Blair ein Mann zum Premierminister gewählt, der die sozialen Bedingungen der arbeitenden Bevölkerung mit der Neuausrichtung der Partei in Richtung »New Labour« verschlechterte statt sie im Einklang mit der Tradition seiner Partei zu verbessern.

Das am 8. Juni 1999 veröffentlichte »Schröder-Blair-Papier« und der darauf fußende Beschluss des Bundeskabinetts mit dem Titel »Moderner Staat – moderne Verwaltung«, die das Leitbild eines »aktivierenden Sozialstaates« formulierten, begründeten die ideologische Neuorientierung in der Arbeitsmarktpolitik. Einen entscheidenden Beitrag zur Geringschätzung des westeuropäischen Wohlfahrtsstaates leistete Schröders Wahlkampfstratege Bodo Hombach, der innerhalb der SPD höchst umstritten war. Schon im Wahlkampf hatte der »Kanzlerflüsterer« mit seinem Buch »Aufbruch – Die Politik der Neuen Mitte« in den parteiinternen Machtkampf zwischen »Modernisierern« und »Traditionalisten« eingegriffen. Mit Hombachs Ernennung zum Kanzleramtschef schuf Schröder ein machtpolitisches Gegengewicht zu dem parteiintern beliebteren Bundesfinanzminister Oskar Lafontaine, um den »Dritten Weg« in Richtung schlankem (Sozial-)Staat zu beschreiten. Nachdem der von der britischen Boulevardzeitung *Sun* als »gefährlichster Mann Europas« bezeichnete Erbe Willy Brandts von allen Ämtern zurückgetreten war, war der Machtkampf zugunsten Schröders entschieden, der nach nur kurzer Zeit den Polarisierer Hombach durch Frank-Walter Steinmeier (SPD) ersetzte. Der heutige Bundesaußenminister hatte dem »Brioni«-Kanzler bereits in der niedersächsischen Staatskanzlei gedient und war maßgeblich an der Konzipierung der Hartz-Reformen und der »Agenda 2010« beteiligt.

Ernüchternde Bilanz der Arbeitsmarktreformen

Nachdem im Januar 2002 der Bundesrechnungshof fehlerhafte Vermittlungsstatistiken der Bundesanstalt für Arbeit gerügt hatte und die Medien das Thema aufgriffen, sah sich die Regierung im Wahlkampfjahr 2002 zu raschem Handeln veranlasst. Die Konzepte für eine umfassende Arbeitsmarktreform waren zu diesem Zeitpunkt bereits weit gediehen. In engem Austausch mit den Unternehmensberatungen *McKinsey & Company* und *Roland Berger Strategy Consultants* hatten Schlüsselakteure der Regierung Schröder wie Kanzleramtschef Steinmeier, der spätere Chef der neu gegründeten Bundesagentur für Arbeit, Florian Gerster (SPD), sowie der Bundesminister für Wirtschaft und Arbeit, Wolfgang Clement (SPD), mit beachtlichem zeitlichen Vorlauf einen »Reformfahrplan« in Richtung »aktivierender Sozialstaat« entworfen. So war u. a. der Arbeitskreis »Reform der Arbeitslosen- und Sozialhilfe« eingesetzt worden, der bei der *Bertelsmann Stiftung* angesiedelt, mit dortigen Projektressourcen ausgestattet und wissenschaftlich begleitet wurde (Hassel/Schiller 2010, 213 f.). Daneben startete die *Bertelsmann Stiftung* ein Projekt mit dem Titel »Beschäftigungsförderung in Kommunen«.

Nach dem Vermittlungsskandal bei der Bundesanstalt für Arbeit wurde am 22. Februar 2002 das als »Hartz-Kommission« ebenso berühmt wie berüchtigt gewordene Gremium mit dem Titel »Moderne Dienstleistungen am Arbeitsmarkt« unter der Leitung des VW-Personalvorstands Peter Hartz eingesetzt. Nur einen Monat später rückte ein Schröder-Vertrauter an die Spitze der neu gegründeten Bundesagentur für Arbeit: Florian Gerster, der mit seinem »Mainzer Modell« eine Ausweitung der Anreize zur Annahme von Beschäftigung im Niedriglohnbereich vorsah und die von ihm als rheinland-pfälzischem Sozialminister entwickelte Sofortmaßnahme auf ganz Deutschland ausgeweitet sehen wollte. Die Empfehlungen der »Hartz-Kommission«, die aufgrund der Vorarbeiten der *Bertelsmann*-Arbeitsgruppe schon sechs Monate nach ihrer Einrichtung einen Bericht zur Reformierung der Vermittlungstätigkeit und zur Umstrukturierung der Bundesarbeitsagentur vorlegen konnte, fielen auf fruchtbaren Boden.

Nach der knapp gewonnen Bundestagswahl im September 2002 folgte dem zögerlichen Arbeitsminister Riester der entschluss- und reformfreudige Ministerpräsident Nordrhein-Westfalens, Wolfgang Clement. Die Umsetzung der Arbeitsmarktreformen wurde also ausgerechnet einem Politiker übertragen, der später – nach seiner Zeit als »Superminister« für Wirtschaft und Arbeit – aus der SPD austrat und bei der Bundestagswahl 2009 nach eigenem Bekunden den an seinem Wohnort Bonn als Direktkandidat antretenden FDP-Vorsitzenden Guido Westerwelle mit seiner Erststimme wählte. Das ehemalige politische Schwergewicht wirkt zudem bis heute nicht nur als Kuratoriumsvorsitzender der INSM, sondern sitzt u. a. im Aufsichtsrat des Zeitarbeitsunternehmens *DIS Deutscher Industrie Service*, das inzwischen mehrheitlich in den Händen des Schweizer Konkurrenten *Adecco* liegt, für den der »Modernisierer« Clement das *Adecco Institute* zur Erforschung der

Arbeit leitet. Auch seine übrigen Aufsichts- und Beiratsmandate lassen erkennen, warum der ehemalige Politiker und erklärte Gegner eines gesetzlichen Mindestlohns die sozialpolitische Entstaatlichung vorangetrieben hat.

Die neoliberale Zeitenwende am Arbeitsmarkt erfolgte schließlich über die vier Gesetze für moderne Dienstleistungen am Arbeitsmarkt, die sogenannten Hartz-Gesetze, die als größte Arbeitsmarkt- und Sozialreform der deutschen Nachkriegsgeschichte gelten müssen. Während Hartz I u. a. die flächendeckende Einrichtung von Personal-Service-Agenturen, Änderungen im Leistungsrecht und die Einführung von Bildungsgutscheinen umfasste, wurden mit Hartz II die »Ich-AGs« sowie geringfügige Beschäftigungsverhältnisse (Mini- und Midi-Jobs) und Job-Center eingeführt. Mit Hartz III wurde die Bundesanstalt für Arbeit in die Bundesagentur für Arbeit umgewandelt.

Während die ersten drei Hartz-Gesetze nur in einigen wenigen Kreisen Unmut hervorriefen, wurde Hartz IV zur europaweit berühmtesten Chiffre für den Um- und Abbau des Sozialstaates. Die Zusammenlegung von Arbeitslosen- und Sozialhilfe zum sogenannten ALG II kam kaum noch überraschend: »Wir werden Leistungen des Staates kürzen, Eigenverantwortung fördern und mehr Eigenleistung von jedem Einzelnen abfordern müssen.« Mit diesen Worten hatte Gerhard Schröder die deutsche Bevölkerung in seiner Regierungserklärung bereits am 14. März 2003 auf sein neoliberales Reformprogramm eingeschworen, mit dem sich die rot-grüne Koalition endgültig von ihrem sozialdemokratischen Erbe löste – und auf die Privatisierung von Lebensrisiken setzte.

Dabei sind die im Rahmen der »Agenda 2010« entwickelten und bis heute von vielen Marktgläubigen gepriesenen Hartz-Reformen ein Tiefpunkt der deutschen Sozialgeschichte. Noch immer sind mehr als sechs Millionen Menschen auf Hilfen zur Sicherung des Existenzminimums angewiesen, die Zahl der erwerbstätigen Armen liegt seit Jahren konstant bei über einer Million. Die Transferleistungen des ALG II reichen vielfach nicht aus, um das Existenzminimum zu gewährleisten, geschweige denn das »soziokulturelle Existenzminimum«, sodass sich die Zahl der Lebensmitteltafeln seit der Einführung von Hartz IV mehr als verdoppelt hat. An über 2.100 Ausgabestellen für kostenlose Nahrungsmittel finden sich dort Tag für Tag rund 1,5 Millionen Bedürftige zur Armenspeisung ein (Bundesverband Deutsche Tafel 2016). Der Armutsforscher Christoph Butterwegge sieht in dieser Privatisierung der Fürsorge den Wandel »vom bismarckschen Sozialstaat zum postmodernen Suppenküchenstaat« (2010, 73).

Das Risiko der Arbeitslosigkeit als eines der folgenschwersten Lebensrisiken – zuvor über die staatlichen Sozialversicherungssysteme abgesichert – trägt der Einzelne heute zu weiten Teilen selbst. Die Privatisierung von Sozialleistungen wurde insbesondere begünstigt durch das zum 1. Januar 2005 eingeführte bedarfsorientierte Arbeitslosengeld II und die gleichzeitige Abschaffung der lohnabhängigen Arbeitslosenhilfe. Auch die Verkürzung der Bezugsdauer des vorgeschalteten lohnabhängigen Arbeitslosengeldes (ALG I) auf zwölf Monate für unter 51-Jährige und maximal 24 Monate für Arbeitnehmer ab 58 Jahren hat Millionen Arbeitnehmer dazu genötigt, private Rücklagen zu bilden, um im Falle der Arbeitslosigkeit nicht im finanziellen Nichts zu enden.

Den nächsten sozialpolitischen Sündenfall stellt die Flexibilisierung des Arbeitsmarktes über die Schaffung eines gigantischen Marktes für Zeit- und Leiharbeit dar. Im Zuge der »Agenda 2010« hob die rot-grüne Bundesregierung das sogenannte Synchronisationsverbot in der Leiharbeit auf, sodass die Zeitarbeitsunternehmen ihre Arbeitskräfte entsprechend der Nachfrage der entleihenden Betriebe anheuern und entlassen können. Seitdem haben Firmen unzählige Normalarbeitsverhältnisse durch Leiharbeit ersetzt, weshalb sich die Aussichten für Zeitarbeiter, jemals wieder in einem Betrieb als Festangestellte Fuß zu fassen, dramatisch verschlechtert haben.

Entsolidarisierung: Gewinner und Verlierer der Reformen

Die Privatisierung der Sozialversicherungssysteme – insbesondere die Zerschlagung der gesetzlichen Renten- und Arbeitslosenversicherung – ist zunächst einmal Ausdruck einer von Entsolidarisierung geprägten Gesellschaft, wie der Politikwissenschaftler Christoph Butterwegge unter Bezugnahme auf die politisch motivierten Grundsatzentscheidungen anmerkt (2016): »Dass die Altersarmut zunimmt, ist aber weder ein sozialpolitischer Betriebsunfall noch ein unsozialer Kollateralschaden der Globalisierung oder des demografischen Wandels. Vielmehr wurde der Arbeitsmarkt über die Maßen dereguliert und der Sozialstaat demontiert, insbesondere die gesetzliche Rentenversicherung.« Aber obschon das Riester-Desaster längst offenkundig ist, setzt Bundesarbeitsministerin Andrea Nahles (SPD) in der Tradition ihrer Vorgänger darauf, das Geschäft von Banken, Versicherungskonzernen und Finanzdienstleistern durch die Stärkung der betrieblichen Altersvorsorge erneut anzukurbeln. Dabei boomt die Finanzwirtschaft schon jetzt. Jedes Jahr werden Millionen Riester- und Hunderttausende Rürup-Verträge abgeschlossen. Hinzu kommen Bausparverträge, Lebensversicherungen und Fondssparpläne, die den Banken und Versicherungen gewaltige Profite bescheren.

Ferner profitieren die Versicherungen bei vorzeitigen Kündigungen von Stornogewinnen, weil die Kunden in diesen Fällen meist weniger Geld bekommen als sie eingezahlt haben. Zugleich kalkulieren Anbieter von Produkten für die private Altersvorsorge häufig mit unrealistischen Sterblichkeitsraten, damit die garantierte Rente niedriger ausfällt. Statt auf das Zahlenwerk des Statistischen Bundesamtes in Wiesbaden zurückzugreifen, geht die für die Kalkulation der Versicherungsgesellschaften bedeutsame *Deutsche Aktuarvereinigung* von um zehn Jahre höheren Lebenserwartungen aus.

Während die staatlichen Statistiker prognostizieren, dass heute 35-jährige Männer durchschnittlich 83,6 Jahre alt werden und gleichaltrige Frauen sogar 88,1 Jahre, rechnen die Versicherer mit weitaus höheren Lebenserwartungen: 93,7 Jahre für Männer und 97,8 Jahre für Frauen. Mit diesen Berechnungen hat die Versicherungsbranche allein von 2002 bis 2010 Sterblichkeitsgewinne in Höhe von rund 31 Milliarden Euro erzielt. Ohnehin sind die Versicherungen befugt, ein Viertel dieser Gewinne einzubehalten, und es darf bezweifelt werden, dass die übrigen Gewinne in Form von Überschussbeteiligungen an die Kunden zurückfließen, können diese doch gar nicht prüfen, in welcher Höhe ihnen Sterblichkeitsgewinne ausgezahlt werden müssten. Dass diese Rechen- und Buchungsoperationen mit Milliarden an Steuergeldern subventioniert werden, ist nicht Ausdruck eines rationalen politischen Entscheidungsprozesses, sondern das Ergebnis erfolgreicher Lobbyarbeit.

Das für die Finanzwirtschaft einträgliche Geschäft hat seinen Ursprung zum einen in der von staatlicher Seite mit Zulagen und Steuererleichterungen geförderten privaten Altersvorsorge. Zugleich ist der Trend zur privaten Altersvorsorge aber auch Ausdruck des Kahlschlags bei der gesetzlichen Rente. So sorgen allein die Eingriffe in die Rentenformel dafür, dass das Rentenniveau bis 2030 um rund 25 Prozent sinken wird. Laut dem 2012 veröffentlichten Rentenreport des DGB NRW gehen nur 22 Prozent der Arbeitnehmer im vorgesehenen Alter in Rente. Somit kommt jede Anhebung des Eintrittsalters einer Kürzung des Rentenniveaus gleich, weil 78 Prozent, die früher in Rente gehen müssen, Abschläge zu verkraften haben. Künftig dürften somit nicht nur Geringverdiener von Altersarmut betroffen sein.

Begleitet wurde die Reform der gesetzlichen Rentenversicherungssysteme durch die sogenannte Entgeltumwandlung von Gehaltsanteilen, sodass nun

Teile des Gehalts in eine betriebliche Altersvorsorge oder Direktversicherung fließen können. Damit profitieren die Gutverdienenden zu Lasten der Geringverdiener, weil das dann niedrigere Durchschnittsentgelt das allgemeine gesetzliche Rentenniveau senkt. Zugleich fließt weniger Geld in die Kranken- und Pflegeversicherung, die Arbeitgeber hingegen können einen Teil ihrer Sozialabgaben sparen.

Die Einschätzung Winfried Schmähls, der 14 Jahre lang den Vorsitz des Sozialbeirats der Bundesregierung innehatte, von Walter Riester aber durch den reformfreudigeren Bert Rürup ersetzt wurde, ist deutlich (zit. nach Balodis/Hühne 2013, 16): »Die Absenkung des Rentenniveaus war nicht notwendig, aber sie war politisch gewollt, um die Menschen zu einer Privatvorsorge zu bringen. Die wesentlichen Finanzprobleme des Rentensystems waren bereits gelöst und mit moderaten Beitragssteigerungen hätte das Niveau gehalten werden können. Diese Strukturreform wäre preiswerter gewesen als die kostenträchtige Riester-Rente, die nur der Finanzindustrie nützt und den Arbeitgebern, weil sie Beiträge sparen. Die Arbeitnehmer zahlen jedoch drauf.« Diese Einschätzung teilte unlängst selbst Clemens Fuest, der als absolut marktliberal geltende Nachfolger von Hans-Werner Sinn an der Spitze des Münchner *ifo-Instituts* (2016, 84): »Ich halte die private Altersvorsorge in Deutschland für grundlegend falsch aufgestellt. Wir subventionieren durch die staatlich geförderte Riester-Rente die Ersparnisse von Leuten, die sowieso sparen. Am Ende landen diese Subventionen als Gebühren bei denen, die Riester-Produkte verkaufen. Es ist eine Umverteilung zugunsten der Gutverdienenden und der Finanzdienstleister.«

Die Idee des Vorsorgens fürs Alter ist gesamtwirtschaftlich betrachtet ohnehin fragwürdig. Wie der Bevölkerungswissenschaftler Gerhard Mackenroth bereits in den 1950er-Jahren feststellte, gilt der einfache und klare Satz, »dass aller Sozialaufwand immer aus dem Volkseinkommen der laufenden Periode gedeckt werden muss. Es gibt gar keine andere Quelle und hat nie eine andere Quelle gegeben, aus der Sozialaufwand fließen könnte, es gibt keine Ansammlung von Periode zu Periode, kein ›Sparen‹ im privatwirtschaftlichen Sinne […]. Volkswirtschaftlich gibt es immer nur ein Umlageverfahren« (Mackenroth 1957, 45). Kurz gesagt: Die Leistungen der heutigen Rentner können ohnehin nur von den derzeit Erwerbstätigen erwirtschaftet werden. Dies sah auch Wilfrid Schreiber, der Vater des Umlageverfahrens, so. Er beklagte die »irrige […] Zwangsvorstellung, Deckungsreserven bilden zu müssen« (2004 [1955], 21). Er stellte außerdem klar, dass das »›versicherungsmathematische Deckungskapital‹ eigentlich seit Bestehen der Sozialversicherung, spätestens aber seit 1918 immer nur frommer Wunsch gewesen und geblieben ist« (ebd., 17).

Die Verteidiger des Sozialstaates müssen sich wie Don Quijote im Kampf gegen Windmühlen fühlen, hat sich der Glaube an die Unzulänglichkeit der gesetzlichen Rente nach Jahren erfolgreicher Lobbyarbeit der Banken- und Versicherungswirtschaft doch scheinbar auf ewig in der Öffentlichkeit festgesetzt. Der Planungschef im Bundeskanzleramt zu Zeiten von Willy Brandt und Helmut Schmidt (SPD), Albrecht Müller (SPD), bringt es auf den Punkt (zit. nach Balodis/Hühne 2013, 17): »Es gleicht einer Gehirnwäsche, wenn nun 95 Prozent der Bevölkerung glauben, dass wir ein Demographieproblem haben, deshalb der Generationenvertrag nicht mehr funktioniert und deshalb mehr Privatvorsorge nötig ist.« Dabei wird insbesondere den jüngeren Generationen Sand in die Augen gestreut, wenn behauptet wird, dass sie weniger aus der Rentenkasse herausbekämen als sie eingezahlt haben, weil die gesetzliche Rentenversicherung eine »Pflichtversicherung mit Verlustgarantie« sei.

Selbst der ehemalige Vorsitzende des Sachverständigenrats und langjährige Befürworter der privaten Altersvorsorge, Bert Rürup, stellte 2008 klar, dass die Renditeberechnungen des *Deutschen Instituts für Altersvorsorge* (DIA), wonach die gesetzliche Rente zukünftig negative Renditen aufweisen würde und die private Altersvorsorge daher deutlich renditestärker sei, gravierende methodische Mängel aufwiesen (Rische/Rürup 2008): »Insbesondere bringt das DIA bei ihren Renditeberechnungen [der gesetzlichen Rentenversicherung, T. E.] auch eine zukünftige Geldentwertung in Ansatz, was notwendigerweise zu niedrigeren realen Renditen führt. Bei Altersvorsorgeprodukten der Finanz- und Versicherungswirtschaft lassen die Anbieter bei ihren Renditeberechnungen die Inflation jedoch regelmäßig unberücksichtigt. […] Die Renditen in der gesetzlichen Rente […] [bleiben] auch langfristig positiv.«

Den sich inzwischen bis in die CDU-/CSU-Bundestagsfraktion ausbreitenden Unmut gegenüber der Rentenprivatisierung schildert Mark Schieritz, Redakteur der *Zeit*, in besonders eingängiger Weise (2016): »Vielleicht schmerzt einfach die Erkenntnis, einer großen Illusion erlegen zu sein. Die Rentenreform sollte ja gewissermaßen unter Zuhilfenahme der Finanzwirtschaft der Demografie ein Schnippchen schlagen: Was an staatlicher Rente fehlt, gleichen Zins und Zinseszins aus. Das war die Idee, doch nun frisst die neoliberale Revolution […] ihre Kinder: Die Privatisierung der Altersvorsorge hat zur Entgrenzung der Finanzmärkte beigetragen, die einen Überschuss an Kapital produziert. Der kann von der realen Wirtschaft nicht mehr ohne Weiteres absorbiert werden, was die Zinserträge schmälert. Das Drehbuch zu dieser Episode der Rentengeschichte hätte Marx schreiben können. Groucho, nicht Karl. Die Lehre daraus lautet: Der Wohlstand im Alter muss erarbeitet werden, er lässt sich nicht durch Finanzoperationen herbeizaubern – auch nicht, wenn sie im biederen Gewand eines Riestervertrags daherkommen.«

Es wird Zeit, dass das Image der umlagefinanzierten staatlichen Rente aufpoliert wird. Warum gerät trotz der Finanzkrise von 2008 und trotz der jetzigen Eurokrise immer wieder in Vergessenheit, dass Kapitalmarktanlagen hochgradig schwankungsanfällig sind, während die aus Beiträgen auf Löhne und Gehälter finanzierte gesetzliche Rente äußerst stabil ist? Niemals wird sie massiv einbrechen oder ausfallen, nicht einmal ein Inflationsrisiko gibt es. Anders als bei der privaten Altersvorsorge werden der Volkswirtschaft keine Gelder entzogen, sodass die Konsumquote nicht sinkt. Wollte man die gesetzliche Rente durch den Aufbau eines Kapitalstocks ersetzen, so wären rund fünf Billionen Euro notwendig, die nicht nur für den Konsum fehlten, sondern auch den Kapitalmarktzins dauerhaft in den Keller trieben.

Schließlich lässt sich auch historisch argumentieren: Über eine private Altersvorsorge wäre dem Großteil der ostdeutschen Senioren keine Rente geblieben, weil der dafür nötige Kapitalstock nicht vorhanden war. Wären die kostspieligen Frühverrentungsprogramme nicht aus der gesetzlichen Rentenversicherung, sondern aus Steuergeldern finanziert worden, erübrigte sich die seit Jahren laufende Diskussion um die Anhebung des Beitragssatzes, die immer wieder als Beweis für das Versagen des staatlichen Rentenversicherungssystems herhalten muss. Zudem müssten diejenigen, die den Wohlfahrtsstaat kontinentaleuropäischer Prägung bewahren wollen, klarstellen, dass die aufgrund der Alterung der Gesellschaft steigenden Rentenausgaben durch die seit Jahrzehnten gewaltigen Produktivitätssprünge aufgefangen werden können. Eine gesetzliche Vorsorge mit maßvoller Beitragserhöhung käme den Einzelnen günstiger zu stehen als die private Zusatzvorsorge, die zwischen sechs und acht Prozent des Einkommens verschlingt. Würde die Versicherungspflicht auf Beamte, Selbstständige und Arbeitnehmer mit Einkommen oberhalb der Beitragsbemessungsgrenze ausgeweitet, stünde die gesetzliche Rentenversicherung sehr viel stabiler da.

Der große Postraub: Post und Telekommunikation

Der Komfort des Online-Shoppens hat seine Schattenseiten. Denn die pünktliche Lieferung übernehmen gerade in Stoßzeiten wie zu Weihnachten häufig prekär beschäftigte Paketzusteller. Nicht nur zur Weihnachtszeit stellen ihre Arbeitgeber Mini-, Midi- und Multi-Jobber sowie Zeit- und Leiharbeiter ein. In kaum einem Logistikbereich sind die Arbeitsbedingungen derart miserabel wie bei der Zustellung von Briefen und Paketen. Für einen Hungerlohn hetzen Zusteller in Ballungsräumen durch die Hausflure und in ländlichen Regionen über die Straßen. Und wie bei der *Deutschen Bahn* brachte der Wandel der *Deutschen Post AG* zum Global Player eine Vernachlässigung des Heimatmarktes mit sich: Weniger Briefkästen, eingeschränkte Leerungen der Briefkästen, ausgedünnte Zustellungsintervalle bei Privathaushalten, geschlossene Postämter und gestiegene Verlustquoten bei Brief- und Paketsendungen legen davon Zeugnis ab. Sowohl die Postkunden als auch die Beschäftigten leiden heute unter der globalen Expansionsstrategie des Unternehmens, die sich allein an betriebswirtschaftlichen Größen orientiert und die öffentliche Daseinsvorsorge zunehmend ignoriert. Wie konnte es dazu kommen?

Noch zu Beginn der 1990er-Jahre befand sich das bundesdeutsche Post- und Fernmeldewesen ganz in staatlicher Hand. Christian Schwarz-Schilling (CDU), unter Helmut Kohl von 1982 bis 1992 Bundesminister für Post und Telekommunikation, verfolgte mit der Privatisierung der Bundespost schon früh das Ziel, »die Fesseln des öffentlichen Dienstrechts [zu] sprengen« (1991). Diese Losung setzte er mit Nachdruck um: Zum 1. Juli 1989 gliederte die schwarz-gelbe Bundesregierung mit dem Poststrukturgesetz (»Postreform I«) die Organisationseinheiten der Post neu. 1994 folgte die »Postreform II«, aus der die *Deutsche Post AG*, die *Deutsche Telekom AG* und die *Postbank AG* hervorgingen. Es folgte der Börsengang der *Deutschen Post,* in dessen Vorfeld Thomas Gottschalk und sein Bruder Christoph der »Aktie Gelb« das Image der »Volksaktie« verliehen hatten. Am 20. November 2000, dem ersten Handelstag, wurden 29 Prozent des Unternehmens – und damit 320 Millionen Aktien im Wert von 6,6 Milliarden Euro – an die Börse gebracht. Nun hält Vater Staat über die *Kreditanstalt für Wiederaufbau* nur noch bescheidene 21 Prozent der Aktien, während sich die übrigen Anteilsscheine mehrheitlich in privatem Streubesitz befinden.

Während sich gegen die meisten Veräußerungen staatlicher Unternehmen über den Kreis der Beschäftigten hinaus allenfalls verhaltener Protest regte, sorgte die postalische Selbstentmachtung des Staates für eine intensive öffentliche Debatte. Im Zentrum standen die Kosten und Risiken, die mit der Preisgabe staatlicher Aufgabenwahrnehmung verbunden sind. Schließlich hatte der Bund nach der Vereinigung der beiden deutschen Staaten noch ein Investitionsprogramm in Höhe von 55 Milliarden D-Mark (28 Milliarden Euro) aufgelegt. Mit diesen Mitteln errichtete die Bundespost kurz vor dem Börsengang auf dem Gebiet der ehemaligen DDR eines der weltweit leistungsfähigsten Telekommunikationsnetze – das dann kurz darauf unter den Hammer kam (Robischon 1998, 61ff.).

Schon die Konzernzentrale in Bonn hat nichts mehr mit der einstigen Bundespost gemein. Bis in schwindelerregende 163 Meter schraubt sich der von Helmut Jahn entworfene Glasbau in unmittelbarer Nähe des ehemaligen Bundesministeriums für Post und Telekommunikation in die Höhe. Der höchste Büroturm der Bundesrepublik außerhalb von Frankfurt am Main setzt aber nicht nur architektonisch neue, durchaus eindrucksvolle Maßstäbe, sondern symbolisiert zugleich den fundamentalen Wandel des Unternehmens. Dem als Manager gerühmten und als Steuerhinterzieher berüchtigten Klaus Zumwinkel, der bis zu seinem unfreiwilligen Ausscheiden aus dem Amt im Februar 2008 mehr als 18 Jahre lang die Geschicke des Konzerns geleitet hatte, war es gelungen, aus einer national operierenden Behörde einen Global Player zu schmieden: die »Deutsche Post DHL Group«, die 2015 stattliche 70,5 Prozent ihres Umsatzes im Ausland erzielte (Deutsche Post DHL Group 2016).

Dies gelang ihm in Rekordzeit. Schon im Sommer 1998 konnte Zumwinkel die als allgemein gelungen wahrgenommene Sanierung der Deutschen Post verkünden. Und nur ein Jahr später legte er eine eindrucksvolle Bilanz vor: Der Umsatz war mit 22,4 Milliarden Euro doppelt so hoch wie 1990, der Gewinn nach Steuern belief sich auf 1,1 Milliarden Euro, und die Eigenkapitalrendite (vor Steuern) lag bei stattlichen 36 Prozent. Der Trend schreibt sich bis heute fort: Im Jahr 2015 konnte der Konzern seinen Umsatz gegenüber dem Vorjahr um 4,5 Prozent auf 59,2 Milliarden Euro steigern. Die ausgeschüttete Dividende blieb konstant zum Vorjahr bei 85 Cent je Aktie. Die Konzernspitze ließ sich die positive wirtschaftliche Bilanz der vergangenen Jahre vergolden: So konnte sich der siebenköpfige Vorstand der *Deutschen Post AG* 2015 über Bezüge von insgesamt 10,7 Millionen Euro freuen (Deutsche Post DHL Group 2016).

Prekarisierung durch Privatisierung: die *Deutsche Post*

Doch während Gewinne und Vorstandsbezüge stiegen, brachte die Privatisierung nicht nur den Beschäftigten, sondern auch den Steuerzahlern und Kunden vor allem eines: Verschlechterungen. Allein zwischen 1989 und 2006 strich die *Deutsche Bundespost* respektive die *Deutsche Post AG* rund 173.000 Stellen. 2015 waren nur noch 173.042 Mitarbeiter im Inland für das Unternehmen tätig. Die Konkurrenz schuf im gleichen Zeitraum nur etwa 46.000 neue Stellen. Mehr Wettbewerb hat demnach »nicht zu mehr Beschäftigung geführt, sondern zu Beschäftigungsabbau«, konstatiert der Liberalisierungsexperte Thorsten Brandt vom *Wirtschafts- und Sozialwissenschaftlichen Institut* (WSI) der *Hans-Böckler-Stiftung* (Hicken 2008).

Gleichzeitig wurden die Beschäftigungsverhältnisse prekarisiert. Zahlreiche Vollzeitverträge in den Bereichen Trennung, Vorbereitung und Zustellung ersetzte die *Deutsche Post* in den vergangenen Jahren durch Teilzeitverträge. Nicht selten lösten 400-Euro-Jobs sozialversicherungspflichtige Beschäftigungsverhältnisse ab. Mit der Einstellung von Leiharbeits- und Saisonkräften sowie der Auslagerung von Geschäftsbereichen in andere Unternehmen verfolgte der Bonner Konzern vor allem ein Ziel, nämlich Personalkosten zu sparen, um den Börsenkurs zu »pflegen«.

Hatte der Postminister früher etwa 15 Mal so viel wie ein Briefträger auf dem Gehaltszettel, verdient der seit 2008 amtierende Konzernchef Frank Appel nun 268-mal so viel; bei der Niedriglohntochter *Delivery* liegt das Verhältnis sogar bei 1 : 404, was der Privatisierungsexperte Hans-Gerd Öfinger trefflich kritisiert (2015): »Der Wahnsinn hat Methode, wenn die Regierung im Sinne der Aktionäre dem Postmanagement für seinen Krieg gegen Beschäftigte, Betriebsräte und Gewerkschaft einen Blankoscheck ausstellt. […] Während die Bundesregierung ihr Tarifeinheitsgesetz mit dem Grundsatz ›Gleiche Arbeit – gleicher Tarifvertrag‹ begründet, verrichten bei der Post Menschen unter höchst unterschiedlichen Bedingungen die gleiche Arbeit –

vom Beamten bis zum Tagelöhner mit Werkvertrag, der täglich um seine Aufträge bangt und von Lohnfortzahlung im Krankheitsfall, Kündigungsschutz und Weihnachtsgeld nur träumen kann.«

Exemplarisch für diese Entwicklung steht das Briefzentrum in Duisburg-Asterlagen: Rund 1,5 Millionen Briefe werden hier tagtäglich durch modernste Zustellmaschinen sortiert. 2012 geriet das Zentrum in die Schlagzeilen. Nachdem die Zeitverträge ausgelaufen waren, ließ der Logistikkonzern die Beschäftigten Abrufverträge unterschreiben, sodass sie bedarfsabhängig eingesetzt werden können – und das ohne Mindestarbeitszeit, ohne Lohnfortzahlung im Krankheitsfall, ohne Urlaubsgeld und ohne Bonuszahlungen. Die Mitarbeiter sprachen in diesem Zusammenhang von »Schweineverträgen« und »moderner Sklaverei« (Kühn 2012). Wie die düstere Zukunft für die im Briefgeschäft Beschäftigten aussehen könnte, zeigt auch die Historie der auf Justizpost spezialisierten, inzwischen insolventen *Jurex Mail GmbH*. Dort durften sich Langzeitarbeitslose mit 15-Wochenstunden-Verträgen ein wenig Geld hinzuverdienen, wenn sie bereit waren, bis zu 60 Kilometer am Tag mit dem Rad zu fahren. Statt eines Festgehalts erhielten sie einen »Stücklohn«: 12 Cent pro zugestelltem Brief. Weil zu viele Zusteller für zu wenig Post eingestellt wurden, unterschritten die Löhne nicht selten das Existenzminimum, sodass bei einzelnen der prekär Beschäftigten am Ende des Monats weniger als 50 Euro Lohn zusammenkamen (Jonas 2010).

Diese Entwicklung trübt den Blick auf den Mindestlohn, auf den sich die Dienstleistungsgewerkschaft ver.di mit dem Arbeitgeberverband *AGV Postdienste* im Sommer 2007 einigen konnte: 9,80 Euro pro Stunde für Briefzusteller im Westen und neun Euro für die Kollegen im Osten. Auch alle anderen im Postsektor Beschäftigten erhielten nun einen Mindestlohn – von 8,40 Euro bzw. acht Euro pro Stunde. Ab 2010 fiel der Unterschied zwischen West und Ost weg. Das Modell war jedoch nicht von langer Dauer: Bereits im Januar 2010 kippte das Bundesverwaltungsgericht den Beschluss, wegen Verfahrensfehlern. Nur die *Deutsche Post* behielt die vereinbarten Mindestlöhne bei. Die mit der Liberalisierung des Briefmarktes entstandenen privaten Postunternehmen wie die *PIN AG Group* und *TNT* nutzten ihre erneute tarifliche Unabhängigkeit zu einem regelrechten Lohndumping: Teilweise lag das Lohnniveau um bis zu 60 Prozent unter dem der *Deutschen Post*.

Erst der flächendeckende Mindestlohn, eingeführt zum 1. Januar 2015, hat dieses Missverhältnis zum Teil wieder korrigiert. Es bestehen allerdings weiterhin krasse Unterschiede beim Lohnniveau, da zum Beispiel die konkurrierenden Paketdienste *GLS*, *DPD* und *Hermes* überwiegend mit Subunternehmern arbeiten, die in der Regel zwischen 1,20 Euro und 1,40 Euro pro Paket erhalten (Wallraff 2012). Auf Stundenlöhne von weniger als vier Euro wird das Entgelt u. a. durch »vorbereitende Arbeit« gedrückt, wenn die Fahrer in den Morgenstunden unbezahlt die Pakete aus den Depots holen, scannen und verladen müssen. Da die Fahrer die Kosten für Fahrzeug und Benzin tragen müssen, wird für eine halbwegs vertretbare Entlohnung mit ca. 20 zugestellten Paketen pro Stunde kalkuliert. Der angenommene Zeitaufwand von drei Minuten pro Paket – und meist auch pro Kunde – ist aber weder in städtischen Ballungszentren noch in ländlichen Regionen realistisch.

Der mit Privatisierungen regelmäßig verbundene Abbau von Arbeitsplätzen ging mit einer massiven Ausdünnung der flächendeckenden Postversorgung, d. h. mit einer Verringerung des Filialnetzes der *Deutschen Post AG* einher. Da der wesentliche Umsatz im Briefgeschäft inzwischen auf Großkunden entfällt, vernachlässigt der einstige Staatsmonopolist das Privatkundengeschäft immer weiter. Existierten 1983 auf dem Gebiet der alten Bundesrepublik noch rund 29.000 Postfilialen und -ämter, sind es heute im gesamten Bundesgebiet nur noch rund 13.000 private Postagenturen; für den Publikumsverkehr zugängliche posteigene Filialen hingegen gibt es nicht mehr.

Im Januar 2016 wurde bekannt, dass die *Deutsche Post* sogar die Zahl der Briefkästen mit Sonntagsleerung drastisch verringern will: von 11.000 auf 2.000. Diese strategische Entscheidung mag betriebswirtschaftlich sinnvoll sein, gesamtwirtschaftlich ist sie jedoch problematisch, etwa wenn die entlassenen Arbeitnehmer keine (adäquate) Anschlussbeschäftigung finden und die Allgemeinheit die Kosten der Sozialtransferleistungen tragen muss. Die entfallende Sonntagsleerung der Briefkästen lässt nicht nur einen schlechteren Service für die Kunden erwarten, es droht auch ein empfindlicher Stellenabbau, der sich für den Steuerzahler als Mehrbelastung durch die steigende Zahl von Versorgungsempfängern in den Sozialsystemen darstellt. Gewinner sind die Anteilseigner der *Deutschen Post AG*.

Weit verbreitet sind seit einigen Jahren die »Postfilialen im Einzelhandel«, die sich in Supermärkten, Kiosken, Bäckereien und Lotto-Toto-Annahmestellen finden, aber auch in Tankstellen, Quelle-Shops und Schreibwarenläden. Während die klassischen Postfilialen Eigentum der *Deutschen Post AG* waren, werden die privaten Postagenturen von sogenannten Postagenten geleitet. Als selbstständige Unternehmer erhalten sie von der *Deutschen Post* eine Basisvergütung sowie verschiedene Provisionen. Dabei zwingt die *Deutsche Post* ihren »Partnern« immer schlechtere Konditionen auf. Mitunter verlangt sie vor Vertragsschluss sogar Einblick in die finanziellen Verhältnisse der Postagenturunternehmer sowie ihrer Lebenspartner.

Viele Postagenturen müssen zudem nach kurzer Zeit wieder schließen, weil die Bezahlung durch die *Deutsche Post* in keinem Verhältnis zum Aufwand steht. Mangels einschlägiger Fachkenntnisse der neuen Postagenten sank zudem die Servicequalität. Das gilt auch für die seit 2006 eingerichteten Verkaufspunkte. Sie befinden sich vor allem in Ortschaften mit weniger als 2.000 Einwohnern bzw. in Stadtrandbezirken und konzentrieren sich auf ein postalisches Basisangebot. Auf komplexere Dienstleistungen wie Einschreiben, Paketannahmen oder Nachnahmesendungen müssen ihre Kunden verzichten.

Ohnehin zeichnet sich für Privatkunden ein Trend in Richtung »do it yourself« ab. Mehr als 2.750 voll automatisierte Packstationen hat die *Deutsche Post* inzwischen eingerichtet, sodass die rund fünf Millionen registrierten Kunden rund um die Uhr ihre Sendungen selbst aufgeben und abholen können. Potemkinsche Servicedörfer errichtet der DAX-Konzern mit den sogenannten Postinseln, die den Kunden sieben Tage die Woche rund um die Uhr fast alle Postdienstleitungen anbieten – gleichwohl ohne jede Beratung durch einen Postangestellten, sodass sich mancher Kunde fühlen muss, als sei er auf eine einsame Insel verbannt worden. Offenbar geht die Post davon aus, dass ihre gesamte Kundschaft mit der modernen Technik vertraut, in guter körperlicher Verfassung und geradezu grenzenlos mobil ist. Seinem ursprünglichen Auftrag, eine flächendeckende Versorgung mit Postdienstleistungen vorzuhalten, kommt das Unternehmen nur noch bedingt nach. Folgt man dem im Volksmund verbreiteten Sprichwort »Zeit ist Geld« und geht wie Ökonomen von den Opportunitätskosten einer Tätigkeit aus, kommt die folgende Feststellung einer Binsenweisheit gleich: Der Privatkunde steht heute tendenziell schlechter da als vor der Privatisierung, weil er immer mehr Leistungen selbst erbringen muss.

Mit mehr als 20 Milliarden Sendungen pro Jahr kommt die *Deutsche Post* beim Briefversand noch immer auf einen Marktanteil von 90 Prozent (Busse 2015). Seit dem 1. Januar 2016 darf der »Gelbe Riese« nun 70 Cent Porto für Standardbriefe, d. h. Briefe mit einem Gewicht von maximal 20 Gramm, kassieren. Damit stand den Verbrauchern zum Jahresbeginn 2016 die vierte Preiserhöhung binnen vier Jahren ins Haus, nachdem das Porto für den Standardbrief zuletzt bei 62 Cent gelegen hatte. Zwar legte die Bundesnetzagentur fest, dass der Bonner Konzern das Porto für Standardbriefe bis 2018 stabil halten muss, sodass jährlich wiederkehrende Preiserhöhungen anders als in der Vergangenheit vermieden werden, aber der Preissprung von 55 Cent im Jahr 2012 auf nun 70 Cent ist gewaltig: So hatten Analysten der *DZ Bank* vorgerechnet, dass ein Preisanstieg beim Standardbrief um zwei Cent den Jahresgewinn um rund 50 Millionen Euro erhöht. Bei acht Cent dürften es also rund 200 Millionen Euro sein.

Auch bei anderen Produkten bittet der Marktführer die Verbraucher seit Januar 2016 stärker zur Kasse: Einschreiben kosten nun 2,50 Euro statt 2,15 Euro, Postkarten ins Ausland 90 Cent statt 80 Cent. Der Hintergrund dieser Preispolitik erschließt sich schnell: Frank Appel, der wie sein berüchtigter Vorgänger Klaus Zumwinkel vor seinem Sprung an die Konzernspitze viele Jahre für die Unternehmensberatung *McKinsey* tätig war, will den operativen Gewinn von 3,4 auf 3,7 Milliarden Euro steigern, nachdem für 2015 bereits 3,1 Milliarden Euro erwartet worden waren.

Die Mehreinnahmen aus den Portoerhöhungen werden u. a. genutzt, um das Paketgeschäft zu subventionieren, sodass sich ein starkes wettbewerbspolitisches Argument anführen lässt, wenn die Bundesregierung sich schon nicht um die sozialpolitisch bedenkliche Anhebung des Briefportos schert. So sollte sie zumindest im Blick haben, dass damit der Quersubventionierung Vorschub geleistet wird, die dem »Gelben Riesen« im Frachtpostgeschäft Wettbewerbsvorteile gegenüber Konkurrenten verschafft. Und natürlich fließen die Mehreinnahmen aus der Portoerhöhung nicht nur in das heimische Briefgeschäft, sondern auch in die weltweiten Logistikaktivitäten. Die synergetischen Effekte, die sich positiv auf den Heimatmarkt auswirken könnten, verpuffen allzu häufig (Dohmen 2015).

Die Internationalisierung des Konzerns

Zwar ist dic *Deutsche Post DHL Group* trotz der Privatisierung im hiesigen Briefgeschäft nach wie vor Marktführer. Doch das Inlandsgeschäft verliert umso mehr an Bedeutung, je stärker sich die Post dem internationalen Wettbewerb zuwendet. In mehr als 220 Ländern und Territorien ist der »Gelbe Riese« inzwischen tätig. Den Startschuss für die weltweite Expansion im Logistikbereich – mit der Bonität der Bundesrepublik Deutschland im Rücken – gab der Zukauf der Schweizer Spedition *Danzas* im Jahr 1999. Um auf dem hart umkämpften US-Markt Fuß zu fassen, kaufte die Post nur drei Jahre später das Speditionsunternehmen *DHL*. Dieses nach seinen Gründern Adrian Dalsey (»D«), Larry Hillblom (»H«) und Robert Lynn («L«) benannte Frachtpostunternehmen stellte 2013 erstmals mehr als eine Milliarde Pakete auf dem Heimatmarkt zu und bündelt unter seinem Dach sämtliche Logistikdienstleistungen der *Deutschen Post AG*. Diese übernahm in den Folgejahren eine Vielzahl weiterer Unternehmen bzw. Unternehmensanteile in den Bereichen Brief, Express und Logistik: *Koba* und *Ducros Services Rapides* in Frankreich, *Williams Lea* und *Excel* in Großbritannien, *Unipost* in Spanien, *Blue Dart Express* in Indien, *PPL* in Tschechien, *Flying Cargo International Transportation Ltd.* in Israel, *ASG AB* in Schweden sowie *Global Mail Ltd.*, *Smart Mail*, *Airbone Inc.*, *ASTAR Air Cargo Holdings*, *Polar Air Cargo Worldwide Inc.* und *Air Express International AEI* – letztere allesamt Unternehmen in den USA.

Die *Deutsche Post AG* wurde auf diese Weise nicht nur zu einem der DAX-Schwergewichte, sondern auch zum Weltmarktführer in den Bereichen Luft-, See- und Kontraktlogistik. Der Fokus auf das internationale Frachtpostgeschäft zwischen Dallas, Delhi und Den Haag führte jedoch – wie auch im Fall der *Deutschen Bahn AG* – noch verstärkt dazu, dass die Post ihren Heimatmarkt zwischen Delmenhorst, Dresden und Düren vernachlässigt.

Insgesamt gehen die Geschäfte unter betriebswirtschaftlichen Gesichtspunkten gut. 2014 erzielte der Ex-Monopolist 56,6 Milliarden Euro Umsatz und erwirtschaftete einen Gewinn (EBIT) von knapp drei Milliarden Euro. Milliardenschwere Gewinne kann der Bonner Konzern auch deshalb Jahr für Jahr ausweisen, weil er sich von vielen traditionsreichen staatlichen Verpflichtungen lossagen konnte. So sind die seit der beinahe vollständigen materiellen Privatisierung erzielten Konzerngewinne nicht nur den gestiegenen Portokosten und der ausgedünnten Zustellung von Briefpost an Privathaushalte zuzuschreiben, sondern vor allem auch mit der Übernahme der Pensionslasten durch den Steuerzahler zu erklären. Eine »saubere« Privatisierung hätte die Übernahme der Pensionsansprüche durch die *Deutsche Post AG* umfasst. So aber wird der Bund bis 2076 rund 550 Milliarden Euro Witwen-, Waisen- und sonstige Renten für die ehemaligen Postbeamten zahlen. Der weltweit größte Logistikkonzern wird also trotz milliardenschwerer Gewinne mit derzeit rund acht Milliarden Euro pro Jahr subventioniert. Mit anderen Worten: Tagtäglich werden die Gewinne privatisiert und die Lasten sozialisiert.

Der Ausverkauf von *Royal Mail* und seine Folgen

Die bundesdeutsche Entwicklung wiederholt sich augenblicklich in Großbritannien. Im Oktober 2013 begann der konservative britische Premierminister David Cameron damit, die altehrwürdige *Royal Mail* zu privatisieren – das älteste Postunternehmen der Welt und zugleich die letzte Bastion staatlichen Unternehmertums auf der britischen Insel. Erstaunlicherweise war es ausgerechnet die Wegbereiterin der Privatisierungspolitik in Europa, Margaret Thatcher, die die staatseigene Post lange Zeit vor dem Ausverkauf bewahrt hatte. Sie werde »den Kopf der Königin nicht privatisieren«, hatte die »Eiserne Lady« unter Anspielung auf die Briefmarken mit dem Konterfei der Queen einst versichert. Nun aber ist der größte Verkauf von Staatseigentum seit der Privatisierung von *British Rail* vor 20 Jahren über die Bühne. Bis zuletzt hatte die konservative Regierung unter Führung von Premier David Cameron im Schulterschluss mit den mehrheitlich regierungstreuen Medien des »Murdoch-Imperiums« Jubelarien auf die neue »Volksaktie« angestimmt. 96 Prozent der rund 170.000 Postbediensteten sollten mit einer Gratiszuteilung von zehn Prozent der Anteilsscheine besänftigt werden. 30 Prozent der Papiere verblieben zunächst in staatlicher Hand, bevor im Juni und Oktober 2015 auch sie verkauft wurden, wobei hiervon nur magere zwei Prozent an Postangestellte ausgeschüttet wurden; das war anteilig nochmal ein Drittel weniger als bei der ersten Privatisierungsrunde. Immerhin hält nun beinahe jeder Postangestellte Aktien an seinem Arbeitgeber.

Die Nachfrage nach dem Papier war bereits bei der ersten Privatisierungsrunde 2013 hoch: Obwohl am ersten Handelstag nur institutionelle Anleger zugelassen waren, schnellte der Kurs der *Royal-Mail*-Aktie binnen weniger Stunden um 45 Prozent in die Höhe. Erfreulich war dies jedoch nur für die Aktionäre. Für die öffentliche Hand bedeutet es vor allem, dass man die Papiere viel zu günstig angeboten und damit das staatliche Tafelsilber weit unter Wert verscherbelt hat. Vorsichtige Schätzungen rechnen mit einem Verlust von ca. 180 Millionen Pfund Sterling, andere gehen gar von bis zu einer Milliarde Pfund aus, die der öffentlichen Hand entgingen. Die Nachfrage nach den Papieren stimulierte damals vor allem die rasant wachsende Unternehmenstochter *GLS*, die schon jetzt ein Viertel zum Konzerngewinn der Mutter beiträgt.

Die preisgekrönte Journalistin Franziska Augstein schilderte die Situation zuletzt in eingängigen Worten unter Bezugnahme auf den von James Meek veröffentlichten Bestseller »Private Island« (2015): »Als die *Royal Mail*

2013 privatisiert wurde, waren die ausgegebenen Anteile viel zu billig. Aus Sicht der Politiker […] sei es vor allem wichtig gewesen, das Geschäft erfolgreich abzuwickeln. Man beließ die Verantwortlichkeit für die Pensionen in Höhe von acht Milliarden Pfund Sterling beim Staat, erhöhte die Kosten für Briefmarken – und schon war man die Anteile los. Seit der etwa gleichzeitig verfügten Deregulierung des britischen Postwesens […] hat die *Royal Mail* größte Mühe, sich gegen Billiganbieter wie etwa die *Deutsche Post* zu behaupten – auf Kosten der Beschäftigten und der Kunden.«

Die überwältigende Skepsis der Briten – zwei von drei Inselbewohnern sprachen sich gegen die »Fast-track«-Privatisierung von *Royal Mail* aus – sollte sich als berechtigt erweisen, befindet sich »ihre« Post doch inzwischen auf Schlingerkurs (Warren 2015): »Der Service leidet, die Zustellzeiten sind noch unzuverlässiger als zuvor und die Postleerungen werden alsbald im Widerspruch zum Kundeninteresse Änderungen erfahren. Die Regulierungsbehörde scheint außerstande zu sein, die Quadratur des Kreises zu bewerkstelligen, wonach Wettbewerb geschaffen und Universaldienstverpflichtungen aufrechterhalten werden sollten.« Früh schon fürchtete die für den Postsektor maßgebliche Gewerkschaft *Communication Workers Union* (CWU) eine Verschlechterung der Arbeitsbedingungen in Form von Lohnkürzungen und Stellenstreichungen. Zu Recht: Bereits im Vorfeld des Börsengangs waren rund 17.000 Arbeitsplätze abgebaut worden.

Und auch für den Staat rechnet sich der Börsengang nicht. Zwar hat die Ausgabe der Anteilsscheine insgesamt mehr als drei Milliarden Pfund Sterling in die öffentlichen Kassen gespült. Allerdings fällt nun eine regelmäßige Einnahme im Staatshaushalt aus. Im Jahr 2012 generierte die *Royal Mail* einen Gewinn von 253 Millionen Pfund Sterling nach Steuern und Kosten für Modernisierungen (Royal Mail Holdings 2013). Lediglich die Pensionskosten sind hier nicht eingerechnet, doch die britische Regierung legte ohnehin fest, dass die Pensionskasse der Post mit einem Defizit von rund zehn Milliarden Pfund Sterling in staatlicher Hand bleibt – vor allem, um den Anlegern das Investment schmackhaft zu machen. Den britischen Steuerzahlern bleibt damit die verlustreiche Pensionskasse ohne die potenziell ertragreiche *Royal Mail*. Britische Gewerkschafter sprachen daher am Tag der Aktienemission – in Anspielung auf den großen Postzugraub von 1963 im englischen Ledburn – vom »Great Royal Mail Robbery« – vom großen Postraub. Die Erfahrungen jenseits des Ärmelkanals zeigen ebenso wie hierzulande, dass sie damit Recht haben.

Man hätte auf Adam Smith als einen der Urväter der liberalen Marktwirtschaft hören sollen, als dieser vor mehr als 200 Jahren das staatliche Engagement im Postwesen befürwortete – und einer Entgrenzung des Marktes eine Absage erteilte (1974, 697): »Die Post ist wahrscheinlich die einzige kaufmännische Einrichtung, die eine Regierung, gleich welcher Art, mit Erfolg betrieben hat. Das Kapital, das sie vorstrecken muss, ist nicht sehr groß [...] und die Erträge sind nicht nur sicher, sie gehen auch laufend ein.« Obschon der Ertragsreichtum von Postdienstleistungen auch heute noch einem Naturgesetz gleichkommt – wie die seit vielen Jahren milliardenschweren Gewinne der *Deutschen Post AG* zeigen –, verfing die neoliberale Staatskritik schließlich auch im Postwesen.

Einmal mehr wurde eine staatliche Errungenschaft, die sich das Gemeinwesen über Generationen mit Steuergeldern aufgebaut hatte, von der Politik für schnelles und kleines Geld verkauft. Dabei lässt die Historie des Postwesens erkennen, dass auch Staatsunternehmen betriebswirtschaftlich erfolgreich wirtschaften können. Und auch der Blick in das Grundgesetz hätte den Bund daran hindern müssen, die Bundespost zu privatisieren: Nach Art. 87 f ist der Staat dazu verpflichtet, seine Bürger flächendeckend mit Postdienstleistungen zu versorgen.

Von der Behörde zum Global Player: die *Deutsche Telekom*

Die Negativfolgen der privatisierten Bundespost werden politisch und medial tabuisiert. Zwar steht die *Deutsche Telekom AG* zwei Jahrzehnte nach ihrer Kapitalprivatisierung nach den in der Konzernbilanz ausgewiesenen Größen nicht schlecht(er) da. Aber während wir als Kunden der *Deutschen Telekom* und konkurrierender Anbieter wie *Base, O2* und *Vodafone* infolge der Liberalisierung des Telekommunikationsmarktes von insgesamt gesunkenen Tarifen profitieren, zahlen wir über Steuern und Sozialversicherungsabgaben für den Stellenabbau, die Pensionslasten und die Ausgründung der Beschäftigten in Personalserviceagenturen wie *Vivento.* Die auch in vielen Tages- und Wochenzeitungen wiederholte Formel »Telefonieren ist in den letzten Jahren billiger geworden« ist also schlicht falsch.

Schon das magentafarbene »T« der *Deutschen Telekom AG* strahlt sehr viel weniger hell als vor der Privatisierung in Aussicht gestellt. Dabei begann die Geschichte des Bonner Konzerns als eine Geschichte der radikalen Transformation. Noch 1989 existierte das Unternehmen nicht als eigenständige Einheit, sondern war – im Verbund mit Postbank und Postdienst – integraler Bestandteil der staatlichen Behörde Deutsche Bundespost. Zum Jahresbeginn 1995 trat das Postneuordnungsgesetz in Kraft, auf dessen Grundlage die *Deutsche Telekom AG* im festen Glauben an die Zukunftsträchtigkeit des Fernmeldesektors aus der Taufe gehoben und schließlich Schritt für Schritt an der Börse platziert wurde. Der schwächelnde Aktienkurs spiegelt die wenig erfolgreiche Geschäftsentwicklung des einstigen Platzhirschs am Telekommunikationsmarkt wider. So gibt auch die Entwicklung des zweiten aus der Bundespost hervorgegangenen Unternehmens keinen Anlass zur Freude. »Jobs streichen, Jobs kappen. Die Telekom findet kein Ende«, so titelte die *Stuttgarter Zeitung* am 1. Oktober 2005 – und so hätte sie seither ein halbes Dutzend weitere Male titeln können.

Von der Stunde null der Privatisierung im Jahr 1994 bis heute baute die *Deutsche Telekom* im Inland rund 116.000 Arbeitsplätze ab, was einer Halbierung nahekommt. Vor allem in den ersten Jahren nach der Umwandlung in eine Aktiengesellschaft trieb das Management den Arbeitsplatzabbau mit atemberaubender Geschwindigkeit voran, um die Kapitalmärkte im Vorfeld der Aktienemissionen in den Jahren 1996, 1999 und 2000 zu überzeugen. Dass sich der neoliberale Mythos von im Wettbewerb neu entstehenden Arbeitsplätzen nicht mit den Realitäten in Einklang bringen lässt, belegt die Tatsache, dass die Wettbewerber bis 2007 lediglich 14.000 neue Stellen schufen und die Arbeitsplatzbilanz bis heute im sektoralen Saldo negativ ist, obwohl der Durchbruch des Internets und der Siegeszug des Mobilfunks eine andere Entwicklung hätten vermuten lassen.

Dabei begrüßten ausgerechnet die *Telekom*-Beschäftigten die neue Marktfreiheit zunächst ausdrücklich. Sie gehörten mehrheitlich zu den euphorisierten »Neu-Börsianern«, die 1996 die T-Aktie kauften. Ausgehend vom Eröffnungskurs, der am 18. November 1996 bei 28,50 D-Mark (14,57 Euro) lag, kletterte der Kurs bis März 2000 auf seinen historischen Höchststand von 103,50 Euro. Danach allerdings stürzte das Papier ins Bodenlose: Am 4. Juni 2012 befand es sich auf einem Allzeittief von gerade einmal 7,76 Euro. Mitte 2016 liegt der Kurs zwar fast wieder beim Ausgabekurs von 14,57 Euro von vor 20 Jahren, als Ruhmesblatt für die Unternehmensentwicklung ist die Aktienkursentwicklung indes kaum zu bezeichnen.

Schon 2003 beschlich immer mehr *Telekom*-Mitarbeiter ein ungutes Gefühl, als der Konzernvorstand die Personal-Service-Agentur namens *Vivento* aus der Taufe hob. Die klassischen Instrumente wie Abfindungen, Vorruhestandsregelungen und die Nichtbesetzung offener Stellen hatten nicht mehr ausgereicht, um die vom Vorstand angestrebte Eigenkapitalrendite zu erreichen. Inzwischen gibt es einige Töchter, darunter die *Vivento Customer Services GmbH & Co. KG*, hinter der sich das ehemalige Callcenter von *T-Com* verbirgt. Auch die Montagegesellschaft, die beispielsweise Mobilfunkantennen installiert, wurde auf diese Art outgesourct. Mit dem Ziel, die Personalkosten zu reduzieren, gliederte die *Telekom* 2007 rund 55.000 Beschäftigte in Servicegesellschaften aus. Gingen diese ihrer Tätigkeit in den Bereichen »Kundendienst« und »Callcenter« zuvor 34,5 Stunden pro Woche nach, müssen sie für das gleiche Gehalt mittlerweile jede Woche rund vier Stunden länger arbeiten.

Die Gewerkschaft ver.di konnte den privatisierungsbedingten Trend zur Verschlechterung der Arbeitsbedingungen nicht stoppen. Auf Druck der Investoren musste die Gewerkschaft 2008 der Eingliederung in einen schlechteren Tarifvertrag mit Pausenkürzungen und einer vierstündigen Arbeitszeitverlängerung ohne Lohnausgleich zustimmen, was einer 6,5-prozentigen Lohnsenkung entsprach. So gesehen ist der Tarifabschluss aus dem Jahr 2012, wonach den Beschäftigten – auch noch über zwei Jahre gestreckt – eine Gehaltserhöhung von 6,5 Prozent eingeräumt wurde, lediglich ein Lohnausgleich – und keinesfalls ein Lohnplus (zumal, wenn man die Inflation berücksichtigt). Die Interessen der Kapitalgeber, darunter auch die Investmentgesellschaft *Blackstone Group L.P.*, werden auch in Zukunft die Unternehmensentscheidungen maßgeblich beeinflussen. Die Belegschaft der *Deutschen Telekom* hingegen wird sich mit aller Kraft gegen weitere Verschlechterungen ihrer Lage stemmen müssen.

Wegen schlechter Arbeitsbedingungen geriet Anfang 2016 auch die 45.000 Mitarbeiter zählende *Telekom*-Tochter in den USA, *T-Mobile US*, in die Schlagzeilen. Ehemaligen Mitarbeitern zufolge musste eine Angestellte in einem Callcenter dort zum Beispiel eine Eselsmütze tragen, weil der Chef mit ihrer Leistung unzufrieden war – und das obwohl die *Deutsche Telekom* ihre Geschäftsergebnisse zuletzt vor allem dank des boomenden US-Geschäfts weiter verbessern konnte.

Ähnliches gilt für andere Auslandsinvestments, hält der einstige Staatskonzern doch Tochtergesellschaften und Beteiligungen auf fünf Kontinenten. Zum Konzernbereich Europa zählt neben *T-Mobile Austria*, *T-Mobile Polska*, *T-Mobile Czech Republic* und *Slovak Telekom* auch eine Mehrheitsbeteiligung an dem führenden ungarischen Telekommunikationsunternehmen *Magyar Telekom*, das an der Budapester Börse ebenso gelistet ist wie an der Wall Street. Mit dem für 850 Millionen US-Dollar ausgesprochen kostspieligen Einstieg bei *Hrvatski Telekom* sicherte sich die *Deutsche Telekom* mit 38 Prozent der Anteilsscheine zunächst den Zugang zum kroatischen Markt, bevor sie schließlich weitere 500 Millionen US-Dollar ausgab, um Mehrheitseigentümer des kroatischen Staatsunternehmens zu werden. Das magentafarbene »T« wird in Kroatien nun aber zuallererst mit gestiegenen Preisen assoziiert: So hob die *Telekom* nicht nur die Tarife für Festnetztelefonate deutlich an. Den duopolartigen Markt im Bereich der Mobiltelefonie nutzte die *Telekom* rigoros, um gemeinsam mit dem zweiten Anbieter – der *Telekom-Austria*-Tochter *Vipnet* – die Verbindungsgebühren zu erhöhen. Mit ihren Zukäufen bei der vormals staatlichen griechischen Telefongesellschaft *OTE* und bei der britischen Telefongesellschaft *EE Limited* (vormals *Everything Everywhere*) hat sich die *Deutsche Telekom* als europäischer Marktführer etabliert – zu Lasten der Beschäftigten und der Kunden.

Letzteres wäre zuletzt beinahe noch deutlicher geworden. Trotz milliardenschwerer Einnahmen durch die globale Expansionsstrategie teilte das Unternehmen am 22. April 2013 mit, die Übertragungsgeschwindigkeit für Internetanschlüsse im Festnetz wie im Mobilfunk drosseln zu wollen. Während sich für Bestandskunden, deren Vertrag vor dem 2. Mai 2013 geschlossen worden war, nichts geändert hätte, sollten Neukunden und Kunden, die ihren Vertrag verlängern wollten, schlechtere Leistungen akzeptieren. Aufgrund breiten öffentlichen Protests, der seinen Ursprung in einer am Tag nach der Ankündigung der *Deutschen Telekom* beim Deutschen Bundestag eingereichten Online-Petition hatte, kam die Debatte über die Verpflichtung von Internetanbietern zur inzwischen viel diskutierten Netzneutralität in Gang. Seit dem Urteil des Landgerichts Köln vom 30. Oktober 2013 steht zumindest vorläufig fest, dass der Begriff »Internet-Flatrate« bei kabelgebundenen Internet-Zugängen keine an ein Datenvolumen gekoppelte Geschwindigkeitsbegrenzung vorsehen darf. Dass die privaten Telekommunikationsunternehmen dauerhaft von ihren Plänen Abstand nehmen, darf jedoch bezweifelt werden. Vermutlich werden sie eines Tages eine rechtliche Lücke finden – und nutzen.

Betriebswirtschaftlich glamourös, volkswirtschaftlich desaströs

Das Unvermögen staatlicher Wirtschaftstätigkeit lässt sich auch mit Blick auf den Post- und Telekommunikationssektor nicht länger beschwören. So hat die Privatisierung der »gelben« und der »grauen« Post – letztere bezeichnet umgangssprachlich die Telekommunikationssparte – zu einer dramatischen Prekarisierung der Arbeitsverhältnisse geführt. Die Folgen muss der Staat nun zum Beispiel dadurch abfedern, dass er die Löhne der Post- und Telekomangestellten nach den Regularien für »Aufstocker« bezuschusst. Die immer wieder in Aussicht gestellten neuen Jobs, die durch die belebende Kraft des Wettbewerbs entstehen sollen, bleiben aus.

Neben Beschäftigten und Kunden leiden vor allem die Steuerzahler: Mit der Privatisierung der Bundespost fand eine massive Vermögensumverteilung vom Staat hin zu Privatanlegern statt. Denn anders als es die Metapher vom »Verkauf des Tafelsilbers« suggeriert, lagen die Anteilsscheine der *Deutschen Bundespost* nicht unnütz im Schrank herum, sondern bescherten der öffentlichen Hand laufende Einnahmen. Noch 1987 trug die Bundespost mit einem Jahresüberschuss von rund 3,3 Milliarden D-Mark (1,7 Milliarden Euro) zur Konsolidierung des Bundeshaushalts bei. Auch die britische *Royal Mail* war bis zu ihrer Privatisierung profitabel: Im letzten Jahr vor ihrer Platzierung an der Börse erzielte das Unternehmen einen operativen Profit von 400 Millionen Pfund Sterling, sorgte somit für regelmäßige staatliche Einnahmen.

Unmittelbar vor dem Verkauf erklärte die konservative Regierung, dass »das Unternehmen auf dem Weg in Richtung nachhaltiger Profitabilität« sei, weshalb der Verkauf den britischen Haushalt zwar kurzfristig entlastete, diesem aber sogar langfristig Gewinne hätte bescheren können (zit. nach Andreou 2013). Auf der britischen Insel haben also nicht nur Nostalgiker Grund zu klagen, wenn die gusseisernen roten Briefkästen aus dem Stadtbild verschwinden wie zuvor die roten Telefonzellen. Auch all jene, die an einer Konsolidierung der öffentlichen Haushalte, an einer ordnungsgemäßen Verwendung von Steuergeldern und an einer generationengerechten Politik interessiert sind, müssen diese kurzfristige Haushaltspolitik kritisieren.

Die Regierung Cameron folgte dem Privatisierungskurs der Thatcher-Regierung und trat eben nicht als Anwalt der Bürger auf, wie der *Guardian*-Kolumnist Alex Andreou zum Ausdruck bringt (ebd.): »Der Verkauf der Royal Mail gibt überaus wichtige Hinweise darauf, warum diese dunkle Magie Sinn ergeben kann. Die Plutokratie, die uns regiert, schmeißt einfach immer mehr rotes Fleisch in ein Haifischbecken, dass von verschworenen Privatschulabsolventen und Parteispendern bewohnt wird.« Wie im Vereinigten Königreich haben auch hierzulande vor allem Konzernspitzen und Aktionäre von der Privatisierung der Post- und Telekommunikationsdienstleistungen profitiert. Kunden und Beschäftigte hingegen sind die Verlierer. Es wird Zeit, dass dies ins öffentliche Bewusstsein dringt – bei jedem Gang zum Briefkasten, bei jedem Telefonat und bei jedem Paket, das uns zugestellt wird.

Krankheit Ökonomisierung: das Gesundheitswesen

»Gesundheit lässt sich weder in Geld noch in Gold aufwiegen«, sagt der Volksmund. Dessen ungeachtet ziehen die Gesetze der Ökonomie auch ins Gesundheitswesen ein – selbst in das international hoch angesehene deutsche Gesundheitssystem. Immer häufiger tritt die an betriebswirtschaftlichen Kriterien ausgerichtete Gesundheitsökonomie an die Stelle einer an den Bedürfnissen des Patienten orientierten Gesundheitsversorgung. Lag der Anteil der Privatkliniken in der deutschen Krankenhauslandschaft zu Beginn der 1990er-Jahre noch bei 15 Prozent, stieg er auf zuletzt über 35 Prozent. Damit wurde ein Privatisierungsniveau erreicht, das nicht nur jedes andere europäische Land, sondern sogar die USA als das »Mutterland privater Kliniken« übertrifft.

Zugleich schrieb die schwarz-gelbe Bundesregierung im Koalitionsvertrag von 2009 »eine weitgehende Entkoppelung der Gesundheitskosten von den Lohnzusatzkosten« mit dem Ziel fest, das einkommensabhängige Beitragssystem auf eine einkommensunabhängige »Kopfpauschale« umzustellen. Erste Schritte in Richtung der als »Gesundheitsprämie« euphemistisch umschriebenen »Kopfpauschale« wurden inzwischen durch einkommensunabhängige Zusatzbeiträge unter Ausschluss des Arbeitgeberanteils eingeführt. Und schließlich wurde zum 1. Juli 2005 die paritätische Finanzierung der gesetzlichen Krankenversicherung und damit eines der kostbarsten Stücke aus der bismarckschen Erbmasse zu Gunsten der Arbeitgeber aufgegeben.

Reichskanzler Otto von Bismarck hatte in Deutschland eine historisch beispiellose und weltweit beachtete Säule des Wohlfahrtsstaates begründet, als er 1883 die gesetzliche Krankenversicherung einführte. Bis in die 1970er-Jahre wurden die wohlfahrtsstaatlichen Elemente ausgebaut, sodass rund 90 Prozent der Bundesbürger von der gesetzlichen, über das Solidarsystem finanzierten Krankenversicherung profitierten. Mit der Wiedervereinigung Deutschlands und der Einführung der Pflegeversicherung 1995 kletterten die Gesundheitsausgaben nominell von 158 Milliarden Euro im Jahr

1992 kontinuierlich auf die stolze Summe von 328 Milliarden Euro im Jahr 2014 – immerhin eine Steigerung um 108 Prozent. Diese angebliche Kostenexplosion nahmen Regierungen gleich welcher Couleur zum Anlass, das staatlich finanzierte Gesundheitssystem nach Marktprinzipien zu ordnen, soll heißen: in Richtung Gesundheitsmarkt zu steuern. Verschwiegen wird, dass der Anteil der Gesundheitskosten am Bruttoinlandsprodukt – und dies ist der volkswirtschaftlich bedeutende Zusammenhang – in den letzten Jahren nicht gestiegen, sondern weitgehend konstant geblieben ist.

Privatisierung und Entsolidarisiung: die gesetzlichen Krankenkassen

Einen bekannten Versuch der Teilprivatisierung gesundheitlicher Risiken stellt die 2004 eingeführte und zum Jahresende 2012 wieder abgeschaffte Praxisgebühr dar, die inzwischen parteienübergreifend als gescheitert gilt. Mit der gesetzlich vorgeschriebenen Zahlung einer Praxispauschale in Höhe von zehn Euro pro Quartal für den Arzt- oder Psychotherapeutenbesuch sollte in erster Linie eine Reduktion der Praxisbesuche erreicht werden. Patienten sollten davon abgehalten werden, in »Bagatellfällen« medizinische oder psychotherapeutische Hilfe in Anspruch zu nehmen. Zudem sollten die Arztbesuche besser gesteuert werden, indem Patienten lediglich mit der Überweisung ihres Hausarztes einen teuren Facharzt aufsuchen konnten, ohne erneut die Praxispauschale entrichten zu müssen. Ursächlich für die gesetzliche Initiative war der im internationalen Vergleich recht hohe Wert der ambulanten Arztkontakte, führte Deutschland doch mit einigen wenigen anderen Staaten die Statistik mit 16 Arztkontakten pro Patient und Jahr an.

Nachdem die Praxisgebühr anfangs die Patientenzahlen insbesondere bei Fachärzten reduzierte, stellte sich die Frage, ob dies auf den Konsultationsverzicht in Bagatellfällen zurückzuführen war oder aber darauf, dass sich viele die Praxisgebühr nicht leisten konnten. Schließlich sorgte die Einführung der Praxisgebühr nicht für das gewünschte Ziel, die Zahl der Arztbesuche zu drosseln; stattdessen erhöhte sich die Arztfrequentierung sogar, was schon allein aufgrund der Alterung der Gesellschaft nicht wirklich überraschen konnte. Entsprechend einer Studie der *Gmünder Ersatzkasse* wurden 2008 schließlich 18,1 Arztkontakte pro Jahr festgestellt. Eine Erklärung war: Da Patienten nun häufiger ihren Hausarzt aufsuchten, hatte dieser weniger

Zeit für sie, sodass Folgetermine notwendig wurden. Zudem erhöhte sich der Verwaltungsaufwand für die Arztpraxen durch die Praxispauschale, die in den Praxen zu entrichten war, jedoch an die Kassen weitergeleitet werden musste. Dieser Aufwand wurde den Praxen nicht entgolten. Inzwischen gilt es als gesichert, dass die Praxispauschale vor allem sozial Schwächere von Arztbesuchen abhielt. Die *Bertelsmann Stiftung* hatte in einer Studie bereits 2005 die gesundheitsgefährdenden Auswirkungen der Pauschale kritisiert, die letztendlich die gesundheitlichen Risiken der ärmeren Bevölkerungsgruppen erhöhte. Am 1. Januar 2013 wurde die Praxispauschale schließlich ersatzlos gestrichen. Ihre Ziele der Reduktion und Steuerung von Arztkontakten hat sie nie erreicht.

Die von der Politik forcierte Effizienz- und Leistungsorientierung im Gesundheitswesen, einem der größten und dynamischsten Wirtschaftssektoren, lohnt sich für die Beteiligten. Schon jetzt wird in Deutschland mit 3.910 Euro pro Kopf im internationalen Vergleich verhältnismäßig viel Geld für die Gesundheitsversorgung ausgegeben (Statistisches Bundesamt 2015). Die demografische Entwicklung lässt vermuten, dass der Gesundheitssektor bis 2020 auf einen Markt mit rund 450 Milliarden Euro Umsatz und mehr als vier Millionen Beschäftigten anwachsen wird.

Doch wie konnte das Gesundheitswesen, zentraler Bereich der öffentlichen Daseinsvorsorge, dem Diktat des Marktes unterworfen werden? Welche strukturellen Bedingungen haben diese Entwicklung begünstigt? Wie wirkt sich die Ökonomisierung des Gesundheitswesens auf Patienten und Beschäftigte aus? Ist die Privatisierung kommunaler Krankenhäuser tatsächlich die Rettung, die den Bankrott der Kommunen abwendet, oder führt dies wie in anderen Sektoren dazu, dass der Staat sämtliche Gestaltungsspielräume in diesem Bereich der Daseinsvorsorge einbüßt?

Um diese Fragen beantworten zu können, empfiehlt sich zunächst ein Blick auf die Krankenversicherung, die neben der Renten-, Unfall- und Pflegeversicherung zum Katalog der gesetzlichen Sozialversicherung zählt, und deren zentrales Ziel die einkommens- und vermögensunabhängige Sicherstellung einer umfassenden Versorgung mit Sozialleistungen für alle Bevölkerungsgruppen ist. Seit ihrer Einführung vor über 160 Jahren erlaubte sich die Krankenversicherung einige systembedingte und zahlreiche systematische Ungleichheiten. Während Mitte des 19. Jahrhunderts die ersten Unternehmen Krankenkassen für ihre Fabrikarbeiter gründeten, sicherten sich Handwerker, Kaufleute und freie Berufsgruppen wie Rechtsanwälte und Ärzte in eigenen Genossenschaften oder bei privaten Versicherern gegen Krankheit ab. Diese Zwei-Klassen-Trennung von Pflicht- und Privatversicherten wird 2016 durch die sogenannte Jahresarbeitsentgeltgrenze von 56.250 Euro markiert. Wer über das Jahr gesehen weniger verdient, muss sich als Pflichtversicherter bei einer gesetzlichen Kasse krankenversichern. Angestellte, die mehr verdienen, haben hingegen die Wahl: Sie können sich freiwillig bei einer gesetzlichen Krankenkasse oder privat versichern, dürfen sich also aus der Solidargemeinschaft verabschieden.

Dabei funktionieren beide Versicherungswelten nach grundsätzlich gegenläufigen Prinzipien: Während die gesetzliche Krankenversicherung (GKV) auf dem Solidaritätsprinzip »einer für alle und alle für einen« basiert, verfahren die privaten Versicherer nach dem Äquivalenzprinzip, dem die im angloamerikanischen Raum ungebrochen prominente Losung »jeder für sich« zugrunde liegt. Im Unterschied zu den privaten Versicherern zahlt bei den gesetzlichen Kassen jeder Versicherte seinen Beitrag gemäß seiner Einkünfte, und erhält Leistungen nach seinen Bedürfnissen: Wer mehr verdient, zahlt auch mehr. Die privaten Krankenversicherungen hingegen berechnen die Beiträge unabhängig vom Einkommen. Der Durchschnittsbeitrag hängt – abgesehen von der gewünschten Leistung – im Wesentlichen vom individuellen Risiko, vom persönlichen Gesundheitszustand und vom Eintrittsalter ab. Je jünger und gesünder der Versicherte, desto niedriger der Beitrag. Diese Arithmetik bricht mit dem nach dem Zweiten Weltkrieg vorangebrachten Ausbau der gesetzlichen Krankenversicherung.

Dabei zählt das solidarisch ausgerichtete Kassensystem mehr als 61 Millionen Versicherte und damit drei von vier Bundesbürgern (Statista 2016). Auf die Kostensteigerungen im Gesundheitswesen, die vor allem mit dem stetigen medizinischen Fortschritt und der demografischen Entwicklung begründet werden, reagiert die GKV bis heute vor allem mit steigenden Beitragssätzen, höheren von den Versicherten zu erbringenden Zuzahlungen oder Leistungskürzungen. So wurden mit dem zweiten GKV-Neuordnungsgesetz 1997 und dem GKV-Modernisierungsgesetz 2004 umfangreiche Zuzahlungen und Leistungskürzungen beschlossen: Zuzahlungen für Arznei-, Heil- und Hilfsmittel, die Abschaffung von Leistungen wie Sterbegeld, Entbindungsgeld, Sehhilfen und die Einschränkung wesentlicher zahnärztlicher Leistungen. Ab 2005 müssen Zahnersatzleistungen in vollem Umfang privat abgesichert oder selbst finanziert werden; das Gleiche gilt für Kosten, welche die befundbezogenen Festzuschüsse überschreiten.

Hinter der Aufteilung in gesetzliche Kassen und private Versicherungen steckt keine schlüssige Idee: Warum sollte der Versicherungsstatus des Patienten für die medizinische Versorgungsqualität, für die Entlohnung der Ärzte sowie für die Wartezeiten entscheidend sein und nicht die Schwere der Erkrankung? Die Grenze verläuft nicht zwischen vermeintlichen Freunden des Marktes und staatstreuen »Kassenfans«, sondern – zumindest der Tendenz nach – zwischen Arm und Reich. Wie die meisten Rentner und Studenten finden sich Angestellte im Kassensystem, sofern sie nicht überdurchschnittlich gut verdienen und sich freiwillig privat versichern. Selbstständige und Beamte hingegen – letztere mit ihrem Beihilfeanspruch ohnehin privilegiert – sind unabhängig von ihrem Einkommen von der gesetzlichen Versicherungspflicht befreit.

Aber auch innerhalb der GKV herrscht eine Zwei-Klassen-Gesellschaft, deren Kluft sich mit jedem Leistungsabbau vertieft: Auf der einen Seite stehen Versicherte, die über die Krankenversicherungskarte nach dem Sachleistungsprinzip abgerechnet werden, auf der anderen Seite die praktisch »Privatversicherten« innerhalb der Gesetzlichen, die das nötige Geld aufwenden können, um nach dem Kostenerstattungsprinzip zusätzliche Leistungen über private Zusatzversicherungen oder sogenannte individuelle Gesundheitsleistungen – besser bekannt als IGeL-Leistungen – in Anspruch zu nehmen. Beim Sachleistungsprinzip erhält der Versicherte Leistungen ausschließlich gemäß § 12 des V. Sozialgesetzbuches. Wörtlich heißt es dort: »Die Leistungen müssen ausreichend, zweckmäßig und wirtschaftlich sein; sie dürfen das Maß des Notwendigen nicht überschreiten. Leistungen, die nicht notwendig oder unwirtschaftlich sind, können Versicherte nicht beanspruchen, dürfen die Leistungserbringer nicht bewirken und die Krankenkassen nicht bewilligen.« Wenn also mehrere Heilmethoden zur Auswahl stehen, erstattet die Kasse nach dem Minimalprinzip lediglich die Behandlung, die mit dem geringsten Aufwand Erfolg verspricht. So wird Kassenpatienten die Amalgamfüllung erstattet, die teurere Kunststofffüllung hingegen müssen sie aus eigener Tasche zahlen, obwohl die Quecksilberlegierung seit Jahren als gesundheitsschädigend gilt.

In diesen Details zeigt sich das Spannungsverhältnis von Gesundheit als öffentlichem (und damit sozialem) Gut einerseits und als privatem (und damit wirtschaftlichem) Gut andererseits. Nicht zuletzt aufgrund der marktorientierten Gesundheitsreformen der letzten Jahrzehnte haben Menschen nun auch in Deutschland kein von ihrer finanziellen Potenz unabhängiges Anrecht auf die bestmögliche medizinische Versorgung. Stattdessen steht Gesundheit in immer mehr medizinischen Teilbereichen im Sinne eines privaten Gutes in Abhängigkeit von der Zahlungsfähigkeit und den Präferenzen des Kunden zum Verkauf. Die Antworten auf die Frage, ob – und wenn ja: inwieweit – das Leben im Krankheitsfall von staatlicher Seite ökonomisiert wird, lassen angesichts der seit Jahren beschworenen demografischen Entwicklung immer häufiger ahnen, dass Menschen in fortgeschrittenem Alter als »unwirtschaftlich« gelten. Uns dürfte der »Aufstand der Alten«, die sich die Gesundheitsversorgung nicht mehr leisten können, bevorstehen, wenn sich die Privatisierung des Gesundheitssektors weiter Bahn bricht.

Steigende Zuzahlungen, sinkende Leistungen

Ob Gesundheit nun als öffentliches und damit soziales oder aber als privates, will heißen: wirtschaftliches Gut klassifiziert wird oder nicht – da vielen die eigene Gesundheit jedenfalls als wichtigstes Gut gilt, boomt der Markt der Zusatzversicherungen, mit denen Menschen in immer stärkerem Maße den gekürzten Leistungsumfang der gesetzlichen durch private Vorsorge aufzustocken versuchen. Laut Berechnungen des *Deutschen Instituts für Wirtschaftsforschung* ist die Zahl der Zusatzversicherungen seit 1997 um rund 81 Prozent gestiegen. Insofern wundert es nicht, dass dieses Geschäftsfeld für die Versicherungsgesellschaften mittlerweile eine überaus relevante Einnahmequelle darstellt. Besonders augenfällig ist die Reaktion auf die gesetzlichen Leistungseinschränkungen bei den Zahntarifen, liegt der Anteil der Leistungen der gesetzlichen Kassen beim Zahnersatz doch nur noch bei rund 24 Prozent (Verband der privaten Krankenversicherungen 2015). Weitere Verkaufsschlager unter den Zusatzversicherungen sind ambulante Versicherungen für Heilpraktiker und Naturheilverfahren, die stationäre Zusatzversicherung für die freie Krankenhauswahl sowie Versicherungen im Bereich Heilmittel und Sehhilfen.

Doch wie steht es um die unterschiedliche medizinische Versorgung von Kassenpatienten und Privatversicherten? Wer in die private Krankenversicherung wechselt, erhofft sich in der Regel auch eine bessere Versorgung und Betreuung: freie Arztwahl, Chefarztbehandlung, stationäre Einbettzimmer, individuelle Zusammenstellung des Versicherungsschutzes, keine langen Wartezeiten auf Termine, hohe Kostenerstattung für Zahnersatz und alternative Medizin etc. Tatsächlich haben es Privatpatienten leichter, die beste Gesundheitsversorgung zu erhalten. Obgleich im Zuge der Gesundheitsreform 2007 durch den gesetzlich festgeschriebenen Versicherungsschutz aller Bürger formal der Zugang zu medizinischer Versorgung sichergestellt werden sollte, besteht die größte und in Studien nachgewiesene Differenz aufgrund des Versichertenstatus im Zugang zu medizinischen Leistungen, vor allem bezüglich der Wartezeiten auf einen Termin – sogar bei akuten Erkrankungen.

Laut einer Studie des Wissenschaftlichen Instituts der AOK zum Zugang kurzfristig erforderlicher, stationärer medizinischer Leistungen in Abhängigkeit vom Versichertenstatus müssen gesetzlich Krankenversicherte sogar bei akuten Beschwerden im Durchschnitt länger auf einen Behandlungstermin warten als Privatversicherte (Zok 2007). Etwa 25 Prozent der getesteten Krankenhäuser fragten den Versichertenstatus ab und gewährten Privatversicherten signifikant schneller einen Termin als gesetzlich Versicherten. Jeder vierte gesetzlich Versicherte musste mindestens zwei Wochen auf einen Termin beim Arzt warten, während dies bei nur 7,8 Prozent der privat Versicherten mit akuten Beschwerden zutraf. Die vom Kölner *Institut für Gesundheitsökonomie und klinische Epidemiologie* durchgeführte Studie »Waiting times for elective treatments according to insurance status: A randomized empirical study in Germany« bestätigt diese Ergebnisse für den Zugang zu Fachärzten: Im Durchschnitt warteten Kassenpatienten dreimal länger auf einen Termin als Privatpatienten. Beim Lungenarzt etwa betrug die Differenz der Wartezeiten zwischen Kassen- und Privatpatienten 17,6 Werktage; ähnlich das Ergebnis beim Augenarzt. Auf eine Magenspiegelung beim Internisten warteten Kassenpatienten 4,6 Tage länger, auf ein MRT 9,5 Tage länger (Lungen u. a. 2008).

Zwar hat der Gesetzgeber die Kassenärztlichen Vereinigungen mit dem Versorgungsstärkegesetz seit Ende Januar 2016 auf die Einrichtung von Terminservicestellen verpflichtet, damit Patienten, die aus dringendem medizinischen Gründen einen Facharzttermin benötigen, einen solchen binnen einer Woche in zumutbarer Entfernung erhalten, aber einen Anspruch auf freie Arztwahl haben sie weiterhin nicht. Überdies gelten diese Regeln lediglich für dringende Termine, nicht aber für Früherkennungsuntersuchungen, Verlaufskontrollen oder »Bagatellerkrankungen«. Zudem wird dieses System in strukturschwachen, ländlichen Regionen mit niedriger Facharztdichte nicht greifen können. Die über Jahrzehnte verfestigte Ungleichbehandlung von Kassen- und Privatpatienten wird mit diesen Servicestellen demnach nicht ausgeglichen werden können, liegen die Ursachen doch sehr viel tiefer.

So besteht die unterschiedliche Budgetierung ärztlicher Leistungen weiter. Solange es aber keine einheitlichen Honorare für gesetzlich und privat Versicherte gibt, wird es auch eine Zwei-Klassen-Versorgung geben. Privatversicherte machen in Deutschland rund zehn Prozent der Versicherten aus, decken aber 23 Prozent der Arztkosten, da die Tarife zumeist nicht auf den einfachen Satz der ärztlichen Gebührenordnung (GOÄ) begrenzt sind, sondern sich bei halbwegs guten Tarifen üblicherweise auf den 3,5-fachen Satz belaufen. Ohne einen verlässlichen Prozentsatz an Privatpatienten können Ärzte ihre Praxen kaum am Leben halten. Eine Studie des *Rheinisch-Westfälischen Instituts für Wirtschaftsforschung* bestätigt auch für Krankenhäuser, dass jene, die Privatpatienten kürzere Wartezeiten anbieten, finanziell deutlich besser gestellt sind als solche, die mit Blick auf den Versichertenstatus geringe oder gar keine Unterschiede machen (Schwierz u. a. 2009). Angesichts dieser »Budgetierungsdichotomie« verwundert es kaum, dass Regionen mit einem hohen Anteil an Privatpatienten deutlich mehr Fachärzte zählen. Sie zieht es nicht dorthin, wo sie am meisten gebraucht werden, sondern dorthin, wo das Geld ist, sprich: wo viele Privatpatienten wohnen.

Seit geraumer Zeit weist das Bild des privilegierten Privatversicherten indes Risse auf. Die öffentliche Debatte durchziehen Berichte über Privatpatienten, die mit geradezu aberwitzigen Beitragssteigerungen konfrontiert sind und verzweifelt in das gesetzliche System zurückkehren möchten oder Privatpatienten, die seit dem Versorgungsstärkegesetz 2009 in den Basistarifen mit rudimentärem Leistungsumfang weit unterhalb des Katalogs der gesetzlichen Kassen bei gleichzeitiger monatlicher Prämie von 600 Euro festhängen. Wer auch den Basistarif nicht mehr aufbringen kann, hat noch die Möglichkeit, sich in der 2010 gegründeten »Praxis ohne Grenzen« behandeln zu lassen, die sich mittlerweile über Bad Segeberg hinaus in verschiedenen norddeutschen Städten etabliert hat (Praxis ohne Grenzen 2016). In diese Praxis kommen vor allem jene, die bereits vor 2009 keinen Versicherungsschutz hatten.

Neu ist die zweite Gruppe der vor allem privat Versicherten, die ihre Beiträge nicht mehr zahlen können, infolgedessen von ihren Versicherungen heruntergestuft wurden und die Behandlung nun nur noch bei akuten Schmerzen erstattet bekommen. Vor allem für Selbstständige und ehemals Gutverdienende hat die Versicherungspflicht die Lage verschlechtert. Trotz fehlenden Versicherungsschutzes geraten sie immer tiefer in finanzielle Nöte, da sie nicht mehr aus der Versicherung austreten können und sich die Beitragsforderungen der Versicherung zuzüglich Zinsen immer weiter auftürmen (Teevs 2012a). So verarmen nunmehr selbst viele vermeintlich privilegierte Privatversicherte.

Inzwischen schließen auffällig günstige Tarife häufig wichtige Leistungen wie ambulante Psychotherapie aus, oder aber es wird eine sehr hohe Selbstbeteiligung festgeschrieben. Ein Wechsel in die private Krankenkasse lohnt sich vor allem für junge, gesunde Menschen; der Eintritt im fortgeschrittenen Alter kann sich dagegen trotz Altersrückstellungen rächen. Das Problem der steigenden Beiträge liegt im System der privaten Krankenversicherungen selbst. Deren Tarife sind kohortengerecht kalkuliert, womit Kunden eines Jahrgangs eine Art Solidargemeinschaft bilden, die mit ihren Prämien für die Leistungen der Kranken aufkommt. Mit einer privaten Krankenversicherung kaufen Kunden ein Leistungsversprechen, sodass der Versicherer die einmal gekauften Leistungen nicht mehr streichen kann. Werden die Leistungen aber teurer, steigt auch der Beitrag. Werden die Versicherten einer Tarifstruktur immer älter, ohne dass neue, junge Versicherte hinzukommen, potenziert sich die Beitragssteigerung, da immer mehr ältere immer mehr Leistungen zu immer höheren Preisen in Anspruch nehmen (müssen). Bei den gesetzlichen Krankenkassen hingegen gibt es diese Form des Leistungsversprechens nicht. Sie kürzen oder streichen Leistungen schlicht, wenn diese aufgrund von Kostensteigerungen nicht mehr dem gesetzlich vorgegebenen Wirtschaftlichkeitsgebot genügen.

Zum Teil lassen sich die Beitragssteigerungen der Privatversicherer zudem auf die unzähligen Tarife zurückführen, die »gute Risiken« in einigen von ihnen bündeln, »schlechte Risiken« – soll heißen: die häufig kranken Versicherten – in anderen. Zumeist ist bei letzteren die Rede von der »Vergreisung«, doch ist der Begriff wegen der kohortengerechten Kalkulation irreführend. Dass einige der Tarife besonders von Anpassungen betroffen sind, hat mehr noch mit der Vielzahl schlecht durchmischter Tarife zu tun. So wird insbesondere den Anbietern von Einsteigerpolicen vorgehalten, zu wenige Altersrückstellungen zu bilden, sodass sie eines Tages die Preise drastisch anheben müssen. Hinzu kommt die steigende Anzahl von Nichtzahlern. Dieses Phänomen lässt sich auf mangelnde Bonitätsprüfung in der Vergangenheit zurückführen. Weiterhin erweist es sich für viele Privatversicherte im Rentenalter als Problem, dass kein Arbeitgeber mehr die Hälfte der Beiträge übernimmt und die finanziellen Lasten viel größer sind als bei gesetzlich Versicherten, deren Beiträge von der Rentenhöhe abhängen. Kritiker der privaten Krankversicherung wie das Berliner *Institut für Gesundheits- und Sozialforschung* bemängeln angesichts dieser Schieflage, dass Kunden der unvorhersehbaren Beitragsentwicklung im Alter nicht mehr entgegenwirken können, weil sie dem privaten System nicht den Rücken kehren können und ihm damit schließlich unweigerlich unterworfen sind.

Lange jedoch interessierte die privaten Versicherungsgesellschaften das Problem der finanziell hoch belasteten älteren Menschen kaum. Bis zur Jahrtausendwende konnten Privatversicherte in ihren jungen Jahren die niedrigen Tarife genießen und dann im Alter ins gesetzliche System wechseln. Diese Möglichkeit schaffte die rot-grüne Bundesregierung zum Juli 2000 faktisch ab. Und selbst beim Wechsel innerhalb des privaten Systems existieren inzwischen gewaltige Hürden. Während der Sprung von der *Barmer GEK* zur AOK vergleichsweise einfach ist, müssen Privatversicherte für einen Wechsel mit dem (teilweisen) Verfall ihrer Altersrückstellungen zahlen. Seit 2009 dürfen Altersrückstellungen auf Höhe des Basistarifs zwar mitgenommen werden, ein Verlustgeschäft für die Versicherten ist aber auch das.

Wie die Renten- wurde auch die Gesundheitsreform vor allem so begründet, dass die Sozialversicherungssysteme eine Finanzierung auf dem bisherigen Niveau nicht mehr erlaubten, sprich: die gesetzliche Krankenversicherung mit einer dramatischen »Kostenexplosion« konfrontiert sei. Grundsätzlich stehen die privaten Krankenversicherer jedoch vor demselben Kostenproblem wie die gesetzlichen – und vermutlich wird dieses die Privaten sogar noch härter treffen als die gesetzlichen Krankenversicherer. Mit den Altersrückstellungen, die am Kapitalmarkt angelegt werden, bemühen sich die Privaten zwar darum, dass die im Alter steigenden Gesundheitskosten ihrer Kunden gedeckt werden können. Damit haben sie aber weder die steigende Lebenserwartung noch die wachsenden Ausgaben durch den medizinischen Fortschritt finanziert. Gerade weil die privaten Versicherer ein Leistungsversprechen abgeben, das sie nicht mehr zurücknehmen können und damit in vielen Fällen Leistungen anbieten (müssen), welche die gesetzlichen Kassen nicht mehr gewähren, sind sie besonders massiv von Kostensteigerungen betroffen. Man rufe sich in Erinnerung, dass allein von 2007 auf 2008 die Ausgaben für Arztbehandlungen um 7,7 und für Arzneimittel um 8,8 Prozent stiegen.

Bis heute sehen sich die Versicherungen gezwungen, die Prämien an ihr Ausgabenniveau anzupassen – zuletzt noch verstärkt durch die Niedrigzinsphase, die auch den Privatversicherern zu schaffen macht, haben sie doch überproportional in festverzinsliche Papiere investiert. Mithin darf angenommen werden, dass sich das vom *Spiegel*-Redakteur Christian Teevs skizzierte Szenario weiter Bahn brechen wird (2012b): »Die private Krankenversicherung wird immer teurer, für Millionen Menschen steigen die Beiträge.

Mit einem Wechsel in andere Tarife könnte man Hunderte Euro pro Monat sparen, doch die Unternehmen blockieren: Kunden werden hingehalten, falsch informiert – und oft verängstigt.«

Mit der Privatisierung des Gesundheitssystems findet aber nicht nur eine Entsolidarisierung innerhalb der Versichertengemeinde statt. Zugleich gerät die Solidarität zwischen Arbeitnehmern und -gebern ins Wanken, wurde doch das Paritätsprinzip, das die Aufteilung der Beiträge zur gesetzlichen Krankenversicherung zwischen Arbeitnehmern und Arbeitgebern zu gleichen Teilen vorsieht, in den vergangenen Jahren – wie bei der Rentenversicherung – substanziell ausgehöhlt. Zunächst wurde weniger als zwei Jahre nach der Einführung des Gesundheitsfonds im Juli 2009 für alle gesetzlichen Krankenversicherungen festgeschrieben, dass die Arbeitgeber lediglich 7,3 Prozent, die Arbeitnehmer hingegen 8,2 Prozent des Bruttolohns für die Krankenversicherung zu entrichten haben. Reichte der einzelnen Kasse dies nicht für alle notwendigen Leistungen, konnte sie Zusatzbeiträge in unbegrenzter Höhe erheben, die allein vom Versicherten bezahlt werden mussten. Seit dem 1. Januar 2015 wurde der Zusatzbeitrag verändert, sodass nun ein Prozentsatz vom beitragspflichtigen Einkommen berechnet wird. Da gleichzeitig der allgemeine Beitragssatz auf 14,6 Prozent gesenkt wurde, verlangen die meisten Kassen mittlerweile diesen allein vom Arbeitnehmer zu tragenden Zusatzbeitrag, der zum Jahresbeginn 2016 vielfach merklich angehoben wurde (Euro-Informationen 2016).

Der Wirkstoff Betriebswirtschaft: die Krankenhäuser

Am augenfälligsten ist die »Vermarktlichung« des Gesundheitswesens jedoch im Krankenhaussektor, der seit einigen Jahren einem historisch einzigartigen Privatisierungsdruck unterliegt. Ursächlich für den massiven Zuwachs an Privatkliniken sind die Schließungen unzähliger kommunaler Krankenhäuser, die zumeist Ausdruck des fehlenden politischen Willens sind, diese zu (re)finanzieren. Stetig tiefer klaffende Haushaltslöcher machen es den Kommunen schwer bis unmöglich, ihre Krankenhäuser ausreichend zu finanzieren; das Gleiche gilt für viele Länder und ihre Landeskliniken. Maßnahmen der Politik im Krankenhaussektor zeichnen sich dabei eher durch eine destruktive denn durch eine heilende Natur aus.

Unter dem wenig aussagekräftigen Slogan »Qualität zahlt sich aus« proklamiert die Bundesregierung ihr am 1. Januar 2016 in Kraft getretenes Krankenhausstrukturgesetz (KHSG) zur Förderung der Krankenhäuser bundesweit. Das Krankenhausstrukturgesetz sieht u.a. vor, den Pflegekräfteanteil am Krankenbett zu erhöhen, die Krankenhäuser mit rund 660 Millionen Euro für den Zeitraum von 2016 bis 2018 zu fördern, um Weiterbildungsmaßnahmen zu initiieren und zusätzliche Pflegekräfte im Hygienesektor zu ermöglichen (Bundesministerium für Gesundheit 2016). Zuschüsse werden dabei an Krankenhäuser gezahlt, die im Rahmen der Evaluation zufriedenstellend abschneiden und die Kriterien des *Instituts für Qualitätssicherung und Transparenz im Gesundheitswesen* (IQTIG) erfüllen. Leistungskürzungen erfahren jene Institutionen, die die entsprechenden Standards nicht einhalten. Bei genauerer Betrachtung entpuppt sich die mit dem Gesetz vermeintlich verbundene finanzielle Förderung indes als trojanisches Pferd: Förderung erhalten faktisch nur die Krankenhäuser, die den vom Bundesgesundheitsministerium vorgegebenen Standards genügen. Werden die vom IQTIG präzisierten Vorgaben nicht erfüllt, ist mit »unmittelbaren Konsequenzen in Bezug auf die Aufnahme bzw. den Verbleib im Krankenhausplan« zu rechnen (Martenstein/Wienke 2016, 245). Die ausschließlich betriebswirtschaftlich erfolgreichen Kliniken zukommenden Zahlungen dürften sich jedoch als Trugschluss erweisen, denn »Pay for Performance«-Modelle üben Druck zu Lasten der Patienten aus, die sich so überlasteten Ärzten, Pflegekräften und nach betriebswirtschaftlicher Effizienz kalkulierenden Klinikverwaltungen ausgesetzt sehen (Ärzte-Zeitung online 2015).

Exemplarisch für die ökonomische Zwangslage steht die mit dem KHSG einhergehende Neuerung, Kurzzeitpflegen von rund einem Monat auch den Patienten zuzubilligen, die nach einem stationären Krankenhausaufenthalt weiterhin auf Pflege angewiesen sind. So erweist sich dies als Erleichterung für Krankenhausfinanzberichte, nicht jedoch für Patienten und ihre Angehörigen, können doch Patienten, deren Gesundheitszustand prinzipiell instabil ist, so vorzeitig aus dem Krankenhaus entlassen werden, um die Bettenbelegung zu reduzieren.

Die seit vielen Jahren praktizierte Politik des »Ausblutens« der öffentlichen Hand, die die Finanzkrise 2008 ff. sowie die vielerorts greifende Kommunalschuldenbremse massiv verschärfte, hat die kommunalen Krankenhäuser zu einem Finanzierungsrisiko für Städte und Gemeinden werden lassen. Von dem Verkauf an private Klinikbetreiber wie die *Rhön-Klinikum AG*, die *Helios Kliniken GmbH*, die *Asklepios Kliniken GmbH* und die *Sana*

Kliniken AG erhoffen sich die Kommunen wie bei der Veräußerung anderen kommunalen Eigentums daher vor allem eine Entlastung ihres Haushalts. Dies jedoch erhöht den Druck auf die öffentlichen und freigemeinnützigen Häuser weiter, weil die renditegetriebenen Krankenhausverbünde den Wettbewerb forcieren und insbesondere mit Blick auf die Personalkosten eine Art *race to the bottom* auslösen.

Eine Alternative zur materiellen Privatisierung, d.h. zum Teil- oder Komplettverkauf der Krankenhäuser an einen privaten Träger, ist die Überführung der Krankenhäuser von einer öffentlich-rechtlichen zu einer privatrechtlichen Unternehmensform, wie zum Beispiel einer Gesellschaft des bürgerlichen Rechts (GbR), einem eingetragenen Verein (e.V.), einer Gesellschaft mit beschränkter Haftung (GmbH) oder einer Aktiengesellschaft (AG). Mit dieser Privatisierung der Rechtsform wächst nicht nur der Aktionsspielraum für die Krankenhausleitung, sondern auch die Unabhängigkeit von politischen Akteuren. Ein weiterer Vorteil, den die Kommunen in der wirtschaftsrechtlichen Statusänderung von Krankenhäusern erkannt haben, liegt in der Möglichkeit der Finanzierung von Investitionen für den Krankenhausbetrieb über den privaten Kreditmarkt. Diese Investitionen müssen nicht im Haushalt der Kommunen verzeichnet werden, belasten ihn folglich nicht. Vor allem deshalb hat sich die Zahl der öffentlichen Krankenhäuser, die in privatrechtlicher Form geführt werden, in den letzten 15 Jahren verdoppelt. Bei den öffentlichen Krankenhäusern, die als rechtlich unselbstständige Einrichtungen betrieben werden, zeigt sich ein umgekehrtes Bild. Während ihr Anteil 2002 noch bei 56,9 Prozent lag, sank dieser auf zuletzt 17,7 Prozent (Statistisches Bundesamt 2015, 8f.). Im Schatten der sich verschärfenden Refinanzierungssituation des deutschen Gesundheitssystems lautet die Devise der Kommunen, möglichst effizient und damit ähnlich wie die privatwirtschaftlichen Akteure zu wirtschaften.

Unter den vier großen privaten Krankenhausbetreibern sticht die *Helios Kliniken GmbH* als größte Krankenhauskette Europas mit einem Jahresumsatz von 5,6 Milliarden Euro und mehr als 4,7 Millionen Patienten pro Jahr heraus. Die unter dem Dach des DAX-Konzerns *Fresenius* geführte Klinikgruppe zählt in ihren 111 Akut- und Rehabilitationskliniken sowie 72 medizinischen Versorgungs-, 17 Präventions- und fünf Rehazentren rund 34.000 Betten und 68.000 Mitarbeiter. Die 1985 gegründete *Asklepios Kliniken GmbH*, die auf ihrer Homepage wirbt, »mit einer ausgefeilten Privatisierungsstrategie […] den übernommenen Kliniken neue Perspektiven zu eröffnen«, folgt auf dem deutschen Markt mit einem Umsatz von 2,9 Milliarden Euro, ca. 1,7 Millionen Patienten pro Jahr und rund 26.000 Betten auf Rang 2 (Asklepios 2016). Zudem hält *Asklepios* 17,6 Prozent der Anteile an der börsennotierten *Rhön-Klinikum AG*, die mit der Behandlung von 765.000 Patienten zuletzt einen Jahresumsatz von 1,1 Milliarden Euro erzielte. Zwar halbierte sich der Umsatz des Krankenhauskonzerns nach dem Verkauf eines Großteils seiner Häuser an den Konkurrenten *Fresenius*, aber der Gewinn vor Ertragssteuern lag 2015 noch immer bei stattlichen 87,4 Millionen Euro.

Einen Sonderstatus unter den privaten Klinikbetreibern nimmt die *Sana Kliniken AG* ein, die mit 27.350 Mitarbeitern rund 1,8 Millionen Patienten versorgt. Die drittgrößte deutsche private Klinikgruppe erzielte zuletzt einen Jahresumsatz von 2,1 Milliarden Euro. *Sana* ist im Gegensatz zu seinen Wettbewerbern in den Händen von 29 privaten Krankenversicherungen – und könnte insofern als Vorzeigemodell dienen, als die Krankenkassen seit langem danach streben, von reinen »Payern« zu einflussreichen »Playern« auf dem Krankenhausmarkt zu werden. Die nicht börsennotierte Aktiengesellschaft *Sana* besitzt 48 Krankenhäuser und führt ein Dutzend Krankenhäuser im Besitz von Kommunen und kirchlichen Institutionen per Managementauftrag. *Sanas* jüngste aufsehenerregende Übernahme war die des Offenbacher Stadtklinikums Mitte 2013 für den symbolischen Preis von einem Euro.

Ein Blick in die aktuelle Statistik zur Krankenhauslandschaft Deutschlands offenbart, dass 2014 der Anteil der privaten Krankenhäuser bereits bei über einem Drittel lag – und damit etwa genauso hoch wie der der freigemeinnützigen Krankenhäuser war, die von Trägern der kirchlichen und freien Wohlfahrtspflege, Kirchengemeinden, Stiftungen oder Vereinen betrieben werden. Öffentliche Krankenhäuser machen nur noch einen Anteil von 29,7 Prozent aus. Hiervon firmieren – formelle Privatisierungen eingerechnet – bereits knapp 60 Prozent unter einer der privatrechtlichen Rechtsformen, 22,9 Prozent sind öffentlich-rechtlich selbstständig und 17,7 Prozent öffentlich-rechtlich unselbstständig. Zu Beginn der bundeseinheitlichen Krankenhausstatistik im Jahr 1991 lag der Wert der Krankenhäuser in privater Trägerschaft bei nur 14,8 Prozent, während der Anteil der Krankenhäuser in öffentlicher Trägerschaft sich auf 46 Prozent belief. Lediglich der Anteil der Freigemeinnützigen blieb über Jahrzehnte relativ konstant. Dementsprechend steigt die Tendenz zur privatisierten Trägerschaft und zur privatrechtlichen Rechtsform auch für öffentliche Krankenhäuser.

Im Umfeld der sich verschärfenden Wettbewerbssituation im Krankenhaussektor wurden Krankenhäuser im Zeitalter der »Verbetriebswirtschaftlichung« zu Wirtschaftseinheiten umdefiniert, die sich vor allem rechnen müssen – das Ergebnis einer paradigmatischen Verschiebung weg von der Patienten- hin zur Kostenorientierung. Entlang dieses Paradigmas hat das deutsche Gesundheitswesen in den letzten 15 Jahren einen grundlegenden Strukturwandel durch die weltweit größte Privatisierungswelle von öffentlichen Krankenhäusern durchgemacht. Es ist bemerkenswert, dass nicht einmal die USA, das »Mutterland der Privatisierung«, einen derart hohen Anteil von Institutionen der Daseinsvorsorge der Privatwirtschaft überlässt: Dort haben private Akteure 2014 einen Marktanteil von lediglich 22 Prozent (American Hospital Association 2016).

Diese paradigmatische Wende überrascht insofern, als dass vorrangiges Ziel eines Krankenhauses nach dem Krankenhausgesetz eine bedarfsgerechte Versorgung der Bevölkerung mit Gesundheitsleistungen ist. Dieses Primärziel spiegelt die gesellschaftliche Verantwortung des Staates für die Daseinsvorsorge wider. Immer häufiger müssen Krankenhäuser jedoch ökonomische Richtwerte und Benchmarks erreichen, um ihren Fortbestand zu sichern. Dass Kommunen und Länder in den letzten eineinhalb Jahrzehnten 15 Prozent der öffentlichen Einrichtungen an private Konzerne verkauft haben, offenbart den ökonomischen Druck, der auf dem Management der verbleibenden öffentlichen Krankenhäuser lastet: »Je knapper die Ressourcenverfügbarkeit der öffentlichen Hand ist, desto strenger müssen sich auch Non-Profit-Unternehmen am Postulat der Wirtschaftlichkeit orientieren« (Sibbel 2010, 50).

Regelmäßig behaupten die Geschäftsführer und Vorstandsvorsitzenden der privatwirtschaftlichen Krankenhausbetreiber, dass erwerbswirtschaftliche Einrichtungen dieselben Leistungen wie öffentliche Krankenhäuser erbrächten – allerdings ungleich effizienter. Sie heben vor allem auf die betriebswirtschaftlich (!) kostengünstigere Vorhaltung medizinischer Leistungen ab, während sie die Details schuldig bleiben. Dabei ist es offensichtlich, dass die Effizienz der Leistung in dem Ende 2003 eingeführten fallpauschalisierten System der Hauptfaktor für den ökonomischen Erfolg eines Krankenhauses ist. Die restriktiven Beschränkungen des *Diagnosis-Related-Groups*-Systems (DRG-System), das dem Prinzip »eine Leistung = ein Preis« folgt, sollen die Liegedauer der Patienten drosseln, kostengünstige Behandlungsmethoden forcieren und damit insgesamt die Behandlungskosten reduzieren. Da im Abrechnungssystem der Fallpauschalen die Verweildauer der Patienten nicht separat vergütet wird, gehören die »englischen Entlassungen« seit seiner Einführung zum Alltag. Denn die kaufmännischen Leiter privater Krankenhäuser drängen ihre Ärzte, mehr Fälle in kürzerer Zeit zu versorgen, um die Personalkosten möglichst gering zu halten. Diese betriebswirtschaftliche Logik zu Lasten der Patienten kommt in sämtlichen Studien, die Kennzahlen zur Leistungserbringung prüfen, zum Vorschein.

Wenn Krankenhäuser also nun auf »Masse statt Klasse« setzen, um möglichst viele Patienten in möglichst kurzer Zeit zu behandeln, ist dies Ausdruck eines marktkonformen Verhaltens, das der Dumpinglogik folgt. So ist es aus betriebswirtschaftlicher Perspektive vielversprechend, die Flucht in die Menge »planbarer Eingriffe« mit möglichst hohem *Casemix* anzutreten – d. h. Eingriffe zu bevorzugen, die hohe Einnahmen bei möglichst geringen Kosten generieren. So widerstehen sie dem Kostendruck besser, und so können sie die Gewinne steigern, denn mit jedem neuen Fall erhalten sie zusätzliches Geld für die gestiegenen Betriebskosten. Kliniken, die das DRG-System eingeführt haben, konnten ihre Einnahmen zwischen 2005 und 2011 um immerhin 23,1 Prozent steigern. Doch die damit verbundene Mehrarbeit kann bei gleichzeitigem Personalabbau nur zu Lasten der Qualität gehen. Dies gilt unweigerlich für alle Krankenhäuser – ganz unabhängig von ihrer Trägerschaft. Bei privat geführten Krankenhäusern verschärft sich die Situation aber insofern, als sie ausreichend hohe Profite zu Gunsten der Anteilseigner erzielen müssen. Diese Tendenz kommentierte der Präsident der Berliner Ärztekammer Günther Jonitz so: »Ein Krankenhaus gefährdet seine Existenz heute stärker, wenn es schlechte wirtschaftliche Leistungen erbringt, als wenn es schlechte Medizin macht. Das ist weder im Sinne der Patienten noch der Ärzte« (zit. nach Baumann 2012).

Anders als vermutet bilden in diesem Rahmen jedoch nicht die privaten Häuser die Speerspitze der »Kostenabwärtsspirale«, sondern die freigemeinnützigen Kliniken. Entsprechend der unterschiedlichen Krankenhausträger ermittelte das Statistische Bundesamt für 2014 die Anzahl der Patientenfälle pro Arzt und Pflegekraft für das gesamte Behandlungsjahr. Die Statistik besagt, dass in öffentlichen Krankenhäusern durchschnittlich 113 Fälle von einem Arzt behandelt werden. Hierbei ist entsprechend der unterschiedlichen Rechtsformen ein weiterer bemerkenswerter Unterschied hervorzuheben: An den in privatrechtlicher Form firmierenden öffentlichen Krankenhäusern behandeln Ärzte durchschnittlich 139 Fälle pro Jahr, was exakt der von Krankenhäusern in privater Trägerschaft erzielten Quote entspricht. Krankenhäuser, die rechtlich weiterhin unter öffentlich-rechtlicher Rechtsform betrieben wurden, behandelten hingegen lediglich 88 Fälle pro Arzt und Jahr. Dies entspricht der unglaublichen Differenz von 51 Fällen pro Arzt, d. h. einer

Leistungssteigerung um 57 Prozent. Dieser Unterschied lässt sich darauf zurückführen, dass Krankenhäuser mit dem Wechsel zur privaten Rechtsform grundlegend umstrukturiert werden, was zu einer Standardisierung der Abläufe und einer Effizienzsteigerung qua (Personal-)Kostensenkung führt. Als Avantgarde in Sachen Effizienz zeigen sich auch hier die freigemeinnützigen Einrichtungen mit einer Quote von 148 Fällen pro Arzt. Somit behandeln Ärzte in einer freigemeinnützigen Einrichtung sogar elf Fälle mehr als ihre Kollegen in Privatklinken (Statistisches Bundesamt 2015, 38).

Im Bereich des Pflegepersonals fallen die Unterschiede zwar weniger deutlich aus als im ärztlichen Dienst, aber auch hier sind sie unverkennbar. So standen die freigemeinnützigen Einrichtungen mit 64 Fällen pro Pflegekraft lange an der Rankingspitze, aber die Privaten holten zuletzt massiv auf, sodass sie inzwischen eine identische Leistungseffizienz im Pflegebereich aufweisen. Dabei ist zu bemerken, dass die Quote der öffentlichen Krankenhäuser, in denen eine Pflegekraft im Durchschnitt 57 Fälle betreut, keinesfalls weit entfernt von den viel beschworenen Effizienzvorgaben der Konkurrenz liegt (ebd.). Dies zeigt, dass das DRG-System eine Leistungsverdichtung vorantreibt, bei der die freigemeinnützigen Träger die privaten sogar noch überholen.

So widerlegen allein die freigemeinnützigen Einrichtungen den medial inszenierten Mythos der stets effektiven und effizienten privaten Krankenhäuser. Daraus schließt der Frankfurter Betriebswirt Rainer Sibbel in seinem lesenswerten Aufsatz »Krankenhäuser als Wirtschaftseinheiten« (2010, 57), dass der »wirtschaftliche Erfolg der Krankenhäuser in privater Trägerschaft bzw. privater Klinikketten […] maßgeblich auf den Schwächen der öffentlichen Einrichtungen und Träger [basiert]. Investitionsfähigkeit, Entscheidungsstrukturen und konsequente Markt- sowie Prozessorientierung sind wesentliche Faktoren, die den Erfolg der privaten […] bislang ausmacht. Gerade die Krankenhäuser und Krankenhausgruppen in freigemeinnütziger Trägerschaft zeigen aber, dass diese Erfolgspotenziale letztlich nicht einzig den privaten Betreibern vorbehalten sind und ebenso in anderen Trägerstrukturen umsetzbar sind.«

Seit der Umstellung des Krankenhausfinanzierungssystems von Tagespauschalen auf das DRG-System stoßen auch die privaten Krankenhausbetreiber bei der Erwirtschaftung von Gewinnen an Grenzen. Durch die Umstellung von Tagespauschalen, die die Krankenkassen *retrospektiv*, also nach Abschluss der Behandlung zahlen, auf *prospektive* Fallpauschalen werden die Kosten unabhängig von der Behandlungsdauer definiert. Ein Patient, der eine längere Behandlung braucht, kann für den Krankenhausbetreiber somit zu einer regelrechten »Kostenfalle« werden. Um dies zu vermeiden, könnte es wie in US-amerikanischen Krankenhäusern zu ethisch fragwürdigen Situationen kommen, wo Patienten allzu häufig bereits vor dem erfolgreichen Ende der Behandlung entlassen werden. Dass dies keinesfalls ein Worst-Case-Szenario, sondern zuweilen bereits derzeit der Fall ist, belegt beispielhaft eine im Jahr 2006 von der GEK veröffentlichte Studie mit dem Titel »Versorgungsqualität im Krankenhaus aus der Perspektive der Patienten«. Sie sollte herausfinden, inwiefern und ob sich die Qualität der Krankenhausbehandlung nach der Einführung des DRG-Systems verändert hatte. Ergebnis: Die Privaten schnitten signifikant schlechter ab als ihre öffentlichen und freigemeinnützigen Konkurrenten (Braun/Müller 2006).

Werden immer mehr Krankenhäuser – ehedem die Pfeiler der Daseinsvorsorge – in betriebswirtschaftlich organisierte Einheiten überführt, für die immer häufiger die Preise und immer seltener die Werte zählen, lässt sich durchaus von einer »Durchkapitalisierung des Gesundheitswesens« sprechen (Böhm 2002). Längst haben sich Krankenhäuser von bedarfsgesteuerten Einrichtungen der öffentlichen Daseinsvorsorge zu profitorientierten Gesundheitsunternehmen gewandelt. Dieser einschneidende Wandel geht mit Effizienzsteigerungsstrategien einher, die inzwischen selbst die öffentlichen Krankenhäuser adaptiert haben. Da Personalkosten in Krankenhäusern grundsätzlich den größten Ausgabenposten bilden, wird der Rotstift vor allem dort angesetzt. Materielle wie formale Privatisierungen zielen daher stets auf Lohnkürzungen und Arbeitszeitverlängerungen oder -verdichtungen, die mitunter auch qua Outsourcing erbracht werden. In vielen Fällen kommt es nach der Überführung in privatrechtliche Strukturen zum Stellenabbau, indem Arbeitsverträge nicht mehr verlängert werden.

Die Auswirkungen dieser Rationalisierungsmaßnahmen spüren nicht nur die Beschäftigten, sondern auch die Patienten. Spätestens dann, wenn private Krankenhausketten wie *Asklepios*, *Helios*, *Sana* und *Rhön* mehrere öffentliche Krankenhäuser in unmittelbarer Nähe zueinander erwerben, ist die flächendeckende Versorgung der Bevölkerung mit Krankenhauseinrichtungen bedroht, da der Konzentrationsprozess dieser Klinikketten darauf zielt, den am wenigsten lukrativen Standort zu schließen, um an einem anderen Standort möglichst hohe Renditen zu erzielen. Häufiger als Standortschließungen sind jedoch Abteilungsschließungen, wie die Schließung der einzigen Geburtshilfestation auf der Insel Sylt durch den Klinikbetreiber *Asklepios-Kliniken GmbH* noch einmal in Erinnerung gerufen hat. Offiziell wurde sie begründet mit der niedrigen Geburtenrate auf der Insel sowie mit der schwierigen personellen Situation. Der wesentliche, der Öffentlichkeit jedoch verschwiegene Grund dafür, dass es nun keine neugeborenen Sylter mehr gibt, dürfte indes sein, dass Geburtshilfeabteilungen stets zu den unwirtschaftlichen Einheiten eines Krankenhauses zählen, weil das recht neue System der Fallpauschalen den Aufwand von Entbindungen nicht adäquat widerspiegelt.

Werden Standorte und Abteilungen nicht ganz geschlossen, so wird häufig die Zahl der Betten reduziert, was bereits dazu führte, dass Patienten in Krankenhausfluren platziert werden mussten – so etwa im *Sana*-Klinikum Offenbach, in den von *Helios* betriebenen *Dr. Horst-Schmidt-Kliniken Wiesbaden*, in den kommunal verantworteten Kliniken Fulda und Aschaffenburg-Alzenau sowie in den freigemeinnützig geführten Krankenhäusern *St. Vinzenz* in Braunschweig und *Hedwigshöhe* in Berlin. Herbe Kritik ist auch an Inhouse-Verlautbarungen zu formulieren, wonach die Liegezeiten verkürzt werden sollen, sodass Patienten mitunter zu früh und ohne angemessene Nachversorgung entlassen werden. Schon aufgrund der Reduktion examinierter Pflegekräfte bzw. des Ersatzes durch Pflegeassistenten verringert sich die qualifizierte Kontaktzeit mit den Patienten. Eine an den Bedürfnissen der Patienten orientierte Pflege können viele Einrichtungen nicht mehr gewährleisten.

Diese Entwicklung lässt US-amerikanische Zustände befürchten, wie sie 2.300 Ärzte aus Massachusetts 1997 in einem im *Journal of the American Medical Association* erschienenen Hilferuf beschrieben haben (zit. nach Reimon/Felber 2003, 49): »Die Zeit, die wir mit den Kranken verbringen dürfen, schrumpft unter dem Druck, den Durchlauf zu erhöhen, als ob wir es mit industriellen Gebrauchsgegenständen zu tun hätten und nicht mit Menschen. […] Ärzte und Krankenschwestern werden mit Drohungen und Bestechungen geschubst, die Loyalität zum Patienten aufzugeben und die Kränksten zu meiden, die unprofitabel sein könnten. Einige von uns riskieren eine Kündigung oder ›Auslistung‹, weil sie teure Behandlungen gewähren oder gar nur diskutieren, und vielen wird ein Bonus angeboten, wenn sie die Pflege minimieren.«

Zugleich bahnt das DRG-System dem Zusammenschluss von Krankenhäusern in Verbünden und damit der Privatisierung zu Gunsten großer Klinikketten den Weg. So können Krankenhäuser, die nicht kostendeckend arbeiten, der DRG-Logik zufolge bestimmte Leistungen nicht mehr anbieten oder aber sie müssen über Zusammenschlüsse »Betriebsgrößenvorteile« (*eco-*

nomies of scale) erzielen (Mosebach/Rakowitz 2012, 21): »Dies wird umso schwieriger, je mehr die Fallpauschalen abgesenkt und die stationären Ausgaben der gesetzlichen Krankenversicherung insgesamt gedeckelt werden. Die in einem Verbund zusammengeschlossenen Kliniken bieten dann zwar mitunter noch das gesamte Spektrum an Krankenhausleistungen an, für die Patienten wird der Weg aber bisweilen weit sein. Damit ist die wohnortnahe Versorgung mit grundlegenden Krankenhausleistungen (Geburtshilfe, allgemeine Chirurgie) gefährdet, insbesondere wenn keine Alternativen im ambulanten Bereich zur Verfügung stehen.«

Die Fälle Offenbach und Gießen/Marburg

Auch den Städten und Gemeinden gereicht die Privatisierung von Krankenhäusern meist zum Nachteil, denn viele hoch verschuldete Kommunen verkaufen die aus Steuermitteln errichteten Krankenhäuser zu »Schleuderpreisen« an private Klinikbetreiber. Ein Beispiel ist der zum 1. August 2013 vollzogene Verkauf des städtischen Klinikums Offenbach am Main an die *Sana Kliniken AG*. In diesem Fall von einem »Schleuderpreis« zu sprechen, käme jedoch einer Untertreibung gleich. Die Transaktion, bei der die *Sana Kliniken AG* 90 Prozent der Gesellschaftsanteile der Stadt für einen symbolischen Kaufpreis von einem Euro erhielt, gilt als eine der größten Klinikprivatisierungen der letzten Jahre. Privatisierungsgegner kritisieren, die Stadt habe die Klinik de facto nicht verkauft, sondern verschenkt. So bleibt die Stadt Offenbach auf den Schulden von über 300 Millionen Euro sitzen, die das über Jahre hinweg defizitäre Krankenhaus anhäufte. Tatsächlich ließ sie sich auf einen Deal ein, wonach *Sana* Investitionen in Höhe von 110 Millionen Euro tätigen und die Beschäftigten weiterhin tarifgebunden entlohnen sollte, doch wurde darüber hinaus nicht einmal eine Gewinnbeteiligung der Stadt ausgehandelt. Die Transaktion zwischen der *Sana Kliniken AG* und der Stadt Offenbach wurde in einer finanziellen Notsituation der Kommune vollzogen: Offenbach hat ein Haushaltsdefizit, das schon 2012 die 700-Millionen-Euro-Marke überstieg.

Ein Verkauf scheint in einer solchen Krisensituation notgedrungen als Win-win-Situation; so jedenfalls wird es politisch in den Medien vermittelt. Zum einen kann die Stadt die durch die Aufrechterhaltung des Krankenhausbetriebs erzeugten Schulden bremsen und zum anderen dringende Investitionen tätigen. Noch im Mai 2013 sprach der Offenbacher Oberbürgermeister Horst Schneider (SPD) davon, dass das Krankenhaus in »guten

Händen« sei, doch bereits einige Monate später offenbarten sich die Konsequenzen: Der von *Sana* eingerichtete Sozialfonds mit einem Volumen von 20 Millionen Euro diente nicht – wie vor Vertragsschluss angekündigt – ausschließlich der Aus- und Fortbildung der Beschäftigten, sondern auch der Abfindung von Mitarbeitern. Ende Oktober 2013 kündigte der Klinikbetreiber die Entlassung von 350 Mitarbeitern an – insbesondere aus den Servicebereichen Reinigung, Technik, Archiv und Poststelle.

Sowohl der Betriebsrat als auch die Gewerkschaft empörten sich darüber. Doch wer das Sanierungsschema der privaten Klinikkonzerne genauer betrachtet, für den war *Sanas* Vorgehen bereits zum Zeitpunkt des Verkaufes prognostizierbar. Denn »Rendite [...] lässt sich [...] auch in diesem Business in erster Linie [...] durch Rationalisierungen und ›Kostendämpfung‹ [erwirtschaften]« (Liedtke 2007, 81). So sind Entlassungen gerade in den outsourcingfähigen Servicebereichen in der Regel das erste, was das Management unternimmt. Im nächsten Schritt gründen sie neue Servicegesellschaften, die die einschlägigen Servicebereiche preiswerter, d.h. in erster Linie mittels Lohndumping, abdecken sollen. So schöpfen private Klinikkonzerne Sparpotenziale insbesondere im Personalbereich aus, indem sie auf ein übliches Repertoire an Mitteln zurückgreifen: »Bestehende Tarifbindungen werden aufgelöst, Stellen abgebaut, die Arbeitszeiten verlängert, Arbeitsverträge befristet, Gehälter reduziert« (ebd.).

Ein aufschlussreiches Beispiel dafür ist die weltweit erste und daher spektakulärste Privatisierung eines Universitätsklinikums. Beide Standorte des Universitätsklinikums Marburg/Gießen wurden 2006 für 112 Millionen Euro an die *Rhön-Klinikum AG* veräußert. Diese übernahm 95 Prozent der Geschäftsanteile der *Universitätsklinikum Gießen-Marburg GmbH*, die restlichen fünf Prozent blieben beim Land Hessen. Die Privatisierung wurde sowohl vom Klinikbetreiber *Rhön* als auch von der damaligen hessischen Landesregierung als Prestige- und Vorzeigeprojekt angepriesen. Über die Jahre entwickelte sich das Universitätsklinikum für *Rhön* jedoch zum »Problemkind«, das deutlich mehr Kosten verursachte, als es Einnahmen verbuchen konnte, sodass der Gewinn des Konzerns signifikant geschmälert wurde (Rhön AG 2014, 20).

Zudem wurde schnell deutlich, dass sich die Vorstellungen des *Rhön*-Managements, wie das Universitätsklinikum zu führen sei, mit denen der hessischen Landespolitik nicht in Einklang bringen ließen, weshalb das Land Hessen regelmäßig mit juristischen Schritten drohte. So wollte die *Rhön AG* das Partikeltherapiezentrum, eines von wenigen solcher Zentren zur Krebsbekämpfung in Deutschland, aus Gründen der mangelhaften Rentabilität nicht in Betrieb nehmen. Das Land hingegen forderte *Rhön* mehrfach auf, dem Konsortialvertrag entsprechend zu agieren und in die Ingangsetzung des kostspieligen Geräts zu investieren. Nachdem das Land Hessen seine Klage gegen den Konzern auf 100 Millionen Euro bereits vorbereitet hatte, kam es im September 2014 doch noch zu einer außergerichtlichen Einigung, sodass das Partikeltherapiezentrum seit Oktober 2015 von der *Marburger-Ionenstrahl-Therapie-Betriebsgesellschaft* (MIT) des *Universitätsklinikums Heidelberg GmbH* betrieben wird.

Für große Aufregung sorgten auch die Privatisierungsfolgen für die Beschäftigten. Obwohl bei Vertragsabschluss ein bis zum Ende des Jahres 2010 gültiger Kündigungsschutz für die rund 8.000 Mitarbeiter ausgehandelt worden war, wurden die Abteilungen nach einer Benchmarkmessung dazu angehalten, Personalzahlen, welche die Zielwerte überschritten, umgehend zu reduzieren. Dies geschah ohne jegliche strukturelle Anpassungen, die den Personalabbau hätten ausgleichen können. Betroffen waren vor allem die Bereiche des medizinisch-technischen Dienstes sowie des Wirtschafts- und Versorgungsdienstes, aber auch Personal im Pflege- und Ärztebereich wurde abgebaut, primär durch das »Auslaufen befristeter Verträge oder die mit dem Betriebsrat ausgehandelten Betriebsvereinbarungen zu verrentbaren Jahrgängen« (Hanschur/Böhlke 2009, 144).

Auf diese Weise wurden allein zwischen 2006 und 2008 insgesamt 300 Stellen gekürzt. Unweigerlich führte dies zu einer deutlichen Mehrbelastung des Pflege- und Ärztepersonals, die sich in unzähligen Beschwerden mit Blick auf Überlastungen entlud. Das Management der *Rhön AG* reagierte zwar auf die unhaltbaren Zustände, aber in erster Linie, indem sie in »wirtschaftskreativer« Weise neue Berufsgruppen schuf und zur Unterstützung des examinierten Personals einsetzte. So wurden »Patientenservicekräfte« als Helfer für ausgebildete Pflegekräfte und Arzt-Patienten-Manager »zur Entlastung der Ärzte von administrativer Arbeit zu wesentlich niedrigeren Tarifen eingestellt« (ebd., 145). Diese neu geschaffenen Funktionen werden jedoch auf den Ärzteschlüssel angerechnet, womit automatisch die regulären Stellen im ärztlichen Dienst reduziert werden.

Negative Publicity bescherte der *Rhön*-Klinikgruppe zudem, dass die Beschäftigen nicht annähernd auf dem Niveau der Tarifverträge des öffentlichen Dienstes, sondern deutlich schlechter entlohnt werden sollten. Neben schwierigen und langwierigen Verhandlungen waren Warnstreiks der Belegschaft vonnöten, um den Konzern zum Entgegenkommen zu bewegen.

Wie viele andere privatisierte Krankenhäuser griff auch das Universitätsklinikum Gießen/Marburg zum Outsourcing: 520 Beschäftigte der Bereiche Wirtschaft und Versorgung, Lagerung, Transport, Sicherheit, Gärtnerei und Küche wurden in eigens dafür gegründete Tochtergesellschaften überführt, was mit einer Verschlechterung der Arbeitsbedingungen einherging. Wie in Offenbach wurde auch hier das Pflegepersonal reduziert. Waren vor der Privatisierung zwei examinierte Kräfte auf einer Station tätig, arbeitet dort seit der Übernahme nur noch eine Kraft. Dies führt zu einer erheblichen Verminderung der Patientenkontakte. Zudem stehen die Kräfte unter immensem Druck, falsche Entscheidungen zu treffen, da sie sich nun nicht mehr wie früher mit einer anderen Pflegekraft über komplizierte Fälle beraten können.

Warum der Gesundheitsmarkt kein freier Markt werden kann

Die Privatisierungsexperten Michel Reimon und Christian Felber führen in überspitzter Form zwei Gründe an, wenn sie der Frage nachgehen, warum Marktapologeten allerorten zum Angriff auf die karitativen Gesundheitssysteme blasen (2003, 63): »Die einen sind ideologisch verblendet, die andern wittern die Chance, viel Geld zu verdienen. Auf viele trifft beides zu.« Ihre Kritik trifft ins Schwarze, denn in der Tat sind die Fallstricke eines marktorientieren Gesundheitssystems offenkundig. Das Marktprinzip versagt schon allein deshalb, weil sich der »Gesundheitsmarkt« von anderen Märkten fundamental unterscheidet.

Während Güter und Dienstleistungen auf Märkten gewöhnlich freiwillig in Anspruch genommen (Ausnahme: abhängige Konsumenten auf dem Drogenmarkt) oder aber als Privileg begriffen werden (Schulpflicht auf dem »Bildungsmarkt«), nimmt niemand freiwillig Gesundheitsleistungen in Anspruch. Unabhängig davon, wie preiswert oder effizient eine Behandlung ist, will niemand krank sein (ebd., 64): »Bei Konsumartikeln kann man den Gürtel enger schnallen, aber wer schwer oder chronisch krank ist, kann nicht einfach sein Medikament seltener nehmen. Man kann seinen Urlaub stornieren, aber nicht einfach seine Krankheit zurückgeben, weil's grad nicht passt. Wer sich keinen Mantel von Helmut Lang leisten kann (oder will), der geht eben zu H&M. Aber niemand kann entscheiden, ob er Leukämie oder doch lieber nur eine Erkältung hat.«

Spätestens seit den Arbeiten des 1972 mit dem Ökonomie-Nobelpreis ausgezeichneten Wirtschaftswissenschaftlers Kenneth Arrow ist die Andersartigkeit des Gesundheitsmarktes im Vergleich zu anderen Märkten wissenschaftlich anerkannt. Märkte funktionieren schließlich nur dann, wenn Kunden freie Entscheidungen treffen können. Das für funktionierende Märkte konstitutive Prinzip der Konsumentenfreiheit greift jedoch auf dem Gesundheitsmarkt nicht, weil Kranke nicht als Kunden auftreten, sondern dem Markt ausgeliefert sind. Auch die für vollkommene Märkte angenommene Informationssymmetrie zwischen Anbietern und Nachfragern existiert nicht, verfügen Ärzte doch über einen Informationsvorsprung bei der Diagnose und Behandlung von Krankheiten. Die »Kunden« können demnach nur sehr eingeschränkt beurteilen, was für sie von eminenter, womöglich gar lebensrettender Bedeutung ist, sodass die Rede von der »Kundenorientierung« im Gesundheitswesen nur eine Phrase bleibt.

Wohin die zunehmende Durchkapitalisierung im deutschen Gesundheitswesen führt, zeigen die Vorreiter Großbritannien und USA: eine menschenverachtende Zwei- und Dreiklassen-Medizin mit Billigangeboten für die Armen und Luxusmedizin für all jene, die es sich leisten können. Doch das »alte Europa« holt auf: Da müssen Kassenpatienten immer länger auf lebenswichtige Herzoperationen warten, da erhöhen Kliniken zur Kostensenkung ganz bewusst den Anteil von wenig qualifizierten Pflegekräften, da werden ältere Menschen, die zu Hause keinerlei Betreuung haben, von den Kliniken quasi »ins Nichts« entlassen, und da werden Rettungshubschrauber von einer überbelegten Klinik nach der nächsten abgewiesen. Angesichts solcher Entwicklungen im Gesundheitswesen muss man fragen, warum das höchste Gut des Menschen, seine Gesundheit, zur Ware degradiert wird.

Das neu eingeführte Finanzierungssystem will jedenfalls den Anschein erwecken, dass Krankheit taxier- und messbar sei. Dieser Überzeugung nach lassen sich Pauschalen in Form von Krankheitskatalogen anlegen, die die Dauer und die vertretbaren Kosten für die Behandlung einer Krankheit definieren. Dass der individuelle Fall eines Patienten sich nicht wirklich taxieren lässt, scheint dabei nebensächlich. Krankenhäuser werden heute dazu gezwungen, ihre Behandlungen dem DRG-System anzupassen und eben nicht den medizinischen Erfordernissen des Patienten. Getreu dem Credo »Wirtschafts- statt Patientenorientierung« müssen Ärzte immer häufiger das Wohl des Patienten dem wirtschaftlichen Wohl der Klinik opfern.

Diese Logik verdeutlicht, dass Marktorientierung im Gesundheitswesen für die Patienten problematisch ist, sind medizinisch überflüssige Leistungen wie allzu häufig eingesetzte Hüft- und Kniegelenkprothesen oder gynäkologische Leistungen – insbesondere geplante Kaiserschnitte mit anschließender Frühgeburtenpflege – für sie doch ebenso nachteilig wie aus Kostengründen verweigerte Leistungen. Insofern trifft die Kritik von Thomas Gerlinger, Leiter der Bielefelder Arbeitsgruppe »Gesundheitssysteme, Gesundheitspolitik und Gesundheitssoziologie«, und Hans-Jürgen Urban, seit 2007 geschäftsführendes Vorstandsmitglied der *IG Metall*, an der »Kopfpauschale« das Gesundheitssystem insgesamt (2010, 63): »Weder würde das angestrebte Finanzierungsmodell das Gesundheitswesen auf eine dauerhaft tragfähige Grundlage stellen, noch würden die Qualität der Versorgung verbessert oder vorhandene Effizienzreserven im System erschlossen werden. Das Gegenteil dürfte der Fall sein. Die Modernisierung von Systemstrukturen wird – aus klientelpolitischen oder aus ideologischen Motiven – gebremst und partiell gar revidiert. Bestehende Fehlsteuerungen werden nicht beseitigt oder aufs Neue verstärkt.«

Aber selbst wenn sich eines Tages eine marktskeptische Sicht auf den Gesundheitssektor durchsetzen und die Gesundheitspolitik wieder vom Prinzip der Daseinsvorsorge geprägt werden sollte, ist fraglich, ob ein Umsteuern angesichts der fiskalischen Strangulierung der öffentlichen Haushalte – zusätzlich verschärft durch die Schuldenbremse – möglich sein wird. Eher dürften auch in Zukunft weitere Zusatzleistungen in den Krankenhäusern auf der Privatisierungsagenda stehen. Ob die wohnortnahe Versorgung auch in Zukunft gesichert sein wird, ist eine ebenso zentrale gesundheitspolitische Frage wie die, ob es der Politik gelingen wird, dem Druck der Krankenkassen standzuhalten. Sie wollen vom »Payer« zum »Player« werden, indem sie nicht mehr nur zahlen, sondern auch über die Zukunft von Krankenhäusern mitbestimmen. Um ihre Vertragsmacht gegenüber den Krankenhausträgern zu stärken, drängen sie auf Mitsprache: Krankenhäuser, die nach ihrer Auffassung minderwertige Leistungen vorhalten oder ineffizient wirtschaften, sollen – so die Idee eines »kostenträgerorientierten« Wettbewerbs – keine neuen Verträge erhalten und sogar geschlossen werden.

Derartige Vorschläge sind indes zu kleinteilig und keinesfalls dazu angetan, das kränkelnde deutsche Gesundheitssystem nachhaltig zu heilen. Soll das Patientenwohl wieder zum Ausgangspunkt ärztlichen Handelns werden, braucht es einen Kurswechsel. Dazu muss die Ungleichbehandlung von privat und gesetzlich Krankenversicherten beendet, die Finanzierung über Fallpauschalen im Krankenhaus abgeschafft und der über die Privatisierung von Krankenhäusern und Gesundheitsleistungen forcierte Wettbewerb im Gesundheitswesen aufgegeben werden.

Kostentreiber Privatwirtschaft: die kommunale Versorgung

Von Schlaglöchern durchsiebte Straßen verärgern uns ebenso wie verschmutzte Parkanlagen oder unzureichend ausgeleuchtete Straßen. Und wenn Städte wie Duisburg, Mönchengladbach oder Porta Westfalica die Wassertemperatur in ihren Hallenbädern senken, um Energiekosten zu sparen und dennoch den Badebetrieb aufrechterhalten zu können, wird dies ebenfalls als Versagen kommunaler Politik wahrgenommen. Denn nach wie vor bringen zu wenige Menschen die Unzulänglichkeiten der kommunalen Daseinsvorsorge mit der Tatsache in Verbindung, dass in Nordrhein-Westfalen jede zweite Kommune dem Haushaltssicherungsgesetz unterliegt. Dabei sind die dramatischen Sparanstrengungen das Ergebnis einer seit Jahren verfehlten Unterfinanzierung der öffentlichen Haushalte, die immer häufiger Privatisierungen den Weg ebnen. Dies gilt vor allem für Kommunen, die für die Finanzierung von Schulen, Theatern und Schwimmbädern verantwortlich sind, dieser Verantwortung jedoch insbesondere aufgrund seit Jahren rückläufiger Gewerbesteuereinnahmen immer seltener nachkommen können.

Das Gewerbesteueraufkommen ist durch das gesunkene Steuerniveau, durch großzügige Verlustvor- und -rückträge sowie durch den Großunternehmen gewährten Spielraum bei der Wahl ihres Veranlagungsortes eingebrochen, sodass einige Kommunen sogar bei »ihren« Konzernen in der Kreide stehen. Über einst wohlhabenden Großstädten wie Darmstadt, Gelsenkirchen und Köln kreist der Pleitegeier, sodass ungeachtet der umwelt- und sozialpolitisch kaum zu überschätzenden Bedeutung eines preiswerten, eng getakteten Bus- und Bahnverkehrs inzwischen sogar der ÖPNV privatisiert wird. Warum die Kommunen so handeln und wie drückend, ja erdrückend die Schuldenlast sein kann, zeigt anschaulich das Beispiel Berlin. Die Bundeshauptstadt hat Schulden von 59 Milliarden Euro aufgetürmt, wodurch auf jeden Einwohner eine jährliche Zinslast von 730 Euro entfällt, sodass dringend erforderliche Investitionen in Forschung, Bildung und Kultur unterbleiben (müssen).

Somit brechen Städte und Gemeinden als Stützen der Republik weg: »Arme Städte – dunkle Straßen« überschrieb die *Frankfurter Rundschau* im September 2015 einen Artikel, um auf die desolate finanzielle Situation der Kommunen hinzuweisen (Sievers 2015a). Allein die Schulden der deutschen Großstädte belaufen sich inzwischen auf stattliche 83 Milliarden Euro. Und eine Studie der Wirtschaftsprüfungsgesellschaft *Ernst & Young* prognostiziert, dass der Schuldenberg der Kommunen auch weiterhin wachsen wird: »Vier von fünf Bürgermeistern und Landräten wollen die Steuern und Gebühren [...] erhöhen, um die prekäre finanzielle Lage in den Griff zu bekommen. Jeder dritte plant, Leistungen zu streichen« (Sievers 2015b). In jedem zehnten Ort soll es dunkler werden, damit durch die Reduzierung der Straßenbeleuchtung gespart werden kann.

Um ihrer chronischen Unterfinanzierung zu begegnen, scheuen die Kommunen nicht mehr davor zurück, die Kita-, Schul- und Friedhofsgebühren oder die Hundesteuer zu erhöhen. Und mitunter werden auf Grund der leeren kommunalen Säckel sogar neue Steuern erfunden: die Bettensteuer für Übernachtungen in Köln, die Sexsteuer für Bordellbesuche in Freiburg und die Pferdesteuer in Bad Sooden-Allendorf. In diesem Erfindungsreichtum kommt die Verzweiflung der Kämmerer zum Ausdruck, die nicht nur die Kultur- und Sportangebote zurückfahren, sondern auch kreative Lösungen finden müssen, um die Haushaltslöcher zu stopfen.

So gilt selbst das einst stolze Nordrhein-Westfalen im Bundesländervergleich inzwischen als »kranker Riese«. Zwar sind entlang von Rhein und Ruhr immer noch neun der 30 DAX-Konzerne beheimatet und die Wirtschaftsleistung pro Kopf ist nach wie vor die vierthöchste unter den Flächenländern. Dennoch zählen zu den 20 deutschen Städten mit der höchsten Verschuldung allein 15 nordrhein-westfälische. Weniger als ein Dutzend der 396 Kommunen Nordrhein-Westfalens sind schuldenfrei. Dies ist deshalb besonders fatal, weil 60 Prozent aller öffentlichen Investitionen Deutschlands von Städten und Gemeinden bezahlt werden. Doch dafür steht immer weniger Geld zur Verfügung. Die kommunale Investitionsquote sank von durchschnittlich 30 Prozent in den 1970er-Jahren auf unter zehn Prozent. Bankdarlehen sind häufig der letzte Rettungsanker, sodass die sogenannten Kassenkredite inzwischen ein Volumen von 50 Milliarden Euro erreicht haben, nachdem sie sich vor zehn Jahren noch auf rund 20 Milliarden Euro beliefen.

Der Staat als Geisel: die öffentlich-privaten Partnerschaften

Unter dem Druck chronisch klammer öffentlicher Kassen haben alle Gebietskörperschaften, aber insbesondere eben die Kommunen, eine Beschaffungsvariante entwickelt, die in ihrer Bedeutung kaum zu überschätzen ist: das Zusammenwirken öffentlicher und privater Akteure in öffentlich-privaten Partnerschaften (ÖPPs). Während ÖPPs anfangs vielen als Heilsversprechen galten, die öffentliche Leistungen verbilligen sollten, werden heute ihre negativen Auswirkungen immer breiter diskutiert – vor allem seitdem Schlagzeilen über gescheiterte Großprojekte und ausufernde Kosten die Debatte anheizen. Die unzureichende Qualität der Leistungen hat ebenso zur Skepsis gegenüber der mit ÖPPs verbundenen Kompetenzauslagerung beigetragen wie die bei unzähligen Projekten explodierten Kosten. So etwa urteilte der Bundesrechnungshof 2013 in einem weithin bekannt gewordenen Gutachten, dass die bisherigen ÖPP-Projekte im Fernstraßenbau unwirtschaftlich gewesen seien und bei konventioneller – will heißen: staatlicher – Realisierung den Bund deutlich preiswerter gekommen wären.

Was genau aber sind ÖPPs? Bei ÖPPs werden Privatunternehmen von der jeweiligen Gebietskörperschaft, d. h. vom Bund, vom Bundesland oder von der Kommune, mit der Planung, der Sanierung, dem Bau und/oder dem Betrieb öffentlicher Einrichtungen beauftragt. Im Gegenzug erhalten die Unternehmen langfristig kalkulierbare und ausgesprochen sichere Einnahmen, denn für eine Vertragslaufzeit von in der Regel 20 bis 30 Jahren erhalten sie – ähnlich einer Miete oder Pacht – regelmäßige Zahlungen. Im Unterschied zur klassischen Auftragsvergabe werden jedoch keine Einzelaufträge ausgeschrieben und vergeben. Stattdessen wird die Verantwortung für das Gesamtprojekt übertragen. Das Spektrum der inzwischen knapp 250 ÖPP-Projekte in Deutschland reicht von Autobahnaus- und -neubauten über die Errichtung von Schulen, Kindertagesstätten, Kliniken, Gefängnissen, Feuer- und Rettungswachen, Schwimmbädern und Verwaltungsgebäuden bis hin zum Betrieb militärischer Einrichtungen. Insgesamt wurden seit 2002 über acht Milliarden Euro in ÖPPs investiert; allein 2014 betrug das Investitionsvolumen rund eine Milliarde Euro.

Das ÖPP-Modell wird auch deshalb zum Prinzip von Investitionspolitik, weil Mietzahlungen an private Partner nach den derzeitigen Statuten nicht auf die Neuverschuldung angerechnet werden müssen, die Verschuldungsobergrenze also umgangen werden kann. Wohlwissend, dass durch ÖPPs

Schulden nur verschleiert werden, halten die meisten Vertreter der etablierten Parteien an diesem Konstrukt fest. Obschon mit ÖPPs die kommunale Selbstverwaltung ausgehebelt wird, soll die vormals öffentliche Daseinsvorsorge in Europa auch in Zukunft durch »Projektanleihen« unterstützt werden – gefördert von der *Europäischen Investitionsbank.* Dabei werten selbst von der Auftragsvergabe profitierende Rating-Agenturen ÖPP-Projekte zumeist als riskant. Und auch der Bundesrechnungshof warnte wiederholt vor einer Kostenexplosion zu Lasten der öffentlichen Hand.

Obwohl die höhere Wirtschaftlichkeit von ÖPPs gegenüber rein staatlich finanzierten Projekten bislang noch von keiner Institution nachgewiesen werden konnte, werden auch weiterhin viele Milliarden Euro in die für die öffentliche Hand ebenso kostspieligen wie riskanten Projekte investiert. Dies geschieht ungeachtet der Tatsache, dass die Verfahren für die Öffentlichkeit meist nicht nachvollziehbar sind, weil nicht nur die Verhandlungen zwischen den staatlichen Auftraggebern und den Privatunternehmen unter Ausschluss der Öffentlichkeit stattfinden, sondern auch die daraus resultierenden Verträge geheim bleiben. Ein Beleg für die mit Privatisierungen à la ÖPP verbundene Entdemokratisierung ist die Tatsache, dass juristische Auseinandersetzungen meist vor geheim tagenden Schiedsgerichten ausgetragen werden.

Der Blick auf die europäischen Nachbarstaaten ist aufschlussreich, begann der Hype um ÖPPs doch bereits Mitte der 1980er-Jahre in Großbritannien. Frankreich und Deutschland folgen in der Rangliste der größten europäischen ÖPP-Märkte; danach sind mit einigem Abstand Griechenland, Italien, Spanien und Portugal gelistet. Gerade die Privatisierungspolitik der südeuropäischen Staaten zeigt, dass ÖPPs für die öffentliche Hand eine bevorzugte Möglichkeit darstellen, vor dem Hintergrund von Schuldenbremsen und Defizitgrenzen Investitionen zu tätigen. Dabei warnt Dieter Engels, bis 2014 Präsident des Bundesrechnungshofs, eindringlich vor diesem Ausverkauf öffentlichen Eigentums: »ÖPP sollte keine Methode sein, um die Schuldenbremse zu umgehen, aber in der Tat – weil wir die Schuldenbremse haben – ist die Verlockung, vielleicht auch der Druck, doch recht groß, nach Ausweichmöglichkeiten zu suchen« (zit. nach Aust/Ammann 2014). Allzu häufig wird dabei verkannt, dass das ÖPP-Modell lediglich zu einer kurzfristigen Entlastung führt, langfristig jedoch eine »Finanzierungsillusion« darstellt. Dass die Politik ÖPPs zur Vermeidung von Schulden und zur Umgehung der Schuldenbremse nutzt, zeigt sich besonders deutlich in Frankreich. Dort wurde 2010 ein Gesetz verabschiedet, wonach Investitionen, die mit ÖPP finanziert wurden, wie Schulden zu behandeln sind, woraufhin der

ÖPP-Markt einbrach: Hatten die Investitionen in diesem Markt 2011 noch 5,3 Milliarden Euro betragen, waren es zwei Jahre später nur noch 1,1 Milliarden Euro. Eine solche Regel für die Bundesrepublik würde auch hier den Hauptanreiz für diese Privatisierungsvariante zunichtemachen.

Ein weiteres gravierendes Problem sind die ausgesprochen langen Vertragslaufzeiten von ÖPPs. So wird in den Verträgen meist ausschließlich der aktuelle Standard festgeschrieben, d. h. unvorhergesehene, aber betriebsnotwendige Änderungen kommen den Staat regelmäßig teuer zu stehen, befinden sich die Privatunternehmen bei nachträglichen Änderungen doch regelmäßig in einer deutlich stärkeren Verhandlungsposition. Schon in der Ausschreibungsphase kalkulieren die Unternehmen die Kosten zu niedrig, weil sie auf Nachverhandlungen setzen. Überdies sind die Wirtschaftlichkeitsberechnungen für ÖPP-Projekte meist geheim – nicht einmal die demokratisch legitimierten Abgeordneten, die darüber zu befinden haben, dürfen sie einsehen. Begründet wird dies gewöhnlich mit den zu wahrenden Betriebsgeheimnissen der beteiligten Unternehmen. Deren Interessen werden somit stärker gewichtet als die parlamentarische Kontrolle und die Information der Öffentlichkeit.

Langfristig teurer, nicht preiswerter

Die Privaten profitieren bei ÖPPs von unzähligen Privilegien. So verabschiedete der Deutsche Bundestag auf Initiative der rot-grünen Bundesregierung am 14. Juni 2005 das ÖPP-Beschleunigungsgesetz. Es sollte die Rahmenbedingungen für ÖPPs verbessern und Anreize schaffen, indem die privat-öffentlichen Projektgesellschaften u. a. von der Grundsteuer befreit wurden. Zur Formulierung des Gesetzentwurfs war eine Arbeitsgruppe gegründet worden, an der neben Parlamentariern auch Vertreter der Finanz- und Baubranche beteiligt waren. Wie weit der Einfluss der Privatwirtschaft bei der Anbahnung von Privatisierungen reichte, lässt sich daran ablesen, wie sich die Arbeitsgruppe maßgeblich auf ein Gutachten stützte: ein Gutachten, welches das Bundesministerium für Verkehr, Bau- und Wohnungswesen (seit 2013 Bundesministerium für Verkehr und digitale Infrastruktur) von der Unternehmensberatung *PricewaterhouseCoopers* und der Anwaltskanzlei *Freshfields Bruckhaus Deringer* hatte erstellen lassen.

Früh schon galt der von Gerhard Schröder geführten Bundesregierung die ÖPP-Variante als Erfolgsmodell: »ÖPP ist eine langfristige, vertraglich geregelte Zusammenarbeit zwischen Öffentlicher Hand und Privatwirtschaft zur wirtschaftlicheren Erfüllung öffentlicher Aufgaben über den gesamten Lebenszyklus eines Projektes. Die für die Aufgabenerfüllung erforderlichen Ressourcen (zum Beispiel Know-how, Betriebsmittel, Kapital, Personal) werden von den Partnern in einem gemeinsamen Organisationsmodell zusammengeführt und vorhandene Projektrisiken entsprechend der Managementkompetenz der Projektpartner angemessen verteilt« (Bundesministerium für Verkehr, Bau und Stadtentwicklung 2007).

Und obschon sich Geschichte bekanntlich nicht wiederholt, so scheinen sich doch ihre Lehren zu wiederholen: So setzte SPD-Parteichef und Bundeswirtschaftsminister Sigmar Gabriel im August 2014 die Expertenkommission »Stärkung von Investitionen in Deutschland« ein, die empfiehlt, der strukturellen Unterfinanzierung der öffentlichen Haushalte mit privatem Kapital zu begegnen. Auf Kontinuität bei der staatlichen Finanzierung öffentlicher Infrastruktur drängte die Kommission nicht. Stattdessen trägt der im Februar 2015 vorgelegte Abschlussbericht eine eindeutig privatisierungs- und damit kapitalfreundliche Handschrift. In der 21-köpfigen Kommission unter der Leitung des DIW-Präsidenten Marcel Fratzscher fanden sich mit der *Allianz*, der *Deutschen Bank*, der *Ergo Versicherungsgruppe* und der Vermögensverwaltung *Flossbach von Storch* vier Vertreter des privaten Finanzsektors, zwei Großunternehmen (*BASF* und *Siemens*), vier neoliberale Wissenschaftler (darunter Lars P. Feld vom Freiburger *Walter Eucken Institut*), die drei Unternehmerverbände BDI, DIHK und *Zentralverband Deutsches Baugewerbe* sowie drei Vertreter der öffentlichen Hand und fünf Gewerkschafter. Mit dem einstigen Co-Chef der *Deutschen Bank* Jürgen Fitschen, dem ehemaligen *Ergo*-Chef Torsten Oletzky und dem *Allianz*-Vorstandsmitglied Helga Jung waren gleich drei Topmanager der Finanzbranche vertreten, die ihre Aufgabe schwerlich in der Wahrung des Gemeinwohls sehen, sondern auf die Mehrung des Vermögens ihrer Aktionäre bedacht sein müssen.

Die Mehrheit der Kommission resümiert in ihrem Abschlussbericht, »dass der erhebliche Rückstau bei Investitionen in die Erhaltung und den Ausbau öffentlicher Infrastruktur deutlich zeige, dass der Staat alleine dieser Herausforderung nicht gerecht werden kann« (Expertenkommission »Stärkung von Investitionen in Deutschland« 2015, 3). Unter Verweis auf Beispiele aus dem Ausland wird argumentiert, dass allein öffentlich-private Partnerschaften die Investitionslücke schließen könnten. Dort sei es gelungen, »private Ersparnisse gezielt und wirtschaftlich zur Finanzierung öffentlicher Infrastruktur einzusetzen« (ebd.). Ziel der Politik müsse es sein, »die in

Deutschland überwiegend emotional geführte Debatte zu ÖPP zu versachlichen und deutlich mehr Infrastrukturprojekte ÖPP-fähig auszuschreiben«; der Staat müsse durch bessere Rahmenbedingungen »Anreize für mehr private Investitionen« setzen (ebd.). Offensichtlich hat die Mehrheit der Kommission nicht die rund 45 Milliarden Euro Steuermindereinnahmen der öffentlichen Haushalte im Blick, mit der sich Bund, Länder und Kommunen seit der rot-grünen Steuerreform plagen, sondern die mehr als fünf Billionen Euro an liquidem Geldvermögen, das vor allem die Reichen hierzulande auf der hohen Kante liegen haben.

Im Einklang mit dem Kommissionsbericht drängt nun auch Bundeswirtschaftsminister Sigmar Gabriel darauf, die Privatwirtschaft stärker einzubinden. Und auch Bundesfinanzminister Wolfgang Schäuble (CDU) ist der Auffassung, dass »neue Formen der Aufgabenteilung zwischen Staat und Privaten« gefunden werden müssten, um die marode Infrastruktur zu sanieren (zit. nach Zacharakis 2014). Dabei warnte Schäubles Amtsvorgänger Hans Eichel (SPD) unlängst vor den damit verbundenen höheren Kosten: »Wenn wir die Infrastruktur direkt finanzieren, wäre das wesentlich günstiger, denn der Bundesfinanzminister bekommt derzeit für 0,8 Prozent oder weniger eine 10-jährige Anleihe« (2014). Das Ergebnis der Kommissionsarbeit ist nicht verwunderlich, denn Bundeswirtschaftsminister Gabriel hatte bei der Einsetzung der Kommission ein klares Ziel vorgegeben: Es gehe darum, »dass wir Lebensversicherungskonzernen attraktive Angebote machen, sich an der Finanzierung der öffentlichen Infrastruktur zu beteiligen«, so der Sozialdemokrat in einem Interview mit der *Märkischen Allgemeinen*, der gegenüber er ferner erklärte, weshalb die Versicherungswirtschaft derzeit auf Infrastrukturinvestitionen zielt: »Die suchen angesichts des niedrigen Zinsniveaus Anlagemöglichkeiten« (2014).

Dabei kommen als ÖPPs »getarnte« Privatisierungen den Staat beinahe durchweg teurer zu stehen, als wenn Bund, Länder und Kommunen Infrastruktureinrichtungen in Eigenregie bauen und betreiben. So rügte der Bundesrechnungshof unlängst, dass die bisher sechs von privaten Investoren betriebenen Autobahnstrecken fast 40 Prozent mehr kosten werden als die des Bundes. Auf die Frage, ob sich eine Finanzierung mit privater Beteiligung immer als teurer erweise, antwortete der ehemalige Bundesfinanzminister Hans Eichel (SPD) unmissverständlich (2014): »Ja, logischerweise. Weil schon die Kapitalkosten für die Privaten teurer sind. Außerdem wollen Private natürlich Gewinne machen.« Die zwei wesentlichen Gründe für die unterschiedlich hohen Kosten setzen kein Ökonomiestudium voraus, sondern liegen auf der Hand: Erstens müssen Privatunternehmen für die Kredite höhere Zinsen zahlen als der Staat, d.h. ihre Kapitalkosten sind höher. Bund, Länder und Kommunen können sich Geld sehr viel preiswerter leihen als Private. Zweitens hegt der Staat – anders als Privatunternehmen – auch bei Bauprojekten keine Gewinnabsichten. Auch der SPD-Bundesabgeordnete Swen Schulz (zit. nach Waßmuth 2014) hält die Idee der privaten Finanzierung von Infrastrukturprojekten für »irrsinnig«, »weil ja ganz offenkundig der Staat [...] viel günstiger finanzieren kann als die Lebensversicherer Renditeerwartungen haben. Wo soll der Benefit herkommen?«. Absurd werden die Wirtschaftlichkeitsberechnungen, die den Effizienzvorteil privatwirtschaftlicher Auftragnehmer in den Steuern sehen, die sie zu zahlen hätten. Denn faktisch zahlen Großkonzerne wie *Hochtief* und *Bilfinger*, an die die meisten ÖPP-Projekte vergeben werden, hierzulande keine oder kaum Steuern.

In der Tat liegt der sich für den Staat aus den »Partnerschaften« mit Banken, Baukonzernen und Versicherungen ergebende Vorteil ausschließlich darin, dass die über mehrere Jahrzehnte laufenden Zahlungsverpflichtungen nicht auf die Staatsschuldenquote angerechnet werden. Dies ist aber ein statistischer Trick, eine Scheinlösung. Denn natürlich müssen die Steuerzahler für die Mehrkosten aufkommen, und zwar nicht nur die derzeitigen, sondern aufgrund der Größenordnung der ÖPPs vermutlich auch die künftigen Generationen. Zugleich sind höhere Preise für die Benutzung von Autobahnen (»Pkw-Maut«), Autobahnraststätten (*Sanifair*) sowie Badeanstalten zu erwarten. Da die ÖPP-Projekte meist auf eine Vertragsdauer von rund 30 Jahren kalkuliert werden, besteht die Gefahr, dass eben nicht nachhaltig geplant und überdies die Infrastruktur vernachlässigt wird. Für die dadurch entstehenden Kosten müssen nach Ablauf der Verträge die Steuerzahler aufkommen.

Die Macht der Lobbyisten

Um das Modell ÖPP salonfähig zu machen, wurde 2003 die Lobbyorganisation *Initiative Finanzstandort Deutschland* (IFD) gegründet, die 2011 die Organisation *Dialogforum Finanzstandort Deutschland* ablöste, in der ein Großteil der deutschen Finanzwirtschaft sowie das Bundesfinanzministerium und die Bundesbank vertreten sind. Ein Ziel der Initiative war und ist es, neben den politischen auch die gesetzlichen Voraussetzungen für ÖPPs zu schaffen.

Und das wurde erreicht: Zusammen mit der Kanzlei *Freshfields Bruckhaus Deringer* und der Unternehmensberatung *McKinsey & Company* wurde ein Konzept erarbeitet, das der damalige Bundesfinanzminister Peer Steinbrück (SPD) größtenteils übernahm. Daraufhin wurde 2008 die *ÖPP Deutschland AG* gegründet, eine Agentur, die Kommunen, Länder und den Bund zu ÖPPs berät sowie deren Umsetzung fördern soll. Die Agentur ist selbst eine ÖPP – die Bundesregierung beteiligte sich mit zehn Millionen Euro, 66 Unternehmen und Verbände aus der Privatwirtschaft mit rund 7,7 Millionen Euro. 57 Prozent der Anteile der *ÖPP Deutschland AG* hält der Bund, die restlichen 43 Prozent liegen bei einer Beteiligungsgesellschaft, zu der sich verschiedene in der ÖPP-Branche aktive Unternehmen zusammengeschlossen haben. Kunde der Agentur ist die öffentliche Hand, die Nähe zu Politik und Behörden ist daher essenziell für die Außenwahrnehmung. Als eine Art »ÖPP-TÜV« sollte die Agentur möglichst bei ÖPPs beraten und durch ihre Gutachten ein »Gütesiegel« für deren Wirtschaftlichkeit etablieren.

Personelle Verflechtungen lassen sich sowohl mit beteiligten Unternehmen als auch mit den Behörden feststellen. Die Vorstandsmitglieder sind ehemalige hochrangige Mitarbeiter großer Unternehmen, die teilweise an der *ÖPP Deutschland AG* beteiligt sind, sowie ehemalige Beamte von Bundesministerien: Jürgen Streeck, Karl-Heinz Heller und Michael Vahlert zählen dazu. Rechtlich stellt dies kein Problem dar, schließt die Satzung doch lediglich aus, dass dem Vorstand Mitarbeiter ihrer Gesellschafter angehören. Ehemalige Mitarbeiter der Unternehmen sind hingegen willkommen. Experten wie Holger Mühlenkamp von der *Verwaltungshochschule Speyer* halten die Konstruktion der *ÖPP Deutschland AG* für problematisch: »Es ist naiv, zu glauben, dass die Beteiligten keine eigenen Interessen verfolgen« (zit. nach Schlieter 2012). Zudem war der unlängst verstorbene Franz Drey, der dem Aufsichtsrat der *ÖPP Deutschland AG* angehörte, gleichzeitig stellvertretender Chefredakteur des *Behörden Spiegel*, einer Fachzeitschrift für den öffentlichen Dienst mit einer Auflage von ca. 100.000 Exemplaren. ÖPPs werden im *Behörden Spiegel* regelmäßig in den Himmel gelobt; zudem verleiht die Zeitschrift gemeinsam mit dem *Bundesverband ÖPP* den »Innovationspreis ÖPP«. Mit der *ÖPP Deutschland AG* kommt erstmals der Staat selbst für den Lobbyismus der Industrie auf.

Vielfältige Geltungsbereiche für ÖPP

Die Betätigungsfelder für Unternehmen, die im Rahmen von ÖPPs zu investieren beabsichtigen, sind schier grenzenlos. Zu den grandios gescheiterten ÖPP-Projekten zählt die Hamburger Elbphilharmonie, die lange Zeit als »Vorzeigeprojekt« der Hansestadt galt und auf geradezu beispielhafte Weise die mit ÖPP-Projekten verbundenen Risiken illustriert. Dabei sollte das neue Wahrzeichen an der Elbe nicht nur einen der weltbesten Konzertsäle beherbergen, sondern zugleich die Leistungsfähigkeit von Kooperationen zwischen Staat und Privatwirtschaft illustrieren. Inzwischen muss der zweite mit dem Vorhaben verbundene Anspruch als eindeutig gescheitert gelten: Sollte der Bau die Stadt ursprünglich 77 Millionen Euro kosten, indem ein Teil der Kosten durch von privaten Investoren finanzierte Wohnungen, Restaurants und Hotels im Gebäudekomplex getragen wird, beliefen sich die Baukosten zum Zeitpunkt des Vertragsabschlusses 2007 bereits auf 114,3 Millionen Euro. Nach und nach schnellten die Kosten auf mittlerweile 789 Millionen Euro an, die allein die Stadt Hamburg bis zur Fertigstellung wird aufbringen müssen.

Ein wesentlicher Grund für die Verzehnfachung der Kosten liegt darin, dass die privaten Partner in Folge der Kostenexplosion vertragskonform absprangen und die Stadt als Schuldnerin in Erscheinung treten musste (Böttcher/Hackbusch 2011). Nach einem durch »Unstimmigkeiten« verursachten anderthalbjährigen Baustopp ist die ursprünglich für 2010 geplante Eröffnung nun auf das Jahr 2017 verschoben, sodass demnächst womöglich tatsächlich die Einweihung stattfinden könnte. Bereits jetzt steht fest, dass die Elbphilharmonie zu den zehn teuersten Hochhäusern der Welt zählen wird. Damit ist dieser Bau zu einem der prominentesten Mahnmale für die kostspieligen Konsequenzen des Kompetenzgerangels bei ÖPPs geworden.

Um die Ursachen für die enorme Kostenexplosion und die Bauverzögerungen zu untersuchen, wurden bereits zwei parlamentarische Untersuchungsausschüsse eingesetzt. 2014 wurde der zweite, beachtliche 724 Seiten umfassende Untersuchungsbericht veröffentlicht. Dessen Verfasser kommen zu dem Schluss, dass alle Beteiligten schwerwiegende Fehlentscheidungen getroffen hatten. Der Baukonzern *Hochtief* hatte die erste Kalkulation viel zu niedrig angesetzt und auf millionenschwere Nachforderungen gehofft. Möglich wurde dies, weil die Planung des Architekturbüros *Herzog & de Meuron* nicht vorlag und somit keine verlässliche Berechnungsgrundlage bestand.

Aber auch der städtischen *Projekt-Realisierungsgesellschaft mbH* wirft das Gutachten gravierende Fehlentscheidungen vor, da der damalige Hamburger Bürgermeister Ole von Beust (CDU) seiner Aufsichtspflicht nicht ausreichend nachgekommen sei. Überdies sei die Planungsphase aus wahlkampftaktischen Gründen unzulässig verkürzt und damit hochgradig fehleranfällig geworden. Dieses unverantwortliche Spiel mit öffentlichen Geldern ist ebenso charakteristisch für (gescheiterte) Privatisierungen wie die Tatsache, dass die Vorermittlungen der Hamburger Staatsanwaltschaft zur Identifikation möglicher Straftaten wie Untreue, Betrug und Täuschung mangels konkreter Anhaltspunkte eingestellt wurden. Die immer wieder Platz greifende Straffreiheit der politisch Verantwortlichen muss neben dem Bestreben von Politikern, binnen einer Legislaturperiode sichtbare Ergebnisse vorzuzeigen, als maßgebliche Triebfeder für die häufig unverantwortlichen Entscheidungen zugunsten von Privatisierungen genannt werden.

Auch das *Universitätsklinikum Schleswig-Holstein* – mit insgesamt 49 Kliniken und ca. 2.400 Betten eine der größten Hochschulkliniken Deutschlands – ließ in Form eines ÖPP-Inhabermodells neue Gebäude errichten und bestehende Bauten sanieren. Das Investitionsvolumen der privaten Bietergemeinschaften betrug 520 Millionen Euro, der Vertrag über den Betrieb der Gebäude läuft über 29 Jahre. Weitere Kliniken wie das *Partikeltherapiezentrum Kiel* (NRoCK) mit einem Investitionsvolumen von 250 Millionen Euro, das *Westdeutsche Protonentherapiezentrum Essen* (WPE) mit einem Investitionsvolumen von 136 Millionen Euro sowie der Klinikneubau der Hochtaunuskliniken mit einem Investitionsvolumen von 196 Millionen Euro wurden als ÖPP-Projekte umgesetzt. Die *Hochtaunuskliniken* übertrugen die Planung, Errichtung und Finanzierung der Neubauten sowie den technischen Gebäudebetrieb und die Reinigungsleistungen für 25 Jahre an die *Yolande Verwaltungsgesellschaft mbH & Co. Vermietungs KG.* Dabei wurden Kosten in Höhe von 523,3 Millionen Euro für die Vertragslaufzeit veranschlagt.

Auch Schulen werden in Kooperation mit Privatunternehmen betrieben: So wurden seit 2012 15 Berufsschulen in Hamburg mit einem Investitionsvolumen von 320 Millionen Euro saniert, umgebaut oder gar neu errichtet. Für 30 Jahre werden die Schulen von der eigens zu diesem Zweck gegründeten *HEOS Berufsschulen Hamburg GmbH* betrieben. Vorreiter in diesem ÖPP-Feld war der Landkreis Offenbach, der bereits 2004 die Sanierung und Bewirtschaftung der 90 Schulen des Kreises im ÖPP-Gesellschaftsmodell mit insgesamt 223 Millionen Euro aufzubringenden Investitionskosten an

Privatunternehmen übertrug – im Westen an die *Mannheimer SKE GmbH*, im Osten an *Hochtief*. Auch an vier Schulen in Frankfurt am Main wurden Neubau und Sanierung sowie das Gebäudemanagement nebst Instandhaltung im Jahr 2007 für zwei Jahrzehnte an *Hochtief* übertragen. *Hochtief* betreibt die Schulen nun im ÖPP-Inhabermodell, zu den Investitionskosten von 105 Millionen Euro kommen während der Vertragslaufzeit geschätzte 150 Millionen Betriebsausgaben hinzu.

Selbst ein prestigeträchtiges Projekt wie der Neubau des brandenburgischen Landtags, eine Rekonstruktion des Potsdamer Stadtschlosses, wurde an Privatunternehmen übertragen. Bei der »Privatisierung des Parlaments« kam das niederländische Konsortium *Royal Bam* zum Zug, welches das Gebäude für 30 Jahre als ÖPP-Inhabermodell betreiben wird, weshalb das Land Brandenburg seit 2013 rund neun Millionen Euro Miete pro Jahr zahlt. Aber nicht nur Parlamentsgebäude werden privatisiert, sondern auch symbolträchtige Ministerien. So wurde der 2014 vollendete Berliner Neubau des Bundesministeriums für Bildung und Forschung ebenfalls als ÖPP umgesetzt – und der private Partner wird den Betrieb für drei Jahrzehnte übernehmen.

Etliche Justizvollzugsanstalten wurden bereits als ÖPP-Projekte errichtet, teilweise werden sie sogar von privaten Unternehmen betrieben. Dabei war die Justizvollzugsanstalt Waldeck in der Nähe von Rostock Mitte der 1990er-Jahre das erste deutsche ÖPP-Gefängnis; der private Objektmanager nennt das Modell eine »Lizenz zum Gelddrucken« (zit. nach Aust/Ammann 2014). Die beteiligten Unternehmen haben in den Bau rund 56 Millionen Euro investiert, im Gegenzug erhalten sie vom Land Mecklenburg-Vorpommern jedes Jahr rund vier Millionen Euro Miete. Der auf 30 Jahre angelegte Vertrag läuft bis 2026; bis dahin werden also rund 120 Millionen Euro in die Taschen der privaten Eigentümer fließen. Als wäre der Deal für die privaten Betreiber nicht ohnehin schon lukrativ genug, stellte sich 2014 heraus, dass bereits vor dem Verkauf der Grundstücke ein geheimer Mietvertrag existierte, in dem neben der langfristigen Mietbindung auch »7,8 Prozent der Herstellungskosten« als jährlicher Mietzins festgeschrieben wurden. Unter diesen Umständen amortisieren sich die Investitionen bereits nach 13 Jahren, die restlichen 17 Jahre kann das Unternehmen reinen Gewinn machen – und das bei minimalem Risiko, wird das Land Mecklenburg-Vorpommern doch nicht in die Insolvenz gehen (Aust/Ammann 2014).

Außerdem wurde 2014 begründet spekuliert, dass die beiden Hamburger Bauunternehmer Siegfried Kludt und Egbert Wegner einen hohen Beamten bestochen hatten, um den Auftrag zu erhalten. Kludt selbst behauptete, insgesamt 600.000 D-Mark (306.000 Euro) an den damaligen Staatssekretär im Schweriner Finanzministerium gezahlt zu haben. Begünstigt wurde dies dadurch, dass ÖPP-Projekte damals nicht öffentlich ausgeschrieben werden mussten – eine Regelung, die für Grundstücksvermietungen bis heute gilt. Eine derartige Geheimhaltungspolitik räumt dem Verdacht der Bestechung einen unbestreitbar großen Raum ein.

Auch die JVA München Stadelheim mit einem Investitionsvolumen von 27,6 Millionen Euro und die immer wieder in die Schlagzeilen geratene JVA Burg in Sachsen-Anhalt wurden per ÖPP errichtet. Letztere wird mit 658 Plätzen für männliche Erwachsene des geschlossenen Vollzugs und der Sicherheitsverwahrung für 25 Jahre von einem privaten Konsortium betrieben. Dafür zahlt das Land Sachsen-Anhalt pro Monat 1,7 Millionen Euro Miete – bis 2034 über eine halbe Milliarde Euro. Eine Besonderheit des Burger ÖPP-Projekts ist, dass sogar die inhaltliche Betreuung abgegeben wurde (Bundesministerium der Finanzen 2016): »Die vereinbarten Dienstleistungen, die vom privaten Konsortium erbracht werden, umfassen mehr als 40 Prozent der Tätigkeiten im Justizvollzug, darunter die Instandhaltung, Wartung, Reinigung, Gesundheitsfürsorge, Verpflegung und Bildungsangebote.« Die gesamte Betreuung Gefangener zugunsten von Privatunternehmen (dem Baukonzern *Bilfinger* und dem Essener Dienstleistungsunternehmens *Kötter)* auszulagern, war ein Novum in Deutschland, an dem sich bis heute Kritik entzündet: Warum nur gibt der Staat die für die Resozialisierung Gefangener zentralen Aufgabenfelder wie psychologische und ärztliche Betreuung, Suchtberatung, Anti-Aggressionstrainings und berufliche Weiterbildung aus der Hand?

Nach Kritik des sachsen-anhaltinischen Landesrechnungshofs sowie auf Druck der Partei Die Linke hat das Land die Verpflegung, Reinigung und IT-Systembetreuung wieder übernommen. Der ÖPP-Vertrag sieht auch vor, dass das Land bei nicht vollständiger Auslastung erhebliche Beträge an den Vertragspartner zahlen muss. Die privaten Betreiber hatten in ihrer Kalkulation erhebliche Kostenfaktoren verschleiert: So lag der tatsächliche Personalbedarf um 68,5 Stellen über den im Wirtschaftlichkeitsnachweis angegebenen Größen, um mit dem ÖPP-Projekt einhergehende Unrentabilitäten intransparent zu machen. Und die Annahmen des Wirtschaftlichkeitsnachweises spiegelten die tatsächliche Risikoverteilung zwischen dem Land und dem ÖPP-Partner nicht wider, sodass die Belastung für die öffentlichen Haushalte deutlich höher als dargestellt ausfiel (Landesrechnungshof Sachsen-Anhalt 2012, 42). Es war also der Landesrechnungshof, der die politische Wunschvorstellung widerlegte, dass private Haftanstalten wirtschaftlicher geführt werden können als staatliche. Somit bleibt zu hoffen, dass der Strafvollzug demnächst allerorten wieder in die Obhut des Staates überführt wird.

Sorgenkinder: Abfallentsorgung und kommunale Gebäudereinigung

Hellmut Trienekens war der »Müllpate von Nordrhein-Westfalen« (Thoms 2005), der Politiker zu Beratern machte, einzigartige Lehrstücke über die Verstrickungen zwischen Wirtschaft und Verwaltung aufführte, nach vier Wochen Untersuchungshaft 2002 gegen eine Rekordkaution in Höhe von 100 Millionen Euro freikam – und trotz mehrerer auf Bewährung ausgesetzter Freiheitsstrafen bis heute millionenschwere Einnahmen im Entsorgungsgeschäft erzielt. Die Person Trienekens steht geradezu sinnbildlich für die Verquickung von Privatisierung und Korruption im Bereich der Abfallentsorgung.

Dabei hätte der Aufstieg des 1938 im niederrheinischen Süchteln bei Viersen geborenen Unternehmers Stoff für Lobeshymnen auf innovative Unternehmer liefern können. Aus dem bescheidenen Heu- und Strohhandel seines Vaters formte Trienekens mit seinem untrüglichen Instinkt für zukunftsträchtige Geschäfte ein milliardenschweres Imperium mit zeitweise mehr als 100 Tochterfirmen. Frühzeitig hatte der aus bescheidenen Verhältnissen stammende Entrepreneur den gebraucht erstandenen Müllwagen seines Vaters eingesetzt, um das Entsorgungsgeschäft in einer Zeit auf- und auszubauen, in der noch niemand von der »Wegwerfgesellschaft« sprach. In den 1970er-Jahren stellte er Altpapiercontainer auf und begann damit, eine Wertschöpfungskette für die Müllverarbeitung aufzubauen. Als 1991 die Verpackungsverordnung in Kraft trat, besaß er bereits zwei Müllsortieranlagen; als nur fünf Jahre später das Kreislaufwirtschaftsgesetz folgte und die Müllverbrennung Standard wurde, war Trienekens bereits Mitbesitzer einer Müllverbrennungsanlage.

Der Skandal um den Müllmogul und sein Unternehmen, die lange Zeit in Viersen ansässige *Trienekens AG*, die heute unter dem Namen *Entsorgungsgesellschaft Niederrhein* (EGN) fungiert, ist ein Paradebeispiel für die privatwirtschaftliche Bereicherung durch die Privatisierung der Abfallentsorgung.

So stand das Unternehmen *Trienekens*, das 2003 von *RWE* übernommen wurde, bald unter Verdacht, Geld an eine Rösrather Immobilienfirma und politisch Verantwortliche gezahlt zu haben, um einen geeigneten Standort für das Unternehmen zugewiesen zu bekommen. Interessant an der Abfallentsorgung in Viersen ist jedoch nicht allein der auf die Jahre 2002/2003 zu datierende Korruptionsskandal um die Aktiengesellschaft *Trienekens*, sondern auch ein zehn Jahre jüngerer Fall. Ursprünglich beabsichtigte die Viersener Stadtverwaltung die ortsansässige Entsorgungsfirma *EGN* mit der Abfallentsorgung zu beauftragen. Im Zuge einer Anordnung des Düsseldorfer Oberlandesgerichts kam es jedoch zu einer europaweiten Ausschreibung bei der Vergabe der Viersener Abfallentsorgung. Nach der vom Gericht angeordneten Ausschreibung musste aus Kostengründen schließlich das Unternehmen *Remondis*, nicht das in der Stadt ansässige Unternehmen *EGN*, ausgewählt werden. Einmal mehr kam somit der vermeintlich (!) kostengünstigere Privatanbieter zum Zug; die kommunale Lösung, die vermutlich mit höherer Qualität, in jedem Fall aber mit günstigeren Abfallkosten für die Bewohner hätte trumpfen können, blieb außen vor.

Welchem Preisdruck Kommunen in einem inzwischen von Privatfirmen dominierten Markt ausgesetzt sind, zeigt sich auch am Beispiel der Stadt Aachen. Dort entzündete sich der Streit an den Kosten für die Abfallverbrennung und – was für das kommunale Wirken gegen private Abfallentsorgungsfirmen noch entscheidender ist – an der Übernahme der Müllverbrennungsanlage durch die Stadt. Problematisch ist die von den Stadtwerken zu entrichtende Investitionssumme von 40 Millionen Euro. Es waren Kostengründe dieser Art, die 2015 dafür sorgten, dass die Städteregion Aachen (seit 2009 Rechtsnachfolgerin des Kreises Aachen) und der Kreis Düren den Vertrag mit *RWE* bis 2021 verlängerten und die ursprünglich geplante Rekommunalisierung verschieben mussten.

In Hannover übernahm 2016 die private Abfallentsorgungsfirma *Remondis* für zunächst drei Jahre die Entsorgung des Verpackungsmülls und löste damit den regionalen Anbieter *aha* ab. In der Folge kam es zu zahlreichen Beschwerden der Bürger wegen nicht rechtzeitig abgeholter Müllbeutel und damit verbundenen Verschmutzungen der Straßenzüge. So ist auch dieses Beispiel ein Beleg für einen geradezu naturgesetzlichen Zusammenhang: Obwohl bekannt ist, dass in den Kommunen geringere Müllgebühren anfallen, in denen der Abfall nicht von privaten Firmen entsorgt wird, scheitern Rekommunalisierungen oftmals an dem damit für die Kommunen verbundenen finanziellen Kraftakt, der mit der Rückführung der Abfallentsorgung in die öffentliche Hand befürchtet wird. Einmal mehr wird deutlich, dass die klammen kommunalen Kassen die Haupttriebfeder für Privatisierungen sind – ungeachtet der Tatsache, dass Qualitätsmängel wie die für Hannover geschilderten auf lange Sicht zweifelsohne enorme finanzielle Einbußen bedeuten.

Aber es keimt Hoffnung bei denjenigen, die nicht an die Allmacht des Marktes glauben, seitdem 2005 im Landkreis Uckermark an der polnischen Grenze die Verträge mit den westdeutschen Müllentsorgungsfirmen gekündigt wurden, weil man nicht länger dulden wollte, »dass ein privater Investor mit einer öffentlichen Aufgabe zweistellige Renditen erzielt« (Hoffmann 2006). Nachdem auf die öffentliche Ausschreibung keine passenden Angebote eingegangen waren, entschloss sich der damalige Landrat Klemens Schmitz (SPD), die Aufgaben wieder in staatliche Hände zu legen. *UDG – Uckermärkische Dienstleistungsgesellschaft* prangt nun in blau-gelber Schrift auf den silberfarbenen Lkw, die täglich vom Betriebshof der Kreisstadt Prenzlau rollen. Zwar warnte Schmitz damals im *Spiegel*, dass »die Sache mit der Kommunalwirtschaft auch ganz schnell wieder vorbei [ist], wenn da erst der Filz einzieht« (zit. nach Bartsch/Meyer/Verbeet 2007, 50), aber bislang liegen die dem Kreis entstehenden Kosten trotz zahlreicher neu eingestellter, tariflich bezahlter Mitarbeiter weit unter denen, die zu Zeiten anfielen, als die Müllabfuhr zwischen Gramzow, Grünow und Zichow in privaten Händen lag. So konnten die Gebühren nur zwei Jahre nach der Rekommunalisierung um 6,5 Prozent gesenkt werden – eine spürbare Entlastung für die Menschen in einer Gegend, die mit 44 Einwohnern pro Quadratkilometer nicht nur zu den am dünnsten besiedelten, sondern auch zu den ärmsten der Bundesrepublik zählt.

Auch andernorts wurde die Müllentsorgung rückverstaatlicht – gern als »orangene Revolution« apostrophiert. Dem Beispiel der Uckermark folgten die nordrhein-westfälischen Städte Bergkamen, Fröndenberg und Leichlingen, der Rhein-Sieg-Kreis, die Städteregion Aachen, der Landkreis Neckar-Odenwald und der Rhein-Hunsrück-Kreis. Obwohl 63 Prozent des Hausmülls von Privatfirmen eingesammelt werden, titelte das *Handelsblatt* schon im Oktober 2006: »Die Kommunen entdecken den Charme des Hausmülls« (Vollmers 2006). Bernd Klinkhammer von der auf Kommunalfirmen spezialisierten Beratungsfirma *Ökon* unterstreicht diese Einschätzung: »Wir spüren einen deutlichen Trend, privatisierte öffentliche Aufgaben wieder zu rekommunalisieren« (zit. nach Bartsch/Meyer/Verbeet 2007, 48).

Insbesondere bei der Abfallent- und der Energieversorgung steige das Interesse der Kommunen, die Geschäfte wieder zu übernehmen. Zu beträchtlich waren die Gewinne, die Großunternehmen in diesen Branchen in der Vergangenheit durch die Ausnutzung monopolartiger Strukturen abschöpfen konnten. Umsätze von rund zwei bzw. drei Milliarden Euro konnten die Branchenriesen *Sulo* und *Remondis* in einigen Jahren erwirtschaften, weil viele Kommunen mit der Einführung des *Dualen Systems* in den 1990er-Jahren nicht nur das Einsammeln der Verpackungen mit dem *Grünen Punkt* ausgliederten, sondern auch den Abtransport des Restmülls.

Die Lukrativität des Müllentsorgungsmarktes veranlasste auch Roland Schäfer, seit 1998 Bürgermeister der Stadt Bergkamen und ausgesprochen beliebter Präsident des Deutschen Städte- und Gemeindebunds, die Mülltonnen seiner Stadt wieder von städtischen Angestellten leeren zu lassen. Obschon anfangs rund 1,6 Millionen Euro in neue Fahrzeuge und eine zeitgemäße Logistik investiert werden mussten, sanken die Kosten für die Abfallsammlung seit 2006 um rund ein Drittel. Die Einsparungen wurden mit zwei aufeinanderfolgenden Gebührensenkungen an die Bürger weitergegeben. »Das war die beste Investition, die die Stadt je gemacht hat«, folgerte Schäfer schon früh (zit. nach ebd.).

Die Lohnstruktur, aber auch die Art des Arbeitsverhältnisses zwischen Reinigungskräften, die bei Kommunen angestellt sind und jenen, die für private Gebäudereinigungsunternehmen wie die hessische *WISAG-Gruppe*, die brandenburgische Gebäudereinigungsfirma *K&M* oder das Berliner Unternehmen *Clean Garant* arbeiten, divergiert enorm. In einer Branche, in der prekäre Arbeitsverhältnisse trotz des seit 2007 geltenden branchenspezifischen Mindestlohns eher die Regel als die Ausnahme darstellen, verwundert dies kaum. Das Ausmaß von Mini-Jobs, die Privatunternehmen vergeben, um ihren Bediensteten die gehaltsrelevante Arbeitszeit zu kürzen und gleichzeitig das Arbeitsvolumen zu steigern, wird jedoch kaum diskutiert. Dabei müssen 57 Prozent der Reinigungskräfte nach Angaben der Berliner *IG BAU* ein stetig wachsendes Arbeitspensum bewältigen, ohne angemessen entlohnt zu werden (IG BAU BzV Berlin 2015).

Die prekären Arbeitsbedingungen, die damit notwendig werdenden Sozialleistungen als Lohnaufstockungen für Angestellte privater Gebäudereinigungsunternehmen, die geringen Kontrollmöglichkeiten der Kommunen bei der Reinigungsqualität ihrer Gebäude sowie die fehlende Möglichkeit der Prüfung von Sozialstandards – all diese Negativfaktoren geraten allzu häufig aus dem Blick. Dessen ungeachtet vergeben immer mehr Kommunen Reinigungsaufträge an Privatunternehmen, d. h. sie tolerieren auf diese Weise prekäre Beschäftigungsverhältnisse und leisten dem Multi-Jobbing Vorschub. Dabei kommt es oft nicht einmal zu einem Personalwechsel, wenn private Unternehmer beauftragt werden. Stattdessen erhalten die ehemals kommunalen Reinigungskräfte lediglich ein wesentlich begrenzteres Zeitkontingent für ihre Aufgaben. Die daraus resultierenden Einbußen in der Reinigungsqualität spiegeln sich in Kindergärten, Schulen, Turnhallen und Badeanstalten wider, obwohl diese eigentlich in besonderem Maße instand zu halten wären.

Das Beispiel der Stadt Krefeld verdeutlicht solche Auswirkungen. Aus der Haushaltsagenda der Stadt für die Zeit von 2015 bis 2020 geht unter dem Punkt »Optimierung der Gebäudereinigung« hervor, dass bei der Reinigung kommunaler Gebäude eine einzusparende Summe von 30.000 Euro pro Jahr veranschlagt ist (Stadt Krefeld 2015, 75). Die Reinigung übernehmen verschiedene Firmen, die Beschäftigten sind prekären Arbeitsbedingungen ausgesetzt: meist befristet angestellt, schlecht bezahlt, von hoher Arbeitsverdichtung betroffen, und Überstunden werden nicht abgegolten. Gerade in Krefeld ist der Wandel von ehemals kommunal angestellten Beschäftigten zu jenen, die für private Gebäudereinigungsfirmen arbeiten und öffentliche Gebäude reinigen, auffällig: Die Zahl der Beschäftigten an einem Krefelder Gymnasium wurde beispielsweise bei gleichbleibendem Arbeitsumfang halbiert (Peters 2015).

Dem Trend zur Rekommunalisierung der Gebäudereinigung folgen immer mehr Städte und Gemeinden, darunter etwa Bochum, Dortmund, Freiburg und Grevenbroich: Freiburg holte 1999 die Reinigung unter das kommunale Dach zurück, Dortmund 2003, Bochum 2013, Grevenbroich 2016 – und hier wie dort sind sich die Verantwortlichen einig: Die öffentlichen Auftragnehmer arbeiten gründlicher, weil sie neben der bloßen Reinigung auch die »Substanzerhaltung«, d.h. die sorgsame Pflege der Fenster, Fußböden und Möbel, im Blick haben. Die umfassendere Verantwortung hat nicht nur das Selbstbewusstsein und die Arbeitsfreude (und damit die Produktivität) der Reinigungskräfte erhöht, sondern auch die kommunalen Kassen entlastet. Mittlerweile werden die Mitarbeiter des Reinigungsdienstes auch einbezogen, wenn die Anschaffung eines neuen Bodens beratschlagt wird, kann sich doch ein vermeintlich preiswerter Bodenbelag als regelrechter »Geldfresser« erweisen – dann nämlich, wenn seine Reinigung extrem aufwendig ist.

Außer der engen Verzahnung der Arbeitsbereiche ist die stärkere Einbindung der Mitarbeiter in die Entscheidungsprozesse entscheidend: »Dies war der Erfolgsfaktor schlechthin«, betont Beatus Kamenzin, ehemaliger und langjähriger Verwaltungsleiter des Freiburger Hochbauamtes und damit auch für die Gebäudereinigung verantwortlich. Er war es auch, der dafür sorgte, dass gemeinsam mit den Reinigungskräften neue Arbeitszeitmodelle entwickelt, Teams gebildet und Vertretungsregelungen erarbeitet wurden. Durch die Verbesserung der Arbeitsabläufe und die Anschaffung neuer Reinigungsmaschinen konnten 1.325 Arbeitsstunden pro Woche eingespart werden. Die so gewonnenen 34 neuen Vollzeitstellen wurden aber nicht gestrichen, sondern genutzt, um zuvor an Private vergebene Aufträge zurückzuholen.

Ähnlich das Ergebnis in Dortmund: Auch dort wurden die durch die Optimierung der Arbeitsabläufe gesunkenen Kosten für Neueinstellungen genutzt, sodass nun wieder 52 Prozent der städtischen Gebäude in Eigenregie gereinigt werden. Durch die Neuorganisation konnten zeitweilig rund 800.000 Euro pro Jahr gespart werden. Zudem hat sich der Krankenstand von 10,75 Tagen auf 8,7 Tage pro Mitarbeiter und Jahr reduziert – trotz eines Schwerbehindertenanteils unter den Beschäftigten von 14 Prozent. 25 Zeitverträge konnten zum 1. Januar 2006 in unbefristete Stellen umgewandelt werden. Gespart wird also auch hier nicht am Personal, sondern indem Arbeitsabläufe optimiert werden und beim Bau eines Gebäudes sorgsamer als zuvor auf die bei der Reinigung entstehenden Folgekosten geachtet wird.

Auch Grevenbroich ist bestrebt, gegen Privatisierungen zu wirken. So erhob die SPD 2012 nach einem Vorschlag der CDU, die Gebäudereinigungen zu privatisieren, die Forderung, die Rentabilität einer Rekommunalisierung prüfen zu lassen. Schließlich stellte die Unternehmensberatung *Krups* 2015 in einem Gutachten fest, dass die Umwandlung der *Wirtschaftsbetriebe Grevenbroich* in eine *Anstalt öffentlichen Rechts* (AöR) – gewissermaßen eine ansatzweise verlaufende Rekommunalisierung – geringere Kosten und höheren Profit zeitigen würde als eine Privatisierung. Der Unterschied zwischen einer AöR und einem städtischen Eigenbetrieb liegt u.a. darin, dass die Beschäftigten nicht über das Stellenkontingent der Stadt geführt werden und die AöR von der Umsatzsteuer befreit ist.

Im baden-württembergischen Bietigheim-Bissingen wurde die nahezu vollständige Rekommunalisierung der Gebäudereinigung interessanterweise vollzogen, weil die Kosten für den Kontrollaufwand der privaten Reinigungsfirmen die avisierten Spareffekte massiv gemindert hatten. Insofern lässt sich auch der Paradigmenwechsel des Bundesrechnungshofs nachvollziehen. Dieser hatte 1974 noch die Privatisierung kommunaler Dienstleistungen zum Zweck des Schuldenabbaus unter der Umschreibung »Umstellung der Eigenreinigung« empfohlen. Dem Bericht zum Haushalt des Jahres 2011 hingegen ist zu entnehmen, dass die Mängel bei der Kontrolle kommunaler Dienstleistungen, die private Anbieter übernehmen, durchaus gravierend sind. Auch deshalb zeichnet sich in der Gebäudereinigungsbranche ein bundesweiter Trend zur Rekommunalisierung ab, der seinen vielversprechenden Ausgang in Freiburg und Dortmund nahm.

Wohnungen als Ware: die Wohnungsbaugesellschaften

Erste Erklärungen, warum und wie sich das Finanz- mit dem Immobilienkapital für die zunehmende Wohnungsspekulation in Berlin, London, München und New York verbindet, lassen sich schon bei Friedrich Engels finden. In seinem aufschlussreichen Werk »Zur Wohnungsfrage« aus dem Jahr 1873 widmet er sich einer der zentralen sozialen Fragen, indem er die Vertreibung der Arbeiter aus den Kernstädten beschreibt. Zwar wendet sich der Wuppertaler Fabrikantensohn gegen den Sozialismus Pierre-Joseph Proudhons und seiner Adepten, die mit der Aussage »Was der Lohnarbeiter gegenüber dem Kapitalisten, das ist der Mieter gegenüber dem Hausbesitzer« eine recht grobkörnige Analogie bildeten, aber die von Engels vor mehr als 150 Jahren zu Papier gebrachte Darstellung liest sich dennoch wie ein Szenario der heutigen Wohnraumentwicklung.

Die eigene Wohnung bietet nicht nur Schutz vor Witterung und Unwägbarkeiten, sondern ist auch Ausdruck von Identität und Status. Trotzdem wurde Wohnraum in den vergangenen Jahren immer mehr zur Ware. So privatisieren ver- und überschuldete Kommunen seit rund einem Jahrzehnt mit Verve ihre kommunalen Wohnungsbaugesellschaften. Immer wieder übersteigt das Bestreben der Kommunen, mit dem Verkauf ihrer Immobilien Geld zu erlösen, um – jedenfalls kurzfristig – finanzielle Handlungsspielräume zu erschließen, den am Gemeinwohl orientierten »Wohnraum-Gedanken«, der den sozialen Wohnungsbau der Nachkriegszeit prägte. Zahlreiche Städte und Gemeinden folgten und folgen dem Beispiel Dresdens, dessen Stadtrat im März 2006 den Totalverkauf des kommunalen Wohnungsbestands an die US-amerikanische Investorengruppe *Fortress* beschloss.

Dass das Milliardengeschäft Dresden zur »Avantgarde der deutschen Kommunalpolitik« machte, wie die Wochenzeitung *Die Zeit* nach dem Vertragsabschluss jubilierte, lässt sich an einer einzigen Zahl ablesen: 2006 wurden im hiesigen Immobiliensektor Privatisierungserlöse in Höhe von neun Milliarden Euro erzielt – Tendenz steigend (Polke-Majewski 2006; Candeias/ Rilling 2007, 12). Dabei wirtschaften zahlreiche städtische Wohnungsbaugesellschaften selbst unter strenger Wahrung struktur- und sozialpolitischer Vorgaben ausgesprochen profitabel: So führte die kommunale Wohnungsgesellschaft *SAGA GWG*, deren Marktwert auf mehr als sieben Milliarden Euro geschätzt wird, von 2006 bis 2011 pro Jahr rund 100 Millionen Euro Gewinn, tituliert als »Sonderinvestitionsprogramm«, an die Freie und Hansestadt Hamburg ab (Appen 2010).

Im Jahr 2006 verkaufte der Stadtstaat Hamburg allein 39 Gebäude, u. a. das von dem bekannten Hamburger Architekten Fritz Schumacher entworfene Gebäude, das vormals die Finanzbehörde beherbergte, an den französischen Immobilieninvestor *Ixis*. Vorrangiger Beweggrund war die aus den Erträgen erhoffte finanzielle Sanierung des Containerhafens, einem der größten Arbeitgeber der Elbmetropole. Aber die Rechnung – die finanzielle Sanierung kommunalen Besitzes durch den Verkauf anderen kommunalen Besitzes – ging nicht auf. Wie so häufig überstiegen die Aufwendungen für die Schuldendämmung den erhofften finanziellen Gewinn. Die langwierigen Folgen bekommen die Bewohner und Wohnungssuchenden zu spüren.

Betrachtet man das Hamburger Wohnviertel Rothenburgsort, das ursprünglich für Hafenarbeiter konzipiert worden war, werden die Auswirkungen der kommunalen Privatisierungspolitik offensichtlich: Immer mehr Luxuswohnkomplexe lösen die vormaligen Sozialwohnungen ab. Wenn Besser- und Bestverdienende ehemalige Arbeiterviertel kapern, geht die soziale Ausgewogenheit verloren, und langjährige Bewohner werden verdrängt. Dies zeigt sich auch am Beispiel der von Privatinvestoren errichteten Hamburger Hafencity, die mit ihrer Leerstandsquote von rund 30 Prozent als gescheitert gilt (Laux 2014).

Auch in den Berliner Stadtteilen Friedrichshain, Kreuzberg und Prenzlauer Berg wird die Gentrifizierung in Reaktion auf die Privatisierung kommunalen Wohnungsbaus spürbar: Seit Jahren schnellen die Mieten aufgrund der sozialen, ökonomischen und symbolischen Aufwertung in die Höhe. Bedingt durch die Finanzkrise 2008 ff. kam es zu steigenden Investitionen in die Immobilien der Bundeshauptstadt, insbesondere aus Südeuropa und Skandinavien (IHK Berlin 2012, 5). Der Berliner Wohnungsmarkt belegt auf geradezu lehrbuchartige Weise, welchen Preisdruck Privatisierungen des kommunalen Wohnungsbestandes auslösen (können). Florierende Städte wie Berlin, deren Wohnungsmärkte durch Zuzug ohnehin unter Preisdruck stehen, sind für Investoren, die mit möglichst wenig Einsatz möglichst hohe Gewinne anstreben, ausgesprochen attraktiv.

Das Gebiet um das Kottbusser Tor, wo städtische Wohnungen an die 2004 privatisierte Wohnungsbaugesellschaft *GSW Immobilien AG* mit inkludierten Mieterhöhungen verkauft wurden, machte diese Entwicklung schon deutlich, bevor die vormals größte Westberliner Wohnungsbaugesellschaft mit zeitweise 70.000 Wohnungen und rund 1.000 Beschäftigten an den Konzern *Deutsche Wohnen* verkauft wurde. Den damit verbundenen Steuerungsverlust kommunaler Wohnungspolitik bezeichnete der Journalist Gunnar Hinck in der *tageszeitung* als »Lehrstück über falsche Versprechungen privater Investoren« (2015), kristallisiert sich im vorliegenden Fall doch die Vielfalt der Privatisierungsprobleme heraus: Die finanzielle Sanierung der kommunalen Wohnungsbaugesellschaft durch den Verkauf missglückte, sozialer Wohnraum fiel in beträchtlichem Umfang ersatzlos weg, und die Miet- und Wohnungspreise schnellten in die Höhe.

Ebenfalls eindrücklich zeigt die Geschichte der *GAGFAH*, die am 11. März 2015 an die *Vonovia SE* (vormals *Deutsche Annington Immobilien Gruppe*) verkauft wurde, den Um- und Abbau des sozialen Wohnungsbaus durch Privatisierungen. Jene Folgen, die die Kritiker am Verkauf der Wohneinheiten an die *TAG Immobilien GmbH* ausgemacht haben, zeigen sich auch in der Auseinandersetzung um den Verkauf von Wohngebäuden der Stadt Dresden an *GAGFAH*. Auch die im Rahmen des Verkaufs von der Stadt Dresden und der Aktiengesellschaft *GAGFAH* formulierte »Sozialcharta« zum Schutz der Mieter ist ein typisches Instrument von Privatisierungen. Kerninhalt der Charta war neben der Garantie eines stabilen Mietpreises u.a. die Instandhaltung der Wohneinheiten. Bedenkt man, dass das primäre Bestreben des Privatunternehmens im möglichst einträglichen Wirtschaften besteht, war die Nichteinhaltung der Charta durch *GAGFAH* in gewisser Weise zu erwarten. Entscheidend aber ist die Reaktion der Stadt Dresden, die sich dem Unternehmen mit einer Klage entgegenstellte. Dies mündete zwar in einem Vergleich, kostete aber das Unternehmen die stattliche Summe von 36 Millionen Euro. So zeigte sich anhand dieses Falles, dass auch Kommunen in der Lage sind, sich großen Unternehmen entgegenzustellen (Schwaldt 2012) – und dass es Argumente für eine Renaissance der Rekommunalisierung gibt, sodass den für die Kommunen kostspieligen Interessenkonflikten zwischen privater und öffentlicher Hand gar nicht erst der Weg bereitet wird.

In Freiburg formierten sich zahlreiche Bürger erfolgreich in der Initiative »Wohnen ist Menschenrecht« gegen den geplanten Verkauf ihrer Wohnungen an die *GAGFAH*, indem sie 2006 ein Plebiszit zu ihren Gunsten erwirkten. Ein weiterer Privatisierungsversuch in der seit 2002 von Oberbürgermeister Dieter Salomon (Die Grünen) regierten Stadt missglückte 2012. Der beabsichtigte Verkauf von 108 Wohneinheiten der *GAGFAH* an die *SüdWERT GmbH* konnte nicht auf die ursprünglich von der Immobiliengesellschaft angedachte Weise erfolgen, da sich das betreffende Grundstück im Besitz der Stadt befand und die SPD im Gemeinderat den Vorschlag einbrachte, an den Bauverein Breisgau zu verkaufen. Dies bewirkte, dass die im Gemeinderat erforderliche Mehrheit nicht erreicht werden konnte und die *SüdWERT GmbH* ob der Aussicht eines misslingenden Grundstückerwerbs vom Kauf absah (Mauch 2012). Das Breisgauer Beispiel lässt hoffen, dass der mit der Privatisierung von sozialem Wohnungsbau verbundene Preisanstieg und die daraus folgende wohnräumliche Segregation in Trend- und Luxusviertel auf der einen sowie soziale Brennpunkte auf der anderen Seite in das Bewusstsein der Öffentlichkeit dringen und ein baldiges Ende finden wird.

Konsumgut statt Lebenselixier: die Wasserversorgung

Schon am 19. Juni 2000 wurde eine Entscheidung mit bundesweiter Signalwirkung für die Organisation der Trinkwasserversorgung bekannt gegeben. Nur drei Jahre nachdem die Stadt Potsdam 49,9 Prozent ihrer Wasserbetriebe an den deutsch-französischen Konzern *Eurawasser* verkauft hatte, kündigte sie den Kooperationsvertrag und kaufte ihre Anteilsscheine für 4,9 Millionen D-Mark (ca. 2,51 Millionen Euro) zurück. Hatten sich die Wasserpreise seit der Privatisierung bereits fast verdoppelt – von 4,92 D-Mark (ca. 2,52 Euro) im Jahr 1998 auf beachtliche 8,80 D-Mark (ca. 4,49 Euro) unmittelbar vor der Rekommunalisierung – nahm die brandenburgische Landeshauptstadt die Ankündigung der dritten Preiserhöhung innerhalb von zwei Jahren zum Anlass, den laufenden Vertrag zu kündigen, und zwar trotz der damit verbundenen Abfindungskosten. Bis dahin hatte die Betriebsführung dem Minderheitsgesellschafter *Eurawasser* oblegen. Nicht einmal einen Aufsichtsrat hatte es gegeben, lediglich eine Koordinierungsstelle. »Trotzdem haben wir durchgehalten: eine feindliche Übernahme endlich mal andersherum. Ich kenne keinen vergleichbaren Fall, in dem eine Privatisierung [...]

nach so kurzer Zeit wieder beendet wurde« (zit. nach Scheytt 2007, 34), resümierte der ehemalige Geschäftsführer der Potsdamer Stadtwerke, Peter Paffhausen, stolz.

2013 wurde dann auch in der Nachbarstadt Berlin eines der ersten großen ÖPP-Projekte Deutschlands beendet, als die Teilprivatisierung der Berliner Wasserbetriebe durch einen Volksentscheid rückgängig gemacht wurde. Das Land Berlin kaufte die teilprivatisierten Wasserbetriebe für 590 Millionen Euro vom französischen Konzern *Veolia* zurück, nachdem zuvor bereits 618 Millionen Euro für die Anteile im Eigentum des Energieversorgers *RWE* gezahlt worden waren. Nach einigen Jahren latenten Murrens entlud sich der Unmut der Berliner Bevölkerung schließlich, als bekannt wurde, dass den Investoren in Geheimverträgen beträchtliche Gewinngarantien gewährt worden waren. In der Folge erhöhten die privaten Energiekonzerne die Wasserpreise um bis zu einem Drittel.

Zur Vermeidung einer weiteren Preiserhöhung gab das Land gar eigene Gewinne in Millionenhöhe an die privaten Partner ab. Die Initiative »Berliner Wassertisch« formierte Widerstand in Form eines Bürgerbegehrens, das 2011 zugunsten der Privatisierungsgegner mit stattlichen 98,2 Prozent für eine Offenlegung der »Geheimverträge« und eine Rekommunalisierung der Wasserbetriebe entschieden wurde. Der Bevölkerung bleiben hoch verschuldete Wasserbetriebe mit einer kaputtgesparten Infrastruktur. Die Gewinne für die Wasserbetriebe konnten sich trotz zuvor geschriebener roter Zahlen sehen lassen. So erhielt der Berliner Haushalt 100 Millionen Euro Gewinnanteil von den rekommunalisierten Wasserbetrieben. Den Berliner Bürgern, die die Lasten der Privatisierung der Wasserbetriebe in Form immens hoher Wasserkosten trugen, wurden stabile Wasserpreise bis 2018 versprochen. Mit den Berliner Wasserbetrieben wurde 2013 erstmals ein Landesunternehmen vollständig rekommunalisiert (Nehls 2015).

Schließlich lässt auch ein Blick nach Großbritannien erkennen, dass die Privatisierung der Trinkwasserversorgung zu beträchtlichen Preissteigerungen führen kann. Nachdem die englischen und walisischen Wasserversorgungsfirmen 1989 an der Londoner Börse für 5,23 Milliarden Pfund Sterling veräußert worden waren, stiegen die Wasserpreise bis Ende der 1990er-Jahre um über 40 Prozent, obwohl den neuen Eigentümern ein Schuldenerlass in Höhe von fünf Milliarden sowie eine »ökologische Mitgift« von 1,5 Milliarden Pfund Sterling gewährt worden waren. Nicht einmal die Neuordnung des regulativen Zugriffs auf den Wassersektor, in deren Zentrum das mit umfassenden Handlungsrechten ausgestattete *Office of Water Services* steht, konnte die Transformation vom Leistungs- zum Regulierungsstaat für die Verbraucher vorteilhaft gestalten. Vor diesem Hintergrund räumt selbst die als Think Tank der *Deutschen Bank* fungierende *DB Research* (2003, 14) ein: »Die ausreichende Bereitstellung von Trinkwasser zählt zu den Kernbereichen der Daseinsvorsorge. In der deutschen Wasserwirtschaft (Trinkwasserversorgung) gingen 1999 die ersten Liberalisierungsbestrebungen vom Bundeswirtschaftsministerium (BMWi) aus, lösten aber Widerstände bei Umweltverbänden und anderen Institutionen aus. [...] Nicht zu Unrecht wurde auf die teilweise wenig erfolgreichen Wettbewerbsmodelle in anderen Ländern und auf die hohe Wasserqualität und Versorgungssicherheit verwiesen.«

Was die Kommunalwirtschaft besser kann als die Privatwirtschaft

Da Eigentumsverhältnisse nicht in Stein gemeißelt, sondern politisch konstruiert sind, sollte in Zukunft stärker auf die Positivbeispiele kommunaler (Wirtschafts-)Tätigkeit Bezug und auf die gesellschaftlichen Aushandlungsprozesse Einfluss genommen werden. Allzu häufig wird die Debatte um Rekommunalisierungen noch von konditionierten Reflexen – »Weg zur Knechtschaft«, »Staatssozialismus«, »Kommandowirtschaft« – dominiert. Dabei wird es Zeit, dass die Kommunalwirtschaft als tot geglaubte Sparte der Ökonomie eine Renaissance erlebt. Schließlich liegt es vor allem an den Kommunen, eine auf sozialen Ausgleich angelegte Daseinsvorsorge mittels bürgernaher Beratungsangebote, gestaffelter Gebühren und unentgeltlicher Nutzungen zu gewährleisten. Die sich mehrenden Beispiele gelungenen kommunalen Wirtschaftens lassen die Vorzüge öffentlicher Güter und Dienstleistungen eindeutig erkennen: die preiswerte Gewährleistung der Versorgungssicherheit, die Sicherung von Beschäftigung und die Begrenzung sozialer Ungleichheiten auf personeller wie räumlicher Ebene.

Insofern ist es erfreulich, dass immer mehr Bürgermeister und Landräte auf die Wahrnehmung vormals privatisierter Aufgaben durch die öffentliche Hand setzen. Inzwischen haben Hunderte Kommunalverwaltungen festgestellt, dass auch in öffentlicher Regie effiziente Organisationsstrukturen geschaffen werden können – zugunsten einer preiswerten Versorgung der Bürger und mit positiven Effekten für die kommunalen Haushalte. Denen fließen nun jene Gebühren und Einnahmen zu, die zuvor als Gewinne an Konzernzentralen gingen.

Es scheint sich ein breites öffentliches Bewusstsein dafür herauszubilden, dass sich die chronische Unterfinanzierung der öffentlichen Haushalte durch einmalige Verkaufserlöse – seien sie auch noch so hoch – allenfalls auf mittlere Sicht lindern lässt. Bleibt die finanzielle Basis in Form von (mangelnden) Einnahmen aus Steuern und/oder Abgaben unangetastet, kommt der »Verkauf des Tafelsilbers« dem Kurieren von Symptomen gleich. Denn statt neuer politischer Gestaltungsspielräume erwachsen den Städten und Gemeinden vor allem seit der 2000 von Hans Eichel initiierten »Unternehmenssteuer(spar)reform« fortlaufend neue finanzielle Engpässe, weshalb ihre Investitionen inzwischen auf die Hälfte des Niveaus von 1992 gesunken sind.

Wem gehört was warum? Wem soll was gehören?

»Nachdem Sie Ihre Kinder morgens in der *Microsoft-Schule* abgeliefert haben, lassen Sie Ihren Personalausweis in der *Bertelsmann-Service-Agentur* verlängern. Danach holen Sie Ihre Eintrittskarten für die *Hochtief-Oper* ab. Nach einem anstrengenden Tag informieren Sie sich abends per *Daimler-TV* über die Nachrichten des Tages.« Kaum jemand dürfte sich wünschen, dass unser Alltag künftig so aussieht, wie ihn der Journalist Martin Greive vor einigen Jahren in der Tageszeitung *Die Welt* karikiert hat (2007). Was sich anhört wie der Auszug aus einem *Science-Fiction*-Roman, könnte in der Tat eines Tages Wirklichkeit werden. Ergänzt werden könnte der Blick in die entstaatlichte Zukunft um das derzeit dräuende Privatisierungsszenario, dass wir den Urlaub demnächst auf den *Jermyn Street Real Estate*-Inseln verbringen könnten. Der arabische Investmentfonds interessiert sich für zahlreiche griechische Inseln, die derzeit zum Verkauf stehen – und eines Tages fallen womöglich auch die beliebten Reiseziele Kreta, Korfu und Kos in die Hände privater Investoren.

Dabei stößt der häufig aus reiner Finanznot geborene Ausverkauf von Volksvermögen mittlerweile bis in die Mitte der Gesellschaft auf – leider noch immer meist unzureichend artikulierte – Skepsis. So sind sich mehr als zwei Drittel der SPD- und Unionswähler einig, dass Bahn, Post und Gaswerk beim Staat besser aufgehoben sind als in privaten Händen. Offenkundig ist der Glaube an die Allmacht des freien Marktes erschüttert, weil viele Bürger realisieren, dass der Marktfundamentalismus als Form demokratischen Analphabetentums begriffen werden muss. Leonid Hurwicz, 2007 mit dem »Ökonomie-Nobelpreis« ausgezeichnet, argumentiert ähnlich (zit. nach Fischermann 2007): »Freie Märkte mögen frei sein, aber sie sind nicht immer das Beste. Das ist eigentlich ein wohlbekannter Fakt, der zu den wichtigsten Grundlagen unseres Faches gehört. Für mich lautet in jeder konkreten Situation die Frage, wie viele Abstriche wir vom Ideal eines freien, gut funktionierenden Marktes machen müssen und welche. Viele Leute denken darüber nie besonders tief nach. Die fordern eine bestimmte Marktstruktur nicht als eine Lösung für ein Problem, sondern als ideologisches Ziel. Sie reden sich ein, man solle nach einem perfekten Markt streben, und gehen damit den wirklichen Problemen aus dem Weg.« Mit jeder Privatisierung werden Einflussmöglichkeiten von demokratisch legitimierten Akteuren zu Privaten verschoben, sodass die Entscheidungen – jedenfalls prinzipiell – Personen und Gremien fällen, die sich nicht öffentlich verantworten müssen. Somit können schwerwiegende Verfehlungen, deren Auswirkungen oftmals erst später erkennbar sind, den Verantwortlichen nur bedingt angelastet werden – und meist nur bei strafrechtlicher Relevanz.

Aber obwohl diese skeptische Sicht auf Privatisierungen immer mehr Menschen teilen und es auf kommunaler Ebene einige erfreuliche Gegenbeispiele gibt, rollt die Privatisierungswelle weiter. Nie zuvor wurden staatliches Eigentum und öffentliche Dienstleistungen derart umfassend privatisiert wie seit 1982, als die Ära Helmut Kohls begann. Im treuen Schulterschluss mit den schwarz-gelben und rot-grünen Bundesregierungen beruft sich auch die amtierende Große Koalition in immer mehr Wirtschafts- und Gesellschaftsbereichen auf die Steuerungsdefizite des Staates und im Staate, um dessen Rückzug zu legitimieren, sprich: die Grenzen staatlichen Wirtschaftens zugunsten privatwirtschaftlich organisierter Unternehmenstätigkeit zu verschieben.

So verwundert es nicht, dass die Liste der Privatisierungsobjekte inzwischen von Theatern, Museen, Schwimmbädern, Universitäten und Kliniken über städtische Wohnungsbaugesellschaften und Seniorenheime bis hin zu Wasser-, Klär- und Elektrizitätswerken reicht. Offenkundig fehlt ein breites öffentliches Bewusstsein dafür, dass zahlreiche Verschlechterungen im Bereich der Daseinsvorsorge das Ergebnis jahrzehntelanger Privatisierungspolitik sind. Daher steht die Frage im Raum: Wann endlich werden höhere Preise für Bus- und Bahnfahrten, für die Strom- und Gasversorgung sowie für Kitas und Kindergärten endlich ebenso als Folgen der Privatisierungspolitik begriffen wie verspätete Züge, aufgegebene Bahnhöfe und kaum noch erschwinglicher Wohnraum?

Aus Fehlern lernen

Würden die täglich in Erscheinung tretenden Negativfacetten des Ausverkaufs staatlichen Eigentums von uns als zwangsläufige Folge von Privatisierungen wahr- und ernstgenommen, wäre der Unmut gegenüber der Entstaatlichungspolitik zweifellos größer. So bemängeln selbst für Privatisierungen verantwortliche Politiker die Schließung von Postfilialen, die Demontage von Briefkästen, die Ausdünnung der Zustellungsintervalle an Privathaushalte, die Streichung der Sonntagsleerungen und die regelmäßige Anhebung des Briefportos. Und die Prekarisierung der Beschäftigungsverhältnisse von Postbediensteten, die als Mini-, Midi- und Multi-Jobber oder als Zeit- und Leiharbeiter tätig sind, ist längst nicht mehr nur den Gewerkschaften ein Dorn im Auge. Leider aber werden die geradezu zwangsläufigen Konsequenzen der in den 1990er-Jahren eingeleiteten Privatisierung der *Deutschen Bundespost* kaum als solche wahrgenommen. Dabei ist es nicht verwunderlich, wenn mit dem Börsengang aus einer vormals national tätigen Behörde eine international agierende Aktiengesellschaft wird, die sich in erster Linie dem Shareholder Value verpflichtet fühlt.

Mehr als die Hälfte ihres Umsatzes erzielt die *Deutsche Post World Net* im Ausland, mehr als drei Viertel mit Großkunden. Dass das Effizienzargument bei der Privatisierung des »Gelben Riesen« nicht wirklich greift, macht die Tatsache deutlich, dass der Bund noch bis 2076 Witwen-, Waisen- und sonstige Renten in Höhe von mehr als 550 Milliarden Euro für die ehemaligen Beamten der *Deutschen Post AG* wird bezahlen müssen. So beläuft sich die Subventionierung des weltweit größten Logistikkonzerns trotz milliardenschwerer Gewinne derzeit auf rund acht Milliarden Euro pro Jahr.

Auch die Entwicklung des zweiten aus der *Deutschen Bundespost* hervorgegangenen Unternehmens muss als volkswirtschaftlich ineffizient kategorisiert werden: Während wir als Kunden der *Deutschen Telekom AG* und konkurrierender Anbieter von der Liberalisierung des Telekommunikationssektors in Form gesunkener Tarife profitieren, zahlen wir über Steuern und Sozialversicherungsabgaben für den Stellenabbau, die Pensionslasten und die Ausgründung der Beschäftigten in Personalserviceagenturen, wo diese zu deutlich schlechteren Konditionen und nicht selten als »Aufstocker« beschäftigt werden.

Und wenn nun die explodierenden Mieten in städtischen Ballungsräumen bemängelt werden oder Städte wie Berlin sich genötigt sehen, Zehntausende von Flüchtlingen in Hotels unterzubringen, dann lässt sich dies allzu leicht mit der flächendeckenden Privatisierung kommunalen Wohnungsbaus erklären. Schließlich wurde mit der Wende von der Objekt- zur Subjektförderung in den 1990er-Jahren auch der Rückzug des Staates aus der wohnungspolitischen Verantwortung eingeleitet, indem der soziale Wohnungsbau aufgegeben und das Wohngeld eingeführt wurde. Leider wird dieser vergleichsweise simple Zusammenhang in den Leitmedien kaum dargestellt, sodass sich kein tiefgründiges Bewusstsein für die Ursachen der wenig befriedigenden Situation auf dem Wohnungsmarkt herausbildet.

Dies gilt auch für die medial meist unterschlagenen Folgen, die mit dem Verkauf der für die Herstellung von Geldscheinen, Ausweisen und Pässen verantwortlichen Bundesdruckerei in Verbindung zu bringen sind. Dabei ist das Lamento über die horrenden Gebühren für die Ausstellung eines neuen Personalausweises, Reisepasses oder Führerscheins nicht zu überhören. Es lohnt ein Blick hinter die Kulissen. Nur zwei Jahre, nachdem der damalige Bundesfinanzminister Hans Eichel die einstige Behörde für rund eine Milliarden Euro an den Finanzinvestor *Apax Partners & Co.* verkauft hatte, geriet dieser 2002 an den Rand der Pleite. Die Krise des Telekommunikationsmarktes sowie erhebliche Belastungen bei der damaligen Tochterfirma *ORGA Kartensysteme GmbH* ließen die im Juli 1994 in eine Gesellschaft des privaten Rechts überführte Bundesdruckerei mit ihrem im Grunde höchst seriösen Geschäftsmodell schließlich selbst in finanzielle Bedrängnis geraten.

Der *Apax*-Vorstand sah sich gezwungen, bei dem einstigen Staatsbetrieb mit rund 1.500 Mitarbeitern auszusteigen und das Unternehmen an einen Treuhänder zu übergeben – eine Aufgabe, der die US-amerikanische Anwaltskanzlei *Clifford Chance* nachkam. Im Oktober 2009 kaufte der Bund die Bundesdruckerei schließlich zurück. »Privatisiert, ausgesaugt und wieder verstaatlicht« titelte seinerzeit *Die Welt*. Der »Bundesdruckerei-Coup« war insofern bemerkenswert, als die Bundesregierung zunächst noch auf die sofortige Zahlung des Kaufpreises verzichtete, sodass die beiden hinter *Apax* stehenden Investoren Alan Patricof und Ronald Cohen über die von den Banken für den Kauf gewährte Kreditsumme anderweitig verfügen konnten. Sie investierten folglich nicht nur kein eigenes Geld, sondern konnten das für den Kauf geborgte Geld aufgrund des Zahlungsaufschubs auch noch anderweitig investieren. Der damalige innenpolitische Sprecher der Unionsfraktion, Hans-Peter Uhl (CSU), fällte ein Urteil, dem nichts hinzuzufügen ist (zit. nach Doll 2008): »Es war ein grober Schnitzer, ein solches Unternehmen einer Heuschrecke vorzuwerfen.« Die Fehlentscheidung müsse korrigiert werden.

Nach dem Rückkauf durch den Bund beschritt die *Bundesdruckerei GmbH*, die inzwischen auch elektronische Dienstausweise für Bundespolizei und Bundeswehr fertigt, im Mai 2014 erneut den Pfad der Privatisierung, indem sie ein Joint Venture mit dem traditionsreichen Technologiekonzern *Giesecke & Devrient* gründete. An dem neuen Gemeinschaftsunternehmen namens *Veridos GmbH* hält die Bundesdruckerei einen Anteil von 40 Prozent, während dem Münchner Unternehmen *Giesecke & Devrient* mit 60 Prozent der Anteile fusionskontrollrechtlich die alleinige Verantwortung zugesprochen wurde. Die Internationalisierung des Unternehmens soll über eine Produktionsstätte in Griechenland sowie Tochtergesellschaften in Brasilien, Mexiko und Kanada sichergestellt werden. Im Sommer 2015 erwarb die Bundesdruckerei zudem 52 Prozent am deutschen Spezialisten für Netzwerksicherheit *Genua GmbH*, um sich weitere profitable Geschäftsfelder zu erschließen.

Zusammengefasst stellt sich das milliardenschwere Scheitern der privatisierten Bundesdruckerei wie ein Lehrstück dar: Eine ehemals oberste Bundesbehörde, die unter den wachsamen Augen des Bundesministeriums für Post und Telekommunikation jahrzehntelang verlässlich und preiswert Banknoten, Personalausweise, Reisepässe und Führerscheine gefertigt hatte, geriet nach dem Verkauf an eine ausländische Private-Equity-Gesellschaft in eine existenzbedrohende finanzielle Schieflage. Vater Staat sah sich aufgrund der von dem Unternehmen und der nach den Terroranschlägen vom 11. September 2001 intensiv erörterten »hoheitlichen« Aufgaben vor allem aus sicherheitspolitischen Gründen zum Rückkauf veranlasst – koste es, was es wolle. Das wiederverstaatlichte Unternehmen ist inzwischen betriebswirtschaftlich gesundet, sodass es mit privaten Partnern andere Unternehmen kaufen kann. Wie ein Unternehmen der Privatwirtschaft setzt es ganz auf die Erschließung einträglicher Geschäftsfelder. Dieses Beispiel zeigt besonders eindrücklich, wie viel teurer es den Staat und seine Bürger zu stehen kommen kann, wenn Privatisierungen vollstreckt oder aber sogar wieder rückgängig gemacht werden (müssen).

Die im Kontext von Privatisierungen beliebte Metapher vom »Verkauf des Tafelsilbers« verharmlost die Entwicklung. Tafelsilber liegt unnütz im Schrank herum; staatliche Unternehmen verschaffen der Allgemeinheit jedoch laufende Einnahmen. So belegt die Historie des Bahn- und Postwesens, dass Staatsunternehmen durchaus profitabel arbeiten können. Die Bundespost ließ dem Staatshaushalt noch Ende der 1980er-Jahre einen Jahresüberschuss von mehr als fünf Milliarden D-Mark (2,6 Milliarden Euro) zufließen.

Mindestens ebenso beeindruckt die Tatsache, dass der preußische Staat vor dem Ersten Weltkrieg nahezu ein Drittel seines Haushaltes durch die Einnahmen aus dem Bahnbetrieb decken konnte. 1894 hatten die preußischen Eisenbahnen noch 55,9 Prozent der Haushaltsüberschüsse erwirtschaftet. In den 1920er-Jahren leistete die Reichsbahn beinahe sämtliche Reparationsleistungen an die Siegermächte des Ersten Weltkrieges. Dass die Preisgabe staatlicher Steuerungsmöglichkeiten auch heute noch den Verzicht auf staatliche Einnahmen bedeuten kann, zeigt das Beispiel der *Schweizerischen Bundesbahnen* (SBB). Diese konnten in den vergangenen Jahren trotz kostspieliger Investitionen wie zum Beispiel in das Mammutprojekt »Neue Eisenbahn-Alpentransversale« unter der Federführung der *AlpTransit Gotthard AG* – einer hundertprozentigen Tochtergesellschaft der SBB – hohe Millionenbeträge als Überschuss verbuchen. Warum nur gerät immer wieder in Vergessenheit, dass Staatsunternehmen in der Regel verlässliche Einnahmen erwirtschaften?

Gemeinwohlorientierung versus Gewinnorientierung

Angesichts der Privatisierungswelle, von der die Kommunen, die Länder und der Bund seit Beginn der 1980er-Jahre förmlich überrollt werden, scheint es angebracht, von einer Epoche der Staatsvergessenheit zu sprechen. Denn in dem Maße, wie der Neoliberalismus zum hegemonialen Rat- bzw. Stichwortgeber der politischen Entscheidungsträger heranwuchs, verlor der öffentliche Sektor als politisches Hoheitsgebiet an Bedeutung. Mit dem Aufstieg des Neoliberalismus hatte sich in den 1970er-Jahren im gesellschaftlichen wie im politischen Raum mehr und mehr eine Haltung Bahn gebrochen, die einseitig auf die Privatisierung staatlicher Aufgaben setzt. Die Befriedigung gesellschaftlicher Bedürfnisse durch den freien Markt – die zentrale Devise lautet: »Less government is good government« – stellt seither ein konstitutives Merkmal wirtschaftspolitischer Entscheidungsprozesse dar. Dabei zielt die neoliberale Doktrin auf eine »Entthronung der Politik« (Friedrich A. von Hayek), die mit der Notwendigkeit begründet wird, dass die Effizienz gesteigert, Synergieeffekte erzielt und Organisationsstrukturen »verschlankt« werden müssten. Ausgeblendet wird, dass öffentliche Güter und Dienstleistungen zentrale Ziele der Wirtschafts- und Sozialpolitik betreffen: die Sicherung von Beschäftigung, die Stabilisierung der Wirtschaftsentwicklung, die

Gewährleistung der Versorgungssicherheit und die Begrenzung sozialer Ungleichheiten auf personeller und räumlicher Ebene.

War die materielle Leistung einst konstitutives Merkmal des Staates, ist seit nun 30 Jahren eine deutlich verstärkte Privatisierung traditionell öffentlicher Güter und Dienstleistungen zu beobachten. Lange Zeit hatte die Parteiendifferenzthese eine Erklärung dafür geliefert, wer die Initiatoren der Privatisierungsstrategie waren: »Je stärker die Partizipation linker Parteien an der nationalen Regierung, desto seltener und weniger intensiv wird privatisiert. [...] Umgekehrt gilt, dass rechte Parteien den Abbau des Staates und den Ausbau des Marktes präferieren und dies auch umsetzen, wenn sie die Regierung übernehmen« (Schneider/Tenbücken 2004, 90 f.). Dieser tragenden Säule linker Politik kehrten mit Beginn der 1990er-Jahre weltweit zahlreiche sozialdemokratische Parteien den Rücken, sodass das Links-Rechts-Schema nicht mehr als Erklärungsmuster greift. Die einst eherne Verbindung zu den Gewerkschaften, eine historisch gewachsene Liaison, kündigten die Sozialdemokraten sukzessive auf – hierzulande insbesondere mit der Proklamation der »Neuen Mitte« unter der Ägide Gerhard Schröders. Die Ankündigung des Altbundeskanzlers, »nicht alles anders, aber vieles besser machen« zu wollen, ließ frühzeitig erkennen, dass die »Neue Mitte« ebenso wie »New Labour« die Privatisierungspolitik in der Tradition Margret Thatchers und Helmut Kohls fortführen würde.

Während der Interventionsstaat noch bis weit ins 20. Jahrhundert als Träger der Industrialisierung in Erscheinung getreten war, hat der parteienübergreifende Paradigmenwechsel inzwischen einen grundlegenden Wandel herbeigeführt. Allein klassisch hoheitliche Funktionen wie polizei- und ordnungsrechtliche Aufgaben sowie Dienste der Finanz-, Standes- und Grundbuchämter sind in Deutschland bislang von der Debatte um »Privatisierungspotenziale« ausgenommen. Die in den USA durchaus übliche und hierzulande bereits in Bremervörde (Niedersachsen), Burg (Sachsen-Anhalt) und Hünfeld (Hessen) vollzogene Privatisierung von Justizvollzugsanstalten lässt indes auch für diese Dienstleistungen Schlimmes befürchten.

Anders als von den meinungsbildenden Medien beharrlich beteuert, stellt sich die Abkehr vom öffentlichen Versorgungsauftrag nicht als Schritt in Richtung einer zivilgesellschaftlichen Selbstverwaltung dar, sondern als Paradigmenwechsel von einer emanzipatorischen Demokratie zu einer Demokratie von Kapitaleigentümern. Deren sozioökonomische Polarisierung lässt sich mit Blick auf nahezu sämtliche Bereiche der öffentlichen Daseinsvorsorge leicht erkennen und rührt an den Grundfesten einer demokratischen, solidarischen und sozial durchlässigen Gesellschaft.

Zahlreichen Gütern und Dienstleistungen, die aufgrund ihrer ökonomischen Besonderheiten, ihrer gesellschaftlichen Funktionen oder ihres moralischen Wertes über Jahrhunderte hinweg der Steuerung durch Angebot und Nachfrage entzogen waren, wird durch die Universalität des Marktprinzips eine ihnen ursprünglich fremde Handlungslogik aufgezwungen. »Das Übergreifen von Märkten und marktorientiertem Denken auf Aspekte des Lebens, die bislang von Normen außerhalb des Marktes gesteuert wurden«, ist – so formuliert es der bedeutende US-amerikanische Philosoph Michael J. Sandel – »eine der bedeutsamsten Entwicklungen unserer Zeit« (2012, 14). Und in der Tat geht die in den 1990er-Jahren eingeläutete Ära der triumphierenden Märkte davon aus, dass nicht Staaten, sondern Märkte das vorrangige Mittel zur Herstellung des Gemeinwohls seien. Dies hat dazu geführt, »dass wir – ohne es recht zu bemerken und ohne es je zu beschließen – allmählich keine Marktwirtschaft mehr *hatten*, sondern anfingen, eine Marktgesellschaft zu *sein*« (ebd., 18, Hervorhebung im Original). Trotz der zerstörerischen Folgen der Finanz-, Euro- und Staatsschuldenkrise in den vergangenen Jahren hat der Glaube an die Märkte und ihre Fähigkeit zur Eigenkorrektur nur geringfügig an Überzeugungskraft verloren. Dabei hat die breit angelegte Orientierung am Markt als zentraler Koordinationsinstanz die soziale Ungleichheit verschärft: Die Reichen werden reicher und die Armen zahlreicher. Privatisierungen schaffen damit nicht nur ungleiche Möglichkeiten individueller Bedürfnisbefriedigung und ungleiche Chancen politischer Einflussnahme. Zugleich treiben sie die Spaltung und Entsolidarisierung der Gesellschaft voran. Was ehemals solidarisch finanziert und organisiert war, wird nunmehr den Gesetzen des Marktes und damit seinen Wettbewerbs-, Selektions- und Ausgrenzungsmechanismen unterworfen.

Vormals öffentliche Güter und Dienstleistungen werden dadurch in ihrer kulturellen Bedeutung und moralischen Wertigkeit beschädigt. So ist etwa zu fragen, ob nicht das Prinzip der Gleichwertigkeit menschlichen Lebens verletzt wird, wenn die medizinische Versorgung als marktförmige Ware angeboten wird. Denn die Anwendung von Marktanreizen und -methoden zur Bereitstellung genuin unökonomischer Güter zieht »Kommerzialisierungseffekte« nach sich, die mit der Bewertung der Güter auch die Einstellungen der Menschen zu diesen Gütern verändern und möglicherweise korrumpieren. Der Kapitalismus der Neuzeit stellt uns damit auch 25 Jahre nach dem Wegfall der »Systemkonkurrenz« zwischen Ost und West vor ein ethisches

Dilemma: »Ohne wirtschaftliche Entwicklung können wir nicht leben. Aber gleichzeitig droht die entfesselte Ökonomie unsere ökologischen und kulturellen Grundlagen zu zerstören« (Taylor 2006, 9).

Dabei liegt die Vermutung nahe, dass die moderne Industrie- und Dienstleistungsgesellschaft zunehmend »staatsbedürftiger« wird, weil viele Problemkonstellationen vom Einzelnen nicht mehr zu lösen sind. So entpuppt sich der Wohlfahrtsstaat mit seinen Institutionen »angesichts des allenthalben zu beobachtenden Versagens der Gesellschaft, insbesondere ihrer ›Keimzelle‹, der Familie, […] immer stärker als unabdingbarer Reparaturbetrieb und lebensbegleitende Voraussetzung von Freiheit und Gerechtigkeit« (Lucke 2006, 647). Apologeten des Neoliberalismus beklagen dagegen die Hypertrophie des Sozialstaates sowie ein »unentwirrbares Netz von Regelungen, Auflagen und Abgaben, [das sich, T. E.] wie Mehltau über die Wirtschaft gelegt« habe (Willke 2003, 21). Sie tun dies, obwohl sich die Schere bei den Einkommen und Vermögen weiter dramatisch öffnet, das seit Jahren für reformbedürftig erklärte Gesundheitssystem die Zwei-Klassen-Medizin zementiert, die soziale Herkunft den schulischen Erfolg stärker als in nahezu allen anderen OECD-Staaten determiniert und die Privatisierung der Sozialversicherungssysteme die Gefahr der (Alters-)Armut massiv befördert hat.

Aber es keimt Hoffnung für eine Renaissance der Gemeinwohlorientierung – trotz der zum Jahresbeginn 2016 auf Bundesebene in Kraft getretenen und 2020 auf Länderebene anlaufenden Schuldenbremse. Die Zeiten, in denen man dem Staat nichts und der Privatwirtschaft alles zutraute, scheinen passé zu sein. Spätestens mit den seit 2008 sichtbar werdenden Verwerfungen an den internationalen Kapitalmärkten ist Vater Staat wieder zum Adressaten für Sicherheitserwartungen geworden. »Darf's auch etwas mehr sein?«, titelte *Die Zeit* unlängst: »Ausgerechnet der Staat, der lange Zeit immer kleiner und inkompetenter geredet worden ist, der Staat, über den nur noch Fantasien des Rückzugs und des Absterbens im Umlauf waren – dieser Staat erlebt gerade seine notwendige Renaissance« (Wefing 2015). Immer mehr Menschen erkennen, dass die von wirkmächtigen privaten Interessen forcierten öffentlich-privaten Partnerschaften zum Bau und Betrieb von Autobahnen, Gefängnissen, Rathäusern und Schulen der Kurzsichtigkeit der Politik geschuldet sind.

Die Notwendigkeit staatlicher Wirtschaftstätigkeit

Lange bevor die öffentliche Daseinsvorsorge als verfassungsrechtlich geschützte Dimension des Sozialstaatsprinzips auf nationaler wie europäischer Ebene unter Druck geriet, wurde sie als Legitimationsbasis für staatliche Wirtschaftstätigkeit angesehen. Bis weit in die 1970er-Jahre hatte es einen breiten gesellschaftlichen Wertekonsens darüber gegeben, dass die Marktwirtschaft sozial gesteuert und durch eine auf sozialen Ausgleich bedachte Sozialpolitik gebändigt werden solle. Wenn nach einer 2008 durchgeführten Umfrage der *Bertelsmann Stiftung* drei von vier Bürgern die wirtschaftlichen Verhältnisse in Deutschland als »nicht gerecht« empfinden, stellt dies sowohl die Legitimität unserer Gesellschafts- als auch die unserer Wirtschaftsordnung in Frage.

Sollte das Bewusstsein für die Bedeutung öffentlichen Eigentums nun wieder in den Mittelpunkt der politischen Debatte rücken, könnte sich endlich ein breites öffentliches Bewusstsein dafür herausbilden, dass das kurzfristige Lindern haushalterischer Nöte durch Privatisierungserlöse hohe langfristige Kosten verursacht. Diese werden nicht nur in dem schwerlich zu beziffernden Verlust umwelt- und sozialverträglicher Handlungs- und Entscheidungsmöglichkeiten des Staates sichtbar. Sie drücken sich konkret darin aus, dass Privatisierungen die Steuerzahler nach den Maßstäben der volkswirtschaftlichen Gesamtrechnung in nahezu sämtlichen Fällen teurer zu stehen kommen, als wenn Bund, Länder und Kommunen zu Werke gehen. Sehr viel häufiger müssten wir daher fragen: Wem gehört was warum? Denn die Antwort auf die Frage, wer über welche rechtlichen, ökonomischen und religiösen Regeln eines Sozialsystems verfügen darf, d. h. vor allem in welcher Relation öffentliches und privates Eigentum zueinander stehen, ist konstitutiv für jede Gesellschaftsordnung. Da sich die Verfügungsgewalt nicht allein auf die Nutzung oder Nichtnutzung erstreckt, sondern darüber hinaus soziale Beziehungen stiftet, auslöst, verhindert, hierarchisiert oder jedenfalls beeinflusst, sind die Eigentumsverhältnisse seit jeher Gegenstand der Staats-, Rechts- und Sozialphilosophie.

Das am weitesten verbreitete und stichhaltigste Argument gegen die Privatisierung öffentlicher Unternehmen leitet sich aus der Tatsache ab, dass private Unternehmen aufgrund ihrer Verpflichtung, profitabel zu wirtschaften, zahlreiche Ziele verfolgen, die einer am Gemeinwohl orientierten Politik entgegenstehen. Mit jeder Privatisierung werden wichtige Instrumente zur Gestaltung einer wünschenswerten wirtschaftlichen, ökologischen und sozialen Entwicklung aus der Hand gegeben, denn die Stärkung der Marktkräfte höhlt bei gleichzeitiger Einschränkung der staatlichen Regulations- und Kontrollmöglichkeiten die wirtschaftspolitischen Instrumentarien Schritt für Schritt aus. Mit einem Verzicht auf Infrastrukturinvestitionen beispielsweise beraubt sich der Staat der Möglichkeit, den Verdrängungswettbewerb auf dem Verkehrsmarkt zugunsten des Verkehrsträgers »Schiene« auszugestalten. Beleben lässt sich die Schienenverkehrsnachfrage schließlich nur durch das Verbot von Fernlinienbussen, die Verteuerung des Straßenverkehrs und ein ebenso preiswertes wie eng getaktetes Bahnangebot.

Mit der Entpolitisierung vormals originär staatlicher Tätigkeitsfelder gehen darüber hinaus regelmäßig Kostensteigerungen und Zugangsschwierigkeiten für einzelne Nutzergruppen, Umweltschäden sowie betriebsbedingte Kündigungen einher, sodass selbst überzeugte Befürworter der Privatisierung zu bedenken geben, dass diese unweigerlich Verlierer produziert. Die soziale Polarisierung bestätigen die meisten der zahlreichen Fallstudien, die im äußerst lesenswerten Bericht an den *Club of Rome* mit dem Titel »Grenzen der Privatisierung. Wann ist des Guten zu viel?« angeführt werden, wobei die Liste der Schattenseiten von unzureichenden Wettbewerbsstrukturen durch private Monopolbildung sowie Unregelmäßigkeiten bei der Auftragsvergabe und Defiziten bei der demokratischen Willensbildung über eine verschärfte Marginalisierung der Armen bis hin zu qualitativ minderwertigen Leistungsangeboten durch Private reicht.

Dass sich die Wahrnehmung öffentlicher Aufgaben und eine gleichzeitige Orientierung an Markt- und Preiskriterien widersprechen, hat Bodo Zeuner unter Verweis auf den Bildungssektor eindrucksvoll illustriert: »Wer [...] das Bildungssystem in gegeneinander konkurrierende Unternehmen aufspaltet, die mit eigenen Budgets arbeiten und im Interesse der ›Wirtschaftlichkeit‹ Gebühren von Studenten, demnächst vielleicht sogar von Schülern, erheben dürfen, der stärkt nicht irgendwelche ›Eigenverantwortlichkeiten‹, sondern baut das demokratische Recht auf gleiche Bildungschancen unabhängig vom Einkommen ab und entzieht letztlich der demokratischen Gesellschaft die Möglichkeit, ihre Ressourcen sozialstaatlich umzuverteilen« (1997, 31).

Ein weiteres Argument gegen Privatisierungen: Sofern Unternehmen auch nach ihrer Veräußerung an Private politischen Rahmenvorgaben unterworfen werden sollen, bedarf es der kostenintensiven Installierung staatlicher Regulierungsregime, die im Regelfall eine differenziertere und kompliziertere Architektur aufweisen als die Strukturen des alten Leistungsstaates mit einer Vielzahl von Staatsunternehmen. Politisch definierte Grundsätze der Versorgungssicherheit müssen dabei ebenso berücksichtigt werden wie die Möglichkeit zur Inanspruchnahme von Leistungen zu sozialverträglichen Preisen. Der regulierende Gewährleistungsstaat muss somit stets dort den Wettbewerb steuern, wo die Fähigkeit des Marktes nicht ausreicht, die Sicherstellung gemeinwohlkonformer Leistungen aber politisch gewollt ist. Letztlich zielt jede Privatisierung darauf ab, den Staat als Steuerungsorgan durch den Markt zu ersetzen. Jede Deregulierung erfordert folglich regelmäßig Regulierung. Denn selbst dann, wenn eine Reduktion staatlicher Verantwortung angestrebt wird, ist das Erlassen rechtlicher Bestimmungen ebenso unabdingbar wie die Installation neuer bzw. der Umbau bestehender Verwaltungseinrichtungen.

Mit Blick auf die Kostendifferenz zwischen dem ehemaligen Bundesministerium für Post und Telekommunikation auf der einen und der Regulierungsbehörde für Post und Telekommunikation auf der anderen Seite, wusste das Nachrichtenmagazin *Der Spiegel* im August 1997 zu berichten, dass Letztere mit einem Jahresetat von 365 Millionen D-Mark (186 Milliarden Euro) »teurer und größer als das alte Bötsch-Ministerium« sein werde (Dohmen 1997, 73). Wenngleich diese Erblast der Privatisierung nicht zu verallgemeinern ist, zeigt das Beispiel doch, welche immensen finanziellen Anstrengungen der Staat teilweise unternehmen muss, um den Wettbewerb zu regeln. Wenn das nur unzureichend geschieht, bergen Privatisierungen die Gefahr, dass die staatlich verantworteten legalistischen Barrieren durch private monopolistische ersetzt werden, wodurch wiederum Regulierungsbedarf entsteht.

Die ideologischen Wegbereiter eines »von den Fesseln der Sozialstaatlichkeit« befreiten Kapitalismus lehnen aber nicht nur staatswirtschaftliche Interventionen im Glauben an die grundsätzliche Überlegenheit »marktgerechter« Lösungen ab. Zugleich schlussfolgern die Anhänger des Neoliberalismus, dass die Privatisierung sozialer Risiken als eine Befreiung aus »bürokratischer Bevormundung«, eine beschäftigungswirksame »Belebung der Eigeninitiative« und ein die Arbeitsmoral belebendes »Fördern und Fordern« zu deuten sei. Dabei arbeiten sie mit ihrem verhängnisvollen Projekt an der Auflösung des Gemeinwesens. Denn wie auch immer die schmückende Philosophie heißen mag, verschärft sich mit den parteien- und gebietskörperschaftenübergreifend vorangetriebenen Privatisierungen nicht nur der Gegensatz von öffentlicher Armut und privatem Reichtum, sondern auch die sozioökonomische Kluft zwischen den Mitgliedern einer Gesellschaft.

Besonders anschaulich belegt dies die Privatisierung von Lebensrisiken. Dazu zählt die Zuzahlungspflicht für ärztliche Leistungen ebenso wie der

Missstand, dass die meisten prekär Beschäftigten die vom Gesetzgeber mit der Senkung des gesetzlichen Rentenniveaus geschaffene Lücke mit einer privaten Riester- oder Rürup-Rente nicht zu schließen vermögen. *Der Spiegel* schrieb, die Riester-Rente sei »ein besonders augenfälliges Beispiel dafür, wie die Politik die Sparer in eine Geldfalle lockt anstatt bei der Vermögensbildung zu helfen« (Hock u. a. 2016, 17). In der Tat scheint die Riester-Rente weniger ein Gewinn für die Sparer zu sein als für die Vorsorgekonzerne. Durchschnittlich fließt jeder siebte Euro, den die Sparer einzahlen, in Form von Provisionen und Gebühren in die Taschen der Unternehmen. Weil die Riester-Produkte sich vielfach nur für diejenigen lohnen, die ein biblisches Alter erreichen, kommt die gewerkschaftsnahe *Hans-Böckler-Stiftung* zu dem Schluss, dass die staatlich geförderte private Altersvorsorge eine »Fehlentscheidung« sei (ebd.). Dies gilt insbesondere für Niedrigverdiener, deren Einlagen aus der Riester-Rente auf die Sozialhilfe angerechnet werden. Vertieft wurde die soziale Spaltung auch durch die inzwischen abgeschaffte »Ich-AG«, die nicht nur die wirtschaftlich Schwächsten zu einem »Aktienpaket« degradierte, sondern zugleich die semantische Konkretisierung eines sichtbar gewordenen Verfalls solidarischer Bindungen darstellte.

Schließlich hat das Bundesverfassungsgericht das in Art. 20 Abs. 1 und Art. 28 Abs. 1 Satz 1 des Grundgesetzes festgeschriebene Sozialstaatsprinzip in mehreren Urteilen als Verpflichtung des Staates interpretiert, »für einen Ausgleich der sozialen Gegensätze und für eine gerechte Sozialordnung zu sorgen und die Existenzgrundlage der Bürger zu sichern und zu fördern« (Bäcker et al. 2000, 36 f.). Aber selbst diejenigen Verfassungsrechtler, die wie Peter Badura einst gefordert hatten, der Staat dürfe »nicht nur eine Eingreifreserve der letzten Linie [darstellen, T. E.], wie es das liberale Subsidiaritätsprinzip fordert« (1963, 304 f.), plädieren heute mehrheitlich für eine Rückführung des sozialen Staatsziels, da die Leistungsfähigkeit und -bereitschaft der Einzelnen die Daseinsvorsorge nicht ausreichend sicherstellten.

Markanter kann der Wandel in der Sozialstaatsinterpretation vom allseits gepriesenen »Modellfall« zum historischen »Auslaufmodell« kaum ausfallen: »Aus einer Ermächtigung zur gezielten sozialgestaltenden Umverteilung ist ein verfassungsrechtlicher Appell zu staatlicher Unternehmensförderung geworden« (Kutscha 1999, 107). Dabei kommt dem Prinzip der Sozialstaatlichkeit und der in Art. 14 und 15 des Grundgesetzes explizit festgeschriebenen Sozialbindung des Privateigentums besondere Bedeutung zu. Denn letztlich begründen diese beiden Vorgaben eine Mischform aus wirtschaftlicher Freiheit und politischen Gestaltungsmöglichkeiten des Staates im Interesse des Gemeinwohls und erlauben eben kein Wirtschaftssystem, das allein an Marktmechanismen ausgerichtet ist. Insofern gefährdet die rigide Privatisierungspolitik der vergangenen Jahre den Status der Bundesrepublik als »sozialem Bundesstaat«. Ein Staat, der Märkte nur organisiert und darauf verzichtet, die aus Marktprozessen resultierenden ungleichen Verwirklichungschancen der Marktteilnehmer zu korrigieren, delegitimiert sich letztlich selbst.

Renaissance des Staates?

Insofern ist es erfreulich, dass die Transformation des keynesianischen Sozialstaates in einen »schumpeterianischen Leistungsstaat« (Bob Jessop), dessen vordringlichstes Ziel die Sicherung internationaler Konkurrenzfähigkeit ist, inzwischen bei der politisch interessierten Öffentlichkeit auf breite Skepsis stößt. Die Diskussion der Fragen, welchen Staat und wie viel Staat wir brauchen, wird daher auf absehbare Zeit eine bedeutende, wenn nicht gar die zentrale gesellschaftspolitische Debatte markieren. Jan Roß, Redakteur der Wochenzeitung *Die Zeit*, glaubte schon vor 16 Jahren, dass »in der Auseinandersetzung um den Staat […] das Potential eines neuen Klassenkampfes« stecke (2000, 20). In der Vergangenheit verhallte der Widerstand gegen Privatisierungen trotz ihrer Verteilungswirkungen zu Lasten der Mehrheit jedoch meist ungehört. Wie nun aber kann sich der Zeitgeist sicht-, hör- und spürbar drehen?

Zunächst einmal scheint es dringend geboten, der Sachzwangslogik zu begegnen, was in Zeiten, in denen Bundekanzlerin Angela Merkel unzählige politische Entscheidungen der Regierung für »alternativlos« erklärt, zweifellos ein mühsames Unterfangen ist. Denn obschon die Frage nach der Reichweite staatlicher Aufgabenwahrnehmung eine eindeutig staatstheoretische Dimension aufweist, werden Privatisierungsentscheidungen gegenwärtig nahezu ausschließlich unter Verweis auf die »Sachzwänge« debattiert, wobei die verarmten öffentlichen Haushalte stets das Hauptargument liefern. Dies zeigt die Diskussion um den Börsengang der *Deutschen Bahn*, der von den Regierungsparteien CDU, CSU und SPD nach wie vor befürwortet wird. Die Absicht, das letzte große deutsche Staatsunternehmen an die Börse zu führen, wo die Marktmechanismen am wirkungs- und oftmals verhängnisvollsten greifen, liegt erkennbar in der Absicht begründet, hohe Einmaleinnahmen zur Konsolidierung des Bundeshaushaltes zu erzielen. Gleichzeitig werden jedoch folgenschwere ökologische, wirtschaftliche und gesellschaftliche Auswirkungen dieser »Jahrhundertentscheidung« verkannt. Seit der Umwandlung der Bundesbehörde in eine Aktiengesellschaft 1994 wurden unter dem Druck der Kapitalmarktorientierung nicht nur mehr als 200.000 Mitarbeiter entlassen, sondern auch unzählige Streckenabschnitte stillgelegt, Fahrtakte ausgedünnt, Bahnhofsgebäude verkauft und Fahrpreise massiv angehoben.

Aber jene Negativentwicklungen lassen die Bundesregierung selbst in einem Fall, der im »Land der Autofahrer« politischen Sprengstoff birgt, nicht von ihrem Privatisierungskurs abrücken: Noch vor der Bundestagswahl im September 2017 soll das überregionale Straßennetz in eine Bundesautobahngesellschaft überführt werden, um sie über Nutzergebühren und Investitionen von Privaten zu finanzieren, zu bauen und zu betreiben. Nun wird auch diese kostbare Infrastruktur ausverkauft, d.h. einmal mehr werden die Interessen der Privatwirtschaft bedient, sollen Versicherer und andere Finanzinvestoren doch vor allem aufgrund der niedrigen Kapitalmarktzinsen am Ausbau und Erhalt der Verkehrsinfrastruktur beteiligt werden. Die Entlastung des Bundeshaushalts dürfte nur von kurzer Dauer sein, kommt die Finanzierung über öffentlich-private Partnerschaften den Staat doch langfristig fast immer teurer zu stehen als wenn dieser selbst das Heft des Handelns in der Hand behält.

Damit sich dem Trend zur »Vermarktlichung« bald eine breite Öffentlichkeit entgegenstellt, braucht es ein umfassendes Bewusstsein in der Bevölkerung dafür, dass sich der Staat mit seiner Politik der Entstaatlichung letztlich selbst abschafft. Diese Einsicht wird sich nicht von allein durchsetzen, wie der Journalist Jens Jessen bereits vor einigen Jahren konstatierte (2011): »Es scheint nur unendlich schwer – und das zeigt den Erfolg der marktliberalen Gehirnwäsche –, das Mäntelchen hinwegzuziehen und uns von dem Gedanken zu befreien, dass die Ökonomie, so wie sie ist, unser Schicksal sei und mit ihm zu hadern einer Gotteslästerung gleichkäme. All die Wirtschaftsprofessoren und Wirtschaftsjournalisten, die den Markt zur entscheidenden Lenkungsinstanz unseres Daseins erklärt haben, mehr noch die Unternehmensberater, die nach den Firmen auch die Schulen, die Universitäten, die Theater, den Sport, alle Lebensbereiche dem Gesetz der Rentabilität unterworfen haben oder höchstens noch als Zuliefererbetriebe für die Zwecke der Wirtschaft alimentieren wollen, haben an der großen Umerziehung mitgewirkt, die uns einhämmert, dass es nur einen letzten Wert gebe: den des Profits.«

Wollte man die zweifellos vorhandenen Unzulänglichkeiten der staatlichen Bereitstellung von Gütern und Dienstleistungen beheben, bräuchte es neben einer Anhebung der Erbschafts- und Schenkungssteuer vor allem eine Reform der Unternehmenssteuerarchitektur. Eine Orientierung an dem zu Zeiten Helmut Kohls geltenden Spitzensteuersatz auf Einkommen von 56 Prozent sollte ernsthaft bedacht werden. Schließlich kostet die von der Regierung Schröder beschlossene Senkung des Einkommenssteuerspitzensatzes auf 42 (ab 53.666 Euro) bzw. 45 Prozent (254.447 Euro) den Bundeshaushalt Jahr für Jahr rund 60 Milliarden Euro. Bei Firmenverkäufen greift der Fiskus ebenso halbherzig zu wie bei laufenden Gewinnen von Kapitalgesellschaften, deren Kreativität bei der Ausgestaltung international wirksamer »Steuersparmodelle« schier grenzenlos ist: *Amazon*, *Apple*, *Facebook* und *Ikea* liefern dafür immer wieder Beispiele.

Und obwohl Betriebsprüfer im Durchschnitt das Achtfache ihres Jahresgehalts über Steuern einspielen, die andernfalls nicht gezahlt würden, schraubt der Staat die Zahl der Beamten immer weiter herunter. Zudem zahlen öffentliche Auftraggeber regelmäßig überhöhte Preise für den Neu- und Ausbau von Haftanstalten, Krankenhäusern, Müllverbrennungsanlagen, Rathäusern und Schulen. Wie bei der unzureichenden Erhebung von Steuern handelt es sich auch hierbei nicht um Staatsversagen, sondern um den selbst organisierten Ressourcenentzug des Staates. Leider zeigen aber auch immer mehr Staatsunternehmen ein Geschäftsgebaren, das dem der Privatwirtschaft zumindest nahekommt. Denn auch zahlreiche kommunale Stadtwerke und Verkehrsbetriebe streben in erster Linie nach Gewinn, um andere Kommunalunternehmen aufkaufen und den nach Parteienproporz besetzten Vorständen üppige Gehälter zuzüglich einträglicher Pensionen zahlen zu können.

Damit gerät das Bürgerinteresse an der preiswerten Vorhaltung von Dienstleistungen aus dem Blick, weshalb die Verantwortlichen stets ein Interesse daran haben, sich den Geheimhaltungspflichten nach den einschlägigen Aktien- oder GmbH-Gesetzen zu unterwerfen. So verhält es sich bei der *Deutschen Bahn*, der *Deutschen Post* und der *Deutschen Telekom*. Obwohl der Bund noch immer Anteilseigner ist – im Fall der *Deutschen Bahn* sogar Alleineigentümer –, lassen seine Vertreter die Unternehmensvorstände bedenkenlos gewähren, wenn sie einstige Bundesbehörden zu Global Players umwandeln. Rechtsform und Eigentümerstruktur eines Unternehmens geben für sich genommen also nur unzureichend Aufschluss über seine Gemeinwohlorientierung. Dies verkompliziert die (kritische) Beurteilung von

Privatisierungen. In jedem Fall aber sollten wir die »Pathologien politischer Steuerung« (Fritz W. Scharpf) nicht länger überzeichnen und stattdessen die Vorzüge der öffentlichen Daseinsvorsorge durch Kommunal-, Landes- und Bundesunternehmen herausstellen, die sich nicht der Gewinn-, sondern der Gemeinwohlorientierung unterwerfen.

Vielleicht muss man aber auch Humor bemühen, um auf die Widersprüche des Privatisierungsdiktats hinzuweisen. So hat es Gregor Gysi (Die Linke) getan, als er die Debatte um die Pläne der Bundesregierung zur Privatisierung des Straßennetzes über weitere ÖPP-Projekte anheizte. Sollte die Regierung ernst machen – und danach sieht es mit der geplanten Gründung der Bundesautobahngesellschaft zu Gunsten der Versicherungswirtschaft aus –, werde er die Straße kaufen, in der Wolfgang Schäuble wohnt, sagte der ehemalige Fraktionschef in einer Debatte im Deutschen Bundestag: »Und dann wird das für Sie sehr teuer, wenn Sie nach Hause wollen«, schob Gysi in Richtung von Bundesfinanzminister Schäuble nach. Er wolle die Straße aber nicht nur kaufen, um dort Gebühren von ihm zu erheben, sondern auch, um diese umzubenennen: »Und es wird Ihnen am peinlichsten sein, immer schreiben zu müssen, dass Sie ›Zum Gysi Nummer 1‹ wohnen.«

Um Privatisierungen zu stoppen, braucht es mehr Demokratie. Dass die demokratische Partizipation kontinuierlich beschnitten wird, um Privatisierungen durchzusetzen, haben die Hamburger bereits bitter erfahren müssen. Als es im Februar 2004 in der Freien und Hansestadt Hamburg auf Betreiben des Bündnisses »Gesundheit ist keine Ware« zu einem Bürgerentscheid gegen die Privatisierung der städtischen Krankenhäuser kam, stimmten 76,8 Prozent der Abstimmungsberechtigten bei einer beachtlichen Beteiligung von 64,9 Prozent gegen das Vorhaben des Senats. Dieser setzte sich jedoch über das Bürgervotum hinweg und beschloss die Veräußerung des *Landesbetriebs Krankenhäuser* (LBK) an den privaten Betreiber *Asklepios*. Im Dezember 2004 wurde dann im Rahmen eines Organstreitverfahrens festgestellt, dass der Volksentscheid weder für den Senat noch für die Hamburger Bürgerschaft rechtlich bindend sei, sondern lediglich Aufforderungscharakter habe. In der mündlichen Urteilsbegründung wies der Gerichtspräsident ferner darauf hin, dass das Landesparlament – aufgrund der Gleichrangigkeit von Volks- und parlamentarischer Gesetzgebung – selbst dann ein Gesetz mit anderem Inhalt hätte beschließen dürfen, wenn sich der Volksentscheid explizit gegen jenes Privatisierungsgesetz gerichtet hätte (Verfassungsgericht Hamburg 2004).

Nicht nur in Hamburg wurden nach Bürgerentscheiden Gesetze derart geändert, dass Unterschriften nur noch während der Öffnungszeiten in den

Amtsstuben geleistet werden dürfen – und nicht mehr auf Straßen oder öffentlichen Plätzen. Auch in anderen Kommunen ergreift man bei »unliebsamen« Bürgerentscheiden Maßnahmen, um demokratische Verfahrenswege abzuschneiden. So werden zum Beispiel vielerorts keine Wahlbenachrichtigungen mehr versandt. Gleichzeitig wird die Zahl der Wahlbüros möglichst gering gehalten. Dabei binden Bürgerentscheide Politik und Verwaltung in zahlreichen Bundesländern ohnehin nur noch für eine bestimmte Zeit, in Nordrhein-Westfalen beispielsweise für zwei Jahre, in Hessen lediglich ein Jahr länger.

Einbußen erfahren demokratische Prinzipien aber auch, weil die Rahmenbedingungen für öffentliche Dienstleistungen vielfach nicht mehr auf kommunaler, regionaler oder bundesstaatlicher Ebene abgesteckt werden (die unmittelbare Partizipation also eingeschränkt wird), sondern zunehmend nur noch entsprechend supranationaler Vorgaben des General Agreement on Trade and Services (GATS) oder im Einklang mit EU-Richtlinien umgesetzt werden können. Was die Privatisierungsbefürworter in Regierungsverantwortung aber auf jeder politischen Ebene fürchten, ist die kritische Öffentlichkeit. Deutliche vernehmbare Kritik an Privatisierungsvorhaben sollte daher insbesondere in den Leitmedien gebetsmühlenartig wiederholt werden.

Wenn die unliebsamen Folgen von Privatisierungen stärker als bislang in die Öffentlichkeit getragen werden, wird sich das Märchen vom Segen der Privatisierung als zentralem Hebel neoliberaler Politik nicht weiter wie ein endloses Spruchband durch Talkshows, Unternehmensverbandskonferenzen, Parteitage und Regierungserklärungen ziehen können. Wenn Lobbyisten wie die vom *Arbeitgeberverband Gesamtmetall* finanzierte INSM darauf drängen, die für den Geschmack der exportorientierten Metall- und Elektroindustrie zu hohen Lohnnebenkosten zu senken, indem die Rente privatisiert wird, muss man auf die desaströsen US-amerikanischen, japanischen und norwegischen Erfahrungen verweisen.

Zugleich sollte man ein ums andere Mal in Erinnerung rufen, dass die immer wieder bemängelte niedrigere Geburtenrate hierzulande auch Ausdruck der durch Privatisierungen vielfach ausgelösten unsicheren Beschäftigungsperspektiven sind, wird den jüngeren Generationen doch mit (Kurz-) Zeitverträgen jede Planungssicherheit verweigert. Und wenn die Züge wieder einmal Verspätungen einfahren oder der Zugverkehr gar ganz zum Erliegen kommt, muss darauf hingewiesen werden, dass die *Deutsche Bahn AG* mit den Verkäufen von Fahrscheinen für den hiesigen Schienenverkehr ihren globalen Expansionskurs finanziert. Statt das deutsche Schienennetz für winterliche Temperaturen zu rüsten, verkauft der einstige Staatskonzern beheizte Weichen an die russische Staatsbahn RZD.

Auch die fehlenden Möglichkeiten der Kommunen, solide und weitsichtig zu wirtschaften, muss thematisiert werden. Wenn eine vergleichsweise wohlhabende Stadt wie Trier eine öffentlich-private Partnerschaft eingehen muss, um ihr Freibad zu erhalten, muss deutlich gemacht werden, dass klamme kommunale Kassen Wegbereiter für Privatisierungen sind. Viele kommunale Einrichtungen können deshalb keine zufriedenstellenden Angebote mehr vorhalten, weil sie mangels ausreichender Gewerbesteuereinnahmen chronisch unterfinanziert sind. Diese Unterfinanzierung ist das strukturelle – und damit das eigentliche – Problem. Folglich werden mit Privatisierungen lediglich Symptome kuriert und nicht Ursachen bekämpft.

Zugleich müssen die negativen Folgen von Privatisierungen in das öffentliche Bewusstsein dringen, um das Gemeinwohl vor dem kapitalen Ausverkauf zu bewahren. Statt die öffentliche Daseinsvorsorge auf dem Altar des Marktes zu opfern, sollten wir uns vergegenwärtigen, dass sich die Stärke einer Gesellschaft am Wohl der Schwachen bemisst. Das Wohl der Schwachen kann aber nur dann bewahrt werden, wenn (über)lebenswichtige Güter und Dienstleistungen allen Menschen unabhängig von ihrer Kaufkraft zur Verfügung stehen. Der 2014 verstorbene FAZ-Herausgeber Frank Schirrmacher räumte angesichts der gescheiterten marktliberalen Verheißungen ein, »dass ein System, das angetreten ist, das Vorankommen von vielen zu ermöglichen, sich zu einem System pervertiert hat, das die wenigen bereichert«, weshalb er der Linken recht geben müsse (zit. nach Lucke 2016, 48). Und wenn nun immer mehr Liberal-Konservative die linke Skepsis gegenüber der bedingungslosen Marktorientierung teilen, sollte dies ein Grund zur Hoffnung auf die längst überfällige privatisierungspolitische Wende sein. Kurzum: Es bleibt zu hoffen, dass die im Schatten der Wirtschafts- und Finanzmarktkrise viel beschworene Renaissance des Staates endlich Platz greift. Sonst schafft sich Vater Staat über kurz oder lang selbst ab.

Dank

Mir bleibt den Personen zu danken, die mich bei den Recherchen und Korrekturarbeiten für dieses Buch unterstützt haben. Dies sind – in alphabetischer Reihenfolge – Christiane Borchert, Anna Eberhardt, Gesa Heinbach, Lea Herrmann, Balasundaram Krisanthan, Marc Meller, Michael Schedelik, Lisa-Marie Schröder und Jochen Zimmer. Jeffrey Henig schulde ich besonderen Dank für das von ihm angebahnte Fellowship an der *Columbia University*, das mir die erforderliche Auszeit zum Verfassen dieses Buchs gewährt hat. Zuletzt sei Hildegard Hogen für das professionelle Lektorat sowie Jürgen Hotz vom *Campus Verlag* für die leidenschaftliche Betreuung gedankt.

Literatur

Staat im Ausverkauf – ein Weckruf

Jänicke, Martin (1993): Vom Staatsversagen zur politischen Modernisierung?, in: Carl Böhret/Göttrik Wewer (Hg.), *Regieren im 21. Jahrhundert – zwischen Globalisierung und Regionalisierung, Festgabe für Hans-Hermann Hartwich zum 65. Geburtstag*, Opladen, S. 63–77.

Krönig, Jürgen (2001): Insel der Katastrophen. Die Lehren der Eisernen Lady haben ausgedient. Jetzt merkt es auch Tony Blair, in: *Die Zeit*, Nr. 11 v. 8.3.

Schuler, Thomas (2010): *Bertelsmann Republik Deutschland: Eine Stiftung macht Politik*, Frankfurt am Main/New York.

Wright, Vincent (1994): Introduction – Industrial Privatization in Western Europe: Pressures, Problems and Paradoxes, in: ders. (Hg.), *Industrial Privatization in Western Europe: Pressures, Problems and Paradoxes*, London/New York, S. 1–43.

Ein lukrativer Markt: das Bildungssystem

Alfred Ritter GmbH & Co. KG (2010): *Von der Kakaobohne zur Schokolade. Unterrichtsmaterialien für die Grundschule*, Neuried.

Arvato (2011): *Projekt Chesterfield Borough Council (UK) setzt Maßstäbe für das Outsourcing bei Kommunalverwaltungen*, Pressemitteilung v. 25.10. https://scm.arvato.com/de/about/press-releases/2011/projekt-chesterfield-borough-council-uk-setzt-massstaebe-fuer-da.html (abgerufen am 3.6.2016).

Balser, Markus/Ritzer, Uwe (2016): *Lobbykratie. Wie die Wirtschaft sich Einfluss, Mehrheiten, Gesetze kauft*, München.

Bauer, Theresia (2012): Uns fehlen Milliarden, in: *Die Zeit*, Nr. 7 v. 9.2.

Baum, Gerhart R./Reiter, Julius F./Methner, Olaf (2009): *Abkassiert. Die skandalösen Methoden der Finanzbranche*, Reinbek.

Blattwerk Media (2016): *Mediadaten 2016*, www.blattwerk-media.de/nc/service/downloads/?download=Blattwerk_Mediadaten_2016_klick.pdf&did=33 (abgerufen am 22.7.2016).

Boston Consulting Group (2014): *business@school*, www.business-at-school.net (abgerufen am 4.6.2016).
Brandt Zwieback-Schokoladen GmbH + Co. KG (2010): *Bewegte Pause – Aktiv und fit in Schule und Freizeit!*, Hagen.
Bueb, Bernhard (2007): Engagierte Leiter, motivierte Lehrer. Interview von Dieter Kassel, in: *Deutschlandradio Kultur* v. 18.1., www.deutschlandradiokultur.de/engagierte-leiter-motivierte-lehrer.945.de.html?dram:article_id=132439 (abgerufen am 22.7.2016).
Bundesverband deutscher Banken (2015): *Jugendstudie 2015. Wirtschaftsverständnis, Finanzkultur und Digitalisierung*, https://bankenverband.de/newsroom/reden_und_interviews/jugendstudie-2015-wirtschaftsverstandnis-finanzkultur-und-digitalisierung (abgerufen am 23.7.2016).
Bundesverfassungsgericht (2012): *W2-Besoldung der Professoren in Hessen verfassungswidrig*, Pressemitteilung Nr. 8 zum Urteil 2 BvL 4/10 v. 4.12., www.bundesverfassungsgericht.de/SharedDocs/Pressemitteilungen/DE/2012/bvg12–008.html (abgerufen am 23.7.2016).
Bundeswehr (o. J.): *Bundeswehr Adventure Camps – Abenteuer und Infos pur*, https://treff.bundeswehr.de/portal/a/treff/!ut/p/c4/DcLBDYAgDAX-QWVyA3r25hXr7YCGNWAkUWF_zHp30UwxJMHkVmXY6gqx-Oqs-coxtcoc2QrWtidX7iGqzWKwc8pVG5 t-UD94_KaA!!/ (abgerufen am 3.6.2016).
Bürgerschaft der Freien und Hansestadt Hamburg (2010): *Drucksache 19/7713* v. 9.11.
Butterwegge, Christoph (2009): Hochschulen im Wettbewerbswahn: Wo bleibt die gesellschaftliche Verantwortung der Wissenschaft?, in: Klemens Himpele/Torsten Bultmann (Hg.), *Studiengebühren in der gesellschaftlichen Auseinandersetzung. 10 Jahre Aktionsbündnis gegen Studiengebühren (ABS): Rückblick und Ausblick*, Marburg, S. 25–31.
Deutsche Gesellschaft für Soziologie (DGS) (2012): *Wissenschaftliche Evaluation ja – CHE Ranking nein. Methodische Probleme und politische Implikationen des CHE-Hochschulrankings*, www.soziologie.de/uploads/media/Stellungnahme_DGS_zum_CHE-Ranking_Langfassung.pdf (abgerufen am 24.6.2016).
Die Linke (2014): *Fraktion in der Hamburgischen Bürgerschaft*, Pressemitteilung v. 7.8.
Endres, Alexandra/Venohr, Sascha (2015): Lernen in der Baracke, in: *Zeit Online* v. 18.9., www.zeit.de/wirtschaft/2015–09/marode-schulen-sanierung-crowdsourcing-eltern-zitate (abgerufen am 6.7.2016).
Feierabend, Sabine/Klingler, Walter (2015): Was Kinder sehen. Eine Analyse der Fernsehnutzung Drei- bis 13-Jähriger 2014, in: *Media Perspektiven*, 4, S. 174–185.
Fokken, Silke (2016): Uni Mainz muss Verträge mit Boehringer Stiftung offenlegen, in: *Spiegel online* v. 12.5., www.spiegel.de/unispiegel/studium/uni-mainz-muss-vertraege-mit-boehringer-ingelheim-stiftung-offenlegen-a-1091956.html (abgerufen am 28.7.2016).

foodwatch (2013): *Erste Stunde: Mathe, zweite Stunde: Capri-Sonne. Wie die Lebensmittelindustrie Junkfood-Marketing in Schulen und Kindergärten betreibt*, www.foodwatch.org/uploads/tx_abdownloads/files/2013–05–02_Faktenpapier_Unterrichtsmaterial_final.pdf (abgerufen am 24.6.2016).

Geldlehrer Deutschland e. V. (2015): *Aktuelle Erfolgs- und Leistungsbilanz von Geldlehrer e. V.*, www.geldlehrer.de/leistungsbilanz (abgerufen am 24.6.2016).

genius (2012): *Mobilität der Zukunft. Antriebstechnik in der Grundschule. Lehrermaterial und Kopiervorlagen*, Stuttgart.

Gericke, Christina (2012): Schule und Wirtschaft: das neue Traumpaar? Zur Kooperation von öffentlichen Schulen und privaten Unternehmen, in: *Pädagogische Korrespondenz*, 25 (46), S. 42–55.

Gewerkschaft Erziehung und Wissenschaft (GEW) (2007): *Privatisierungsreport Nr. 5: Bildung als Privatsache: Privatschulen und Nachhilfeanbieter auf dem Vormarsch*, Frankfurt am Main.

Gewerkschaft Erziehung und Wissenschaft (GEW) (2009): *Privatisierungsreport Nr. 8: Erst kaputt gespart, dann privatisiert? Das öffentliche Bildungswesen in Deutschland*, Frankfurt am Main.

Gewerkschaft Erziehung und Wissenschaft (GEW) (2010): *Privatisierungsreport Nr. 11: Berufsbildende Schulen unter Privatisierungsdruck*, Frankfurt am Main.

Gewerkschaft Erziehung und Wissenschaft (GEW) (2013): *Privatisierungsreport Nr. 15: Propaganda und Produktwerbung. Wie Unternehmen mit kostenlosen Unterrichtsmaterialien Einfluss auf Schulen ausüben*, Frankfurt am Main.

Gewerkschaft Erziehung und Wissenschaft (GEW) (2014a): *Baden-Württemberg: Neue Kooperationsvereinbarung abgeschlossen*, www.gew.de/aktuelles/detailseite/neuigkeiten/baden-wuerttemberg-neue-kooperationsvereinbarung-abgeschlossen (abgerufen am 1.2.2016).

Gewerkschaft Erziehung und Wissenschaft (GEW) (2014b): *Bundeswehrwerbung an Schulen: Deutliche Kritik vom UN-Ausschuss*, 12.2., www.gew.de/Bundeswehrwerbung_an_Schulen_Deutliche_Kritik_vom_UN-Ausschuss.html (abgerufen am 24.6.2016).

Gewerkschaft Erziehung und Wissenschaft (GEW) (2015): *Privatisierungsreport Nr. 16: Privatschulen auf dem Prüfstand*, Frankfurt am Main.

Greiner, Lena/dpa (2014): Baden-Württemberg: Bundeswehr darf an Schulen nicht für den Wehrdienst werben, in: *Spiegel online* v. 14.8., www.spiegel.de/schulspiegel/bundeswehr-darf-an-schulen-in-baden-wuerttemberg-nicht-offen-werben-a-986135.html (abgerufen am 22.7.2016).

Handelsblatt (2015a): *Handelsblatt macht Schule. Sponsor werden*, www.handelsblattmachtschule.de/partner/kooperationen.html (abgerufen am 23.6.2016).

Handelsblatt (2015b): *Handelsblatt macht Schule. Machen Sie Wirtschaft für Ihre Schüler erlebbar!*, www.handelsblattmachtschule.de/specials-aktionen/mitarbeiter-machen-schule/die-aktion.html (abgerufen am 24.7.2016).

Hartmann, Guido M. (2013): Wo Kinder zu offenen Weltbürgern werden, in: *Die Welt* v. 31.3.

Hedtke, Reinhold/Möller, Lucca (2011): *Wem gehört die ökonomische Bildung? Notizen zur Verflechtung von Wissenschaft, Wirtschaft und Politik*, Bielefeld.

Himmelrath, Armin (2015): Bundeswehr an Schulen: Antreten im Klassenzimmer!, in: *Spiegel online* v. 13.4., www.spiegel.de/schulspiegel/abi/bundeswehr-an-schulen-30-millionen-Euro-fuer-nachwuchswerbung-a-1027935.html (abgerufen am 8.7.2016).

Hochschule Pforzheim (2015): *Gemeinsam Ziele erreichen – Der Rektors Club*, www.hs-pforzheim.de/De-de/Hochschule/Rektorat/RektorsClub/Seiten/RektorsClub.aspx (abgerufen am 22.12.2015).

Initiative Neue Soziale Marktwirtschaft (INSM) (2009): *Das kleine 1 × 1 der Sozialen Marktwirtschaft. Dein Schnupperkurs in Sachen Ökonomie*, Köln.

Jäckel, Karin (2010): *Störfall Schule. Unsere Kinder: Durchgereicht und abgewickelt?*, Weinheim/Basel.

Kamella, Felix (2015): *LobbyControl. ExxonMobil fliegt von der Schule. Unsere Kritik an Schulkooperation hat endlich Erfolg*, www.lobbycontrol.de/2015/05/exxonmobil-fliegt-von-der-schule (abgerufen am 22.7.2016).

Klesmann, Martin (2013): Die Klassenfrage, in: *Frankfurter Rundschau* v. 15.2.

Klett Verlag GmbH (2015): *Jahresbilanz 2014*, Pressemitteilung v. 8.5.

Knobloch, Clemens (2006): Vom Menschenrecht zur Markenware, in: *Der Freitag*, Nr. 27/28 v. 7.7.

Koinzer, Thomas/Leschinsky, Achim (2009): Privatschulen in Deutschland, in: *Zeitschrift für Pädagogik*, 55 (5), S. 669–685.

Köppe, Stephan (2015): *Wohlfahrtsmärkte. Die Privatisierung von Bildung und Rente in Deutschland, Schweden und den USA*, Frankfurt am Main.

Kramer, Bernd/Schießl, Michaela (2015): Die gekaufte Schule, in: *Der Spiegel*, Nr. 45 v. 31.10.

Kraus, Josef (2012): *Über den Wert von Bertelsmann-»Studien«*, www.lehrerverband.de/Kraus_Bertelsmannstudien_2012.pdf (abgerufen am 16.6.2016).

Krautz, Jochen (2014): *Ware Bildung. Schule und Universität unter dem Diktat der Ökonomie*, 4. Aufl., München.

Kreditanstalt für Wiederaufbau (KfW) (2015): *KfW-Kommunalpanel 2015*, Frankfurt am Main.

Kutter, Kaija (2014): Schulwahl mit der Brieftasche, in: *die tageszeitung* v. 24.8.

Lieb, Wolfgang (2009): Studiengebühren und »unternehmerische« Hochschule, in: Klemens Himpele/Torsten Bultmann (Hg.), *Studiengebühren in der gesellschaftlichen Auseinandersetzung. 10 Jahre Aktionsbündnis gegen Studiengebühren (ABS): Rückblick und Ausblick*, Marburg, S. 55–63.

Liedtke, Rüdiger (2007): *Wir privatisieren uns zu Tode. Wie uns der Staat an die Wirtschaft verkauft*, Frankfurt am Main.

Lohmann, Henning/Spieß, Katharina C./Feldhaus, Christoph (2009): Der Trend zur Privatschule geht an bildungsfernen Eltern vorbei, in: *Wochenbericht des DIW Berlin*, 38, S. 640–646.

Lohmann, Ingrid (2007): Die »gute Regierung« des Bildungswesens: Bertelsmann Stiftung, in: Jens Wernicke/Torsten Bultmann (Hg.), *Netzwerk der Macht – Bertelsmann. Der medial-politische Komplex aus Gütersloh*, Marburg, S. 155–172.

McDonald's (Hg.) (2006): *Mit Verstand groß werden – richtig essen und bewegen. Fächerüberreifende Unterrichtsmappe für die Grundschule*, Neuried.

Media Smart e. V. (2005): *Augen auf Werbung. Werbung erkennen und hinterfragen*, Köln.

Mehlhornschulen (2016): *Mehlhornschulen*, www.bip-mehlhornschulen.de/FAQ.53.0.html (abgerufen am 2.8.2016).

Miklis, Katharina (2012): Schatz, wir kommen heute später, in: *Frankfurter Allgemeine Zeitung* v. 26.11.

Ministerium für Schule und Weiterbildung des Landes Nordrhein-Westfalen (MSW NRW) (2015): *Schulgesetz für das Land Nordrhein-Westfalen*. BASS, Stand: 15.8.2015.

Mohn, Reinhard (1996): *»Ein Segen, daß uns das Geld ausgeht.«*, www.bertelsmann-stiftung.de/bst/de/media/xcms_bst_dms_14722_14723_2.pdf (abgerufen am 23.7.2016).

Münch, Richard (2011): *Akademischer Kapitalismus – Über die politische Ökonomie der Hochschulreform*, Berlin.

My Finance Coach (MFC) (2013): *Jahresbericht 2013*, München.

Neumann, Dominik (2015): *Bildungsmedien Online. Kostenloses Lehrmaterial aus dem Internet: Marktsichtung und empirische Nutzungsanalyse*, Bad Heilbrunn.

o. V. (2015): *Wenn Eltern die Wahl haben*, www.eltern.de/familie-und-urlaub/familienpolitik/bundestagswahl-familie.html?page=4 (abgerufen am 24.7.2016).

OECD (2014): *Bildung auf einen Blick*, Paris.

OECD (2007): *PISA 2006 – Schulleistungen im internationalen Vergleich. Naturwissenschaftliche Kompetenzen für die Welt von morgen*, Bielefeld.

Pauli, Ralf (2015): Die Hochschultrojaner, in: *die tageszeitung* v. 17.2.

Plumpe, Werner (2010): Hochschulrankings – »Sie führen Studenten in die Irre«. Streitgespräch zwischen Werner Plumpe und Frank Ziegele, in: *Die Zeit*, Nr. 16 v. 15.4.

Quinoa (2016): *Quinoa Bildung für hervorragende Lebensperspektiven*, http://www.quinoa-bildung.de (abgerufen am 3.7.2016).

Reisz, Robert D./Stock, Manfred (2008): Private Hochschulen – Perspektiven der Forschung, in: *die hochschule. journal für wissenschaft und bildung*, 17 (2), S. 6–18.

Schäfer, Ann-Kathrin (2011): Wenn die Bibel zum Gesetz wird, in: *Süddeutsche Zeitung* v. 19.12.

Schorlemmer, Helmut (2006): Der Bildungs- und Erziehungsauftrag der Schule im Spannungsfeld von Werbemaßnahmen und Sponsoringaktivitäten – Ergebnisse einer Studie, in: Verbraucherzentrale Bundesverband (Hg.), *Werbung und Sponsoring in der Schule*, Berlin, S. 85–172.

Semsrott, Arne (2015): Diener zweier Herren. Wie industrie-unabhängig sind Deutschlands einflussreiche Hochschulräte?, in: *Correct!V.* v. 16.9., https://correctiv.org/blog/2015/09/16/hochschulraete-diener-zweier-herren (abgerufen am 16.6.2016).

spread blue (2015): *Willkommen beim Kindergartenmarketing*, www.kindergarten-marketing.de (abgerufen am 16.6.2016).

Statistisches Bundesamt (2014): *Bildungsfinanzbericht 2014*, Wiesbaden.

Tenorth, Heinz-Elmar (2013): Bildung – Zwischen Ideal und Wirklichkeit, in: Bundeszentrale für politische Bildung (Hg.), *Dossier Zukunft Bildung*, www.bpb.de/gesellschaft/kultur/zukunft-bildung/146201/bildungsideale (abgerufen am 27.7.2016).

Titz, Chistoph (2008): Schiffbruch an der Ostküste, in: *Spiegel online* v. 21.8., www.spiegel.de/unispiegel/studium/rostocker-privatuni-schiffbruch-an-der-ostseekueste-a-573276.html (abgerufen am 27.1.2016).

Ullrich, Heiner/Strunk, Susanne (2012): Einleitung, in: dies. (Hg.), *Private Schulen in Deutschland. Entwicklungen, Profile, Kontroversen*, Wiesbaden, S. 7–8.

Verband Evangelischer Bekenntnisschulen (2016): *Die gemeinsame Basis des Glaubens*, www.ead.de/die-allianz/basis-des-glaubens.html (abgerufen am 16.6.2016).

Verbraucherzentrale Bundesverband (vzbv) (2014): *Unterrichtsmaterial unter der Lupe. Wie weit geht der Lobbyismus in Schulen? Eine Qualitätsanalyse von Lehrmaterialien verschiedener Anbieter und Interessensvertreter des Verbraucherzentrale Bundesverbands*, www.verbraucherbildung.de/cmis/browser?id=workspace%3A//SpacesStore/826b7787-c0c0–4c9f-b738–334ae1016eee%3B1.0 (abgerufen am 16.6.2016).

Volkswagen AG (o. J.): *Mobil im Klimaschutz*, Wolfsburg.

Weiß, Manfred (2011): *Allgemeinbildende Privatschulen in Deutschland. Bereicherung oder Gefährdung des öffentlichen Schulwesens?* Schriftenreihe des Netzwerks Bildung der Friedrich-Ebert-Stiftung, Berlin.

Weiß, Manfred (2013): Schulleistungen an Privatschulen – Ergebnisse deutscher Vergleichsstudien, in: Aydin Gürlevik/Christian Palentien/Robert Heyer (Hg.), *Privatschulen versus staatliche Schulen*, Wiesbaden, S. 227–234.

Weiß, Manfred/Preuschoff, Corinna (2004): Schülerleistungen in staatlichen Schulen und Privatschulen im Vergleich, in: Gundel Schümer/Klaus-Jürgen Tillmann/Manfred Weiß (Hg.), *Die Institution Schule und die Lebenswelt der Schüler. Vertiefende Analysen der PISA-2000-Daten zum Kontext von Schülerleistungen*, Wiesbaden, S. 39–72.

Wicht, Christiane (2005): *Wissensgesellschaft à la Bertelsmann. Das Projekt »Media Smart« der werbetreibenden Wirtschaft soll in den Schulen »Medien- und Werbekompetenz von Kindern« fördern – oder der Bock macht sich zum Gärtne*r, www.nachdenkseiten.de/?p=225 (abgerufen am 22.6.2016).

Wrigley GmbH (2009): *Kauen mit Köpfchen. Lernen rund um Kaugummi*, Neuried.

Würth, Reinhold/Klein, Hans J. (2001): *Wirtschaftswissen Jugendlicher in Baden-Württemberg. Eine empirische Untersuchung*, Künzelsau.

Xuân Müller, Christine (2012): Jung, talentiert, frustriert. Wissenschaftler in Nöten, in: *Spiegel online* v. 5.3., www.spiegel.de/karriere/berufsleben/wissenschaftler-in-noeten-jung-talentiert-frustriert-a-818994.html (abgerufen am 16.6.2016).

Zukunftskommission Bayern-Sachsen (1997): *Erwerbstätigkeit und Arbeitslosigkeit in Deutschland. Entwicklung, Ursachen und Maßnahmen. Teil III: Maßnahmen zur Verbesserung der Beschäftigungslage*, Bonn.

Die Privatwirtschaft hat Vorrang: das Verkehrswesen

Bagwell, Philip (2004): The Sad State of British Railways: the Rise and Fall of Railtrack, 1992–2002, in: *The Journal of Transport History*, 25 (2), S. 111–124.

Bahn für alle (2008): *Der Kölner ICE-3-Unfall vom 9. Juli 2008*, www.bahn-fuer-alle.de/pages/hintergrund/ice-probleme/ice-achsbruch-2008.php (abgerufen am 12.2.2016).

Benz, Angelika (1997): Privatisierung und Regulierung der Bahn, in: Klaus König/Angelika Benz (Hg.), *Privatisierung und staatliche Regulierung: Bahn, Post, Telekommunikation, Rundfunk*, Baden-Baden, S. 162–200.

Bergmann, Jens (2006): Die Bürgerbahn, in: *brand eins*, 8 (10), S. 34–41.

Blumenthal, Paul (2004): Ein S-Bahn-System Schweiz, in: *Berner Zeitung* v. 13.10.

Bundesministerium für Verkehr und digitale Infrastruktur (BMVI) (2015): *ÖPP im Fernstraßenbau*, www.bmvi.de/DE/VerkehrUndMobilitaet/Verkehrstraeger/Strasse/OePPImFernstrassenbau/oepp-im-fernstrassenbau_node.html (abgerufen am 22.7.2016).

Bodack, Karl-Dieter (2004): Die deutsche Bahnreform – ein Erfolg?, in: *Eisenbahn-Revue International*, 11 (11), S. 524–527.

Bundesamt für Güterverkehr (BAG) (Hg.) (2013): *Mautstatistik Jahrestabellen 2012*, www.bag.bund.de (abgerufen am 14.3.2016).

Bundeskartellamt (Hg.) (2011): *8. Beschlussabteilung B 8–95/10*, Bonn.

Bundesministerium für Umwelt, Naturschutz und Reaktorsicherheit (BMU) (Hg.) (2009): *Die LKW-Maut*, www.bmu.de/themen/luft-laerm-verkehr/verkehr/gueterverkehr/Lkw-maut (abgerufen am 20.2.2016).

Bundesministerium für Verkehr (Hg.) (1994): *Luftfahrtkonzept 2000*, Bonn.

Cordes, Michael (2010): Stuttgart 21. Über den wahren Stellenwert des Projektes für den Güterverkehr, in: *Verkehrs-Rundschau*, 64 (39), S. 20.

Delhaes, Daniel/Thelen, Peter (2012): Bund übernimmt Toll Collect, in: *Handelsblatt* v. 10.12.

Deutscher Bundestag (1996): *Drucksache 13/5013* v. 20.6.

Dummann, Frank (2005): *Privatisierungsentwicklung im deutschen Flughafensektor*, Berlin.

Dürr, Heinz (1993): *Bahnreform – Kann die Schiene den Verkehrsinfarkt auf der Straße vermeiden?*, Rede auf dem 31. Deutschen Verkehrsgerichtstag am 28.1. (unveröffentlichtes Manuskript).

Dürr, Heinz (1998): Privatisierung als Lernprozess am Beispiel der deutschen Bahnreform, in: Horst Albach/Meinolf Dierkes/Ariane Berthoin Antal/Kristina Vaillant (Hg.), *Organisationslernen – institutionelle und kulturelle Dimensionen*, Berlin, S. 101–120.

Eaglesham, Jean/Mason, John (2001): Manslaughter Law in Balance on the Case, in: *Financial Times* v. 29.1.

Frick, Hartmut (2007): *Eigentumsstruktur von Flughäfen*, www.forschungsinformationssystem.de/servlet/is/229548 (abgerufen am 14.8.2016).

Hecking, Mirjam (2012): Tank und Rast: Die Braut wird hübsch gemacht, in: *Manager Magazin online* v. 30.4., www.manager-magazin.de/unternehmen/handel/a-829850.html (abgerufen am 18.7.2016).

Hirsch, Joachim (1980): *Der Sicherheitsstaat. Das »Modell Deutschland«, seine Krise und die neuen sozialen Bewegungen*, Frankfurt am Main.

Hohenthal, Carl Graf (1993): Staat könnte 2 Billionen DM erlösen. Wegen der Finanznot sollte er viel mehr privatisieren, in: *Frankfurter Allgemeine Zeitung* v. 15.1.

Jenkins, Simon (2004): A derailed railway, in: *The Sunday Times* v. 19.1.

Kohn, Roland (1994): Ein Jahrhundertwerk, in: *Die Liberale*, 1/2, 44 f.

Krebs, Peter (1997): *Verkehr wohin? Zwischen Bahn und Autobahn*, Zürich.

Küfer, Katrin (2015): Auf schiefer Bahn, in: *junge welt* v. 17.12.

Monheim, Heiner (2003): Immer größer, immer schneller? Warum Politik, Ingenieure, Wirtschaft und Bahn Großprojekte lieben, in: ders./Klaus Nagorni (Hg.), *Die Zukunft der Bahn. Zwischen Bürgernähe und Börsengang*, Karlsruhe, S. 141–169.

Mühlenkamp, Holger (2016): *Vortragsfolien »Empfehlungen der Fratzscher-Kommission – Wirkungen und Alternativen. Der Staat – in Zukunft eine Gesellschaft mit beschränkter Haftung?«* ver.di-Fachdialog, Berlin, 14.01.2016, https://gemeinden.verdi.de/++file++56c61cd2ba949b0680000994/download/Vortrag%20Prof.%20Dr.%20M%C3%BChlenkamp.pdf (abgerufen am 11.7.2016).

Müller, Mario (1994): Mehr Geld, mehr Leistung, in: *Die Zeit*, Nr. 2 v. 7.1.

Münchenberg, Jörg (2007): Lufthoheit über Europa, in: *Deutschland Radio* v. 24.6., www.dradio.de/dlf/sendungen/hiwi/637151/ (abgerufen am 14.5.2016).

Office for Rail Regulation (2015a): *GB Rail Industry Financial Information 2013–14*, London.

Office for Rail Regulation (2015b): *Index showing average change in price of rail fares by regulated and unregulated tickets (Table 1.81)*, https://dataportal.orr.gov.uk/displayreport/report/html/920430f4–6a8d-4bb8–9762–2bf89259e346 (abgerufen am 7.7.2016).

Ruckteschell, Nicolai von (1996): Die Privatisierung der Deutschen Lufthansa AG – Von der öffentlich-rechtlichen zur privatrechtlichen Zielsetzung in Unternehmen der öffentlichen Hand, in: *Zeitschrift für Unternehmens- und Gesellschaftsrecht*, 25 (3), S. 364–373.

Rügemer, Werner (2012): *Public Private Partnership – Keine Partnerschaft, sondern öffentlich-private Komplizenschaft zum Schaden der Allgemeinheit*, Vortrag bei der Stiftung Ethik & Ökonomie am 17.11., Berlin.

Schlieter, Kai (2014): Gabriels Profitexperten, in: *die tageszeitung* v. 19.12.

Schumann, Harald (2013): Public-Private-Partnerships: Sabotage an der Schuldenbremse, in: *Der Tagesspiegel* v. 14.1.

Schwannecke, Holger (2015): *Mehr Investitionen in die Infrastruktur!*, www.handwerksblatt.de/handwerk/mehr-investitionen-in-die-infrastruktur-25116.html (abgerufen am 15.7.2016).

Schwenn, Kerstin (2007): Neuer Anlauf zur Privatisierung der Flugsicherung, in: *Frankfurter Allgemeine Zeitung* v. 28.5.

Shaoul, Jean (2004): Railpolitik: The Financial Realities of Operating Britain's National Railways, in: *Public Money & Management*, 24 (1), S. 27–36.

Staib, Julian (2012): Sanifair-Toiletten – Reibach an der Raststätte, in: *Frankfurter Allgemeine Zeitung* v. 29.6.

Stumpf, Berthold (1961): *Geschichte der deutschen Eisenbahnen*, 4. Aufl., Mainz/Heidelberg.

Thiele, Katja/Waßmuth, Carl (2016): *Aktuelle Entwicklungen bei der Privatisierung der Daseinsvorsorge in Deutschland mit besonderem Fokus auf Bundesfernstraßen*, Studie im Auftrag der Rosa-Luxemburg-Stiftung und der Vereinten Dienstleistungsgewerkschaft ver.di, Berlin.

Tretbar, Christian (2012): Einigung mit Toll-Collect in Sicht, in: *Der Tagesspiegel*, www.tagesspiegel.de/politik/einigung-mit-toll-collect-insicht/7525242.html (abgerufen am 14.7.2016).

Wanner, Claudia (2006): Bund wirft Bahn fehlerhafte Bilanzierung vor, in: *Financial Times Deutschland* v. 31.5.

Weizsäcker, Ernst Ulrich von (2000): Geleitwort: Ein Buch für das Jahrhundert der Umwelt, in: Holger Rogall, *Bausteine einer zukunftsfähigen Umwelt- und Wirtschaftspolitik. Eine praxisorientierte Einführung in die neue Umweltökonomie und Ökologische Ökonomie*, Berlin, S. 5.

Wolf, Winfried (1986): *Eisenbahn statt Autowahn. Personen- und Gütertransport auf Schiene und Straße. Geschichte, Bilanz, Perspektiven*, Hamburg/Zürich.

Wolf, Winfried (2002): *Die sieben Todsünden des Herrn M.*, Berlin.

Wolf, Winfried (2006): *In den letzten Zügen. Bürgerbahn statt Börsenwahn*, Hamburg.

Wolf, Winfried/Knierim, Bernhard (2011): Mogelpackung Bahn-Bilanz. Womit die Deutsche Bahn tatsächlich ihr Geld verdient und wer ihre Gewinne erwirtschaftet, in: *junge welt* v. 21.11.

Wolmar, Christian (2001): *Broken Rails. How Privatisation wrecked Britain's Railways*, 2. Aufl., London.

Zöttl, Ines (2011): Weichenstellung ins Chaos, in: *Wirtschaftswoche*, Nr. 17 v. 20.4.

»War sells«: die Bundeswehr

Bundesministerium der Verteidigung (2006): *Weißbuch zur Sicherheitspolitik Deutschlands und zur Zukunft der Bundeswehr 2006*, Berlin.
Bundesverfassungsgericht (2012): *BVerfG, 2 PBvU 1/11 v. 3.7.2012*, www.bverfg.de/entscheidungen/up20120703_2pbvu000111.html (abgerufen am 15.8.2016).
Bundeswehr (2015): *Für neue Fahrzeuge: Mehr Geld für Fuhrparkservice*, Pressemitteilung v. 25.3.
BWI Informationstechnik (2016): *»Wir sind die Modernisierer«*, www.bwi-it.de (abgerufen am 5.6.2016).
CDU/CSU/SPD (2013): *Deutschlands Zukunft gestalten. Koalitionsvertrag zwischen CDU, CSU und SPD*, Berlin.
Creveld, Martin van (1998): *Die Zukunft des Krieges*, München.
Dahlkamp, Jürgen/Gebauer, Matthias (2015): Teures Grünzeug. Bundeswehr-Kleiderkammer vor Insolvenz, in: *Spiegel online* v. 22.6. (abgerufen am 19.7.2016).
Dausend, Peter/Niejahr, Elisabeth (2015): Gewollte Provokation, in: *Die Zeit*, Nr. 10 v. 5.3.
Deutscher Bundestag (2013): *Drucksache 18/240* v. 27.12.
Deutscher Bundestag (2014): *Drucksache 18/1265* v. 29.4.
Deutscher Bundestag (2015): *Drucksache 18/5481* v. 7.7.
Fay, George R./Jones, Anthony R. (2004): *Investigation of Intelligence Activities at Abu Ghraib*, http://s3.amazonaws.com/corpwatch.org/downloads/FayReport.pdf (abgerufen am 7.7.2016).
Felber, Christian/Reimon, Michael (2003): *Schwarzbuch Privatisierung. Was opfern wir dem freien Markt?*, Wien.
Friederichs, Hauke/Staud, Toralf (2013): Teuer und schlecht, in: *Die Zeit*, Nr. 50 v. 5.12.
Fuchs, Christian/Friederichs, Hauke (2015a): Wir sind hier der Kriegsgott, in: *Die Zeit*, Nr. 34 v. 20.8.
Fuchs, Christian/Friederichs, Hauke (2015b): Die simulierte Armee, in: *Zeit Online* v. 8.9. (abgerufen am 19.7.2016).
Fuchs, Christian/Friederichs, Hauke (2015c): Private Söldner unterwandern die Truppe, in: *Zeit Online* v. 10.9. (abgerufen am 7.7.2016).
Gause, Clemens (2004): *Die Ökonomisierung der Bundeswehr. Strategische Neuausrichtung und organisationskulturelle Rahmenbedingungen*, Wiesbaden.
Gramm, Christof (2004): Privatisierung bei der Bundeswehr, in: *UBWV – Unterrichtsblätter für die Bundeswehrverwaltung*, 43 (8), S. 81–88.

Großeholz, Carsten (2007): Die ökonomische Modernisierung der Bundeswehr im Meinungsbild der Soldatinnen und Soldaten, in: Gregor Richter (Hg.), *Die ökonomische Modernisierung der Bundeswehr. Schriftenreihe des Sozialwissenschaftlichen Instituts der Bundeswehr,* Wiesbaden, S. 15–32.

Hegmann, Gerhard (2015): Bundeswehr ergreift das Kommando über ihre Daten, in: *Die Welt online* v. 12.4. (abgerufen am 7.7.2016).

Herkules (2016): *Die IT-Modernisierung der Bundeswehr: HERKULES im Faktencheck,* www.herkules-fakten.de (abgerufen am 23.7.2016).

Homann, Reimund (2009): *Corporate Soldiers. Die Delegierung der Kriegsführung an private Unternehmen,* Marburg.

Hoyng, Hans/Ilsemann, Siegesmund von (2004): Privatkrieg auf Staatskosten, in: *Der Spiegel,* Nr. 19 v. 3.5.

Jungholt, Thorsten (2014): Größter Munitionsdiebstahl seit 30 Jahren, in: *Die Welt online* v. 18.3. (abgerufen am 7.2.2016).

Keller, Jörg (2007): Streitkräfte und ökonomisches Kalkül: Top oder Flop? Grundsätzliche Überlegungen zu einer Ökonomisierung der Bundeswehr, in: Gregor Richter (Hg.), *Die ökonomische Modernisierung der Bundeswehr. Schriftenreihe des Sozialwissenschaftlichen Instituts der Bundeswehr,* Wiesbaden, S. 51–64.

Kümmel, Gerhard (2007): Sicherheit als Geschäft. Der Aufstieg privater Sicherheits- und Militärunternehmen und die Folgen, in: *Sicherheit und Frieden,* 25 (4), S. 189–195.

Ludmann, Stefan (2015): Bundeswehr steckt Millionen in Wachschutz für Kasernen, in: *NDR online* v. 3.11., http://www.ndr.de/nachrichten/mecklenburg-vorpommern/Bundeswehr-steckt-Millionen-in-Wachschutz-fuer-Kasernen,bundeswehr1290.html (abgerufen am 7.3.2016).

Marischka, Christoph (2009): *Die privatwirtschaftliche Basis einer Armee im Einsatz,* Tübingen.

Münkler, Herfried (2006): *Der Wandel des Krieges. Von der Symmetrie zur Asymmetrie,* Weilerswist.

Niedersächsischer Landtag (2012): *Drucksache 16/5342* v. 31.10.

Petersohn, Ulrich (2006): *Die Nutzung privater Militärfirmen durch US-Streitkräfte und Bundeswehr,* Berlin.

Pfeiffer, Georg (2009): *Privatisierung des Krieges? Zur Rolle von privaten Sicherheits- und Militärfirmen in bewaffneten Konflikten,* Stuttgart.

Portugall, Gerd (2007): Die Bundeswehr und das Privatisierungsmodell der »Öffentlich-Privaten-Partnerschaft« (ÖPP), in: Gregor Richter (Hg.), *Die ökonomische Modernisierung der Bundeswehr. Schriftenreihe des Sozialwissenschaftlichen Instituts der Bundeswehr,* Wiesbaden, S. 141–158.

Reichel, Benedikt u. a. (2007): *Neue Märkte, neue Kriege. Warum die moderne Privatisierung militärischer Aufgaben mehr ist als die Rückkehr zur historischen Normalität des Söldnertums,* München.

Richter, Gregor (2011): *Outsourcing und Privatisierung in der Bundeswehr,* www.bmvg.de/portal/a/bmvg (abgerufen am 15.7.2016).

Rüttler, Martin (2007): Bundeswehr und Wirtschaft. Partnerschaft als Beitrag zur Modernisierung, in: Gregor Richter (Hg.), *Die ökonomische Modernisierung der Bundeswehr. Schriftenreihe des Sozialwissenschaftlichen Instituts der Bundeswehr*, Wiesbaden, S. 159–169.

Schaller, Christian (2005): *Private Sicherheits- und Militärfirmen in bewaffneten Konflikten. Völkerrechtliche Einsatzbedingungen und Kontrollmöglichkeiten*, Berlin.

Wulf, Herbert (2003): Rent-a-Soldier. Die Privatisierung des Militärs, in: *Wissenschaft & Frieden*, 21 (3), S. 7–12.

Wulf, Herbert (2005): *Internationalisierung und Privatisierung von Krieg und Frieden*, Baden-Baden.

Privatisierung der Lebensrisiken: Rente und Arbeit

Balodis, Holger/Hühne, Dagmar (2013): *Die Vorsorgelüge: Wie Politik und private Rentenversicherung uns in die Altersarmut treiben*, 2. Aufl., Berlin.

Berner, Frank (2008): *Der hybride Sozialstaat: Die Neuordnung von öffentlich und privat in der sozialen Sicherung*, Frankfurt am Main/New York.

Birg, Herwig (2005): *Die demographische Zeitenwende: Der Bevölkerungsrückgang in Deutschland und Europa*, München.

Bofinger, Peter (2016): Falsche Altersvorsorge: Die Riester-Rente muss weg, in: *Spiegel online* v. 18.4., www.spiegel.de/wirtschaft/soziales/peter-bofinger-die-riester-rente-muss-weg-kommentar-a-1087736.html (abgerufen am 6.7.2016).

Bosbach, Gerd (2012): Demographische Horrorszenarien: Warum wir positiv in die Zukunft blicken können, in: *Süddeutsche Zeitung* v. 2.1.

Bundesministerium für Arbeit und Soziales (BMAS) (2015): *Statistik zur privaten Altersvorsorge*, www.bmas.de/DE/Themen/Rente/Zusaetzliche-Altersvorsorge/statistik-zusaetzliche-altersvorsorge.html (abgerufen am 16.6.2016).

Bundesverband Deutsche Tafel e. V. (2016): *Zahlen & Fakten*, www.tafel.de/die-tafeln/zahlen-fakten.html (abgerufen am 16.6.2016).

Butterwegge, Christoph (2008): Rechtfertigung, Maßnahmen und Folgen einer neoliberalen (Sozial-)Politik, in: ders./Bettina Lösch/Ralf Ptak (Hg.), *Kritik des Neoliberalismus*, 2. Aufl., Wiesbaden, S. 87–133.

Butterwegge, Christoph (2010): Gerechtigkeit auf dem Rückzug. Vom bismarckschen Sozialstaat zum postmodernen Suppenküchenstaat?, in: Stefan Selke (Hg.), *Kritik der Tafeln in Deutschland*, Wiesbaden, S. 73–89.

Butterwegge, Christoph (2016): Eine Bürgerversicherung für alle, in: *Zeit online* v. 14.4., www.zeit.de/wirtschaft/2016–04/alterarmut-rente-christoph-butterwegge (abgerufen am 6.7.2016).

DGB NRW (2012): *Rentenreport*, Düsseldorf.

Deutsche Rentenversicherung (2015): *Rentenversicherung in Zahlen 2015*, www.deutsche-rentenversicherung.de/cae/servlet/contentblob/238692/publicationFile/61815/01_rv_in_zahlen_2013.pdf (abgerufen am 16.6.2016).

Deutsches Institut für Altersvorsorge (o. J.): *Denkfabrik im öffentlichen Dialog*, www.dia-vorsorge.de/ueber-uns/das-dia.html (abgerufen am 18.7.2016).

Engelen-Kefer, Ursula (2004): Kapitalfundierung im Gesundheits- und Alterssicherungssystem, in: Herbert Rische/Winfried Schmähl (Hg.), *Gesundheits- und Alterssicherung – gleiche Herausforderungen, gleiche Lösungen?*, Münster, S. 108–117.

Fuest, Clemens (2016): »Freibier für Schuldner«. Interview, in: *Der Spiegel*, Nr. 8 v. 20.2.

Hagen, Kornelia/Kleinlein, Axel (2011): Zehn Jahre Riester-Rente: Kein Grund zum Feiern, in: *DIW Wochenbericht*, 47, www.diw.de/documents/publikationen/73/diw_01.c.389132.de/11–47–1.pdf (abgerufen am 16.6.2016).

Hamann, Götz (2005): Lautsprecher des Kapitals, in: *Die Zeit*, Nr. 19 v. 4.5.

Hassel, Anke/Schiller, Christof (2010): *Der Fall Hartz IV: Wie es zur Agenda 2010 kam und wie es weitergeht*, Frankfurt am Main/New York.

Hussla, Gertrud (2012): Wie Versicherer mit Rürup-Renten abkassieren, in: *Handelsblatt* v. 15.10.

Kramer, Bernd/Schießl, Michaela (2015): Die gekaufte Schule, in: *Der Spiegel*, Nr. 45 v. 31.10.

Lobbypedia (o. J.): *Initiative Neue Soziale Marktwirtschaft*, https://lobbypedia.de/wiki/Initiative_neue_soziale_Marktwirtschaft (abgerufen am 16.6.2016).

Mackenroth, Gerhard (1957): Die Reform der Sozialpolitik durch einen deutschen Sozialplan, in: Erik Boettcher (Hg.), *Sozialpolitik und Sozialreform*, Tübingen, S. 3–42.

Müller, Ulrich (2005): *INSM: ein »Marienhof«-Thema für 58.670 Euro*, www.lobbycontrol.de/2005/09/insm-marienhof-thema (abgerufen am 16.6.2016).

Reimon, Michel/Felber, Christian (2003): *Schwarzbuch Privatisierung. Was opfern wir dem freien Markt?*, Wien.

Rische, Herbert (2013): *Alterssicherungspolitik in Europa im Vergleich*, www.deutsche-rentenversicherung.de/cae/servlet/contentblob/323260/publicationFile/62610/rede_rische.pdf (abgerufen am 16.6.2016).

Rische, Herbert/Rürup, Bert (2008): *Renditen auch in Zukunft positiv*, www.deutsche-rentenversicherung.de/Allgemein/de/Inhalt/4_Presse/infos_der_pressestelle/02_medieninformationen/01_pressemitteilungen/2008/2008_8_25_rentenrenditen_positiv.html (abgerufen am 16.6.2016).

Schieritz, Mark (2016): Aus der Traum, in: *Die Zeit*, Nr. 17 v. 14.4.

Schreiber, Wilfrid (2004 [1955]): Existenzsicherheit in der industriellen Gesellschaft, in: Bund Katholischer Unternehmer e. V. (Hg.), *Diskussionsbeiträge*, Nr. 28, Köln.

Statista (2015): *Prognostizierte Umsatzentwicklung in der Versicherungsbranche in Deutschland in den Jahren 2009–2018*, http://de.statista.com/statistik/daten/

studie/248228/umfrage/prognose-zum-umsatz-in-der-versicherungsbranche-in-deutschland (abgerufen am 16.6.2016).

Trampusch, Christine (2009): *Der erschöpfte Sozialstaat: Transformation eines Politikfeldes*, Frankfurt am Main/New York.

Wehlau, Diana (2009): *Lobbyismus und Rentenreform: Der Einfluss der Finanzdienstleistungsbranche auf die Teil-Privatisierung der Alterssicherung*, Wiesbaden.

Weiland, Severin (2014): Ex-Kanzler Schröder und Maschmeyer: Fettes Beziehungskonto, in: *Spiegel online* v. 13.11., www.spiegel.de/politik/deutschland/maschmeyer-wie-der-awd-gruender-spd-altkanzler-schroeder-umgarnte-a-1002709.html (abgerufen am 16.7.2016).

Der große Postraub: Post und Telekommunikation

Andreou, Alex (2013): The Royal Mail sale is grotesquely illogical, in: *The Guardian* v. 7.10.

Augstein, Franziska (2015): Ausverkauf, in: *Süddeutsche Zeitung* v. 18.8.

Busse, Caspar (2015): 70-Cent-Briefmarken schon gedruckt, in: *Süddeutsche Zeitung* v. 30.9.

Deutsche Post DHL Group (2016): *Intelligente Logistik. Geschäftsbericht 2015*, Bonn.

Dohmen, Frank (2015): Höheres Porto für Briefe, in: *Der Spiegel*, Nr. 12 v. 13.3.

Hicken, Eske (2008): Privatisierung kostet Jobs, in: *Frankfurter Rundschau* v. 26.9.

Jonas, Uli (2010): Billigjob Briefträger. Der Postmarkt wird »liberalisiert«. Die Rechnung zahlen Beschäftigte und Steuerzahler, in: Hinz & Kunzt v. 29.4., www.hinzundkunzt.de/billigjob-brieftrager (abgerufen am 8.6.2016).

Kühn, Oliver (2012): Post-Mitarbeiter sprechen von »moderner Sklaverei«, in: *Westdeutsche Allgemeine Zeitung* v. 10.10.

Öfinger, Hans-Gerd (2015): Es geht ums Ganze. Hans-Gerd Öfinger zum Lehrstück Poststreik, in: *Neues Deutschland* v. 3.7.

Robischon, Tobias (1998): Letzter Kraftakt des Staatsmonopols: Der Telekommunikationssektor, in: Roland Czada/Gerhard Lehmbruch (Hg.), *Transformationspfade in Ostdeutschland*, Frankfurt am Main, S. 61–86.

Royal Mail Holdings (2013): *Annual Report and Financial Statements 2011–12*, www.royalmailgroup.com/sites/default/files/Annual_Report_2012.pdf (abgerufen am 17.6.2016).

Schwarz-Schilling, Christian (1991): »Das kostet Kraft«. Interview mit dem Bundespostminister über die Post-Misere, in: *Wirtschaftswoche*, Nr. 31 v. 26.7.

Smith, Adam (1974): *Der Wohlstand der Nationen* (An Inquiry into the nature and causes of the Wealth of Nations, London 1776), herausgegeben und übersetzt von Claus Recktenwald, München.

Wallraff, Günter (2012): Armee der Unsichtbaren, in: *Zeit Magazin*, Nr. 23 v. 31.5., S. 14–23.

Warren, David (2015): Time to evaluate the privatization of Royal Mail, in: *Liberal Democrat Voice* v. 28.9., www.libdemvoice.org/time-to-evaluate-the-privatisation-of-royal-mail-47674.html (abgerufen am 16.6.2016).

Krankheit Ökonomisierung: das Gesundheitswesen

American Hospital Association (2016): *AHA Hospital Statistics*, Chicago.

Ärzte-Zeitung online (2015): Regierung will vorsichtig vorgehen, in: *Ärzte Zeitung online* v. 4.9., www.aerztezeitung.de/politik_gesellschaft/versorgungsforschung/article/893442/pay-for-performance-regierung-will-vorsichtig-vorgehen (abgerufen am 7.8.2016).

Asklepios Kliniken GmbH (2016): *Investor Relations*, www.asklepios.com/Investor_Relations.Asklepios (abgerufen am 7.8.2016).

Baumann, Daniel (2012): Die Patienten-Fabrik, in: *Frankfurter Rundschau* v. 19.6.

Böhm, Thomas (2002): *Warum Privatisierung und Profitlogik die Gesundheitsversorgung verschlechtern und verteuern, Referat auf dem Fachkongress »Gesundheit für alle – nicht nur für Reiche« am 2.2.2002*, Stuttgart.

Braun, Bernhard/Müller, Rolf (2006): *Versorgungsqualität im Krankenhaus aus der Perspektive der Patienten. Ergebnisse einer wiederholten Patientenbefragung und einer Längsschnittanalyse von GEK-Routinedaten*, Schwäbisch-Gmünd.

Bundesministerium für Gesundheit (2016): *Krankenhausstrukturgesetz – KHSG*, www.bmg.bund.de/themen/krankenversicherung/krankenhausstrukturgesetz/khsg.html (abgerufen am 7.8.2016).

Euro-Informationen (2016): *Zusatzbeitrag: Liste der Krankenkassen nach Zusatzbeitrag*, www.krankenkassen.de/gesetzliche-krankenkassen/krankenkasse-beitrag/zusatzbeitrag (abgerufen am 2.8.2016).

Gerlinger, Thomas/Urban, Hans-Jürgen (2010): Auf dem Weg zum Systemwechsel: Gesundheitspolitik schwarz-gelb, in: *Blätter für deutsche und internationale Politik*, 55 (1), S. 55–63.

Hanschur, Klaus/Böhlke, Nils (2009): Die Privatisierung des Universitätsklinikums Gießen und Marburg, in: Nils Böhlke u. a. (Hg.), *Privatisierung von Krankenhäusern. Erfahrungen und Perspektiven aus Sicht der Beschäftigten*, Hamburg, S. 141–152.

Liedtke, Rüdiger (2007): *Wir privatisieren uns zu Tode. Wie uns der Staat an die Wirtschaft verkauft*, Frankfurt am Main.

Lungen, Markus u. a. (2008): Waiting Times for Elective Treatments According to Insurance Status: A Randomized Empirical Study in Germany, in: *International Journal for Equity in Health*, 7 (1), S. 1–7.

Martenstein, Ines/Wienke, Albrecht (2016): Aktuelle Gesetzgebung im Gesundheitswesen 2015/16, in: *Der Unfallchirurg*, (3), v. 25.2., S. 245–250.

Mosebach, Kai/Rakowitz, Nadja (2012): Fabrik Krankenhaus, in: *Blätter für deutsche und internationale Politik*, 57 (9), S. 19–22.
Praxis ohne Grenzen (2016): *Praxis ohne Grenzen – So finden Sie uns*, www.praxisohnegrenzen.de/unsere-standorte (abgerufen am 2.8.2016).
Reimon, Michel/Felber, Christian (2003): *Schwarzbuch Privatisierung. Was opfern wir dem freien Markt?*, Wien.
Rhön-Klinikum AG (2014): *Geschäftsbericht 2014*, Bad Neustadt a. d. Saale.
Schwierz, Christoph u. a. (2001): Discrimination in Waiting Times by Insurance Type and Financial Soundness of German Acute Care Hospitals, in: *The European Journal of Health Economics*, 12 (5), S. 405–416.
Sibbel, Rainer (2010): Krankenhäuser als Wirtschaftseinheiten – ökonomische Aspekte und Herausforderungen, in: Friedrich Heubel/Matthias Kettner/Arne Manzeschke (Hg.), *Die Privatisierung von Krankenhäusern. Ethische Perspektiven*, Wiesbaden, S. 43–58.
Statista (2016): *Bevölkerung in Deutschland nach Art der Krankenversicherung (gesetzlich oder privat) von 2012 bis 2015 (in Millionen)*, http://de.statista.com/statistik/daten/studie/170899/umfrage/art-der-krankenversicherung--privat-vs-gesetzlich/ (abgerufen am 2.8.2016).
Statistisches Bundesamt (2015): *Gesundheit. Grunddaten der Krankenhäuser 2014*, Fachserie 12, Reihe 6.1.1, Wiesbaden.
Teevs, Christian (2012a): Gratisärzte. Notaufnahme für die Mittelschicht, in: *Spiegel online* v. 23.4., www.spiegel.de/wirtschaft/soziales/praxis-ohne-grenzen-behandelt-menschen-ohne-krankenversicherung-a-828347.html (abgerufen am 2.7.2016).
Teevs, Christian (2012b): Teure Tarife: Patienten verzweifeln an privater Versicherung, in: *Spiegel online* v. 25.6. (abgerufen am 7.8.2016).
Verband der privaten Krankenversicherung (2015): *Zahl der Zahnzusatzversicherungen steigt rasant, Pressemitteilung Nr. 6*, www.pkv.de/service/pkv_publik/archiv/2015/pkv-publik-nr-06–2015/zahl-der-zusatzversicherungen-steigt-rasant.print.pdf (abgerufen am 3.8.2016).
Zok, Klaus (2007): Warten auf den Arzttermin. Ergebnisse einer Repräsentativumfrage unter GKV- und PKV-Versicherten, in: *WIdO-monitor*, 4 (1), S. 1–7.

Kostentreiber Privatwirtschaft: die kommunale Versorgung

Appen, Kai von (2010): Sondersteuer für Arme, in: *die tageszeitung* v. 22.3.
Aust, Stefan/Ammann, Thomas (2014): Der verkaufte Staat, in: *Welt am Sonntag* v. 9.2.

Bartsch, Matthias/Meyer, Cordula/Verbeet, Markus (2007): Profis an der Spitze, in: *Der Spiegel*, Nr. 24 v. 11.6.

Bundesministerium für Verkehr, Bau und Stadtentwicklung (2007): *Erfahrungsbericht Öffentlich-Private-Partnerschaften in Deutschland*, Berlin.

Böttcher, Ingo/Hackbusch, Norbert (2011): *KostenExplosionsUrsachenForschung. Ein Fazit zum ersten Parlamentarischen Untersuchungsausschuss Elbphilharmonie*, Hamburg.

Bundesministerium der Finanzen (2016): *PPP-Projektdatenbank*, www.ppp-projektdatenbank.de/index.php?id=9 (abgerufen am 22.3.2016).

Bundesrechnungshof (2011): *Bemerkungen 2011 zur Haushalts- und Wirtschaftsführung des Bundes*, Bonn.

Candeias, Mario/Rilling, Rainer (2007): Privatisierung in der Krise?, in: *RosaLux*, 1 (3), S. 12–13.

Deutsche Bank Research (2003): *Daseinsvorsorge – Alibi für staatliche Wirtschaftstätigkeit? EU-Monitor: Beiträge zur europäischen Integration*, Frankfurt am Main.

Deutscher Bundestag (1974): Unterrichtung durch den Bundesrechnungshof. Bemerkungen des Bundesrechnungshofes zur Bundeshaushaltsrechnung (einschließlich der Bundesvermögensrechnung) für das Haushaltsjahr 1972, in: *Drucksache 7/2709*, http://dipbt.bundestag.de/doc/btd/07/027/0702709.pdf (abgerufen am 24.6.2016).

Eichel, Hans (2014): »Das wird alles teurer werden«. Interview, in: *die tageszeitung* v. 19.12.

Expertenkommission »Stärkung von Investitionen in Deutschland« (2015): *Bericht der Expertenkommission im Auftrag des Bundesministers für Wirtschaft und Energie, Sigmar Gabriel*, Berlin.

Gabriel, Sigmar (2014): »Gleiche Löhne und gleiche Renten für den Osten«. Interview mit dem SPD-Vorsitzenden, in: *Märkische Zeitung* v. 15.8.

Hinck, Gunnar (2015): Am Schluss bleiben Fassaden, in: *die tageszeitung* v. 29.7.

Hoffmann, Günter (2006): Sozialistische Müllhaufen, in: *Die Zeit*, Nr. 40 v. 28.9.

IG BAU BzV Berlin (2015): *Neue Tarifrunde – Letzte Chance: Gebäudereiniger-Konflikt spitzt sich zu*, http://berlin.igbau.de/37.200_Gebaeudereiniger_in_Berlin_leiden_unter_dem_Kampf_Mensch_gegen_Minute_-_23.10.2015_2.html (abgerufen am 22.7.2016).

IHK Berlin (2012): *Wohnungspolitik in Berlin*, www.ihk-berlin.de/blob/bihk24/branchen/bauwirt/downloads/2271688/63a749a8efdd44b25bdc6acc074c8104/Wohnungspolitik_in_Berlin-data.pdf (abgerufen am 21.7.2016).

Landesrechnungshof Sachsen-Anhalt (2012): *Jahresbericht 2012 zur Haushalts- und Wirtschaftsführung im Haushaltsjahr 2011*, Magdeburg.

Laux, Johann (2014): Ist da jemand?, in: *Die Zeit*, Nr. 52 v. 17.12.

Mauch, Uwe (2012): *Gagfah-Wohnungsverkauf ist vom Tisch*, www.badische-zeitung.de/freiburg/gagfah-wohnungsverkauf-ist-vom-tisch–55364201.html (abgerufen am 3.7.2016).

Nehls, Anja (2015): *Warum die Wasserbetriebe wieder den Berlinern gehören*, www.deutschlandradiokultur.de/erfolgreiche-rekommunalisierung-warum-die-wasserbetriebe.976.de.html?dram:article_id=330502 (abgerufen am 22.7.2016).

Peters, Sebastian (2015): Aufstand der Putzfrauen im Krefelder Rathaus, in: *Rheinische Post* v. 17.12.

Polke-Majewski, Karsten (2006): Dresdner Coup, in: *Die Zeit online* v. 10.3., www.zeit.de/online/2006/11/dresden_immobilien (abgerufen am 10.7.2016).

Scheytt, Stefan (2007): Weg mit Schaden, in: *brand eins*, 9 (9), S. 34.

Schlieter, Kai (2012): Der Wirtschaftstrojaner, in: *die tageszeitung* v. 27.1.

Schwaldt, Norbert (2012): *Gagfah wendet Milliarden-Klage ab*, www.welt.de/print/die_welt/finanzen/article13905463/Gagfah-wendet-Milliarden-Klage-ab.html (abgerufen am 22.7.2016).

Sievers, Markus (2015a): Arme Städte – dunkle Straßen, in: *Frankfurter Rundschau* v. 30.9.

Sievers, Markus (2015b): Kommunen erhöhen die Gebühren, in: *Frankfurter Rundschau* v. 30.9.

Stadt Krefeld (2015): *Haushaltssicherungskonzept der Stadt Krefeld zum Haushalt 2015–2020 – 1. Fortschreibung zum Haushalt 2016*, Krefeld.

Thoms, Eva-Maria (2005): Der Mann, der Müll, die Korruption, in: *Die Zeit*, Nr. 8 v. 17.2.

Vollmers, Florian (2006): Kommunen entdecken den Charme des Hausmülls, in: *Handelsblatt* v. 18.10.

Waßmuth, Carl (2014): *Interview mit dem Bundestagsabgeordneten Swen Schulz (SPD) zum Thema Daseinsvorsorge und Privatisierung*, www.gemeingut.org/interview-mit-dem-bundestagsabgeordneten-swen-schulz-spd-zum-thema-daseinsvorsorge-und-privatisierung (abgerufen am 25.6.2016).

Zacharakis, Zacharias (2014): Ich kaufe mir eine Autobahn, in: *Die Zeit online* v. 21.11., www.zeit.de/wirtschaft/2014–11/infrastruktur-investitionen-ppp-autobahn-bau-deutsche-bank-allianz/komplettansicht (abgerufen am 24.7.2016).

Wem gehört was warum? Wem soll was gehören?

Badura, Peter (1963): *Das Verwaltungsmonopol*, Berlin.

Bäcker, Gerhard/Bispinck, Reinhard/Hofemann, Klaus/Naegele, Gerhard (2000): *Sozialpolitik und soziale Lage in Deutschland*, Bd. 1, 3. Aufl., Wiesbaden.

Dohmen, Frank (1997): Hochkarätige Experten, in: *Der Spiegel*, Nr. 32 v. 4.8.

Doll, Nikolaus (2008): Privatisiert, ausgesaugt und wieder verstaatlicht, in: *Die Welt* v. 11.9.

Fischermann, Thomas (2007): »Wie schlimm ist es?«, Interview mit dem Wirtschaftsnobelpreisträger Leonid Hurwicz, in: *Die Zeit*, Nr. 43 v. 18.10.

Greive, Martin (2007): Probleme mit den Privaten, in: *Welt am Sonntag* v. 23.12.
Hock, Alexej/Neubacher, Alexander/Sauga, Michael/Seith, Anne (2016): Das Unvermögen, in: *Der Spiegel*, Nr. 8 v. 20.2.
Jessen, Jens (2011): Unterwegs zur Plutokratie, in: *Die Zeit*, Nr. 36 v. 15.9.
Kutscha, Martin (1999): Die Anpassung des Verfassungsrechts im »schlanken Staat«, in: Christoph Butterwegge/Martin Kutscha/Sabine Berghahn (Hg.), *Herrschaft des Marktes – Abschied vom Staat?*, Baden-Baden, S. 93–109.
Lucke, Albrecht von (2006): Markt oder Staat, in: *Blätter für deutsche und internationale Politik*, 51 (6), S. 645–647.
Lucke, Albrecht von (2016): Das Versagen der deutschen Linken, in: *Cicero*, 13 (1), S. 44–49.
Roß, Jan (2000): *Die neuen Staatsfeinde. Was für eine Republik wollen Schröder, Henkel, Westerwelle und Co.?*, Frankfurt am Main.
Sandel, Michael J. (2012): *Was man für Geld nicht kaufen kann*, Berlin.
Schneider, Volker/Tenbücken, Marc (2004): Erklärungsansätze für die Privatisierung staatlicher Infrastrukturen – ein Theorieüberblick, in: dies. (Hg.), *Der Staat auf dem Rückzug. Die Privatisierung öffentlicher Infrastrukturen*, Frankfurt am Main, S. 85–114.
Taylor, Charles (2006): Kapitalismus ist unser faustischer Pakt, in: Jens Jessen (Hg.), *Fegefeuer des Marktes. Die Zukunft des Kapitalismus*, München, S. 9–16.
Verfassungsgericht Hamburg (2004): *HVerfg 6/04*, Urteil v. 15.12.
Wefing, Heinrich (2015): Darf's auch etwas mehr sein?, in: *Die Zeit*, Nr. 50 v. 10.12.
Willke, Gerhard (2003): *Neoliberalismus*, Frankfurt am Main/New York.
Zeuner, Bodo (1997): Entpolitisierung ist Entdemokratisierung. Demokratieverlust durch Einengung und Diffusion des politischen Raums. Ein Essay, in: Rainer Schneider-Wilkes (Hg.), *Demokratie in Gefahr? – Zum Zustand der deutschen Republik*, Münster, S. 20–34.